LICENSE

法考一本通（2018年版）
民 法

编著 曹兴明

北京大学出版社
PEKING UNIVERSITY PRESS

图书在版编目(CIP)数据

法考一本通:2018年版/阮齐林等编著.—北京:北京大学出版社,2018.6
ISBN 978-7-301-29582-3

Ⅰ.①法… Ⅱ.①阮… Ⅲ.①法律—中国—资格考试—自学参考资料 Ⅳ.①D92

中国版本图书馆CIP数据核字(2018)第110904号

书　　　名	法考一本通(2018年版) FAKAO YIBEN TONG(2018 NIAN BAN)
著作责任者	阮齐林　等编著
责任编辑	陆建华　方尔埼
标准书号	ISBN 978-7-301-29582-3
出版发行	北京大学出版社
地　　　址	北京市海淀区成府路205号　100871
网　　　址	http://www.pup.cn　http://www.yandayuanzhao.com
电子信箱	yandayuanzhao@163.com
新浪微博	@北京大学出版社　@北大出版社燕大元照法律图书
电　　　话	邮购部62752015　发行部62750672　编辑部62117788
印　刷　者	北京虎彩文化传播有限公司
经　销　者	新华书店 730毫米×980毫米　16开本　162.75印张　4062千字 2018年6月第1版　2018年6月第1次印刷
定　　　价	268.00元(全八册)

未经许可,不得以任何方式复制或抄袭本书之部分或全部内容。
版权所有,侵权必究
举报电话:010-62752024　电子信箱:fd@pup.pku.edu.cn
图书如有印装质量问题,请与出版部联系,电话:010-62756370

编写说明

实行统一的国家法律职业资格考试,不仅是我国司法改革的一项重大举措,也是我国法学教育改革的突破口。从司考转变为法考后,使得更多适合条件的考生热衷于此,法律职业资格考试也逐渐形成了市场,辅导用书层出不穷。然而在众多的法考辅导用书当中,如何作出选择,便成了备考考生一个头痛的问题。

法考该用何种辅导书?我们认为,要用"看一本就能通"的书。为了达成此目的,我们努力使本书具备了如下特色:

特色一 名师编著、套书完整

本书由来胜全方位法律人培训力邀各科法考名师亲自执笔,集结了老师们多年的法考辅导经验和智慧。本书共分八小册,涵盖了最新考纲的重要考点。

特色二 内容精练、针对性强

本书强调内容的精练和实战性。针对重要的考点,我们结合历年考试的规律,对其进行精讲,并针对实际考查情况和精讲内容,提供例题以提高实战能力。

特色三 体例安排科学合理

根据考纲的要求及体系,我们选出了各科的重要考点并对其从以下三个方面为考生提供帮助。

一、精讲。对当前考点进行精当、有效的讲解,以帮助读者掌握当前考点的精要,具备解决问题的基本能力。

二、例题。针对当前考点,并结合精讲内容,使考生得到及时、有效的练习,提高应试能力,并在修正自己错误的过程中得到提高。

三、提示与预测。主要是针对一些应当特别注意的问题的提示,以及对2018年法考动向的预测。

业精于勤,荒于嬉;行成于思,毁于随。当您拥有了本书,您便得到了一片肥沃的黑土,若能加以勤耕,今日播下的种子,定能在那金秋结出胜利的果实!

编者
2018年5月

前　　言

俗话说得好，巧妇难为无米之炊。对于参加国家统一法律职业资格考试的考生来说，如果没有一套比较精炼又不失考点的复习资料，就好比缺了下锅之"米"的巧妇一般，将步履维艰。为方便考生备考，本书应运而生。时值本书出版之际，编者就本册特色及使用方法作以下说明：

一、体系设计上突出"表格化"

在体系的整体设计上，讲义卷采用了表格化体系，紧扣考试大纲，提炼精简了民法 360 个核心考点，重点一目了然。每个考点一张表格，每一张表格都是一个完整的逻辑闭环知识体系。同时，考点下面附注了近十年的真题，方便考生每学完一个考点及时巩固训练，提升实战能力。本册所涉全部真题的详细解析请参阅编者拙作 2018 年《来胜法考真题多维讲解》民法部分。

二、内容设计上突出"精简化"

市面上同类民法教材动辄 600 页，甚至更厚，这类教材一味地追求"厚而全"，以致内容臃肿，并不利于考生的精准记忆。鉴于此，本册将篇幅严格控制在 400 页左右。在内容上，本册并没有刻意删除考点，而是在法考"重者恒重"命题基本遵循的指导下，在保留核心考点的基础上，对非核心考点进行了总结式提炼。

三、学习方法上突出"案例化"

近些年，命题设计上对案例分析的考察力度不断加强。为顺应这一命题趋势，本册增加"案例索引"部分，结合一些热点案件，如"北雁云依姓名权纠纷案""中国首例撤销监护权案""麦当劳改名金拱门案"等，培养考生案例分析思维能力。

2018 年，一路相随，为方便考生学习，本册配有高清视频课程，考生在复习过程中，可以结合配套视频加深对本册的理解。

靡不有初，鲜克有终！请牢记：成功的路上从不拥挤，因为坚持的人不多！

希望各位日拱一卒，功不唐捐，顺利通过 2018 年国家统一法律职业资格考试，开启自己的法律生涯。

目 录

第一编 民 法 总 则

第一章 民法概述 (3)
 第一节 民法的基本原则 (3)
 第二节 民法调整对象与民事法律关系 (7)
 第三节 民事权利与民事义务 (13)

第二章 自然人 (19)
 第一节 自然人的民事权利能力 (19)
 第二节 自然人的民事行为能力 (20)
 第三节 监护 (22)
 第四节 宣告失踪与宣告死亡 (26)

第三章 法人与非法人组织 (29)
 第一节 法人 (29)
 第二节 非法人组织 (39)

第四章 民事法律行为 (41)
 第一节 民事法律行为的分类 (42)
 第二节 意思表示 (46)
 第三节 民事法律行为的效力 (49)
 第四节 附条件民事法律行为与附期限民事法律行为 (60)

第五章 代理 (63)
 第一节 代理概述 (63)
 第二节 代理的分类 (65)
 第三节 无权代理 (67)

第六章 诉讼时效与除斥期间 (71)
 第一节 诉讼时效概述 (72)
 第二节 诉讼时效的中止与中断 (74)
 第三节 诉讼时效与除斥期间 (76)

第七章　人身权 (77)
　　第一节　人身权概述 (78)
　　第二节　人格权 (78)
　　第三节　身份权 (83)

第二编　物　权　法

第一章　物权概述 (89)
　　第一节　物权的概念、特征与分类 (89)
　　第二节　物权请求权 (95)
　　第三节　物权法的基本原则 (98)

第二章　物权变动 (101)
　　第一节　物权变动概述 (101)
　　第二节　基于法律行为的物权变动 (102)
　　第三节　非基于法律行为的物权变动 (112)

第三章　所有权 (115)
　　第一节　所有权的取得 (115)
　　第二节　建筑物区分所有权 (122)
　　第三节　相邻关系 (125)
　　第四节　共有 (126)

第四章　用益物权 (132)
　　第一节　用益物权概述 (132)
　　第二节　土地承包经营权 (132)
　　第三节　建设用地使用权 (134)
　　第四节　宅基地使用权 (135)
　　第五节　地役权 (135)

第五章　担保物权 (138)
　　第一节　担保物权概述 (138)
　　第二节　抵押权 (144)
　　第三节　质权 (153)
　　第四节　留置权 (156)

第六章　占有 (159)
　　第一节　占有概述 (159)
　　第二节　占有的分类 (161)

第三节　占有保护请求权 …………………………………………………（164）

第三编　债法总论

　　第一节　债法概述 …………………………………………………………（169）
　　第二节　债的发生 …………………………………………………………（173）
　　第三节　债的移转 …………………………………………………………（180）
　　第四节　债的保全 …………………………………………………………（183）
　　第五节　债的担保 …………………………………………………………（188）
　　第六节　债的消灭 …………………………………………………………（196）

第四编　合　同　法

第一章　总论 ……………………………………………………………………（205）
　　第一节　合同概述 …………………………………………………………（205）
　　第二节　合同的成立 ………………………………………………………（209）
　　第三节　合同的履行 ………………………………………………………（214）
　　第四节　合同的终止 ………………………………………………………（217）
　　第五节　合同不履行的法律后果 …………………………………………（219）
第二章　分论 ……………………………………………………………………（221）
　　第一节　移转标的物所有权的合同 ………………………………………（221）
　　第二节　移转标的物用益权的合同 ………………………………………（233）
　　第三节　完成工作成果的合同 ……………………………………………（242）
　　第四节　提供劳务的合同 …………………………………………………（246）
　　第五节　提供智力成果的合同 ……………………………………………（254）

第五编　侵权责任法

第一章　侵权责任法总论 ………………………………………………………（259）
　　第一节　侵权责任概述 ……………………………………………………（259）
　　第二节　侵权责任的构成与免除 …………………………………………（267）
　　第三节　多数人侵权 ………………………………………………………（269）
第二章　具体侵权行为 …………………………………………………………（272）
　　第一节　特殊主体的侵权行为与责任 ……………………………………（272）

第二节 产品责任 …………………………………………………………（277）
第三节 机动车交通事故责任 ……………………………………………（280）
第四节 医疗损害责任 ……………………………………………………（282）
第五节 饲养动物损害责任 ………………………………………………（284）
第六节 物件损害责任 ……………………………………………………（286）
第七节 高度危险责任 ……………………………………………………（289）
第八节 环境污染责任 ……………………………………………………（291）
第九节 帮工人致人损害或遭受损害的侵权责任 ………………………（293）
第十节 旅游侵权 …………………………………………………………（295）

第六编　婚姻、收养、继承法

第一章　婚姻法 ………………………………………………………………（301）
第二章　收养法 ………………………………………………………………（308）
第三章　继承法 ………………………………………………………………（309）

第一编
民法总则

第一章 民法概述

第一节 民法的基本原则

导读：民法的基本原则是民法基本精神和基本价值的体现，对民事立法与民事司法具有最高的指导意义。民法的基本原则虽不直接涉及当事人的具体权利义务，但其效力贯穿于整个民法规范之中。

考点 1 公平原则

概念	公平原则是指在民事活动中以利益均衡作为价值判断标准，在民事主体之间发生利益关系摩擦时，以权利和义务是否均衡来平衡双方的利益。根据《民法总则》第6条的规定，民事主体应当本着公平的理念从事民事活动，司法机关应当根据公平的理念处理民事纠纷。
体现	**物权法**：① 在添附中，因添附而遭受损失的一方当事人有权要求获得利益的一方返还不当得利。② 在相邻关系中，一方必须对另一方通行、排水等利用相邻不动产提供一定的便利，而使用人应当尽量避免对相邻的不动产造成损害；造成损害的，应当予以赔偿。
	合同法：一方当事人利用优势或者利用对方没有经验，致使双方的权利与义务明显违反公平、等价有偿原则的，可以认定为显失公平。
	侵权法：① 公平责任原则：当事人对造成损害都没有过错，且又不属于法律规定的特殊主体、特殊损害的无过错责任情况的，则应当根据当事人双方的经济状况、损害程度、社会影响等因素，公平地确定各自应承担的民事责任。② 全部赔偿原则：侵权行为加害人承担赔偿责任的大小，应当以行为所造成的实际财产损失的大小为依据，全部予以赔偿。③ 损益相抵原则：赔偿权利人基于发生损害的同一原因受有利益者，应在损害额内扣除利益，再由赔偿义务人就差额予以赔偿，以确定赔偿责任范围。④ 过失相抵原则：在损害赔偿之债中，基于与有过失的成立，而减轻加害人赔偿责任。
作用	公平原则既是一项法律适用原则，即当民法规范缺乏规定时，可以根据公平原则来变动当事人之间的权利义务；又是一项司法原则，即法官的司法判决要做到公平合理，当法律缺乏规定时，应根据公平原则，权衡双方权利义务后作出合理的判决。

【真题链接】
甲公司在城市公园旁开发预售期房,乙、丙等近百人一次性支付了购房款,总额近8 000万元。但甲公司迟迟未开工,按期交房无望。乙、丙等购房人多次集体去甲公司交涉无果,险些引发群体性事件。面对疯涨的房价,乙、丙等购房人为另行购房,无奈与甲公司签订《退款协议书》,承诺放弃数额巨大利息、违约金的支付要求,领回原购房款。经咨询,乙、丙等购房人起诉甲公司。下列哪一说法准确体现了公平正义的有关要求?(2011-3-1;单选)

A.《退款协议书》虽是当事人真实意思表示,但为兼顾情理,法院应当依据购房人的要求变更该协议,由甲公司支付利息和违约金

B.《退款协议书》是甲公司胁迫乙、丙等人订立的,为确保合法合理,法院应当依据购房人的要求宣告该协议无效,由甲公司支付利息和违约金

C.《退款协议书》的订立显失公平,为保护购房人的利益,法院应当依据购房人的要求撤销该协议,由甲公司支付利息和违约金

D.《退款协议书》损害社会公共利益,为确保利益均衡,法院应当依据购房人的要求撤销该协议,由甲公司支付利息和违约金

〔答案〕_____①

考点 2　自愿原则

概念	自愿原则也称为意思自治原则,其本意就是给予当事人在民事活动中的自主权,民法上称为意思自治,即当事人可以根据自己的判断,从事民事活动,国家一般不干预当事人的自由意志,充分尊重当事人的选择。根据《民法总则》第5条的规定,民事主体在从事民事活动时,在法律允许的范围内自由表达自己的意愿,并按其意愿设立、变更、终止民事法律关系的原则。
内容	其内容包括自己行为和自己责任两个方面。自己行为,即当事人可以根据自己的意愿决定是否参与民事活动,以及参与的内容、行为方式等;自己责任,即民事主体要对自己参与民事活动所导致的结果负起责任。
体现	自愿原则保障和鼓励人们依照自己的意志参与市场交易,强调在经济行为中尊重当事人的自由选择,让当事人按自己的意愿形成合理的预期。意思自治不仅反映在债法中,而且反映在物权法(处分自由)、继承法、亲属法中(遗嘱自由等),当然最主要、最集中地反映在债法,尤其是合同法中。
限制	当然,意思自治从来不是绝对的、无限制的自由,受公序良俗的限制;法律承认习惯的效力时,受习惯的制约。即使是最看重意思自治原则的合同法,也可以看到有许多例外:如《合同法》第167条对分期付款买卖中出卖人合同解除权的限制。

---

① C.

考点 3　平等原则

概念	民法中的平等,是指主体的身份平等。身份平等是特权的对立物,是指不论其自然条件和社会处境如何,其法律资格亦即权利能力一律平等。《民法总则》第4条规定:民事主体在民事活动中的法律地位一律平等。
作用	① 平等原则是民事法律关系区别于其他法律关系的主要标志。② 平等原则是市场经济的本质特征和内在要求在民法上的具体体现,是民法最基础、最根本的一项原则。

考点 4　诚实信用原则

概念	诚实信用,其本意是要求按照市场制度的互惠性行事。在缔约时,诚实并不欺不诈;在缔约后,守信用并自觉履行。根据《民法总则》第7条的规定,民事主体从事民事活动时,应当诚实守信,正当行使民事权利并履行民事义务,不实施欺诈和规避法律的行为,在不损害他人利益和社会利益的前提下追求自己的利益。
具体体现	《合同法》第60条第2款规定,当事人应当遵循诚实信用原则,根据合同的性质、目的和交易习惯履行通知、协助、保密等义务。诚实信用原则包括以下几个方面内容:① 在债务人履行合同债务时,债权人应适当受领给付。② 债务人履行债务,可以主动要求债权人创造必要的条件,提供便利。③ 债务人应根据合同的性质、目的和交易习惯履行通知、协助、保密等附随义务。④ 债务人因故不能履行或者不能完全履行债务的,应积极采取措施,避免或减少损失。否则需要就扩大的损失负责。
作用	诚实信用原则在现代民法中具有重要地位,被誉为现代民法的"帝王条款"。如果说任何自由都是受制约的自由,诚实信用应是题中之义。然而,市场经济的复杂性和多变性昭示:无论法律多么严谨,也无法限制复杂多变的市场制度中暴露出的种种弊端,总会表现出某种局限性。民法规定该原则,一方面,使法院在审理具体案件中,能主动干预民事活动,调整当事人的利益摩擦,使民事法律关系符合正义的要求;另一方面,法院可根据该原则作出司法解释,填补法律的漏洞。由于该原则位阶高、不确定性强,运用不当也可能会成为司法专横的工具,对该原则的运用,必须与其他原则结合起来统筹考虑。

【真题链接】

1. 张某从银行贷得80万元用于购买房屋,并以该房屋设定了抵押。在借款期间房屋被洪水冲毁。张某尽管生活艰难,仍想方设法还清了银行贷款。对此,周围多有议论。下列哪一观点可以成立?(2012-3-1;单选)

　　A. 甲认为,房屋被洪水冲毁属于不可抗力,张某无须履行还款义务。坚持还贷是多此一举

　　B. 乙认为,张某已不具备还贷能力,无须履行还款义务。坚持还贷是为难自己

C. 丙认为,张某对房屋的毁损没有过错,且此情况不止一家,银行应将贷款作坏账处理。坚持还贷是一厢情愿

D. 丁认为,张某与银行的贷款合同并未因房屋被冲毁而消灭。坚持还贷是严守合约、诚实信用

〔答案〕_____①

2. 甲、乙二人同村,宅基地毗邻。甲的宅基地倚山、地势较低,乙的宅基地在上将其环绕。乙因琐事与甲多次争吵而郁闷难解,便沿二人宅基地的边界线靠己方一侧,建起高5米围墙,使甲在自家院内却有身处监牢之感。乙的行为违背民法的下列哪一基本原则?(2017-3-1;单选)

A. 自愿原则　　　B. 公平原则　　　C. 平等原则　　　D. 诚信原则

〔答案〕_____②

考点 5　公序良俗与合法原则

概念	民事活动虽然是私法关系,但不能违反法律,也不能违反公序良俗。公序,即公共秩序;良俗,指善良风俗。公共秩序,是由法律和社会共同体维护的秩序;善良风俗,指符合伦理道德的习惯和风俗。《民法总则》第8条规定,民事主体从事民事活动,不得违反法律,不得违背公序良俗。民事主体从事民事活动的内容和目的不得违反公共秩序和善良风俗。
作用	《民法总则》将公序良俗与法律并列,可见公序良俗的原则地位;在民事法律关系无法律可遵循时,可以适用不违背公序良俗的习惯,即适用习惯处理民事关系,不能违背公序良俗。公序良俗原则的本质在于,①限制私权的行使,维护个人与社会共同体的和谐;②在民法规范、公共政策不能周全的私生活领域,可依习惯处置;③体现民法规范与传统伦理在价值取向上的一致性,即所谓的法以德为本。

【真题链接】

甲以20万元从乙公司购得某小区地下停车位。乙公司经规划部门批准在该小区以200万元建设观光电梯。该梯入梯口占用了甲的停车位,乙公司同意为甲置换更好的车位。甲则要求拆除电梯,并赔偿损失。下列哪些表述是错误的?(2013-3-51;多选)

A. 建电梯获得规划部门批准,符合小区业主利益,未侵犯甲的权利

B. 即使建电梯符合业主整体利益,也不能以损害个人权利为代价,故应将电梯拆除

C. 甲车位使用权固然应予保护,但置换车位更能兼顾个人利益与整体利益

D. 电梯建成后,小区尾房更加畅销,为平衡双方利益,乙公司应适当让利于甲

〔答案〕_____③

---

① D。

② D。

③ ABD。

考点 6 绿色原则(增)

概念	《民法总则》第9条规定:民事主体从事民事活动,应当有利于节约资源、保护生态环境。
要求	(1) 作为民事活动的基本原则,这个原则应适用于民事活动的全部领域,而非局部领域。 (2) 要求民事法律关系的当事人在行使权利或在履行义务时,要有节约资源、有利生态环境的自律,不应作出与此原则相悖的行为。 (3) 这个原则也是一个限制性原则,对不符合甚至违反这一原则的法律行为,应该有所约束。由于这是个全新的民法原则,还有待通过审判实践的案例积累及学术探索,确定其内涵及适用范围。

【背景知识】 一波三折终于写入基本原则①

2016年6月,民法总则草案提请全国人大常委会一审。在向社会公布的征求意见稿中,明确规定:"民事主体从事民事活动,应当保护环境、节约资源、促进人与自然和谐发展。"这一条被称之为"绿色原则"。

二审期间,一些全国人大常委会组成人员提出,保护环境、节约资源、促进人与自然和谐发展,值得提倡,但是在"基本原则"章节中作出规定,不如在"民事权利"章节从民事权利行使角度加以规范,更为适当。

2016年12月,提请全国人大常委会三审的草案稿将"绿色原则"从基本原则中移除。将其放在民事权利一节且与其他内容合并,规定为:"民事主体行使民事权利,应当节约资源、保护生态环境;弘扬中华优秀文化,践行社会主义核心价值观。"这一修改,不仅大大降低了绿色发展理念在民法中的地位,由民事活动的基本原则变为行使民事权利的公共义务,而且其内容也被大大限缩。

三审稿面向社会公开后,多位代表和学者发表意见,认为在基本原则部分恢复"绿色原则"更为合适,也更符合中国国情和现实需求。

民法总则草案四审稿"民事主体从事民事活动,应当有利于节约资源、保护生态环境"这一规定恢复为"基本原则"。

第二节 民法调整对象与民事法律关系

考点 7 民事法律事实分类表

民事法律事实	状态	近亲属关系、未成年、善意、恶意等。
	事件	事件指的是与当事人意志无关的,能够引起法律关系发生、变更或消灭的客观事实。简言之,就是指其本身不直接包含人的意志性的民事法律事实。如地震、人的自然出生与死亡。

---

① 背景知识,考生作一般了解即可。

(续表)

民事法律事实	行为	表意行为	法律行为	合同、单方允诺等债权行为	
				抛弃、物权契约等处分行为	
				收养、结婚、协议离婚等身份行为	
				遗嘱行为	
			代理行为	有权代理	
				无权代理	
			准法律行为	意思通知	
				观念通知	
		非表意行为	即事实行为,当事人在主观上并没有发生民事法律关系的意思,但一旦实施该行为即在客观上产生民事法律后果的行为。事实行为人的主观目的与行为发生的法律后果可能是不一致的。如侵权行为,行为人作出侵权行为的目的可能是为自己获得利益,本身并没有变动民事法律关系的意图,而侵权行为的法律后果却使侵权行为人与被害人之间产生赔偿的法律关系。		

需要提醒考生注意的是,好意施惠关系不属于民事法律事实。所谓好意施惠关系,又称情谊关系,是指当事人之间无意创设法律上的权利义务关系,而由当事人一方基于良好的道德风尚实施的使另一方接受恩惠以增进情谊的关系。如搭乘便车、过站叫醒、请人喝酒、陪同看演出、陪同旅游等。好意施惠的当事人间就其约定欠缺法律上行为的法律效果意思,无受其约束的意思。好意施惠关系不产生合同关系,如请人吃饭,承诺人爽约的,不产生违约责任或者缔约过失责任;但不排除侵权之债的成立,如搭乘便车,司机因重大过失发生交通事故导致乘车人受损的,引发侵权赔偿之债。

【案例索引】 (2015)苏中民终字第01295号"李学仙与周桂华、张家港市航道管理处等交通事故责任纠纷案"

案情简介:2014年,周某酒后驾车送娱乐会所服务员陈某回家,中途抛锚,陈某寻求救援时溺水身亡。

法院认为:① 周某与陈某之间并无法定或约定权利义务关系,周某驾车送陈某回住处的行为系无偿好意施惠行为。陈某死亡并非周某好意施惠行为所致,而系陈某自行离开车辆寻求救援过程中不幸溺水死亡。虽然周某饮酒后驾车行为存在明显过错,但该过错行为与陈某死亡之间无直接因果关系,故李某要求周某按过错承担全部赔偿责任缺乏事实和法律依据。② 鉴于陈某离开车辆寻求救援行为系出于陈某和周某共同利益,此情形下周某处于受益人地位,陈某在为双方共同利益进行活动过程中遭受人身损害,周某应给予陈某一定经济补偿。③ 李某举证能证明陈某生前已在城市连续居住1年以上,且不以农业收入作为主要生活来源,故本案应按城镇居民标准进行补偿。判决周某补偿李某26万元。

实务要点:好意施惠行为对施惠人不形成法定或约定义务,施惠人非因故意或重大过失无需对受惠人因好意施惠所引发的损害承担赔偿责任。

【真题链接】

1. 下列哪一情形下,乙的请求依法应得到支持?(2010-3-1;单选)

A. 甲应允乙同看演出,但迟到半小时。乙要求甲赔偿损失

B. 甲听说某公司股票可能大涨,便告诉乙,乙信以为真大量购进,事后该支股票大跌。乙要求甲赔偿损失

C. 甲与其妻乙约定,如因甲出轨导致离婚,甲应补偿乙50万元,后二人果然因此离婚。乙要求甲依约赔偿

D. 甲对乙承诺,如乙比赛夺冠,乙出国旅游时甲将陪同,后乙果然夺冠,甲失约。乙要求甲承担赔偿责任

〔答案〕_____①

2. 甲赴宴饮酒,遂由有驾照的乙代驾其车,乙违章撞伤丙。交管部门认定乙负全责。以下假定情形中对丙的赔偿责任,哪些表述是正确的?(2013-3-67;多选)

A. 如乙是与甲一同赴宴的好友,乙不承担赔偿责任

B. 如乙是代驾公司派出的驾驶员,该公司应承担赔偿责任

C. 如乙是酒店雇佣的为饮酒客人提供代驾服务的驾驶员,乙不承担赔偿责任

D. 如乙是出租车公司驾驶员,公司明文禁止代驾,乙为获高额报酬而代驾,乙应承担赔偿责任

〔答案〕_____②

3. 兹有四个事例:①张某驾车违章发生交通事故致搭车的李某残疾;②唐某参加王某组织的自助登山活动因雪崩死亡;③吴某与人打赌举重物因用力过猛致残;④何某心情不好邀好友郑某喝酒,郑某畅饮后驾车撞树致死。根据公平正义的法治理念和民法有关规定,下列哪一观点可以成立?(2013-3-1;单选)

A. ①张某与李某未形成民事法律关系合意,如让张某承担赔偿责任,是惩善扬恶,显属不当

B. ②唐某应自担风险,如让王某承担赔偿责任,有违公平

C. ③吴某有完整意思能力,其自担损失,是非清楚

D. ④何某虽有召集但未劝酒,无需承担责任,方能兼顾法理与情理

〔答案〕_____③

4. 薛某驾车撞死一行人,交警大队确定薛某负全责。鉴于找不到死者亲属,交警大队调处后代权利人向薛某预收了6万元赔偿费,商定待找到权利人后再行转交。因一直未找到权利人,薛某诉请交警大队返还6万元。根据社会主义法治理念公平正义要求和相关法律规定,下列哪一表述是正确的?(2014-3-1;单选)

---

① C。
② BC。
③ B。

A. 薛某是义务人，但无对应权利人，让薛某承担赔偿义务，违反了权利义务相一致的原则

B. 交警大队未受损失而保有6万元，形成不当得利，应予退还

C. 交警大队代收6万元，依法行使行政职权，与薛某形成合法有效的行政法律关系，无须退还

D. 如确实未找到权利人，交警大队代收的6万元为无主财产，应收归国库

〔答案〕_____①

5. 根据法律规定，下列哪一种社会关系应由民法调整？(2016-3-1;单选)

A. 甲请求税务机关退还其多缴的个人所得税

B. 乙手机丢失后发布寻物启事："拾得者送还手机，本人当面酬谢"

C. 丙对女友书面承诺："如我在上海找到工作，则陪你去欧洲旅游"

D. 丁作为青年志愿者，定期去福利院做帮工

〔答案〕_____②

6. 甲单独邀请朋友乙到家中吃饭，乙爽快答应并表示一定赴约。甲为此精心准备，还因炒菜被热油烫伤。但当日乙因其他应酬而未赴约，也未及时告知甲，致使甲准备的饭菜浪费。关于乙对甲的责任，下列哪一说法是正确的？(2016-3-10;单选)

A. 无须承担法律责任   B. 应承担违约责任

C. 应承担侵权责任   D. 应承担缔约过失责任

〔答案〕_____③

考点 8　民事法律关系概述

概念	①《民法总则》第2条规定，民法调整平等主体的自然人、法人和非法人组织之间的人身关系和财产关系。即民法调整的对象就是平等主体之间的人身关系和财产关系。② 民事法律关系是由民法规范调整的、以权利义务为内容的社会关系，它包括人身关系和财产关系。
调整对象	人身关系：人身关系是"人格关系"和"身份关系"的合称。民法调整的人身关系即是自然人的人格权关系和身份权关系。
	财产关系：可分为两类：支配型与流转型。支配型财产关系表述的是财产归何人控制的状态，回答财产"是谁的"或"由谁利用"这样的问题。在支配型财产关系中，对物的支配，民法上谓之物权关系；对智力成果的支配，民法谓之知识产权。流转型财产关系反映的是商品交换中的财产关系，表述财产在交易中即财产因买卖、租赁、借贷、承揽等行为而发生的移转状态。流转型财产关系民法上谓之债的关系。

---

① D。

② B。

③ C。

考点 9 民事法律关系分类表之一

民事法律关系	人身法律关系	人格权法律关系		绝对民事法律关系
		身份权法律关系		
	财产法律关系	知识产权法律关系	著作权法律关系	
			专利权法律关系	
			商标权法律关系	
		物权法律关系		
		物权请求权法律关系		相对民事法律关系
		占有保护请求权法律关系		
		债	侵权之债	
			合同之债	
			不当得利之债	
			无因管理之债	
			缔约过失之债	
			单方允诺之债	

【真题链接】

甲与同学打赌,故意将一台旧电脑遗留在某出租车上,看是否有人送还。与此同时,甲通过电台广播悬赏,称捡到电脑并归还者,付给奖金500元。该出租汽车司机乙很快将该电脑送回,主张奖金时遭拒。下列哪一表述是正确的?(2012-3-4;单选)

A. 甲的悬赏属于要约　　　　　　　B. 甲的悬赏属于单方允诺
C. 乙归还电脑的行为是承诺　　　　D. 乙送还电脑是义务,不能获得奖金
〔答案〕____①____

考点 10 民事法律关系分类表之二

是否直接具有财产内容	财产法律关系	以财产利益为客体,具有直接物质利益内容的民事法律关系。
	人身权法律关系	以人格利益、身份利益为客体,与人身不可分离,不具有直接物质利益内容的民事法律关系。
义务主体是否特定	绝对民事法律关系	权利主体特定,义务主体不特定的法律关系。
	相对民事法律关系	权利主体特定,义务主体也特定的法律关系。
是否只有一组权利义务关系	单一民事法律关系	仅由一组对应的权利义务构成的民事法律关系,如赠与合同。
	复合民事法律关系	由两组以上的权利义务构成的民事法律关系,如买卖合同。

---

① B。

(续表)

能否独立存在	主民事法律关系	相互依存的两个民事法律关系中,能够独立存在的民事法律关系。
	从民事法律关系	相互依存的两个民事法律关系中,不能独立存在,须依附于其他法律关系而存在的法律关系。
是否因违法行为而成立	调整性民事法律关系	因合法行为而形成、主体权利能够正常实现的民事法律关系。
	保护性民事法律关系	因不合法行为而产生的民事法律关系。

考点 11 民事法律关系要素

主体	(1) 民事法律关系中享受权利、承担义务的参与者、当事人。	
	(2) 民事主体参与民事法律关系还取决于能力,民法将此能力分解为民事权利能力和民事行为能力。	
	(3) 民法承认的民事法律关系的主体主要是自然人、法人和非法人组织。自然人是因出生而获得生命的个体,是与法人相对应的概念。法人是法律拟制的"人",是具有民事权利能力和民事行为能力,依法独立享有民事权利和承担民事义务的组织。非法人组织不具有独立责任能力。国家有时也直接参与民事活动,但基于民事主体的平等性,国家出现在民事活动中时,其身份只是公法人。	
客体	民事法律关系的客体,依利益的表现形式,可分为物、行为、智力成果三类:	
	物	物是能满足人的需要,能够被人支配或控制的物质实体或自然力。民法上的物要求有可支配性、存在性和效用性。物在民法中具有重要意义,大多数民事法律关系与物有密切联系,有的以物为客体,如所有权、担保物权等;有的虽以行为为客体,但仍以物为利益体现,如交付物的买卖合同。互联网交易兴起后,与实体物不同的虚拟物,在法律不禁止时,也可以援用对实体物的相关规定。
	行为	作为客体的行为特指能满足债权人利益的行为,通常也称给付。行为主要是债这一民事法律关系的客体,因为债权是请求权,债权人只能就自己的利益请求债务人为给付,如交付物、完成工作等,而不能对债务人的物或其他财产直接加以支配。
	智力成果	智力成果是人脑力劳动创造的精神财富,是知识产权的客体,包括文学、艺术、科技作品、发明、实用新型、外观设计以及商标等。知识产权保护的不是智力成果的载体,而是载体上的信息,载体本身属物权保护对象。
内容	民事法律关系的内容指民事主体之间基于客体所形成的具体联系,即民事权利和民事义务。	

第三节 民事权利与民事义务

考点 12 权利分类之一：人身权、财产权、知识产权、社员权（标准：权利客体所体现的利益性质）

人身权	人身权是人格利益与身份利益为内容，与民事主体的人身不可分离，不具有直接物质利益内容的权利。	
	人格权	包括一般人格权与具体人格权。一般人格权是以民事主体全部人格利益为标的的概括性权利。通常包括人身自由、人格尊严、人格独立与人格平等。具体人格权包括生命权、身体权、健康权、姓名权、肖像权、名誉权、隐私权等。
	身份权	包括配偶权、亲权、监护权等。
财产权	以财产或者涉财产行为为客体的权利。	
	物权	权利人在法律规定的范围内直接支配特定的物，并享受物的利益的排他性财产权。
	准物权	经特许设立，具有排他性并准用物权法相关规定的取得物权之财产权。
	债权	权利人依约定或者法律规定而请求特定他人为特定行为的权利。
	继承权	无偿取得死亡近亲属遗产的权利。
知识产权	以受保护的知识性事物（智力成果）为客体的排他性支配型权利。	
社员权	团体成员依其在团体中的地位产生的对于团体的权利。	

考点 13 权利分类之二：支配权、请求权、抗辩权与形成权（标准：民事权利的作用）

（1）支配权

概念	支配权是对权利客体直接支配并排除他人干涉的权利。
类型	物权、人身权、知识产权。
特征	① 其客体通常是特定的。 ② 其权利主体是特定的。 ③ 义务主体是权利主体以外的任何"不特定的第三人"。 ④ 支配权的实现不需要义务人的积极行为，但义务人负有不侵害权利主体权利的消极不作为义务。 ⑤ 支配权因支配而产生排他性的效力。 ⑥ 支配权常常是确认之诉的对象。
辨析	支配权不等同于支配权受到侵害后产生的损害赔偿请求权。支配权受到侵害后，权利人可以对加害人主张支配权请求权与损害赔偿请求权。但是，两种请求权的构成要件是不同的：支配权请求权不以加害人具有过错为要件，不适用诉讼时效；损害赔偿请求权原则上以加害人具有过错为要件，要求权利人受有损失，原则上适用诉讼时效。

(2) 请求权

概念	请求权是得请求他人为或者不为一定行为的权利。
类型	物权请求权(不受任何时间的限制)、债权请求权(受诉讼时效的限制)、占有保护请求权(1年除斥期间)。
特征	① 相对性(权利人与义务人均特定,效力仅及于当事人之间,所以又称对人权、相对权,不具有排他性)。 ② 客体为行为(包括作为和不作为)。 ③ 非公示性(由于请求权约束双方当事人,对他人不产生约束力,所以无须第三人知晓)。 ④ 大多数表现为实体权利,是给付之诉的对象。
产生	① 基于约定或者法定的义务而产生。如履行合同请求权,基于当事人双方的约定而发生,并不以基础权利受到侵害为前提。 ② 基于基础权利受到侵害而发生。如侵权赔偿请求权,是由于物权、人身权、知识产权等绝对权受到侵害而产生的债权请求权。 ③ 基于基础权利有受侵害之虞发生。如物权有受到侵害的危险时,权利人可以主张消除危险请求权。

(3) 抗辩权

概念	抗辩权是对抗对方请求权的权利;对抗的权利与义务必须相匹配。
类型	分为两类:① 一时性的抗辩权,主要有五种:一般保证人的先诉抗辩权;同时履行抗辩权、先履行抗辩权和不安抗辩权;债务人以自己财产提供物保时,提供担保的第三人的先诉抗辩权(《物权法》第176条)。② 永久性的抗辩权。我国仅有时效经过的抗辩权。
特征	① 以请求权的行使且承认对方有请求权为前提,即抗辩权的作用在于对抗而非否认对方的权利。在未提出请求权的情况下,抗辩权无从提起。基于此,在权利已经消灭的情况下,不适用抗辩权。② 抗辩权的行使有一定的期限限制。《诉讼时效规定》第4条规定,当事人在一审期间未提出诉讼时效抗辩,在二审期间提出的,人民法院不予支持,但其基于新的证据能够证明对方当事人的请求权已过诉讼时效期间的情形除外。当事人未按照前款规定提出诉讼时效抗辩,以诉讼时效期间届满为由申请再审或者提出再审抗辩的,法院不予支持。
辨析	"抗辩权"不同于"狭义的抗辩"。"狭义的抗辩"又称为"否认权",其特点在于,抗辩人不承认对方享有有效的请求权,而是主张对方的请求权全部或者部分不成立(或者已经消灭)。"狭义的抗辩"与抗辩权的区别有二:① 功能不同。抗辩权的功能在于虽认可对方的请求权存在,但阻碍请求权的行使;"狭义的抗辩"功能则在于否认对方的请求权。② 在诉讼中,法院可以不待当事人主张依职权主动适用"狭义的抗辩";但抗辩权必须由抗辩权人主张,法院不得依职权主动适用。

(4) 形成权

概念	形成权是依权利人一方的意思表示就能够使民事法律关系产生、变更或者消灭的权利。		
类型	财产法上的形成权	债法上的形成权	(效力待定合同中的)追认权、(可撤销合同中的)撤销权、(选择之债中债务人享有的)选择权、法定抵销权、债务免除权、合同解除权等。
		物权法上的形成权	所有权的抛弃、他物权的抛弃、共有物分割请求权等。
	身份法上的形成权	继承法上的形成权	遗嘱撤销权、继承权抛弃(明示或者默示抛弃均可)、受遗赠权抛弃(明示或者默示抛弃均可)、遗产分割请求权等。
		其他身份法上的形成权	(可撤销婚姻中受胁迫人的)撤销权、离婚请求权等。
	单纯形成权		又称直接形成权,是指无须通过诉讼即可直接行使的形成权。绝大多数形成权均属单纯形成权,如(效力待定合同中)善意相对人的撤销权、合同解除权、赠与人的撤销权等。
	形成诉权		又称间接形成权,是指必须通过法院或者仲裁机关或者其他公权力机关行使的形成权。如(可撤销合同中的)撤销权、(可撤销婚姻中的)撤销权。
特征	① 行使形成权的行为属于单方民事法律行为(形成权属于一方说了算的权利)。行使形成权的单方面的意思表示到达对方或者为对方了解时生效,无须对方当事人的同意,即产生权利变动的效果。 ② 形成权无对应的义务。形成权赋予权利人得以其单方意思表示而形成一定法律效果的法律地位,相对人并不负相应的义务,只是受到拘束,容忍此项形成权的行使及其法律效果。 ③ 形成权具有从属性。形成权必须依附于一定的基础权利之上,不能与所依附的权利分离而单独转让。如,合同撤销权、解除权不得与合同相分离而转让。		
行使	① 形成权受除斥期间的限制,除斥期间届满,形成权消灭。但个别形成权不适用除斥期间,如离婚请求权、共有物分割请求权、收养关系解除权。同时,并非适用除斥期间的权利均为形成权。如《物权法》第245条规定的占有回复请求权,属于请求权,但适用1年的除斥期间;再如,《合同法》第74条规定的债权人撤销权属于综合性的权利,但适用1年和5年的除斥期间。 ② 形成权的行使原则上不得附条件或者期限,并且一经行使,不得撤销。 ③ 形成权的行使方式包括明示和默示两种。在下列三种情形下,单纯的沉默构成形成权的行使:A. 受遗赠人自知道受遗赠之日起两个月内未表示接受遗赠的,视为放弃受遗赠权;继承人在遗产分割前,未明确表示放弃继承的,视为接受继承(《继承法》第25条);B. 试用买卖中,试用期间届满,买受人对是否购买标的物未作表示的,视为购买(《合同法》第171条);C. 效力待定合同中,相对人催告后,法定代理人或者被代理人未在1个月内追认的,视为拒绝追认(《合同法》第47、48条)。		

(续表)

补充说明	下列权利不属于形成权：① 债权人撤销权。《合同法》第74条规定的债权人撤销权具有两个方面的作用，一方面，具有形成权的权能，债权人行使撤销权的行为能够使债务人与第三人之间的法律行为自始无效；另一方面，具有请求权的权能，即债权人可以请求第三人向自己给付。因此，通说采折中说，认为债权人撤销权属于综合性的权利，不是单纯的形成权。② 效力待定合同中相对人的催告权。《合同法》第47、48条规定的相对人的催告权，不具有依据催告权人单方面的意思表示而引起权利变动的法律效果，因此不属于形成权。

【真题链接】

1. 关于民事权利，下列哪些选项是正确的？(2008-3-51；多选)
   A. 甲公司与乙银行签订借款合同，乙对甲享有的要求其还款的权利不具有排他性
   B. 丙公司与丁公司协议，丙不在丁建筑的某楼前建造高于该楼的建筑，丁对丙享有的此项权利具有支配性
   C. 债权人要求保证人履行，保证人以债权人未对主债务人提起诉讼或申请仲裁为由拒绝履行，保证人的此项权利是抗辩权
   D. 债权人撤销债务人与第三人的赠与合同的权利不受诉讼时效的限制
   〔答案〕_____①

2. 甲被乙家的狗咬伤，要求乙赔偿医药费，乙认为甲被狗咬与自己无关拒绝赔偿。下列哪一选项是正确的？(2009-3-1；单选)
   A. 甲乙之间的赔偿关系属于民法所调整的人身关系
   B. 甲请求乙赔偿的权利属于绝对权
   C. 甲请求乙赔偿的权利适用诉讼时效
   D. 乙拒绝赔偿是行使抗辩权
   〔答案〕_____②

考点 14 权利分类之三：其他权利分类

权利的实现方式	绝对权	无须他人协助，即可行使、实现的权利。如物权、人身权、知识产权。
	相对权	须借助他人的协助，方可实现的权利。如债权。
权利的效力范围	对世权	效力及于世上一切人的权利。
	对人权	效力仅及于特定人的权利。
权利可否与其主体分离	专属权	只能由其主体享有或行使的权利。专属权不得让与和继承。如署名权等著作人身权。
	非专属权	非专属于特定主体，可以让与和继承的权利。如表演权等著作财产权。

---

① ABCD。
② C。

(续表)

权利相互间的依赖关系	主权利	相互关联的数项权利中,可以不依赖其他权利而独立存在的权利。如担保法律关系中,被担保的债权。
	从权利	相互关联的数项权利中,须以其他权利的存在为其存在前提的权利。如担保法律关系中,确保债权实现的担保物权。
原生与派生的数项权利中,依权利相互间的地位	原权利	原生性权利,居于基础权利地位。
	救济权	原权利受到侵害或危险时产生救援原权。

考点 15 民事权利的救济

概述			民事权利的救济,又称为民事权利的保护。按照保护措施的性质,可以分为公力救济与自力救济。
公力救济			公力救济是权利人通过行使诉权,诉请法院依民事诉讼和强制执行程序保护自己权利的措施。
自力救济	概述		自力救济是权利人依靠自己的力量强制他人捍卫自己权利的行为,包括自卫行为和自助行为。自卫行为又包括正当防卫和紧急避险两种。自力救济只有在来不及援用公力救济而权利正有被侵犯的现实危险时才允许被迫使用,以弥补公力救济的不足。因自卫行为与刑法上的规定并无区别,所以在此不再赘述。笔者着重介绍自助行为。
	自助行为	概念	自助行为是权利人为了保护自己的利益,在紧急情况下对加害人的财产加以扣押、毁损或对其人身进行适当约束的行为。
		构成要件	① 须自己的权利受到不法侵害。 ② 须时间紧迫来不及请求国家机关援助。 ③ 须自主行为所使用的手段适于请求权的实现。 ④ 须不逾越保全请求权的必要程度。
		自助行为与留置权辨析	自助行为既可以就财产进行自助,还可以就人身自由进行自助;留置权只能就财产进行留置。自助行为不强调被扣押的财产与债务具有牵连关系;留置权原则上以财产与债务有牵连关系为前提(企业之间的留置除外)。留置权以合法占有为前提;自助行为在扣押时没有占有标的物。

考点 16 民事义务

概述	民事义务是指民法法律规范规定或当事人约定,义务人为一定的行为或不为一定的行为,以满足权利人利益的法律拘束。

(续表)

分类	积极义务	以特定的作为为内容的义务是积极义务,亦称作为义务。
	消极义务	以特定的不作为为内容的义务是消极义务,亦称不作为义务。
	基本义务	是根据合同约定或者法律规定所产生的给付义务,包括主给付义务和从给付义务。
	附随义务	是指合同当事人依据诚实信用原则所产生,根据合同的性质、目的和交易习惯所应当承担的照顾义务、通知义务、协助义务等。

需要提醒考生注意的是,在合同法中,根据义务产生的基础及在合同关系中的地位,可以将合同法上的义务分为主给付义务、从给付义务、附随义务及不真正义务四类:

主给付义务	主给付义务,是指合同关系所固有、必备,直接影响到合同当事人订立合同目的的义务。如买卖合同中买受人交付价款的义务,出卖人交付标的物的义务都是买卖合同中的主给付义务。对主给付义务明确几点:① 主给付义务是依据合同必备的和固有的义务,直接决定合同的性质。② 当事人违反主给付义务时,非违约方可以要求其承担实际履行、赔偿损失等违约责任。③ 迟延履行合同主给付义务时,经当事人催告仍未履行的,即可解除合同。
从给付义务	从给付义务,是指根据当事人的约定或合同性质,补助主给付义务,确保债权人利益能够获得最大满足的义务。如《合同法》第136条规定的"向买受人交付提取标的物单证以外的有关单证和资料"即属于从给付义务。对从给付义务明确几点:① 迟延履行从给付义务的,不得当然解除合同。必须达到《合同法》第94条第4项规定的"致使不能实现合同目的"时,方享有解除权。这是其与主给付义务在具体责任形式中的最大区别。② 当事人违反从给付义务时,非违约方可以要求其承担实际履行、赔偿损失等违约责任。
附随义务	附随义务,是指当事人依据诚实信用原则所产生的,根据合同性质、目的和交易习惯所应当承担的通知、协助、保密等义务。《合同法》第42条、第60条、第92条规定的内容均是对附随义务的规定。对附随义务明确:当事人违反附随义务时,非违约方不得要求实际履行,只能要求赔偿损失。这是其与主给付义务及从给付义务的最大区别。
不真正义务	不真正义务,亦称间接义务,是指在合同关系中权利人对自己利益的维护照顾义务。不真正义务的理论根据是诚实信用原则,比较典型的不真正义务就是非违约方的减损义务,《合同法》第119条第1款规定:"当事人一方违约后,对方应当采取适当措施防止损失的扩大;没有采取适当措施致使损失扩大的,不得就扩大的损失要求赔偿。"另外,《合同法》规定的买受人的受领义务、检验义务均属于不真正义务。对不真正义务明确几点:① 不真正义务的违反,本质上是权利人对自己利益的疏忽或者放弃,相对方没有过错,因而不可归责于相对方。② 权利人违反此义务,不得诉请履行,不得解除合同,不得要求损害赔偿。

第二章 自 然 人

导读：自然人这一部分实际上是民法基础理论部分的内容延伸。考生要把握以下主要知识点：(1) 自然人民事权利能力。要熟记自然人权利能力的起始点，并且需要把握胎儿和死者人格利益的保护。(2) 自然人民事行为能力。要熟记行为能力的三种类型，知道它们各自的划分标准，掌握法律为了补救自然人行为能力的欠缺而设置的监护人制度。特别要注意监护人的法律职责，尤其是无民事行为能力人、限制民事行为能力人造成他人损害的，监护人应当承担的无过错民事责任。(3) 关于自然人行为能力中，还有一点尤其重要：限制民事行为能力人如何参与民事活动，哪些行为必须由法定代理人代理或者经过法定代理人的同意；哪些行为可以由他们自己实施，对此部分应当结合合同法中的效力待定合同加深理解。

第一节　自然人的民事权利能力

考点 1　自然人的民事权利能力

概述	民事权利能力是法律确认的自然人享有民事权利、承担民事义务的资格。自然人只有具备了民事权利能力，才能参与民事活动，享受权利并承担义务，因此，权利能力与权利是不同的概念。民事权利能力是法律上的人格或主体资格，我国《民法总则》第14条规定：自然人的民事权利能力一律平等。
特征	(1) 是一种资格，而非实际的权利。 (2) 既包括享有权利，也包括承担义务的资格。 (3) 内容和范围具有法定性、平等性。 (4) 与民事主体不可分离，当事人不得转让或放弃。
开始	(1) 自然人从出生时起到死亡时止，具有民事权利能力，依法享有民事权利，承担民事义务。这就是说，自然人的民事权利能力取得始于出生。我国民法上的出生，采纳独立呼吸说；出生是指胎儿脱离母体并生存的法律事实。须具备两个条件：① "出"，即脱离母体；② "生"，即脱离母体后保有生命（无论存活时间之久暂）。出生这一事实界分了婴儿与胎儿，出生之前为胎儿，出生之后为婴儿。 (2) 自然人的出生时间：以出生证明记载的时间为准；没有出生证明的，以户籍登记或者其他有效身份登记记载的时间为准。其他证据足以推翻以上出生记载时间的，则以该证据证明的时间为准。

(续表)

胎儿利益	涉及遗产继承、接受赠与等胎儿利益保护的,胎儿视为具有民事权利能力。但是胎儿娩出时为死体的,其民事权利能力自始不存在。根据《继承法》第28条和《继承法意见》第45条:① 继承时,应当为胎儿(被继承人的遗腹子)保留应继份。② 为胎儿保留的遗产份额,如胎儿出生后死亡的,由其(胎儿)继承人继承;如胎儿出生时就是死体的,由被继承人的继承人继承。	
终止	自然人的民事权利能力于死亡时消灭。民法上的自然人的死亡有生理死亡与宣告死亡之分。生理死亡的推定:根据《继承法意见》第2条,相互有继承关系的几个人在同一事件中死亡,如不能确定死亡先后时间的,推定没有继承人的人先死亡。死亡人各自都有继承人的,如几个死亡人辈分不同,推定长辈先死亡;几个死亡人辈分相同,推定同时死亡,彼此不发生继承,由他们各自的继承人分别继承。	
死者利益	客体	死者的人格利益而非人格权(即姓名、肖像、名誉、荣誉、隐私、遗体、遗骨)。
	原告	近亲属以自己的名义。
	死亡赔偿金	直接归原告而非死者遗产。
补充说明	自然人的特殊权利能力,指自然人充当特定民事主体的资格,法律只将其赋予符合特定条件的自然人,而不赋予所有的自然人。如,男性满22周岁之前、女性满20周岁之前,均不具有结婚的权利能力。再如,在我国,同性间不得结婚。	

【真题链接】

欣欣美容医院在为青年女演员欢欢实施隆鼻手术过程中,因未严格消毒导致欢欢面部感染,经治愈后面部仍留下较大疤痕。欢欢因此诉诸法院,要求欣欣医院赔偿医疗费并主张精神损害赔偿。该案受理后不久,欢欢因心脏病急性发作猝死。网络名人洋洋在其博客上杜撰欢欢吸毒过量致死。下列哪一表述是错误的?(2014-3-22;单选)

A. 欣欣医院构成违约行为和侵权行为
B. 欢欢的继承人可继承欣欣医院对欢欢支付的精神损害赔偿金
C. 洋洋的行为侵犯了欢欢的名誉权
D. 欢欢的母亲可以欢欢的名义对洋洋提起侵权之诉

〔答案〕_____①

第二节 自然人的民事行为能力

考点 2 自然人的民事行为能力

民事行为能力是民事主体独立实施民事法律行为的资格。具有民事权利能力,是自然人获得参与民事活动的资格,但能不能运用这一资格,还受自然人的理智、认识能力等主观条件的制约。自然人民事行为能力类型见下表:

---

① D。

	年龄	精神健康状况	民事法律行为效力	
无人	$X<8$	完全不(能)辨认自己行为的成年人	不满8周岁的未成年人和不能辨认自己行为的成年人是无民事行为能力人。无民事行为能力人参与民事活动,须由法定代理人代理,其自己不能独立参与民事活动,为民事法律行为。	
限人	$8 \leq X<18$	不(能)完全(辨认自己行为的成年人)	有效	纯获利益的民事法律行为
				与其意思能力(年龄、智力)相适应的民事法律行为
			无效	与其意思能力不相适应的单方民事法律行为
			待定	与其意思能力不相适应的双方民事法律行为
完人	$X \geq 18$		有效	
	$16 \leq X<18$	精神正常	《民法总则》第18条第2款规定:16周岁以上不满18周岁的未成年人,以自己的劳动收入为主要生活来源的,视为完全民事行为能力人。	

注:表中"无人"是"无民事行为能力人"的缩略;"限人"是"限制民事行为能力人"的缩略;"完人"是"完全民事行为能力人"的缩略。

【真题链接】

1. 完全不能辨认自己行为的精神病人甲将自己的手表丢向路边,被乙拾得。下列哪一选项是正确的?(2008-3-10 延考;单选)
   A. 甲丧失手表所有权　　　　　　B. 乙依先占取得手表所有权
   C. 乙应将手表返还权利人　　　　D. 乙的行为构成无因管理
   〔答案〕_____①

2. 甲17岁,以个人积蓄1000元在慈善拍卖会拍得明星乙表演用过的道具,市价约100元。事后,甲觉得道具价值与其价格很不相称,颇为后悔。关于这一买卖,下列哪一说法是正确的?(2010-3-2;单选)
   A. 买卖显失公平,甲有权要求撤销　　B. 买卖存在重大误解,甲有权要求撤销
   C. 买卖无效,甲为限制行为能力人　　D. 买卖有效
   〔答案〕_____②

3. 乙因病需要换肾,其兄甲的肾脏刚好配型成功,甲乙父母和甲均同意由甲捐肾。因甲是精神病人,医院拒绝办理。后甲意外死亡,甲乙父母决定将甲的肾脏捐献给乙。下列哪一表述是正确的?(2011-3-2;单选)
   A. 甲决定将其肾脏捐献给乙的行为有效

---
① C。
② D。

B. 甲生前,其父母决定将甲的肾脏捐献给乙的行为有效
C. 甲死后,其父母决定将甲的肾脏捐献给乙的行为有效
D. 甲死后,其父母决定将甲的肾脏捐献给乙的行为无效
〔答案〕_____①

4. 肖特有音乐天赋,16岁便不再上学,以演出收入为主要生活来源。肖特成长过程中,多有长辈馈赠:7岁时受赠口琴1个,9岁时受赠钢琴1架,15岁时受赠名贵小提琴1把。对肖特行为能力及其受赠行为效力的判断,根据《民法总则》相关规定,下列哪一选项是正确的?(2017-3-2;单选)

A. 肖特尚不具备完全的民事行为能力
B. 受赠口琴的行为无效,应由其法定代理人代理实施
C. 受赠钢琴的行为无效,因与其当时的年龄智力不相当
D. 受赠小提琴的行为无效,因与其当时的年龄智力不相当
〔答案〕_____②

第三节 监 护

考点 3 监护

概念		监护是对未成年人和成年无民事行为能力人或者限制民事行为能力人设定专人保护其利益,监督其行为,并且管理其财产的法律制度。监护关系多在亲属间发生,监护在性质上属于身份关系,因此,监护同时适用亲属法上的有关规定。
种类	法定监护	法定监护是由法律直接规定监护人范围和顺序的监护。法定监护人可以由一人或多人担任。包括对未成年人的监护与对不能辨认、不能完全辨认自己行为的成年人的监护。
	指定监护	指定监护是指有法定监护资格的人之间对监护人的确定有争议时,由特定单位(组织)指定监护人。根据《民法总则》的规定,指定监护只有在法定监护人有争议时才产生。所谓争议,对于未成年人,是其父母以外的监护人范围内的人,争抢担任监护人或互相推诿都不愿意担任监护人;对于成年行为能力欠缺者,则是监护范围内的任何人之间的争议,互相争抢或者互相推诿。
	遗嘱监护	被监护人的父母担任监护人的,可以通过遗嘱指定监护人。据此,遗嘱指定监护仅适用于父母担任监护人的情形,至于指定对象则未作限制。由于遗嘱属于死因民事法律行为,故遗嘱监护于遗嘱人死亡时生效。

---

① D。
② B。

(续表)

种类	协议监护	依法具有监护资格的人之间可以协议确定监护人。协议确定监护人应当尊重被监护人的真实意愿。协议监护体现意思自治原则,从最有利于监护和尊重被监护人意愿考虑,具有监护资格的人之间可以协商确定监护人,作为法定监护的补充。
	意定监护	(1) 意定监护即在法定监护之外通过当事人协议设立的监护,也称委托监护。委托监护可以是全权委任,也可以是限权委任。前者如父母将子女委托祖父母照料或配偶将精神病人委托精神病院照料;后者如将子女委托给寄宿制学校、幼儿园等。 (2) 委托监护不论是全权委托或限权委托,委托人仍要对被监护人的侵权行为承担民事责任,但另有约定的除外;被委托人只有在确有过错时,才负担连带赔偿责任。即法定或指定监护人对被监护人应承担的民事责任,不因委托发生移转,委托监护人只承担过错连带赔偿责任,其在尽到监护之责而无过错时,被监护人之行为如依法律仍须由监护人负责时,则由法定监护人承担。 附条件委托监护:是依条件成立委托合同的监护。具有完全民事行为能力的成年人,可以与其近亲属、其他愿意担任监护人的个人或者组织事先协商,以书面形式确定自己的监护人。协商确定的监护人在该成年人丧失或者部分丧失民事行为能力时,履行监护职责。附条件委托合同,属于附生效条件之合同,须书面方式订立,该委托合同成立后并不立即生效,要在委托人丧失或者部分丧失民事行为能力时才生效。
职责		(1) 代理被监护人实施民事法律行为。
		(2) 保护监护人的人身权利、财产权利以及其他合法权益等。应当最大限度地尊重被监护人的真实意愿。除为维护被监护人利益外,不得处分被监护人的财产。未成年人的监护人履行监护职责,在作出与被监护人权益有关的决定时,应当根据被监护人的年龄和智力状况,尊重被监护人的真实意愿。
		(3) 对于监护人承担之民事责任,《侵权责任法》第32条作了规定,① 无民事行为能力人、限制民事行为能力人造成他人损害的,由监护人承担侵权责任。监护人尽到监护责任的,可以减轻其侵权责任。② 有财产的无民事行为能力人、限制民事行为能力人造成他人损害的,从本人财产中支付赔偿费用。不足部分,由监护人赔偿。
终止		(1) 有下列情形之一的,监护关系终止:① 被监护人取得或者恢复完全民事行为能力;② 监护人丧失监护能力;③ 被监护人或者监护人死亡;④ 法院认定监护关系终止的其他情形。 (2) 监护关系终止后,被监护人仍然需要监护的,应当依法另行确定监护人。

考点 4 监护资格的撤销与恢复

概述		虽然在《民法通则》第20条、《未成年人保护法》第53条有规定"撤销监护权人资格"的条款,但却规定得较为原则,缺乏可操作性。但现实中的一个个案件又急需解决,于是,最高人民法院、最高人民检察院、公安部、民政部联合发布了《关于依法处理监护人侵害未成年人权益行为若干问题的意见》(以下简称《意见》),自2015年1月1日起实施。本次《民法总则》在修订过程中将该文件中的部分内容予以概括吸收,提炼上升为法律的原则性规定,进一步补充完善了我国监护人制度的体系设计,将监护人资格的进入、退出、有条件地再次进入等方面均作了具体规定,以法律的形式固定在民法总则部分,再配以具体实施细则的文件(如前述四部门联合发布的《意见》)将制度落地生根,使监护权部分的内容更加丰富完整,真正做到有法可依,也让撤销监护权资格诉讼在法院审理过程中更加容易落到实处。
撤销	第36条	(1)监护人有下列情形之一的,法院根据有关个人或者组织的申请,撤销其监护人资格,安排必要的临时监护措施,并按照最有利于被监护人的原则依法指定监护人:①实施严重损害被监护人身心健康行为的;②怠于履行监护职责,或者无法履行监护职责并且拒绝将监护职责部分或者全部委托给他人,导致被监护人处于危困状态的;③实施严重侵害被监护人合法权益的其他行为的。 (2)有关个人和组织包括:其他依法具有监护资格的人,居委会、村民委员会、学校、医疗机构、妇女联合会、残疾人联合会、未成年人保护组织、依法设立的老年人组织、民政部门等。 (3)上述规定的个人和民政部门以外的组织未及时向法院申请撤销监护人资格的,民政部门应当向人民法院申请。
	第37条	依法负担被监护人抚养费、赡养费、扶养费的父母、子女、配偶等,被人民法院撤销监护人资格后,应当继续履行负担的义务。
恢复	第38条	被监护人的父母或者子女被人民法院撤销监护人资格后,除对被监护人实施故意犯罪的外,确有悔改表现的,经其申请,人民法院可以在尊重被监护人真实意愿的前提下,视情况恢复其监护人资格,人民法院指定的监护人与被监护人的监护关系同时终止。

【案例索引】 撤销监护权第一案

10岁女童遭生父性侵,母亲不闻不问,当地民政局向法院提起诉讼:申请撤销女童父母的监护权。2015年1月,中国首例民政机关申请撤销监护权案,在江苏省徐州市铜山区人民法院开庭审理。

根据法院判决,女童小丽生父母的监护权不出意料地被双双撤销,然而,小丽的监护权并没有像很多人预测的那样,会直接判给临时照料人,最终监护权被法院判决归属铜山民政局。民政局表示,小丽将被放在临时照料人家里抚养,并与其签订特别的"助养协议"。

【真题链接】

1. 甲15岁,精神病人。关于其监护问题,下列哪一表述是正确的?(2010-3-3;旧题新解,

不定项)

　　A. 监护人只能是甲的近亲属或关系密切的其他亲属、朋友

　　B. 监护人可是同一顺序中的数人

　　C. 对担任监护人有争议的,可直接请求法院裁决

　　D. 为甲设定监护人,适用关于精神病人监护的规定

　　〔答案〕_____①

2. 关于监护,下列哪一表述是正确的?(2013-3-2;单选)

　　A. 甲委托医院照料其患精神病的配偶乙,医院是委托监护人

　　B. 甲的幼子乙在寄宿制幼儿园期间,甲的监护职责全部转移给幼儿园

　　C. 甲丧夫后携幼子乙改嫁,乙的爷爷有权要求法院确定自己为乙的法定监护人

　　D. 市民甲、乙之子丙5周岁,甲乙离婚后对谁担任丙的监护人发生争议,丙住所地的居民委员会有权指定

　　〔答案〕_____②

3. 甲8周岁,多次在国际钢琴大赛中获奖,并获得大量奖金。甲的父母乙、丙为了甲的利益,考虑到甲的奖金存放银行增值有限,遂将奖金全部购买了股票,但恰遇股市暴跌,甲的奖金损失过半。关于乙、丙的行为,下列哪些说法是正确的?(2016-3-52;多选)

　　A. 乙、丙应对投资股票给甲造成的损失承担责任

　　B. 乙、丙不能随意处分甲的财产

　　C. 乙、丙的行为构成无因管理,无须承担责任

　　D. 如主张赔偿,甲对父母的诉讼时效期间在进行中的最后6个月内因自己系无行为能力人而中止,待成年后继续计算

　　〔答案〕_____③

4. 余某与其妻婚后不育,依法收养了孤儿小翠。不久后余某与妻子离婚,小翠由余某抚养。现余某身患重病,为自己和幼女小翠的未来担忧,欲作相应安排。下列哪些选项是正确的?(2017-3-51;多选)

　　A. 余某可通过遗嘱指定其父亲在其身故后担任小翠的监护人

　　B. 余某可与前妻协议确定由前妻担任小翠的监护人

　　C. 余某可与其堂兄事先协商以书面形式确定堂兄为自己的监护人

　　D. 如余某病故,应由余某父母担任小翠的监护人

　　〔答案〕_____④

---

① BC(原答案为B)。
② A。
③ AB。
④ ABC。

第四节　宣告失踪与宣告死亡

考点 5　宣告失踪

概述	(1) 宣告失踪是自然人下落不明达到法定期间，经利害关系人申请，由法院宣告为失踪人并为其设立财产代管人的法律制度。宣告失踪的主要法律意义在于为失踪人设定财产代管人。失踪人的财产代管人拒绝支付失踪人所欠的税款、债务和其他费用，债权人提起诉讼的，法院应当将代管人列为被告。失踪人的财产代管人向失踪人的债务人要求偿还债务的，可以作为原告提起诉讼。	
	(2) 宣告失踪是对自然事实状态的法律确认，其制度价值在于救济因自然人下落不明而导致的财产关系不稳定状态，而不涉及失踪人的人身关系，如婚姻关系等。通过宣告下落不明人为失踪人，可为其设立财产代管人，保管失踪人财产、处理应了结的债权债务，维护失踪人和利害关系人的利益，维护社会秩序的稳定。	
要件	(1) 受宣告人失踪	即受宣告自然人离开住所或居所没有任何音信，处于下落不明的状态。
	(2) 失踪达到法定期间	宣告失踪的法定期间为 2 年，从失踪人音信消失之日起计算；战争期间失踪的，失踪期间从战争结束之日或者有关机关确定的下落不明之日起计算。
	(3) 经利害关系人申请	宣告失踪的程序不是自然启动，须经利害关系人申请，程序才开始。所谓利害关系人，是指与失踪人有人身关系或财产关系的人，如父母、配偶、近亲属、债权人、债务人等。对于申请权的行使，法律没有规定顺序以及序位的限制，即申请人之间没有排他效力，任一申请人都可以申请。
	(4) 由法院宣告	法院收到利害关系人的宣告失踪申请后，先要发出寻找公告，期间为 3 个月。公告期满，失踪事实得到确认，法院应以判决方式宣告失踪。
效力	(1) 法院在宣告失踪的判决中，为失踪人指定财产代管人。有资格充任财产代管人的，应是失踪人的配偶、父母、成年子女或关系密切的其他亲属、朋友。财产代管人的选任应先由前述范围内的人协商，由法院指定。协商不能时，则由法院直接指定。	
	(2) 财产代管人负保管失踪人财产的职责，对于失踪人所欠的税款、债务和其他费用，可从代管财产中支付。财产代管人不履行代管职责或者侵犯失踪人财产的，要负侵权之民事责任，其他利害关系人可请求其承担民事责任，并要求变更财产代管人。	
撤销	当失踪人复出或者有人确知其下落时，经本人或利害关系人申请，由法院撤销对他的失踪宣告。法院的撤销失踪宣告作出后，财产代管人资格消灭，财产代管人应交还代管财产并汇报管理情况、提交收支账目等。	

【真题链接】

甲、乙为夫妻,长期感情不和。2010年5月1日甲乘火车去外地出差,在火车上失踪,没有发现其被害尸体,也没有发现其在何处下车。2016年6月5日法院依照法定程序宣告甲死亡。之后,乙向法院起诉要求铁路公司对甲的死亡进行赔偿。关于甲被宣告死亡,下列哪些说法是正确的?(2016-3-51;多选)

A. 甲的继承人可以继承其财产　　B. 甲、乙婚姻关系消灭,且不可能恢复
C. 2016年6月5日为甲的死亡日期　D. 铁路公司应当对甲的死亡进行赔偿

〔答案〕_____①

考点 6　宣告死亡概述

宣告死亡是指自然人离开自己的住所,下落不明达到法定期限,经利害关系人申请,由法院宣告其死亡的法律制度。宣告死亡的制度价值,在于维护生者的利益——包括配偶的再婚权、继承人的继承权、债权人的受偿权等。由于宣告死亡要消灭被宣告死亡人的民事主体资格,所以,法律对此慎之又慎。法律规定的宣告死亡的条件,要比宣告失踪条件严格得多。宣告死亡条件包括下述(1)(2)(3):

(1) 自然人下落不明达法定的期间	① 一般情况下,自然人离开住所下落不明满4年的;② 因意外事故下落不明,从事故发生之日起满2年的,利害关系人可以申请宣告死亡;③ 战争期间下落不明的,申请宣告死亡的失踪期间适用4年的规定。下落不明的起算时间,从自然人音信消失之次日起算。
(2) 须由利害关系人以书面方式向下落不明人住所地的基层法院提出申请	申请宣告死亡的利害关系人的范围: ① 配偶、父母、子女;② 兄弟姐妹、祖父母、外祖父母、孙子女、外孙子女;③ 其他与被申请宣告死亡人有民事权利义务关系的人,如债权人和债务人等。
(3) 须由法院依照法定程序进行宣告	宣告死亡,只能由法院为之。法院受理宣告死亡案件后,应发出寻找失踪人的公告。公告期间为1年。因意外事故下落不明,经有关机关证明其不可能生存的,公告期间为3个月。公告期间届满失踪人仍未出现的,法院作出宣告死亡的判决。

考点 7　宣告死亡与宣告失踪的关系

① 两者互不关联	宣告失踪与宣告死亡是各自独立的程序,也即当事人失踪以后,利害关系人可以根据充足的要件,选择申请宣告失踪或者申请宣告死亡,宣告失踪并不是宣告死亡的前置条件。
② 两者同时被申请	《民法总则》第47条规定:"对同一自然人,有的利害关系人申请宣告死亡,有的利害关系人申请宣告失踪,符合本法规定的宣告死亡条件的,法院应当宣告死亡。"

---

① AC。

考点 8　宣告死亡法律后果(妻离子散、家破人亡)

宣告死亡的效力,可以归结为"妻离子散、家破人亡",具体内容见下表:

妻离	与配偶的婚姻关系自动消灭。
子散	单方有权送养子女。
家破	个人合法财产按遗产开始继承。
人亡	丧失民事主体资格。被宣告死亡的人,法院宣告死亡的判决作出之日视为其死亡日期;因意外事件下落不明宣告死亡的,意外事件发生之日视为其死亡的日期。

考点 9　死亡宣告的撤销(亡者归来)

撤销事由	被宣告死亡的人重新出现,经本人或者利害关系人申请,法院应当撤销死亡宣告。
财产关系	① 被撤销死亡宣告的人有权请求依照继承法取得其财产的民事主体返还财产。无法返还的,应当给予适当补偿。 ② 利害关系人隐瞒真实情况,致使他人被宣告死亡取得其财产的,除应当返还财产外,还应当对由此造成的损失承担赔偿责任。
夫妻关系	① 死亡宣告被撤销的,婚姻关系自撤销死亡宣告之日起自行恢复。 ② 如果其配偶再婚或者再婚后又离婚或者再婚后配偶又死亡的,或者向婚姻登记机关书面声明不愿意恢复婚姻关系的,则不得认定夫妻关系自行恢复。
子女关系	被撤销死亡宣告的人的子女在被宣告死亡期间被他人依法收养的,该收养关系有效,被撤销死亡宣告的人仅以未经本人同意而主张收养关系无效的,一般不应准许,但收养人和被收养人同意的除外。

【真题链接】

1. 关于宣告死亡,下列选项说法正确的是？(2009-3-51;旧题新解,不定项)

A. 宣告死亡的申请人有顺序先后的限制

B. 有民事行为能力人在被宣告死亡期间实施的民事法律行为有效

C. 被宣告死亡的人与其配偶的婚姻关系因死亡宣告的撤销而自行恢复

D. 被撤销死亡宣告的人有权请求依《继承法》取得其财产者返还原物或给予适当补偿

〔答案〕_____①

2. 甲出境经商下落不明,2015 年 9 月经其妻乙请求被 K 县法院宣告死亡,其后乙未再婚,乙是甲唯一的继承人。2016 年 3 月,乙将家里的一辆轿车赠送给了弟弟丙,交付并办理了过户登记。2016 年 10 月,经商失败的甲返回 K 县,为还债将登记于自己名下的一套夫妻共有住房私自卖给知情的丁;同年 12 月,甲的死亡宣告被撤销。下列哪些选项是正确的？(2017-3-52;多选)

A. 甲、乙的婚姻关系自撤销死亡宣告之日起自行恢复　　B. 乙有权赠与该轿车

---

① D(原答案为 AD)。

C. 丙可不返还该轿车　　　　　　　　D. 甲出卖房屋的行为无效

〔答案〕_____①

第三章　法人与非法人组织

导读： 与自然人主体不同的是，法人是组织，它是自然人的集合，是拟制的人。法人部分的考点主要集中在法人的机关中尤其是法定代表人的问题；法人的责任中法人的有限责任、法人分支机构的责任等；法人的清算中清算法人的民事行为能力问题；法人的变更中法人的合并与分立等几个方面。尤其是法人的责任能力，是近年来考试的热点问题。另外，《民法总则》对法人进行了重新划分，这一点考生需要明确。

第一节　法　人

考点 1　法人的概念与特征

概念		法人是享有民事权利能力和民事行为能力，能以自己名义享有民事权利负担民事义务的组织。据此可知，法人不是人，是社会组织在法律上的人格化。我国《民法总则》规定的法人，既可以作为民事主体享受权利，负担义务，又可以以独立财产承担责任，即出资人负担有限责任，这一制度与大陆法系基本"接轨"。
特征	① 社会组织	法人区别于自然人的特点，就在于自然人是由个体充任民事主体，而法人是由自然人及其财产的集合而组成的团体或者说是社会组织，这个社会组织被法律确认为民事主体。
	② 独立财产	法人的出资人一旦将财产所有权移转予法人，其享有的就只是股东权而不再是所有权，出资财产与出资人"脱钩"，使这部分财产成了法人的独立财产。法人能够独立享有民事权利能力和民事行为能力，就是依赖于其有独立财产，没有财产或者没有独立财产的法人，就是人们耻笑的"皮包公司"，就无法承担其应负的义务。
	③ 独立名义	法人作为拟制的人，其所为的行为总是由具体的自然人作出的，即法人在参加民事法律关系时，是由法人代表、代理人或者其他雇员出面的。但法人既为民事主体，任何自然人在代表法人从事民事活动时，其人格就被法人吸收，不再代表自己，其行为名义上属于法人，其效果自然也由法人承担。法人能以自己的名义参加民事法律关系，使法人的独立人格显现于法律，也与法人拥有独立财产的特征相一致。

---

① ABC。

(续表)

特征	④ 独立责任	这是法人拥有独立财产的逻辑结果。法人既然拥有独立财产,便能够以此财产负担自己行为的法律后果。显示法人这一特征的主要对照物,就是合伙。团体性合伙,合伙人对这一团体债务仍然要负无限连带责任,即在民事活动中,合伙团体所负的民事责任最终要归到合伙人的头上,合伙团体并不能自己承担责任。而法人的责任承担情况就不同,任何以法人名义所为的行为,其后果由法人承担。简言之,法人的出资人以其出资额或股份为限承担有限责任。

考点 2 民法学上的分类(1):公法人与私法人

依据	按法人的设立行为及所依据的法律对法人的区分。	
公法人	公法人是以公共利益为目的,由国家依公法设立的行使或者分担国家权力或政府职能的法人。	
私法人	私法人是以私法为依据设立的法人。如公司等。	
区别	① 设立方式	私法人依设立人意思设立,公法人依法律或者行政命令设立。
	② 成立条件	私法人须登记,公法人无须登记。
	③ 财产来源	公法人是根据财政预算拨款,私法人则由设立人或捐赠人出资。
	④ 营利与否	公法人当然不得以营利为目的,根据意思自治,私法人则营利与非营利两者皆可设立。

考点 3 民法学上的分类(2):社团法人与财团法人

依据	这一按照法人设立的基础对法人所作的划分,是大陆法系民法对法人的最基本的分类。我国民法目前虽未采纳,但对深化法人的认识,有重要的意义。	
社团法人	以人为基础而集合成立的法人,如公司为股东之集合,工会为会员之集合,均属社团法人。社团法人之成员统称社员,其享有的权利亦称社员权。需要指出的是:社团法人与社会团体法人,是完全不同的概念,社会团体法人中有的属于社团法人,如工会、学会等,有的则属于财团法人,如各种基金会。	
财团法人	以财产为基础而集合成立的法人,财团法人的主要形式就是基金,故《民法总则》称为捐助法人。	
区别	① 设立人地位	财团法人的设立人或出资人的出资,属于捐赠或遗赠,因此,法人成立或捐赠完成后,所赠财产即移转为法人所有,捐赠人或遗赠人并不获得社员权对价。社团法人的设立人或其成员的出资,属于取得社员的合同行为,根据合同成为社员或股东。
	② 目的事业	财团法人只能为公益事业,不得营利;社团法人既可以从事公益事业,如工会,也可以从事营利事业,如公司。

(续表)

区别	③ 有无意思机关	财团法人参与民事活动,须以捐赠人的意思进行,所以,财团法人属于他律法人,没有自己的意思机关。如捐赠人捐赠的扶贫基金,只能用于扶贫,而不能移作他用。而社团法人由社员组成意思机关,属于自律法人,其从事的活动在章程范围内,由意思机关决定。
	④ 监管体制	财团法人因无意思机关,其执行机关是否按捐助人意思行事,就需要有人监督。捐助人、主管机关都可以对其行为实施监督,若财团法人的行为违背法律、章程或捐助人意思的,捐助人、主管机关可以向法院申请撤销该行为;而在社团法人,原则上不受外部监督。
	⑤ 剩余财产分配	社团法人终止时,经清算后有剩余财产的,须按章程或者社员大会的决议分配给社员;财团法人终止时,其剩余财产不得向出资人、设立人或者会员分配。根据我国《民法总则》的规定,为公益目的成立的非营利法人终止时,剩余财产应当按照法人章程的规定或者权力机构的决议用于公益目的;无法按照法人章程的规定或者权力机构的决议处理的,由主管机关主持转给宗旨相同或者相近的法人,并向社会公告。

【真题链接】

1. 宗某患尿毒症,其所在单位甲公司组织员工捐款20万元用于救治宗某。此20万元存放于专门设立的账户中。宗某医治无效死亡,花了15万元医疗费。关于余下5万元,下列哪一表述是正确的?(2014-3-4;单选)
   A. 应归甲公司所有
   B. 应归宗某继承人所有
   C. 应按比例退还员工
   D. 应用于同类公益事业
   〔答案〕_____①

2. 甲以自己的名义,用家庭共有财产捐资设立以资助治疗麻风病为目的的基金会法人,由乙任理事长。后因对该病的防治工作卓有成效使其几乎绝迹,为实现基金会的公益性,现欲改变宗旨和目的。下列哪一选项是正确的?(2015-3-1;单选)
   A. 甲作出决定即可,因甲是创始人和出资人
   B. 乙作出决定即可,因乙是法定代表人
   C. 应由甲的家庭成员共同决定,因甲是用家庭共有财产捐资的
   D. 应由基金会法人按照程序申请,经过上级主管部门批准
   〔答案〕_____②

---

① D。
② D。

考点 4 《民法总则》对法人的分类

概述	《民法总则》在"法人"一章,将法人分为营利法人、非营利法人和特别法人。	
营利法人	营利法人,是指法人之目的事业为营利并使社员享受其收益之社团法人。符合以营利为目的事业并将取得利润分配给出资人的法人,都是营利法人。营利法人包括有限公司、股份公司和其他企业法人等。也就是说,营利法人主要指公司与其他企业法人。从这个意义上说,《民法总则》规定的营利法人既覆盖了《民法通则》规定的企业法人,其外延又大于企业法人,以营利概括法人,可以将各种市场交易主体囊括进去,避免出现法律漏洞。	
非营利法人	亦称公益法人,是指以非营利之社会服务为目的事业的法人。非营利法人包括:	
	事业单位法人	事业单位法人是指由国家出资的,以公益或社会服务为目的事业的非营利法人。
	社会团体法人	社会团体是指公民自愿组成,为实现社员共同意愿,按照其章程开展活动的非营利性社会组织。除法律有特别规定,社会团体须经登记设立,并有自己独立的经费来源。我国《宪法》规定了公民有"结社自由",设立社会团体就是源于宪法对公民权利的保障。人民团体属于特别类型的社会团体,根据法律的规定担负一定的社会管理职能,且无须登记,如全国总工会、全国妇联等。
	捐助法人	基金会,在民法学分类中,属于财团法人,即以捐助财产设立之基金成立的法人,是当然的非营利法人。
特别法人	《民法总则》第96条列举了机关法人、农村集体经济组织法人、城镇农村的合作经济组织法人、基层群众性自治组织法人四类特别法人。	

【真题链接】

1. 根据我国法律规定,关于法人,下列哪一表述是正确的?(2010-3-4;单选)
   A. 成立社团法人均须登记　　　　B. 银行均是企业法人
   C. 法人之间可形成合伙型联营　　D. 一人公司均不是法人
   [答案]_____①

2. 关于法人,下列哪一表述是正确的?(2012-3-2;单选)
   A. 社团法人均属营利法人
   B. 基金会法人均属公益法人
   C. 社团法人均属公益法人
   D. 民办非企业单位法人均属营利法人
   [答案]_____②

---

① C。
② B。

考点 5　法人的民事权利能力

概念		法人的民事权利能力是法律赋予法人参加民事法律关系,取得民事权利、承担民事义务的资格。法人的权利能力本质上是财产能力,原则上没有身份能力。法人的民事权利能力始于成立,终于消灭(注销)。
分类	营利法人	营利法人的成立以登记机关颁发的"法人执照"注明的日期为准;法人消灭以清算完结注销登记之日为准。
	非营利法人	为适应经济社会发展需要,提供公益服务设立的事业单位,经依法登记成立,取得事业单位法人资格;依法不需要办理法人登记的,从成立之日起,具有事业单位法人资格。
	特别法人 机关法人	有独立经费的机关和承担行政职能的法定机构从成立之日起,具有机关法人资格,可以从事为履行职能所需要的民事活动。
	特别法人 经济组织	农村集体经济组织、城镇农村的合作经济组织则须根据其类型,依法取得法人资格,如成立公司、合作社的,须依法登记,以村集体经济组织存在的,则无须登记。
	特别法人 自治组织	居民委员会、村民委员会具有基层群众性自治组织法人资格,无须登记,成立时起即取得法人资格。
范围	性质上的限制	名称权、名誉权、荣誉权等权利,法人和非法人组织可以享有,但是专属于自然人的民事权利能力内容,法人不能享有。如,身体权、健康权、隐私权、继承权、婚姻自主权等。
	法律上的限制	法人的权利能力范围受到法律或行政命令的限制。如为了防止国有资产的流失和保护交易安全,某些法人的民事权利能力范围受法律的直接限制,机关法人和以公益为目的的事业单位法人、社会团体法人不得为保证人。
	目的事业限制	法人的民事权利能力范围,以其目的事业为限,原则上由法人章程或设立目的决定。企业、事业单位法人的权利能力范围以登记为准;基金会的权利能力则由捐赠人的意思决定。法人超越目的事业范围,违反专营、专卖或法律禁止性规定的,属于违禁行为,该行为无效;但该行为并非法律禁止的,则属于越权行为,不当然无效。

考点 6 法人民事行为能力

概念	法人的民事行为能力,是法律赋予法人独立进行民事活动的能力。法人的民事行为能力,不仅包括法人为民事法律行为的能力,也包括承担民事责任的能力。	
辨析	法人的民事行为能力与自然人的民事行为能力相比:	
	始期与终期不同	法人的民事行为能力与民事权利能力是同时产生且同时消灭,两者的始期与终期完全一致。而自然人则随着达到法律规定的一定年龄取得限制或完全行为能力。
	范围不同	法人的民事行为能力范围始终与民事权利能力的范围相一致。自然人中的无人或限人的行为能力与权利能力范围是不一致的。
	实现不同	法人独立参与民事活动,实施民事法律行为,是由代表机构进行的。自然人的行为能力与权利能力不一定一致,该不一致以法律设立监护人或代理人制度化解。
责任承担	法人代表的职务行为给法人造成损害的,则构成法人代表与法人的内部责任关系,法人代表对法人负过错赔偿责任。若还损害第三人利益,构成法人对第三人的外部责任,由法人承担此责任的,须满足以下法律要件:① 须法人机构或其工作人员为之。② 须执行职务之行为。	
法人章程	内外有别	法人章程是法人设立人或法人意思机构制定的,规定法人名称、住所、财产、目的事业、机构权限及出资人权利义务等重大事项的书面文件。营利法人和非营利法人等私法人的运行、机构权限及目的事业范围由章程规定,其效力限定了法人的民事行为能力和民事权利能力,法定代表人代表法人参与民事活动,须按章程进行。但法定代表人的行为违反章程的,法人章程或者法人权力机构对法定代表人代表权的限制,不得对抗善意相对人。
人格否认	法人人格否认又称为"揭开公司的面纱",指在特定的财产法律关系中缘于特定的事由,将义务或责任转由行为人负担,法人独立人格被否认之情形。法人人格否认主要适用于属于营利法人的有限公司。出资人责任的有限性,使法人资产在不足以清偿全部债务时,债权人不得请求出资人承担超出其出资范围的责任。法人人格否认的制度价值就是要遏制出资人或其他人利用法人规避自身责任,使权利义务的分配符合公平正义的要求。营利法人的出资人不得滥用法人独立地位和出资人有限责任损害法人的债权人利益。滥用法人独立地位和出资人有限责任,逃避债务,严重损害法人的债权人利益的,应当对法人债务承担连带责任。	

考点 7　法人机构与法定代表人

意思机构	又称权力机构,是形成法人意志的机构。根据《民法总则》的规定,意思机构是营利法人和社会团体法人的必设机构,该机构通常是社员大会或社员代表大会。根据财团法人的性质,其不得有意思机构,其以捐助人的意思为法人的意思,如"扶贫基金会"只能以捐助人的意思将捐助财产用于扶贫,自己不得另设意思机构,决定将该扶贫财产另作他用。机关法人等公法人应是按法律宗旨行事,也不得有意思机构,如,法院须按照《法院组织法》的规定的宗旨和权限行事。国有企事业单位原则上也不得有意思机构。如,公立高等院校的宗旨、目标、主要任务等都是由《教育法》《高等教育法》等规定的,不得任意改变。
执行机关	执行机关是执行法人意思机构的决定、法人章程、捐助人意思或法律规定的法人宗旨等事项的机构。任何法人皆须有执行机构,否则法人的目的事业无法完成。社团法人的执行机构由自然人担任时,称执行董事或执行理事等,由自然人团体担任时称董事会或理事会等;财团法人的执行机构,通常是自然人团体,如理事会等;机关法人、事业单位法人的执行机构通常采用首长负责制,法人负责人担当执行机构。
监督机关	监督机关是根据法人章程和意思机构的决议对法人执行机构、代表机构实施监督的机构。捐助法人应当设监事会等监督机构。对其他法人而言,监督机构为任意机构,可设立也可不设立。
法人代表	法人代表的权限由章程或捐助人的意思决定,担任法人代表的自然人在代表法人对外为意思表示时,其自然人人格被法人吸收,不再代表自己。故代表人所作的意思表示的效力归于法人,即使代表人变更也不影响该意思的效力。若法人意思机构或章程对法人代表的权限有限制的,该限制不得对抗善意第三人。

【真题链接】

1. 甲公司和乙公司在前者印制的标准格式《货运代理合同》上盖章。《货运代理合同》第4条约定:"乙公司法定代表人对乙公司支付货运代理费承担连带责任。"乙公司法定代表人李红在合同尾部签字。后双方发生纠纷,甲公司起诉乙公司,并要求此时乙公司的法定代表人李蓝承担连带责任。关于李蓝拒绝承担连带责任的抗辩事由,下列哪一表述能够成立?(2014-3-3;单选)

　　A. 第4条为无效格式条款
　　B. 乙公司法定代表人未在第4条处签字
　　C. 乙公司法定代表人的签字仅代表乙公司的行为
　　D. 李蓝并未在合同上签字
　　〔答案〕_____①

2. 王某是甲公司的法定代表人,以甲公司名义向乙公司发出书面要约,愿以10万元价格出售甲公司的一块清代翡翠。王某在函件发出后2小时意外死亡,乙公司回函表示愿意以该价格购买。甲公司新任法定代表人以王某死亡,且未经董事会同意为由拒绝。关于该要约,下

---

① D。

列哪一表述是正确的？(2011-3-3；单选)
A. 无效　　　B. 效力待定　　　C. 可撤销　　　D. 有效
〔答案〕_____①

3. 下列哪些情形下，甲公司应承担民事责任？(2013-3-52；多选)
A. 甲公司董事乙与丙公司签订保证合同，乙擅自在合同上加盖甲公司公章和法定代表人丁的印章
B. 甲公司与乙公司签订借款合同，甲公司未盖公章，但乙公司已付款，且该款用于甲公司项目建设
C. 甲公司法定代表人乙委托员工丙与丁签订合同，借用丁的存款单办理质押贷款用于经营
D. 甲公司与乙约定，乙向甲公司交纳保证金，甲公司为乙贷款购买设备提供担保。甲公司法定代表人丙以个人名义收取该保证金并转交甲公司出纳员入账
〔答案〕_____②

考点 8　法人的分支机构

概念	法人分支机构是以法人财产设立的相对独立活动的法人组成部分。在某些情况下，为了便于拓展业务，法人可以设立分支机构，独立活动的法人分支机构也需要进行登记，如企业法人分支机构要进行营业登记。经登记的法人分支机构，可以自己名义参与民事活动，产生的债权债务，可先以该分支机构管理的财产承担，不足清偿的，再由法人承担，也可以直接由法人承担。	
辨析	为更好地掌握法人分支机构相关内容，考生需要从以下几个方面区分"母公司与子公司"以及"总公司与分公司"：	
	主体资格	子公司是独立法人，而分公司只是一个分支机构，不是独立法人。
	责任承担	母公司作为子公司的最大股东，仅以其对子公司的出资额为限对子公司在经营活动中的债务承担责任；子公司作为独立的法人，以子公司自身的全部财产为限对其经营负债承担责任。
	控制方式	母公司对子公司的控制不是直接控制，而是间接控制，即通过任免子公司董事会成员和投资决策来影响子公司的生产经营决策。而分公司则不同，其人事、业务、财产受隶属公司直接控制，在隶属公司的经营范围内从事经营活动。

【案例索引】　麦当劳改名金拱门

麦当劳(中国)有限公司已于 2017 年 10 月 12 日正式更名为金拱门(中国)有限公司，其各地分公司也正陆续更名。麦当劳中国公司为什么可以改名？其实原因很简单：这是并购交易交割后，卖方要求买方所做的惯常行为。一般来说，当一家母公司卖方将其含有母公司名字的子公司售卖之后，会要求买方在交割完成后的一段时间内尽快完成该售卖公司名称的更改，以免在将来引发混淆。简单地说，麦当劳母公司将麦当劳中国公司卖给中信和凯雷牵头的买

---

① D。
② ABCD。

方之后,麦当劳中国公司就由麦当劳母公司的亲儿子变成了干儿子(毕竟麦当劳还留着一点股权),因此需要将麦当劳中国公司改名。用中国人的话来说,这就是嫡出和庶出的区别。交易完成后被中信和凯雷所控制的麦当劳中国公司就不能再用在公司名字的层面使用麦当劳母公司的名称了。一般来说,买卖双方会约定在交易完成后一段时间内将售卖子公司的名字进行改名:中信和凯雷收购麦当劳中国公司的交易在8月初交割,在不到3个月内改换收购过来公司的名字,也符合并购交易中的改名一般时间要求。

【真题链接】

德胜公司注册地在萨摩国并在该国设有总部和分支机构,但主要营业机构位于中国深圳,是一家由台湾地区凯旋集团公司全资设立的法人企业。由于决策失误,德胜公司在中国欠下700万元债务。对此,下列哪一选项是正确的?(2008-3-2;单选)

  A. 该债务应以深圳主营机构的全部财产清偿
  B. 该债务应以深圳主营机构和萨摩国总部及分支机构的全部财产清偿
  C. 无论德胜公司的全部财产能否清偿,凯旋公司都应承担连带责任
  D. 当德胜公司的全部财产不足清偿时,由凯旋公司承担补充责任
〔答案〕_____①

考点 9　法人的一生(1):设立与成立

设立	(1) 设立人为设立法人从事的民事活动,其法律后果由法人承受;法人未成立的,其法律后果由设立人承受,设立人为二人以上的,享有连带债权,承担连带债务。	
	(2) 设立人为设立法人以自己的名义从事民事活动产生的民事责任,第三人有权选择请求法人或者设立人承担。	
模式	命令主义	即依照法律、法令、行政命令方式设立,自设立之日起取得法人资格。根据这一制度,需要政府命令或者根据法律特许,才能设立法人。这种设立方式适用于机关法人等公法人。
	登记主义	指法律规定法人成立的设立准则,设立人仅需满足该法律要件,即可登记成立法人。对设立法人的条件原则上采取形式审查,程序简便,通常公司等营利法人采此设立方式。
	强制主义	即制定特别法,规定强制设立法人的制度。这是国家为了实施对社会管理或者特定的政治目的所采取的政策。这一程序主要适用于工会、妇联等人民团体。
	核准主义	也称许可主义,即法人的设立须经政府主管部门核准后方许可登记成立。与登记主义不同,核准主义有前置审查程序,审查合格,方可办理登记;审查通不过,即不予登记。

【真题链接】

1. 甲、乙、丙、丁拟设立一家商贸公司,就设立事宜分工负责,其中丙负责租赁公司运营所需仓库。因公司尚未成立,丙为方便签订合同,遂以自己名义与戊签订仓库租赁合同。关于该租金债务及其责任,下列哪些表述是正确的?(2011-3-68;多选)

---

① B。

A. 无论商贸公司是否成立,戊均可请求丙承担清偿责任
B. 商贸公司成立后,如其使用该仓库,戊可请求其承担清偿责任
C. 商贸公司成立后,戊即可请求商贸公司承担清偿责任
D. 商贸公司成立后,戊即可请求丙和商贸公司承担连带清偿责任
〔答案〕_____①

2. 黄逢、黄现和金耘共同出资,拟设立名为"黄金黄研究会"的社会团体法人。设立过程中,黄逢等3人以黄金黄研究会名义与某科技园签署了为期3年的商铺租赁协议,月租金5万元,押3付1。此外,金耘为设立黄金黄研究会,以个人名义向某印刷厂租赁了一台高级印刷机。关于某科技园和某印刷厂的债权,下列哪些选项是正确的?(2017-3-53;多选)
A. 如黄金黄研究会未成立,则某科技园的租赁债权消灭
B. 即便黄金黄研究会未成立,某科技园就租赁债权,仍可向黄逢等3人主张
C. 如黄金黄研究会未成立,则就某科技园的租赁债务,由黄逢等3人承担连带责任
D. 黄金黄研究会成立后,某印刷厂就租赁债权,既可向黄金黄研究会主张,也可向金耘主张
〔答案〕_____②

考点 10　法人的一生(2):变更与消灭

变更	法人合并	法人的合并是指两个以上的法人无须清算集合为一个法人的民事法律行为。法人合并,有新设式合并和吸收式合并两种方式:
	新设合并	也称创设式合并,是两个以上的法人归并为一个新法人,原法人均告消灭的合并方式。
	吸收合并	也称吞并式合并,是一个法人吸收被合并的其他法人,合并后只有一个法人存续,被吸收法人均告消灭的合并方式。
	法人分立	法人的分立是指一个法人分为两个以上法人的民事法律行为。法人分立,有新设式分立和存续式分立两种分立方式:
	新设分立	也称创设式分立,指解散原法人,分立为两个以上新法人的分立方式。
	存续分立	也称派生式分立,指原法人存续,分出部分财产设立一个以上新法人的分立方式。
	法人消灭	新设合并,原法人均告消灭;吸收合并,被吞并的法人归于消灭。新设分立,原法人消灭;存续分立,只是原法人的财产或组织机构发生变更。
效果	概括承受	因合并而消灭的法人,其债权债务由合并后的法人概括承受。法人分立,原法人的债权债务,应依分立前缔结的合同确定的分担份额,由分立后的法人承受,除与债权人有约定。分立后的法人对分立前的债权债务享连带债权和负连带债务。

① AB。
② BCD。

(续表)

清算法人	指自法人解散始,至法人清算终结止,在清算的范围内享有权利能力和行为能力之法人。清算期间法人存续,但是不得从事与清算无关的活动。即在清算期间,法人人格仍视为存续,但其目的事业缩减为清算,只能处理残务,而不能兴业。
注销登记	清算事务处理完毕,清算即完结,经办理法人注销登记后,法人自注销登记之日起消灭。法人消灭是法人人格绝对消灭,民事权利能力与民事行为能力同时终止。清算行为+注销登记=法人终止。

【真题链接】

甲公司、乙公司签订的《合作开发协议》约定,合作开发的 A 区房屋归甲公司、B 区房屋归乙公司。乙公司与丙公司签订《委托书》,委托丙公司对外销售房屋。《委托书》中委托人签字盖章处有乙公司盖章和法定代表人王某签字,王某同时也是甲公司法定代表人。张某查看《合作开发协议》和《委托书》后,与丙公司签订《房屋预订合同》,约定:"张某向丙公司预付房款 30 万元,购买 A 区房屋一套。待取得房屋预售许可证后,双方签订正式合同。"丙公司将房款用于项目投资,全部亏损。后王某向张某出具《承诺函》:如张某不闹事,将协调甲公司卖房给张某。但甲公司取得房屋预售许可后,将 A 区房屋全部卖与他人。张某要求甲公司、乙公司和丙公司退回房款。张某与李某签订《债权转让协议》,将该债权转让给李某,通知了甲、乙、丙三公司。因李某未按时支付债权转让款,张某又将债权转让给方某,也通知了甲、乙、丙三公司。

关于《委托书》和《承诺函》,下列说法正确的是:(2015-3-86;不定项)

A. 乙公司是委托人
B. 乙公司和王某是共同委托人
C. 甲公司、乙公司和王某是共同委托人
D. 《承诺函》不产生法律行为上的效果

〔答案〕_____①

第二节　非法人组织

导读: 非法人组织指不具有法人资格但可以自己的名义进行民事活动的社会组织,是既不同于自然人也不同于法人的另一类民事主体。非法人组织主要包括合伙组织与法人的分支机构。法人的分支机构在上述第一节已经进行了专门讲述。本节知识与商法中的《合伙企业法》有所交织,笔者在民法总则部分主要介绍个人合伙。

考点 11　个人合伙

概念	合伙是指两个以上自然人或法人以共同经营为目的,共同出资、共享利益、共担风险。据此可知:①指两个以上的自然人为了某种共同目的而相互约定共同出资、共同经营、共享利益、共担风险的一种协议。②指两个以上的自然人基于合伙协议为共同目的而组成的组织体。

---

① AD。

(续表)

特征	(1) 个人合伙是两个以上的自然人基于出资而形成的经营体：① 合伙具有团体性，而区别于单一自然人。② 合伙以共同出资、共同经营为目的，也有别于家庭，后者以夫妻和亲属关系为纽带，且不以经营为目的。③ 合伙不具备法人资格，从而又有别于法人。④ 个人合伙在性质上仍然属于自然人范畴。
	(2) 合伙人对于合伙债务负无限和连带责任。这里的合伙债务，指合伙资产所不足清偿的债务。对于该债务，合伙人须负个人责任，亦即不以出资为限的责任，故称无限责任。全体合伙人对于债权人，又须共同地连带负责，故称连带责任。但各合伙人之间，仍按份额或者平等地分配该责任。
财产关系	(1) 合伙是因参加者出资，才形成经营体的物质条件，出资不以货币为限，实物或者技术均可。合伙人的出资，如果没有相反的约定，出资财产即发生所有权变动，成为合伙人共同财产；另外，合伙财产由合伙经营过程中增值的财产构成。
	(2) 个人合伙内部合伙人对合伙财产实行共有共管。所谓共有，是指合伙财产属全体合伙人共有；所谓共管，则指共同经营，各个合伙人对于合伙事务，均有决定权、执行权和监督权。
身份确定	原则上合伙人要共同出资，共同经营。但，自然人按照协议提供资金或者实物，并约定参加合伙盈余分配，但不参与合伙经营、劳动的，或者提供技术性劳务而不提供资金、实物，约定参与盈余分配的，视为合伙人。基于此，对合伙人身份的确定，主要从是否分配盈余角度分析，即只要参与盈余分配的，就应当认定为合伙人。
事务执行	① 合伙负责人和其他人员的经营活动，由全体合伙人承担民事责任，其他合伙人则有执行和监督的权利。② 合伙负责人在法律上视为合伙的代表人，具体执行合伙事务，其执行合伙事务产生的法律后果，应由全体合伙人共同承担。③ 但在合伙内部，其他合伙人可以请求有过错的负责人赔偿其损失。④ 如果合伙负责人超越权限订立的合同，除相对人知道或者应当知道其超越权限的以外，该代表行为有效。
入伙	条件	有关入伙的约定，合伙人应在合伙合同中写明或另订书面合同约定，没有约定的，须经全体合伙人同意。若为合伙企业还必须签订书面入伙协议，否则入伙无效，但个人合伙不以书面协议为必要。
	责任	既存合伙新接纳的合伙人，对他加入前合伙的债务，与原合伙人负同一的责任(连带责任)；约定新合伙人对前合伙的债务不负责任的，承担了前合伙债务的新合伙人，有权就其承担数额向原各合伙人追偿。
退伙	合伙人退出合伙的，退伙人对退出合伙前原合伙的债务，仍承担连带清偿责任。

【真题链接】

1. 甲企业是由自然人安琚与乙企业(个人独资)各出资50%设立的普通合伙企业，欠丙企业贷款50万元，由于经营不善，甲企业全部资产仅剩20万元。现所欠贷款到期，相关各方因贷款清偿发生纠纷。对此，下列哪一表述是正确的？(2016-3-2；单选)

    A. 丙企业只能要求安琚与乙企业各自承担15万元的清偿责任

    B. 丙企业只能要求甲企业承担清偿责任

C. 欠款应先以甲企业的财产偿还,不足部分由安琚与乙企业承担无限连带责任
D. 就乙企业对丙企业的应偿债务,乙企业投资人不承担责任
〔答案〕_____①

2. 甲、乙、丙三人签订合伙协议并开始经营,但未取字号,未登记,也未推举负责人。其间,合伙人与顺利融资租赁公司签订融资租赁合同,租赁淀粉加工设备一台,约定租赁期限届满后设备归承租人所有。合同签订后,出租人按照承租人的选择和要求向设备生产商丁公司支付了价款。

乙在经营期间发现风险太大,提出退伙,甲、丙表示同意,并通知了出租人,但出租人表示反对,认为乙退出后会加大合同不履行的风险。下列说法正确的是:(2016-3-87;不定项)
A. 经出租人同意,乙可以退出
B. 乙可以退出,无需出租人同意
C. 乙必须向出租人提供有效担保后才能退出
D. 乙退出后对合伙债务不承担责任
〔答案〕_____②

第四章　民事法律行为

导读: 民事法律行为的考点主要集中在民事法律行为的生效要件、民事行为效力类别即民事行为的有效、无效、效力待定、可撤销方面。考生关键要把握以下知识点:(1)事实行为与民事行为的区分。(2)民事法律行为生效要件。在这部分有两个问题:一是民事法律行为成立与生效之间的关系,以及它们各自的要件;二是民事法律行为生效的法律要件,往往会考查合同是否生效的问题。(3)立法用语的重大变化:1986年《民法通则》上的"民事法律行为"与2017年《民法总则》上的"民事法律行为"的含义截然不同。前者,生造出一个"民事行为"的概念,作为民事法律行为的上位概念。从民事行为到民事法律行为,一个极其重大的变化:民事法律行为不再包含"合法性的要求"。据此,民事法律行为的效力分为四种:有效法律行为、无效法律行为、可撤销法律行为和效力未定法律行为。上述四种效力形态,完全可以适用合同这类民事法律行为,也即合同具有上述四种效力形态。因两块知识有所交织,故笔者在本书体系安排上,将《合同法》总则"合同的效力"纳入本节"民事法律行为的效力"一并讲解。需要说明的一点是,上述四种效力形态并不全部适用于其他类型的民事法律行为。具体而言:①婚姻有三种效力形态,即有效婚姻、无效婚姻与可撤销婚姻。②抛弃、订立遗嘱等单方法律行为只有两种效力形态,即有效或者无效。

---

① C。
② B。

第一节 民事法律行为的分类

考点 1 单方行为、双方(多方)行为与决议行为

依据	根据民事法律行为的成立是仅需一方意思表示还是必须双方或多方意思表示,民事法律行为分为单方行为、双方行为和多方行为。
单方行为	单方民事法律行为是仅由一方意思表示就能成立的民事法律行为。这类行为的特点是不需要相对人的同意,该行为即告成立。单方行为有的是有相对人的,如遗嘱、代理权授予、无权代理的追认等;还有的是无相对人的,如抛弃所有权等。
多方行为	双方(多方)民事法律行为是当事人双方或多方意思表示一致才能成立的民事法律行为。这类行为的特点是必须有当事人双方或多方的意思表示,而且必须相互结合、彼此一致才能成立。
决议行为	决议行为又称组织内部行为,是指社团组织成员依照一定规则(多数决规则)实施的多方民事法律行为,如股东会、董事会决议等。决议主要发生于社团内部,不直接产生对外法律效果。(内外有别)
区分意义	单方行为只要有一方当事人意思表示即可成立;双方及多方行为需要各方当事人意思表示一致,仅有意思表示却没有达成一致的,行为仍不成立;决议行为则通过多数决方式或程序形成意思表示的合致而成立。

考点 2 身份行为与财产行为

依据	依发生的效果是身份关系抑或财产关系,区分身份行为与财产行为。	
身份行为	身份行为是发生身份变动效果的民事法律行为,其中有单方行为,如辞去委托监护,也有双方行为,如收养等。	
财产行为	财产行为是发生财产变动效果的民事法律行为,有物权行为,如抛弃、交付等,也有债权行为,如买卖合同等。	
区分意义	适用法律不同	身份行为适用身份法的规范,财产行为适用财产法规范。如收养适用亲属法规范,买卖适用《合同法》等。
	法律限制不同	身份行为涉及伦理关系,法律有较多的限制,如收养人的年龄限制等。而财产行为自由度相对高些,只要有民事行为能力即可为之。

考点 3 有偿行为与无偿行为

依据	对于财产性双方民事法律行为,根据当事人是否因给付而取得对价,可以分为有偿和无偿的民事法律行为。
有偿行为	有偿行为是双方当事人各因给付而取得对价利益的行为,即约定各方当事人均需履行义务,并获得有对价利益的权利。买卖、租赁等合同就是有偿行为。

（续表）

无偿行为	无偿行为是当事人约定一方当事人履行义务，对方当事人不给予对价利益的行为。赠与、借用等是无偿行为。
区分意义	（1）性质界定不同：有的民事法律行为就其性质来说只能是有偿的，如买卖、租赁等，如果一方取得物却无须支付对价，那就是赠与了，再如，住他人房屋不需给付租金，那就不再是租赁，而是借用。故，赠与、借用等行为必然是无偿行为。但有的合同就其内容来说，既可以是有偿的，也可以是无偿的。如保管、委托等，其究竟是有偿还是无偿，须由当事人约定。如果当事人没有有偿或者无偿的约定，双方争议时，就依法律、交易习惯解释。
	（2）承担法律责任的要件不同：无偿行为因义务人不获对价，承担赔偿责任通常以重大过失为要件，如，保管是无偿的，保管人证明自己没有重大过失的，不承担损害赔偿责任。而有偿行为因当事人负担的义务属于取得对价利益的给付，有一般过失时就要承担责任。

考点 4　诺成行为与实践行为

依据	在双方民事法律行为中，根据民事法律行为在意思表示之外，是否以标的物的交付为成立要件，可以把民事法律行为分为诺成性行为和实践性行为。
诺成行为	诺成性民事法律行为是当事人双方意思表示一致即可成立的行为，即"一诺即成"的行为，它不以标的物的交付为要件。
实践行为	实践性民事法律行为是除当事人意思表示一致之外，还需要交付标的物才能成立的行为。实践行为因为有交付物这个特点，又被称为要物行为。
区分意义	实践行为，仅有意思表示，行为还不算成立，只有当按照该意思表示完成标的物交付时，行为才告成立，才能发生设定民事权利义务的效果。这也是自然人之间借款合同是单务行为而不是双务行为的原理所在。因为自然人之间的借款合同，自贷款人提供借款时生效。因此，提供贷款的行为不属于合同项下的义务，而属于合同的生效条件。根据我国现行法律的规定，定金、保管、借用、自然人之间借款、代物清偿合同属于实践行为，此外的双方民事法律行为如未有约定的，应认定其为诺成性行为。

考点 5　要式行为与不要式行为

依据	根据民事法律行为是否必须依照一定方式实施，可以分为要式行为与不要式行为。
要式行为	要式行为是必须依照法律规定的形式实施的行为。一定的方式常见的有书面形式、履行登记手续等。
不要式行为	不要式行为是不拘形式的民事法律行为，即当事人可以自由决定行为的形式，只要该行为意思表示合法，行为即可生效。

(续表)

区分意义	要式行为须有约定或法律规定	民事法律行为是否为要式,须有当事人约定或者法律规定为限,否则为不要式。我国《物权法》中规定的不动产抵押须登记,以及《合同法》中规定的建设工程合同须采用书面方式,都属于要式行为。
	要式行为的效力	要式行为如未完成特定形式,该行为不成立,但法律另有规定的除外。如《合同法》第36条规定,法律、行政法规规定或者当事人约定采用书面形式订立合同,当事人未采用书面形式但一方已经履行主要义务,对方接受的,该合同成立。(履行补正形式瑕疵)

考点 6 负担行为与处分行为

依据	在财产行为中,依法律行为的效力区分,可分为处分行为与负担行为。
处分行为	处分行为是直接发生财产权移转或消灭效果的行为。处分行为分为物权行为与准物权行为两类。物权行为是直接变动物权效果的行为,如让与物权、抛弃物权、设定抵押或质权等;准物权行为是直接变动物权以外支配型财产权设定、移转或消灭效果的处分行为,例如设定采矿权、渔业权等。
负担行为	负担行为是发生给付义务效果的行为。负担行为设定的权利不能直接实现,须经义务人的履行行为权利才能实现。如,动产买卖行为,须由出卖人交付标的物后,债权才能实现。负担行为的效力虽也设定了权利义务关系,但权利须他人协助才能实现,不似处分行为权利能直接实现,故负担行为也称非直接处分行为或债权行为,最常见的是契约行为。
区分意义	(1) 两者并存时,可区分不同行为的不同法律效果,如买卖合同是负担行为,其效果是使双方分别担负给付标的物和给付价款义务,而相对人取得各自标的物和价款所有权则是通过交付或者登记行为,此处的"交付"与"登记"就是处分行为。 (2) 处分行为以具备处分权为生效要件,无处分权之处分原则上不生效力;负担行为的效力是产生给付义务,因不发生财产权之变动,负担人无须以有处分权为条件设定负担行为,对于同一标的物上设定的数个负担行为,适用"债权平等原则"。

考点 7 有因行为与无因行为

依据	在两个相关联的民事法律行为中,根据后一个法律行为的效力是否须以前一个法律行为为条件,法律行为可分为有因行为与无因行为。
有因行为	有因行为是以原因为条件的民事法律行为,即该民事法律行为的效力受原因行为的制约,原因行为如有欠缺、不合法的,则该行为不成立。即,有因行为的效果,不仅要考虑行为的法律要件,还要考虑原因行为是否有效。

(续表)

无因行为	无因行为是不以原因为条件的民事法律行为，即不论原因是否欠缺、违法等，该行为自完成时起发生效力，不受原因行为的制约。如，票据行为属无因行为，有偿合同中价金以票据支付的，即使作为原因行为的合同无效，该票据行为仍然有效，不受原因行为的影响。
拓展	德国、我国台湾地区"民法"承认物权行为的无因性。所谓物权行为的无因性，是指只要物权行为本身有效，物权行为的效力不受负担行为无效的影响。我国《物权法》不承认物权行为的无因性，采用的模式是：① 有效合同＋动产交付＝物权变动；② 有效合同＋不动产登记＝物权变动。

考点 8 主行为与从行为

依据	根据两个相互关联的法律行为的相互地位，可将民事法律行为分为主法律行为与从法律行为。
主行为	主法律行为是指在两个相互关联的民事法律行为中，能够独立存在的法律行为。
从行为	从法律行为是依附于主法律行为的存在而存在的法律行为。如，甲向乙借款1万元，由丙作保证人。此例中，存在两个民事法律行为：① 甲与乙之间的借贷合同行为；② 丙与乙之间的保证合同行为。保证合同行为的存在依附于借贷合同的存在（如果没有借贷合同，就不可能存在保证合同）。因此，借贷合同行为是主法律行为，保证合同行为是从法律行为。
区分意义	从法律行为随主法律行为的成立而成立，随主法律行为的消灭而消灭。主法律行为的变更或者撤销，在一定程度上会影响从法律行为的效力。

【真题链接】

1. 王某与张某签订了一份书面合同，约定由王某在签约后3日借给张某1万元，张某于半年后偿还该1万元并支付7%的利息。该行为属于何种民事法律行为？（本题系笔者改编的模拟题）

　　A. 有偿民事法律行为　　　　　　B. 无偿民事法律行为
　　C. 单务民事法律行为　　　　　　D. 双务民事法律行为
　〔答案〕_____①

2. 关于民事法律行为，下列哪些选项是错误的？（2008-3-51延考；多选）

　　A. 某演员将其演出收入捐赠给慈善机构的行为是单方行为
　　B. 陈某去世前设立遗嘱的行为是身份行为
　　C. 王某以自己的房屋为他人设立抵押权的行为是负担行为
　　D. 李某受领赵某错误交付标的物的行为是实践行为
　〔答案〕_____②

---

① AC。
② ABCD。

第二节 意思表示

考点 9 意思表示概述

概念	意思表示是指民事行为能力适格之表意人,将自主形成的效果意思表达于外部的行为。一般而言,意思表示和法律行为这两个表述被作为同义词使用。之所以选择意思表示这一表述,是因为意思表示本身居于首要地位,或者意思表示仅被作为法律行为的构成要件的组成部分予以考虑。
构成要素	意思表示有三个构成要素,即目的意思、效果意思和表示行为。其中,目的意思和效果意思属于意思表示的主观要件,表示行为属于意思表示的客观要件。只有具备了上述三个要素,意思表示才能够成立。
构成要素 — 目的意思	目的意思是指明法律行为,尤其是指明法律行为标的内容的意思要素,它是意思表示据以成立的基础。成立合同,必须要有目的意思,即买卖的标的、数量等这些必不可少的要素。
构成要素 — 效果意思	效果意思是指当事人欲使其目的意思发生法律上的效力的意思要素。具备了效果意思意味着行为人要有意识地追求设立、变更或终止某一特定民事法律关系的法律效果。
构成要素 — 表示行为	表示行为是指行为人将其内在的目的意思和效果意思以一定的方式表现于外部,为相对人所了解的行为要素。

考点 10 意思表示的类型(1):明示与默示

明示形式	口头形式	口头形式即口头语言形式,如以口头语言洽谈并订立的合同等。口头形式的优点是便捷,但也具有不易保留证据的缺点。
明示形式	书面形式	书面形式即书面语言形式,主要指文字(文件、信函、电报)、电子数据等形式。书面形式的特点是不便,但却有郑重庄严和"白纸黑字,铁证如山"的优点。
明示形式	公告形式	以公告方式作出的意思表示,于公告发布时即生效。
默示形式	行为推定	行为人用语言外的可推知含义的作为间接表达内心意思的默示行为。所谓可推知,是从该行为中,一般人能够容易地推知其意思的内容。如,租赁合同届满,承租人继续交付租金并为出租人接受,便可推知其表示要延展租赁期间。
默示形式	沉默推定	行为人依法或者依约以不作为间接表达内心意思的默示行为。不作为即缄默、沉默不语。"沉默只有在有法律规定、当事人约定或者符合当事人之间的交易习惯时,才可以视为意思表示。"如,相对人可以催告法定代理人自收到通知之日起1个月内予以追认。法定代理人未作表示的,视为拒绝追认。再如,受遗赠人到期没有表示的,视为放弃受遗赠等,都属于法定沉默形式。

考点 11　意思表示的类型(2)：有相对人的意思表示与无相对人的意思表示

意思表示，依其是否以向相对人实施为要件，划分为有相对人的表示与无相对人的表示。向相对当事人作的意思表示，为有相对人的意思表示，如要约与承诺、债务免除、合同解除等。意思表示有相对人时，如果意思表示到达相对人有传递的在途时间，则该意思表示以到达相对人时生效。无相对人的意思表示，如遗嘱、捐助行为等，类似"自说自话"，该意思表示自完成时生效。有相对人的意思表示还可以作进一步的划分：

对特定人的表示	须以特定人为相对人的意思表示是对特定人的表示，如承诺、允许、撤销等。
对不特定人的表示	无须向特定人实施的意思表示是对不特定人的表示，如悬赏广告等。区分的意义在于须以特定人为相对人的意思表示，对于非特定人不生效。
对话表示	有相对人的双方表示，依其相对人是否处于可同步受领和直接交换意思表示的状态，而划分为对话表示和非对话表示。口头或者打电话直接订立合同是对话表示。以对话方式作出的意思表示，相对人知道其内容时生效。
非对话表示	通过信函交往或者经使者传达而订立合同，属于非对话表示。以非对话方式作出的意思表示，到达相对人时生效。以非对话方式作出的采用数据电文形式的意思表示，相对人指定特定系统接收数据电文的，该数据电文进入该特定系统时生效；未指定特定系统的，相对人知道或者应当知道该数据电文进入其系统时生效。当事人对采用数据电文形式的意思表示的生效时间另有约定的，按照其约定。

考点 12　欠缺意思表示的情形

好意施惠	好意施惠的本质特征在于当事人欠缺私法上的效果意思，没有受私法拘束的意思，不会发生私法上的效果，故不受民法调整。关于好意施惠，笔者在本书第一部分第二节"民事法律事实"中进行了详细讲解，在此不再赘述。
事实行为	事实行为虽然能够引起民事法律关系的产生、变更和消灭，但该法律后果基于法律直接规定。常见的事实行为归类： (1) 物权法上的事实行为：先占、添附、拾得遗失物、发现埋藏物、建造(拆除)房屋等。 (2) 债权法上的事实行为：侵权行为、无因管理、不当得利等。 (3) 知识产权法上的事实行为：创作作品、发明创造等。

考点 13　意思表示瑕疵(1)：意思表示不真实

真意保留	是指行为人故意隐瞒其真意，而表示其他意思的意思表示。通说认为基于真意保留所谓的法律行为，效力不受影响；但如果相对人知晓真意保留时，法律行为不发生效力。

(续表)

戏谑行为	又称缺乏真意的表示行为,指行为人作出的意思表示并非出于真意,并且期待对方立即了解其表示并非出自真意。
虚伪表示	又称伪装表示,指行为人与相对人共谋为虚假的意思表示,实际上并不期待法律行为产生效力。

考点 14 意思表示瑕疵(2):意思表示不自由①

欺诈	欺诈是指故意告知对方虚假情况或者隐瞒真实情况,使对方基于错误认识作出意思表示。欺诈行为构成要件是: (1) 有欺诈他人的行为。欺诈行为是指故意不把真实情况告知对方当事人,包括虚构事实、歪曲事实或者隐匿事实。 (2) 有欺诈的故意。这种故意包括两层含义:① 使相对人陷入错误认识的故意。② 使相对人陷入错误认识而作出意思表示的故意。 (3) 须被欺诈人因受欺诈而陷入认识错误。即被欺诈人陷入认识错误与欺诈人的欺诈行为之间具有因果关系。 (4) 须被欺诈人因认识错误而作出意思表示。如果被欺诈人虽然陷入错误,但是并没有因此而作出意思表示;或者虽有意思表示,却不是因错误而导致的,欺诈行为不成立。 需要提请考生注意的是,《民法总则》区分了当事人欺诈与第三人欺诈。《民法总则》第 149 条规定,第三人实施欺诈行为,使一方在违背真实意思的情况下实施的民事法律行为,对方知道或者应当知道该欺诈行为的,受欺诈方有权请求人民法院或者仲裁机构予以撤销。
胁迫	以给公民及其亲友的生命健康、荣誉、名誉、财产等造成损害,或者以给法人的荣誉、名誉、财产等造成损害为要挟,迫使对方作出违背真实的意思表示的,可以认定为胁迫行为。 胁迫的本质在于对表意人的自由意思加以干涉,所以胁迫应具有违法性。常见的类型有: (1) 目的正当,手段不正当。如甲对乙说:"若不按期还款,打断你的腿。" (2) 目的不正当,手段正当。如甲对乙说:"若不帮我行贿,我就举报你逃税。" (3) 目的不正当,手段也不正当。如甲对乙说:"若不答应继续维持婚外情,我就公布你的裸照。" (4) 目的正当,手段亦正当,但二者的结合不正当,即手段与目的不具有牵连性。如甲对乙说:"若不借钱给我,我就举报你逃税。" 《民法总则》第 150 条规定,一方或者第三人以胁迫手段,使对方在违背真实意思的情况下实施的民事法律行为,受胁迫方有权请求人民法院或者仲裁机构予以撤销。据此可知,来自相对人的胁迫与来自第三人的胁迫效果是一样的,都是可撤销的民事法律行为。

---

① 此部分内容与第三节民事法律行为的效力部分有重叠,考生需要将两块内容对比记忆。

(续表)

重大误解	行为人因对行为的性质、对方当事人、标的物的品种、质量、规格和数量等的错误认识，使行为的后果与自己的意思相悖，并造成较大损失的，可以认定为重大误解，即重大误解限缩为对行为的类型、相对人、标的等重要因素产生错误认识，并且造成较大损失。反之，虽有误解，但不重大，或者没有较大损失的，则不能撤销。需要提请考生注意的是：重大错误须为对法律行为所形成的法律关系要素的错误，动机不属于法律行为的内容，若意思表示的内容没有错误，仅是意思表示作出的起因(动机)发生错误，属于狭义的动机错误，不构成重大误解。

【真题链接】

1. 关于意思表示法律效力的判断，下列哪些选项是正确的？(2011-3-53；旧题新解，不定项)

A. 甲在商场购买了一台液晶电视机，回家后发现其妻乙已在另一商场以更低折扣订了一台液晶电视机。甲认为其构成重大误解，有权撤销买卖

B. 甲向乙承诺，以其外籍华人身份在婚后为乙办外国绿卡。婚后，乙发现甲是在逃通缉犯。乙有权以甲欺诈为由撤销婚姻

C. 甲向乙银行借款，乙银行要求甲提供担保。丙为帮助甲借款，以举报丁偷税漏税相要挟，迫使其为甲借款提供保证，乙银行对此不知情。丁有权以其受到胁迫为由撤销保证

D. 甲患癌症，其妻乙和医院均对甲隐瞒其病情。经与乙协商，甲投保人身保险，指定身故受益人为乙。保险公司有权以乙欺诈为由撤销合同

〔答案〕_____①

2. 下列哪一情形下，甲对乙不构成胁迫？(2013-3-3；单选)

A. 甲说，如不出借1万元，则举报乙犯罪。乙照办，后查实乙构成犯罪

B. 甲说，如不将藏獒卖给甲，则举报乙犯罪。乙照办，后查实乙不构成犯罪

C. 甲说，如不购甲即将报废的汽车，将公开乙的个人隐私。乙照办

D. 甲说，如不赔偿乙撞伤甲的医疗费，则举报乙醉酒驾车。乙照办，甲取得医疗费和慰问金

〔答案〕_____②

第三节 民事法律行为的效力

考点 15 民事法律行为的成立与生效

概念	民事法律行为自成立时生效，但是法律另有规定(如，遗嘱按照法定形式作成即告成立，但是在被继承人死亡时才生效)或者当事人另有约定(如，当事人约定附生效条件的法律行为)的除外。行为人非依法律规定或者未经对方同意，不得擅自变更或者解除民事法律行为。

---

① C(原答案为CD)。
② D。

(续表)

要件	法律行为的生效条件,包括意定条件和法定条件。意定条件即当事人约定附条件或附期限,法定条件：① 行为人具有相应的民事行为能力；② 意思表示真实；③ 不违反法律、行政法规的强制性规定；④ 不违背公序良俗。	
	行为人具有相应的民事行为能力	民事法律行为以行为能力适格为其首要条件。对于自然人,应具有完全民事行为能力。限制民事行为能力人,实施的与其意思能力相适应的民事法律行为或纯获利益的行为有效。对于法人,于权利能力范围内实施的民事法律行为有效。
	意思表示真实	意思表示真实指内心的效果意思须与表示意思一致,如因内心有保留、认识错误、误传、误解、受欺诈或胁迫、显失公平等,表示意思与效果意思不一致的,则会发生无效或被撤销的后果。
	不违反法律或公序良俗	内容须合法	即意思表示之内容须合法。合法,指不违反强制性法律规范和公序良俗。强制性规定,系指当事人无条件实施一定行为或不得实施一定行为的规定；公序良俗,是指公共秩序和善良风俗。
		符合法定要求	法律对某些行为有特别要求的,必须满足该要求时,民事法律行为方能生效。例如,婚姻行为、收养行为需要登记才能生效。
实例	法考中,几类常考的特殊情况下的有效民事法律行为： ①《买卖合同解释(一)》第3条：无权处分订立的买卖合同,有效。 ② 一物多卖、一房数租的合同,每一份合同都是有效的,无论后来者知情与否。 ③ 侵害优先购买权人(房屋承租人、按份共有人)的优先购买的买卖合同,有效。 ④ 法人超出经营范围的合同,只要不违反国家限制经营、特许经营以及法律、行政法规禁止经营的,有效。	

【真题链接】

1. 下列甲与乙签订的哪些合同有效？（2011-3-58；多选）

A. 甲与乙签订商铺租赁合同,约定待办理公证后合同生效。双方未办理合同公证,甲交付商铺后,乙支付了第1个月的租金

B. 甲与乙签署股权转让协议,约定甲将其对丙公司享有的90%股权转让给乙,乙支付1亿元股权受让款。但此前甲已将该股权转让给丁

C. 甲与乙签订相机买卖合同,相机尚未交付,也未付款。后甲又就出卖该相机与丙签订买卖合同

D. 甲将商铺出租给丙后,将该商铺出卖给乙,但未通知丙

〔答案〕_____ ①

2. 甲与乙教育培训机构就课外辅导达成协议,约定甲交费5万元,乙保证甲在接受乙的辅导后,高考分数能达到二本线。若未达到该目标,全额退费。结果甲高考成绩仅达去年二本

---

① ABCD。

线,与今年高考二本线尚差20分。关于乙的承诺,下列哪一表述是正确的?(2012-3-11;单选)

A. 属于无效格式条款
B. 因显失公平而可变更
C. 因情势变更而可变更
D. 虽违背教育规律但属有效

〔答案〕_____①

3. 甲、乙之间的下列哪些合同属于有效合同?(2013-3-53;多选)

A. 甲与丙离婚期间,用夫妻共同存款向乙公司购买保险,指定自己为受益人
B. 甲将其宅基地抵押给同村外嫁他村的乙用于借款
C. 甲将房屋卖给精神病人乙,合同履行后房价上涨
D. 甲驾车将流浪精神病人撞死,因查找不到死者亲属,乙民政部门代其与甲达成赔偿协议

〔答案〕_____②

4. 某旅游地的纪念品商店出售秦始皇兵马俑的复制品,价签标名为"秦始皇兵马俑",2 800元一个。王某购买了一个,次日,王某以其购买的"秦始皇兵马俑"为复制品而非真品属于欺诈为由,要求该商店退货并赔偿。下列哪些表述是错误的?(2015-3-52;多选)

A. 商店的行为不属于欺诈,真正的"秦始皇兵马俑"属于法律规定不能买卖的禁止流通物
B. 王某属于重大误解,可请求撤销买卖合同
C. 商店虽不构成积极欺诈,但构成消极欺诈,因其没有标明为复制品
D. 王某有权请求撤销合同,并可要求商店承担缔约过失责任

〔答案〕_____③

5. 潘某去某地旅游,当地玉石资源丰富,且盛行"赌石"活动,买者购得原石后自行剖切,损益自负。潘某花5 000元向某商家买了两块原石,切开后发现其中一块为极品玉石,市场估价上百万元。商家深觉不公,要求潘某退还该玉石或补交价款。对此,下列哪一选项是正确的?(2016-3-3;单选)

A. 商家无权要求潘某退货
B. 商家可基于公平原则要求潘某适当补偿
C. 商家可基于重大误解而主张撤销交易
D. 商家可基于显失公平而主张撤销交易

〔答案〕_____④

考点 16 无效民事法律行为的概念、特征

概念	无效民事法律行为是指欠缺法律行为根本生效要件,自始、确定和当然不发生行为人意思之预期效力的民事法律行为。《民法总则》第155条规定:"无效的或者被撤销的民事法律行为自始没有法律约束力。"

① D。
② AD。
③ A。
④ A。

(续表)

特征	自始无效	无效民事法律行为之无效,自行为开始起发生,该行为之意思,从开始起就不被法律所认可。
	当然无效	无效民事法律行为,无须任何人主张,也不待法院或仲裁机构宣告,即无效。该行为无效不以主张、确认和宣告为要件。
部分无效	《民法总则》第156条:民事法律行为部分无效,不影响其他部分效力的,其他部分仍然有效。具体体现:	
	格式条款	①《合同法》第40条:格式条款具有本法第52条和第53条规定情形的,或者提供格式条款一方免除其责任、加重对方责任、排除对方主要权利的,该条款无效。
	定金合同	②《担保法》第91条:"定金的数额由当事人约定,但不得超过主合同标的额的20%。"超过20%的,超过部分无效。
	房屋租赁	租赁期限不得超过20年。超过20年的,超过部分无效。
	解决争议条款	双方民事法律行为无效后,该行为中关于解决双方争议的意思表示,可以独立发生效力,不因该行为无效或被撤销不发生效力。

【真题链接】

1. 下列哪些情形属于无效合同?(2012-3-52;多选)

   A. 甲医院以国产假肢冒充进口假肢,高价卖给乙

   B. 甲乙双方为了在办理房屋过户登记时避税,将实际成交价为100万元的房屋买卖合同价格写为60万元

   C. 有妇之夫甲委托未婚女乙代孕,约定事成后甲补偿乙50万元

   D. 甲父患癌症急需用钱,乙趁机以低价收购甲收藏的1幅名画,甲无奈与乙签订了买卖合同

   〔答案〕_____ ①

2. 甲与乙公司订立美容服务协议,约定服务期为半年,服务费预收后逐次计扣,乙公司提供的协议格式条款中载明"如甲单方放弃服务,余款不退"(并注明该条款不得更改)。协议订立后,甲依约支付5万元服务费。在接受服务1个月并发生费用8000元后,甲感觉美容效果不明显,单方放弃服务并要求退款,乙公司不同意。甲起诉乙公司要求返还余款。下列哪一选项是正确的?(2017-3-11;单选)

   A. 美容服务协议无效

   B. "如甲单方放弃服务,余款不退"的条款无效

   C. 甲单方放弃服务无须承担违约责任

   D. 甲单方放弃服务应承担继续履行的违约责任

   〔答案〕_____ ②

---

① BC。
② B。

考点 17　民事法律行为无效的类型

无人、限人实施的行为	① 无民事行为能力人实施的行为,如前所述,即使是纯获利益的行为,也是无效的。② 限制民事行为能力人超出能力范围实施的单方法律行为,如抛弃、遗嘱,因此类行为不涉及相对人的利益保护和交易安全,亦为无效。		
意思表示不自由的行为	欺诈、胁迫行为,《民法总则》与《合同法》的规定不一致。《合同法》区分损害国家利益和非国家利益,作二元规定,该法第 52 条第 1 项规定,一方以欺诈、胁迫的手段订立损害国家利益的合同,则应属无效;对于非损害国家利益的,该法第 54 条第 2 款规定,欺诈、胁迫行为属可撤销行为。而新公布的《民法总则》不分损害国家利益和非国家利益,作一元规定,该法第 149 条和第 150 条规定,欺诈、胁迫行为皆属可撤销行为。如果按新法优于旧法适用规则,则意思表示不自由行为,盖属可撤销民事法律行为,而不再属于无效民事法律行为之列。		
恶意串通的行为	行为人与相对人恶意串通,损害他人合法权益的民事法律行为无效。表意人与相对人通谋实施虚伪的意思表示,是专为侵害他人合法权益的,而他人不是表意人,既无从阻遏,又无权补救,甚至还可能"蒙在鼓里",故法律直接干预,使它无效。该行为须具备下列条件:		
	(1) 须表示与内心不一致	即外部表示与内心意思不一致,所表示的并不是行为人的真实意思,行为人内心存在牟取不正当利益或损害他人的意思,但是却故意制造某种进行民事法律行为的虚假现象。例如,为逃避强制执行而假装把财产赠与相对人,事实上当事人并没有出赠和受赠的意意。	
	(2) 须有恶意通谋	即表意人与相对人恶意串通。不但表意人单方面了解自己的表示是虚伪的,而且相对人也了解这一情况。串通指他们之间有勾结,有意思联络。而恶意则指对于该串通是完全了解的,表意人自己了解其表示与意思的不一致,不一致是恶意造成的,而不是出于认识上的错误。	
	(3) 须损害他人的合法权益	恶意串通的意思表示,必须具有损害他人合法权益的目的。	
以合法形式掩盖非法目的的虚假行为	虚假行为,亦称伪装行为,是以虚假行为作表、以隐蔽行为作里的复合行为。这一行为的特点是显露于表的意思表示是虚假的、不真实的,违反了意思表示须真实的生效要件,该表面行为无效;而遮盖、隐蔽于里的民事法律行为却是真实的,其是否有效,不能一概而论。		

	(续表)
违反法律、行政法规禁止性规定的行为	相对于任意性规定而言,所谓强制性规定是指法律关系必须适用,不能因当事人意思予以变更和排除适用的规定。对于强制性规定的范围,《合同法解释(二)》第14条对此又作了限缩性解释:"'强制性规定',是指效力性强制性规定。"即法律行为只有违反效力性强制性规定,才直接归于无效。所谓效力性规定,是与管理性规定相对应的概念,是指法律直接规定法律行为不发生意思表示效果的规定;而管理性强行性规定,又称取缔性规定,是指仅规定法律行为应当遵守的公法秩序却未规定其私法效果的规定。例如,要求企业须在核准登记的经营范围内经营,即属于管理性规定,违反此规定超范围经营的,其行为不当然无效;但违法经营需许可证的烟草等,即违反取缔性规定,其行为当然、绝对无效;反之,超范围经营一般产品的,其行为在民法上有效,因违反管理性规定可能会受到工商行政部门警告、罚款甚至吊销营业执照的处罚。
违反公序良俗的行为	公序良俗,是指公共秩序和善良风俗。违反公序良俗的民事法律行为无效。如,违反性伦理道德签订的"代孕协议",无效。

【真题链接】

甲欠乙30万元到期后,乙多次催要未果。甲与丙结婚数日后即办理离婚手续,在《离婚协议书》中约定将甲婚前的一处住房赠与知悉甲欠乙债务的丙,并办理了所有权变更登记。乙认为甲侵害了自己的权益,聘请律师向法院起诉,请求撤销甲的赠与行为,为此向律师支付代理费2万元。下列哪些选项是正确的?(2017-3-58;多选)

A.《离婚协议书》因恶意串通损害第三人利益而无效
B. 如甲证明自己有稳定工资收入及汽车等财产可供还债,法院应驳回乙的诉讼请求
C. 如乙仅以甲为被告,法院应追加丙为被告
D. 如法院认定乙的撤销权成立,应一并支持乙提出的由甲承担律师代理费的请求
〔答案〕_____①

考点 18 无效民事法律行为的效果

对于被确认无效和被撤销而无效的民事法律行为,尚未履行或者已履行的,其效果如下:

(1) 如果这类行为所约定的义务尚未履行,就无须再去履行。因为它们根本不能使义务人负担义务。	
(2) 如果这类行为所约定的义务正在履行之中,便应中止履行。对于业已履行的部分,应按下面的原则处理:	
① 返还财产	在给付了财产的情况下,受领财产的一方将该财产返还相对人。这是因为,民事法律行为被确认为无效之时,受领财产的一方继续占有该项财产就丧失了法律依据,因而有义务将财产返还给相对人(不当得利返还)。如果仅仅是当事人一方取得了财产,该当事人则负返还义务;如果当事人双方对等地取得了财产,双方应当相互返还财产。如果财产已不存在,无法返还的,应折价补偿。

---

① BD。

(续表)

② 赔偿损失	如果民事法律行为无效后给对方或者第三人造成了损失,还应当赔偿损失。如果损失是一方的过错造成的,则仅过错方赔偿;如果双方都有过错,则由双方承担各自应负的责任(缔约过失责任)。

考点 19　可撤销民事法律行为概述

概念		可撤销民事法律行为,是因行为有法定的重大瑕疵而须以诉撤销的民事法律行为。《民法总则》取消了"可变更与可撤销民事行为"的概念,今后只可使用"可撤销民事法律行为"的概念。基于意思自治原则,对于只涉及当事人而不涉及国家或第三人利益的意思有缺陷的民事法律行为,其有效还是无效的选择权被赋予行为人自己,即赋予当事人撤销权,其若选择有效则放弃行使权利,若选择无效,则可行使撤销权。一旦当事人行使了撤销权,则被撤销部分的行为,就视同无效民事法律行为,自始不发生效力。
可撤销民事法律行为与无效民事法律行为辨析	瑕疵原因	可撤销民事法律行为大多属于意思表示瑕疵;而无效民事法律行为既有意思瑕疵的,也有主体不合格的,还有违法的。
	行使方式	可撤销民事法律行为之撤销,须以诉为之;无效民事法律行为前已述及,是当然确定的无效,无须宣告。法院或仲裁庭发现民事法律行为无效时,可以不经当事人请求,径行认定无效。
	效力不同	无效的民事法律行为从行为开始就确定地不能发生法律行为的固有效力。可撤销民事法律行为却只有经过审判或者仲裁程序确定之后,才属无效,在当事人不申请撤销或者虽然申请,但审判或者仲裁机关尚未作出撤销判决时,则还具有其效力。
	结局不同	无效民事法律行为自始就当然确定的无效,不会因为时间的经过,变为有效。可撤销民事法律行为,因须行使撤销权才会归于无效,法律对于当事人主张撤销是有时间限制的,即过了法律规定的期限,撤销权即归于消灭,可撤销民事法律行为就变为完全有效的民事法律行为。

考点 20　可撤销民事法律行为撤销事由

欺诈	概念	欺诈是故意欺骗他人,使之陷于错误的行为。欺骗即为使受领人陷于错误而故意将不真实的虚假情况当做真实情况表示。
	构成	(1) 一方当事人故意告知对方虚假情况,或者故意隐瞒真实情况。 (2) 对方因此陷入错误认识。 (3) 对方因此作出不真实的意思表示。 (4) 对方因此遭受利益损失。

(续表)

欺诈	需要提请考生注意的是,《民法总则》增加了"第三人欺诈"的情形:① 第三人欺诈,除了须符合欺诈法律要件,还须符合受欺诈之相对人知道或应当知道该行为是欺诈所致的要件。② 第三人欺诈与恶意串通行为不同,前者是第三人欺诈一方当事人,让另一方当事人受益,如第三人当"托",使受欺诈人与相对人为意思表示,损害的是法律行为当事人一方的利益;而后者是民事法律行为的双方当事人合谋损害第三人利益,行为主体与受害人皆不同。
胁迫	以给公民及其亲友的生命健康、荣誉、名誉、财产等造成损害,或者以给法人的荣誉、名誉、财产等造成损害为要挟,迫使对方作出违背真实的意思表示的,可以认定为胁迫行为。常见的行为类型有:① 手段不正当。② 目的不正当。③ 手段与目的的结合不正当。
重大误解	行为人因对行为的性质、对方当事人、标的物的品种、质量、规格和数量等的错误认识,使行为的后果与自己的意思相悖,并造成较大损失的,可以认定为重大误解。即重大误解限缩为对行为的类型、相对人、标的等重要因素产生错误认识,并且造成较大损失。反之,虽有误解,但不重大,或者没有较大损失的,则不能撤销。
显失公平	一方当事人利用优势或者利用对方没有经验,致使双方的权利与义务明显违反公平、等价有偿原则的,可以认定为显失公平。需要指出的是:《民法通则》与《合同法》都规定了"乘人之危",作为一种独立的可撤销行为的类型。但《民法总则》将其一体纳入"一方利用对方处于危困状态,致使民事法律行为成立时显失公平"的情形中,也即纳入显失公平的情形中去,不再作为一种独立的可撤销类型。

【真题链接】

1. 某校长甲欲将一套住房以50万元出售。某报记者乙找到甲,出价40万元,甲拒绝。乙对甲说:"我有你贪污的材料,不答应我就举报你。"甲信以为真,以40万元将该房卖与乙。乙实际并无甲贪污的材料。关于该房屋买卖合同的效力,下列哪一说法是正确的?(2010-3-5;单选)

  A. 存在欺诈行为,属可撤销合同
  B. 存在胁迫行为,属可撤销合同
  C. 存在乘人之危的行为,属可撤销合同
  D. 存在重大误解,属可撤销合同
  〔答案〕_____①

2. 陈老伯考察郊区某新楼盘时,听销售经理介绍周边有轨道交通19号线,出行方便,便与开发商订立了商品房预售合同。后经了解,轨道交通19号线属市域铁路,并非地铁,无法使用老年卡,出行成本较高;此外,铁路房的升值空间小于地铁房。陈老伯深感懊悔。关于陈老伯可否反悔,下列哪一说法是正确的?(2017-3-10;单选)

  A. 属认识错误,可主张撤销该预售合同
  B. 属重大误解,可主张撤销该预售合同

---

① B。

C. 该预售合同显失公平,陈老伯可主张撤销该合同
D. 开发商并未欺诈陈老伯,该预售合同不能被撤销
〔答案〕_____①

考点 21 可撤销民事法律行为撤销权的行使

谁来撤	撤销权享有人	(1) 欺诈、胁迫、显失公平的,仅仅被欺诈、被胁迫、利益受损害一方享有撤销权。
		(2) 重大误解的,双方都享有撤销权。
		(3) 代理关系中,被代理人(本人)或者代理人以本人名义撤销。
何时撤	除斥期间	(1) 受欺诈方、显失公平的受害方自知道或者应当知道撤销事由之日起1年内行使。
		(2) 受胁迫方自胁迫行为终了之日起1年内行使。
		(3) 重大误解的当事人自知道或者应当知道撤销事由之日起3个月内行使。
		(4) 自民事法律行为发生之日起5年内未行使,撤销权消灭。(客观主义起算点)
怎么撤	方式	请求法院或者仲裁机构予以撤销,即"或诉或裁"。
啥后果		(1) 可撤销民事法律行为在被撤销之前有效,可以追究对方的违约责任。
		(2) 可撤销民事法律行为被撤销后自始无效,可以追究对方的缔约过失责任。

【真题链接】
1. 下列哪一情形构成重大误解,属于可撤销的民事法律行为?(2012-3-3;单选)
A. 甲立下遗嘱,误将乙的字画分配给继承人
B. 甲装修房屋,误以为乙的地砖为自家所有,并予以使用
C. 甲入住乙宾馆,误以为乙宾馆提供的茶叶是无偿的,并予以使用
D. 甲要购买电动车,误以为精神病人乙是完全民事行为能力人,并与之签订买卖合同
〔答案〕_____②

2. 甲委托乙采购一批电脑,乙受丙诱骗高价采购了一批劣质手机。丙一直以销售劣质手机为业,甲对此知情。关于手机买卖合同,下列哪些表述是正确的?(2012-3-54;多选)
A. 甲有权追认   B. 甲有权撤销
C. 乙有权以甲的名义撤销   D. 丙有权撤销
〔答案〕_____③

3. 甲以23万元的价格将一辆机动车卖给乙。该车因里程表故障显示行驶里程为4万公里,但实际行驶了8万公里,市值为16万元。甲明知有误,却未向乙说明,乙误以为真。乙的下列请求错误的是?(2015-3-2;旧题新解,不定项)

---

① D。
② C。
③ ABC。

A. 以甲欺诈为由请求法院变更合同,在此情况下法院不得判令撤销合同
B. 请求甲减少价款至16万元
C. 以重大误解为由,致函甲请求撤销合同,合同自该函到达甲时即被撤销
D. 请求甲承担缔约过失责任
〔答案〕_____①

4. 张某和李某设立的甲公司伪造房产证,以优惠价格与乙企业(国有)签订房屋买卖合同,以骗取钱财。乙企业交付房款后,因甲公司不能交房而始知被骗。关于乙企业可以采取的民事救济措施,下列哪一选项是正确的?(2015-3-3;单选)
A. 以甲公司实施欺诈损害国家利益为由主张合同无效
B. 只能请求撤销合同
C. 通过乙企业的主管部门主张合同无效
D. 可以请求撤销合同,也可以不请求撤销合同而要求甲公司承担违约责任
〔答案〕_____②

5. 甲房产开发公司在交给购房人张某的某小区平面图和项目说明书中都标明有一个健身馆。张某看中小区健身方便,决定购买一套商品房并与甲公司签订了购房合同。张某收房时发现小区没有健身馆。下列哪些表述是正确的?(2014-3-51;多选)
A. 甲公司不守诚信,构成根本违约,张某有权退房
B. 甲公司构成欺诈,张某有权请求甲公司承担缔约过失责任
C. 甲公司恶意误导,张某有权请求甲公司双倍返还购房款
D. 张某不能滥用权利,在退房和要求甲公司承担违约责任之间只能选择一种
〔答案〕_____③

6. 甲用伪造的乙公司公章,以乙公司名义与不知情的丙公司签订食用油买卖合同,以次充好,将劣质食用油卖给丙公司。合同没有约定仲裁条款。关于该合同,下列哪一表述是正确的?(2013-3-4;单选)
A. 如乙公司追认,则丙公司有权通知乙公司撤销
B. 如乙公司追认,则丙公司有权请求法院撤销
C. 无论乙公司是否追认,丙公司均有权通知乙公司撤销
D. 无论乙公司是否追认,丙公司均有权要求乙公司履行
〔答案〕_____④

7. 甲隐瞒了其所购别墅内曾发生恶性刑事案件的事实,以明显低于市场价的价格将其转卖给乙;乙在不知情的情况下,放弃他人以市场价出售的别墅,购买了甲的别墅。几个月后乙获悉实情,向法院申请撤销合同。关于本案,下列哪些说法是正确的?(2016-3-59;多选)
A. 乙须在得知实情后1年内申请法院撤销合同
B. 如合同被撤销,甲须赔偿乙在订立及履行合同过程当中支付的各种必要费用
C. 如合同被撤销,乙有权要求甲赔偿主张撤销时别墅价格与此前订立合同时别墅价格的

---

① AC(原答案为C)。
② D。
③ AB。
④ B。

差价损失

D. 合同撤销后乙须向甲支付合同撤销前别墅的使用费

〔答案〕_____①

8. 齐某扮成建筑工人模样,在工地旁摆放一尊廉价购得的旧蟾蜍石雕,冒充新挖出文物等待买主。甲曾以5 000元从齐某处买过一尊同款石雕,发现被骗后正在和齐某交涉时,乙过来询问。甲有意让乙也上当,以便要回被骗款项,未等齐某开口便对乙说:"我之前从他这买了一个魏貅,转手就赚了,这个你不要我就要了。"乙信以为真,以5 000元买下石雕。关于所涉民事法律行为的效力,下列哪一说法是正确的?(2017-3-3;单选)

A. 乙可向甲主张撤销其购买行为
B. 乙可向齐某主张撤销其购买行为
C. 甲不得向齐某主张撤销其购买行为
D. 乙的撤销权自购买行为发生之日起2年内不行使则消灭

〔答案〕_____②

考点 22 效力待(未)定民事法律行为概述

概念	效力待定民事法律行为,是指民事法律行为之效力有待第三人意思表示,在第三人意思表示前,效力处于不确定状态的民事法律行为。	
辨析	效力待定 VS 可撤销	可撤销民事法律行为在撤销前是有效的民事法律行为,只是在撤销后溯及开始发生无效后果,其效力有效或无效有待表意人定夺;效力未定民事法律行为的法律效力处于不确定状态,在确定前既非有效亦非无效,究竟是有效或无效有待第三人定夺。
	效力待定 VS 无效	无效民事法律行为自始无效,不可能起死回生;效力未定民事法律行为,效力既可能向有效发展,也可能归于无效。
类型	代理权欠缺	行为人没有代理权、超越代理权或者代理权终止后以被代理人名义订立的合同,未经被代理人追认,对被代理人不发生效力,由行为人承担责任。(狭义的无权代理)
	行为能力欠缺	限制民事行为能力人实施的与其年龄、智力、精神健康状况不相适应的双方法律行为,经法定代理人同意或者追认后有效。

考点 23 效力待(未)定民事法律行为的效力

追认权	追认行为完成者使效力未定民事法律行为生效要件补足,除非追认权人有特别声明,效力未定民事法律行为溯及开始发生效力。

---

① ABCD。
② B。

(续表)

催告与拒绝权	相对人可以催告权利人自收到通知之日起1个月内予以追认。权利人未作表示的,视为拒绝追认。① 此处的权利人,包括限制行为能力人超出行为能力的法定代理人、无权代理中的被代理人。② 权利人追认的意思表示需要在善意相对人撤销之前行使。
撤销权	(1) 撤销权的发生须在追认权人未予追认前,追认权一旦行使,效力未定民事法律行为即生效,相对人不得行使该项撤销权。 (2) 撤销之意思必须以明示的方式作出,通知到达对方即可撤销。 (3) 相对人须为善意,即对效力未定民事法律行为欠缺生效要件没有过失。如明知对方行为人能力欠缺而为之,则不得享有撤销权。

第四节　附条件民事法律行为与附期限民事法律行为

考点 24　附条件民事法律行为

概念		附条件民事法律行为,是指民事法律行为效力的开始或终止取决于将来不确定事实发生与否的民事法律行为。
条件特征	(1) 应是将来发生的事实	客观事实是不依当事人的意思决定的客观存在的事实。同时,条件须为将来发生的客观事实。已经发生的客观事实,则不能成为条件。
	(2) 应是发生与否不确定的事实	条件应是将来可能发生也可能不发生的事实,即是否发生具有或然性。如果是肯定能发生或肯定不能发生的事实,就不能作为民事法律行为所附的条件。
	(3) 应是由行为人约定的事实	民事行为所附的条件,只能是当事人特别约定的客观事实。由法律规定或者行为性质决定的限制民事行为效力的事实,不能作为条件。
	(4) 应是合法的事实	作为条件的事实,须不违反法律规定,不违反社会的公序良俗。违法的事实,不能作为条件。
条件类型	生效条件	也称延缓条件,法律行为只有当约定的事实出现时,才发生效力的条件。附生效条件的民事法律行为,自条件成就时生效。
	解除条件	解除条件的作用,在于使条件所附的已生效的民事法律行为的效力归于消灭。如,甲、乙订立房屋租赁合同,约定出租人甲的儿子一旦留学归国并需要住房,就终止合同。附解除条件的民事法律行为,自条件成就时失效。如条件不成就,上例租赁合同就继续有效。

条件类型	积极条件	是以所设事实发生为内容的条件。简言之,积极条件以设定事实的发生为条件成就。生效条件与解除条件,均可设定积极条件。
	消极条件	是以所设事实不发生为内容的条件。条件的积极与消极,其区别仅在设定的角度不同。前述"留学归国并需要住房,就终止合同",属于积极条件,而反过来约定"如留学后定居不归国,就续租合同",则属于消极条件。两者条件内容并无不同,但条件的性质,却有积极与消极之分。
效力	(1) 条件作为意思表示的组成部分,当然具有意思表示的效力,对于当事人具有约束力。	
	(2) 附生效条件的民事法律行为,条件成就时,就会使当事人一方取得权利,而他方则负担义务;附解除条件的民事法律行为,在条件成就时,就会使当事人一方丧失权利,他方则解除义务。	
	(3) 条件拟制效力。当事人负有必须顺应条件的自然发展而不是加以不正当干预的义务,亦即不作为义务。如果当事人违背此项义务,恶意促成或者阻止作为条件的事实发生,法律就要加以干预,拟制条件成就或不成就的效力。附条件的民事法律行为,当事人为自己的利益不正当阻止条件成就的,视为条件已成就;不正当促成条件成就的,视为条件不成就。	

【真题链接】

1. 甲公司员工魏某在公司年会抽奖活动中中奖,依据活动规则,公司资助中奖员工子女次年的教育费用,如员工离职,则资助失效。下列哪些表述是正确的?(2014-3-61;多选)

   A. 甲公司与魏某成立附条件赠与

   B. 甲公司与魏某成立附义务赠与

   C. 如魏某次年离职,甲公司无给付义务

   D. 如魏某次年未离职,甲公司在给付前可撤销资助

   〔答案〕_____①

2. 郭某意外死亡,其妻甲怀孕两个月。郭某父亲乙与甲签订协议:"如把孩子顺利生下来,就送10根金条给孩子。"当日乙把8根金条交给了甲。孩子顺利出生后,甲不同意由乙抚养孩子,乙拒绝交付剩余的两根金条,并要求甲退回8根金条。下列哪些选项是正确的?(2015-3-60;多选)

   A. 孩子为胎儿,不具备权利能力,故协议无效   B. 孩子已出生,故乙不得拒绝赠与

   C. 8根金条已交付,故乙不得要求退回   D. 两根金条未交付,故乙有权不交付

   〔答案〕_____②

---

① AC。
② BC。

3. 甲、乙两公司约定：甲公司向乙公司支付 5 万元研发费用，乙公司完成某专用设备的研发生产后双方订立买卖合同，将该设备出售给甲公司，价格暂定为 100 万元，具体条款另行商定。乙公司完成研发生产后，却将该设备以 120 万元卖给丙公司，甲公司得知后提出异议。下列哪一选项是正确的？(2017-3-13；单选)

A. 甲、乙两公司之间的协议系承揽合同

B. 甲、乙两公司之间的协议系附条件的买卖合同

C. 乙、丙两公司之间的买卖合同无效

D. 甲公司可请求乙公司承担违约责任

〔答案〕_____①

考点 25 附期限民事法律行为

概念	期限是表意人选定的、作为意思表示效果发生或者消灭控制手段的、将来确定发生的事实。附期限的民事法律行为，是在意思表示中含有期限的民事法律行为。期限是构成民事法律行为意思表示的组成部分，并且用来决定民事法律行为效力发生或存续的时间。	
期限特征	① 须属将来事实，已经发生的事实不能被设定为期限。	
	② 须发生为确定的事实。不可能发生的事实(如千年后赠与)，不能被设定为期限。	
期限类型	生效期限	这是使民事法律行为效力发生的期限，也称始期或停止期限。在生效期限届至之前，民事法律行为的效力是停止的，在期限到来时，民事法律行为的效力方始发生。如签订合同注明"自 2018 年 9 月 23 日生效"，该日就是该合同的生效期限。
	终止期限	这是民事法律行为效力终止的期限，在终期届至时，既有的效力便告解除，故也称终期或解除期限。如合同条款中约定"本合同于 2018 年 12 月 30 日终止"，12 月 30 日就是该合同所附的终止期限。
区分期限与条件	条件是不确定的偶然性事实，期限是确定的必然性事实。时期确定，到来不确定，为条件。如，"到 80 大寿送电视一台"，80 岁虽确定，但人之寿命不可测，是否能活到 80 岁不可知，具有偶发性。时期不确定，到来也不确定，为条件。再如，"研究生考试通过之日"，能否考得上，已属不确定，至于哪一年考得上，则更加不确定，故显然属于条件。	
	条件之事实成就与否是不确定的，期限是肯定会到来的。时期确定，事实的发生也确定，如"今年 9 月 9 日"是期限。时期不确定，到来确定，为期限。再如，"临终时将物送给你"，何时死虽难预料，但人必有一死，死期终会到来。	

---

① D。

【真题链接】

刘某欠何某100万元货款届期未还且刘某不知所踪。刘某之子小刘为替父还债，与何某签订书面房屋租赁合同，未约定租期，仅约定："月租金1万元，用租金抵货款，如刘某出现并还清货款，本合同终止，双方再行结算。"下列哪些表述是错误的？（2014-3-59；多选）

A. 小刘有权随时解除合同　　　　B. 何某有权随时解除合同
C. 房屋租赁合同是附条件的合同　D. 房屋租赁合同是附期限的合同

〔答案〕_____ ①

第五章　代　理

导读： 代理部分，考生关键要把握以下主要知识点：(1) 代理概念和特征。考生首先应当重点掌握代理的法律特征和要件，学会判断一项法律行为是否构成代理。其次要掌握代理的各种类型，尤为重要的是本代理与复代理的区分，明确复代理的法律要件及其法律效力。同时需要结合《合同法》中的"委托合同"来全面把握。(2) 狭义无权代理。考生应当掌握狭义无权代理的法律后果。明确被代理人的拒绝权和追认权以及相对人的催告权和撤销权行使的要件和效力。(3) 表见代理。它是考试中的热点问题。考生一定要掌握表见代理的构成要件及其法律效力，学会判断一项代理行为究竟是狭义的无权代理还是表见代理，然后根据其不同的类型适用不同的法律规则。

第一节　代理概述

考点 1　代理的概念

概述	代理是代理人于代理权限内，以本人（被代理人）名义向第三人（相对人）为意思表示或受领意思表示，而该意思表示直接对本人生效的民事法律行为。代理涉及三方当事人：① 被代理人或称本人；② 代理人；③ 代理关系之第三人。
狭义代理	仅指代理人以本人的名义进行的代理，即直接代理，也称显名代理。
广义代理	还包括间接代理，即代理人以自己名义实施民事法律行为，而后将该行为效果间接归于本人的代理，也称隐名代理。我国《民法总则》规定的是直接代理，但《合同法》在"委托合同"一章中，规定了间接委托，间接承认了隐名代理。

---

① ABD。

考点 2　代理的特征

(1) 代理人是以被代理人的名义在代理权限范围内进行民事活动。	① 代理的这一特点把它与行纪活动区别开来。行纪活动是指行纪人受委托人的委托，由委托人负担费用和给付一定报酬，为了实现委托人的利益而以行纪人的名义，进行一种或多种民事法律行为。代理人是以本人的名义活动。② 代理人与法人代表地位也不同。法人代表在代表法人时，人格被法人吸收，代表人的行为就是法人的行为，行为后果也直接归属于法人；代理人在代理时，仍是以自己的意思独立实施行为，只是该行为的法律效果归属于本人。	
(2) 代理实施的行为必须是有法律效果的行为。	代理人所进行的代理活动，能够在被代理人和第三人之间设立、变更或终止某种民事法律关系。如果不产生法律后果，虽然在形式上是受人委托进行某项活动，但不是民法上规定的代理。如人际关系行为不构成代理，受托人所接受的委托事项属于事实行为的，也不构成代理。	
(3) 代理人进行代理活动时独立进行意思表示。	代理不同传达	① 传达人仅是向第三人转告本人已作出的意思表示，简言之，本人只是借传达人的嘴作媒介而已，若有传达错误由传达人负过失赔偿责任。② 而代理人是自己为意思表示，即本人是借代理人的脑袋为自己服务，代理人行为就是本人的行为。即，传达是代理本人的"嘴"；代理还包括"借脑"。
	代理不同居间	① 居间人只是在当事人之间进行"牵线搭桥"，促使双方当事人缔约或交易，而双方成立民事法律行为中并无居间人自己的意思。② 而代理人则是以自己的意思表示在授权范围内为本人设定权利义务。
(4) 代理行为产生的法律效果直接由被代理人承担。	代理是被代理人经由代理人进行的民事法律行为，是为了设定本人自己的民事权利并负担民事义务。所以，代理人与第三人进行的一切民事法律行为所产生的民事权利义务，直接归属于被代理人，即由被代理人与第三人发生法律关系。	

【真题链接】

1. 下列哪些情形属于代理？(2012-3-53；多选)
   A. 甲请乙从国外代购1套名牌饮具，乙自己要买2套，故乙共买3套一并结账
   B. 甲请乙代购茶叶，乙将甲写好茶叶名称的纸条交给销售员，告知其是为自己朋友买茶叶
   C. 甲律师接受法院指定担任被告人乙的辩护人
   D. 甲介绍歌星乙参加某演唱会，并与主办方签订了三方协议
   〔答案〕_____①

---

① ABC。

2. 甲去购买彩票,其友乙给甲10元钱让其顺便代购彩票,同时告知购买号码,并一再嘱咐甲不要改变。甲预测乙提供的号码不能中奖,便擅自更换号码为乙购买了彩票并替乙保管。开奖时,甲为乙购买的彩票中了奖,二人为奖项归属发生纠纷。下列哪一分析是正确的?(2015-3-9;单选)

A. 甲应获得该奖项,因按乙的号码无法中奖,甲、乙之间应类推适用借贷关系,由甲偿还乙10元

B. 甲、乙应平分该奖项,因乙出了钱,而甲更换了号码

C. 甲的贡献大,应获得该奖项之大部,同时按比例承担彩票购买款

D. 乙应获得该奖项,因乙是委托人

[答案]_____①

考点 3　代理的终止

原则	代理权终止的共同原因:① 代理人死亡或法人消灭。② 代理人丧失民事行为能力。③ 本人死亡或法人消灭。	
	法定代理终止的特别原因	(1) 本人取得或者恢复民事行为能力,这里应解释为本人取得完全行为能力。
		(2) 由其他原因引起的被代理人和代理人之间的监护关系消灭。
	委托代理终止的特别原因	(1) 代理事务完成,代理已无存在的必要。
		(2) 授权行为附有终期的,期限届满,代理权终止。
		(3) 被代理人取消委托或者代理人辞去委托。
例外	因自然人死亡或法人消灭是个事件,代理人有可能不知,或终止代理对本人不利。为保护本人之利益,《民法总则》第174条规定了四种例外:被代理人死亡后,有下列情况之一的,委托代理人实施的代理行为有效:① 代理人不知道并且不应当知道被代理人死亡;② 被代理人的继承人予以承认;③ 授权中明确代理权在代理事务完成时终止;④ 被代理人死亡前已经实施,为了被代理人的继承人的利益继续代理。	

第二节　代理的分类

考点 4　直接代理与间接代理

依据	以是否以本人名义为标准划分的代理类型。根据《合同法》规定的直接委托与间接委托,相应产生直接代理与间接代理。
直接代理	直接代理,就是代理人以被代理人的名义在授权范围内从事代理活动,代理效果直接由本人承担。

---

① D。

(续表)

间接代理	间接代理,就是受托人以自己的名义处理委托事务,其效果间接或者直接归属于委托人的代理。

考点 5 委托代理与法定代理

依据	以代理权产生的原因划分的代理类型。委托代理之代理权基于本人的意思表示发生;法定代理之代理权由法律规定产生。
委托代理	委托代理是代理人根据被代理人授权而进行的代理,即委托代理的代理权产生于本人的授权行为。需要指出的是:① 委托合同是双方法律行为,基于委托人(被代理人)和受托人(代理人)双方的意思表示一致而成立,内容是关于由受托人处理委托事务的约定,故委托合同仅针对委托人、受托人具有约束力,不涉及第三人。② 代理权授予是单方法律行为,依据授权人的独立意思表示而使代理人取得代理权。
法定代理	法定代理是指以法律的直接规定为根据而产生的代理。法定代理主要是为民事法律行为能力欠缺者设计的,法律根据自然人之间的亲属关系,如父母对未成年子女法定监护、夫妻日常家事代理。法定代理人原则上应代理被代理人的有关财产方面的一切民事法律行为和其他允许代理的行为,在性质上属于全权代理。

【真题链接】

甲公司与15周岁的网络奇才陈某签订委托合同,授权陈某为甲公司购买价值不超过50万元的软件。陈某的父母知道后,明确表示反对。关于委托合同和代理权授予的效力,下列哪一表述是正确的?(2015-3-4;单选)

　　A. 均无效,因陈某的父母拒绝追认

　　B. 均有效,因委托合同仅需简单智力投入,不会损害陈某的利益,其父母是否追认并不重要

　　C. 是否有效,需确认陈某的真实意思,其父母拒绝追认,甲公司可向法院起诉请求确认委托合同的效力

　　D. 委托合同因陈某的父母不追认而无效,但代理权授予是单方法律行为,无需追认即有效

　　〔答案〕_____①

考点 6 本代理与复代理

依据	这是按由谁选任代理人来区分的。由本人选任代理人的代理,称本代理;由代理人基于复任权选任代理人的代理,称复代理,又称再代理或转委托代理。下文主要介绍复代理。

---

① D。

(续表)

复代理之特征	(1) 代理人以自己的名义选任复代理人。 (2) 复代理人是代理人基于复任权而选任的。复代理以本代理为基础,故复代理权不得大于本代理权,大于部分成为无权代理。① 法定代理人当然享有复任权。② 委托代理人原则上无复任权,但在下列三种情况下,享有复任权:本人事先授权的;事后本人追认的;紧急情况下,为了维护被代理人利益需要转委托他人代理的(根据《民通意见》的规定,由于疾病、通信联络中断等特殊原因,委托代理人不能自己办理代理事项,又不能与被代理人及时取得联系,如不及时转托他人代理,会给被代理人利益造成损失或者扩大损失的,属于"紧急情况")。 (3) 复代理人是被代理人的代理人,而不是代理人的代理人。基于此,复代理人的代理行为后果直接由本人承担。
复代理之效力	因委托代理人转托不明,给第三人造成损失的,第三人可以直接要求被代理人赔偿损失;被代理人承担民事责任后,可以要求委托代理人赔偿损失,转托代理人有过错的,应当负连带责任。

【真题链接】

甲委托乙销售一批首饰并交付,乙经甲同意转委托给丙。丙以其名义与丁签订买卖合同,约定将这批首饰以高于市场价10%的价格卖给丁,并赠其一批箱包。丙因此与戊签订箱包买卖合同。丙依约向丁交付首饰,但因戊不能向丙交付箱包,导致丙无法向丁交付箱包。丁拒绝向丙支付首饰款。下列哪一表述是正确的?(2011-3-4;单选)

A. 乙的转委托行为无效
B. 丙与丁签订的买卖合同直接约束甲和丁
C. 丙应向甲披露丁,甲可以行使丙对丁的权利
D. 丙应向丁披露戊,丁可以行使丙对戊的权利
[答案]_____①

第三节 无权代理

考点 7 狭义的无权代理

概述	狭义无权代理,是不属于表见代理的未授权之代理、越权代理、代理权终止后的代理的情形。
特征	① 行为人欠缺代理权,即行为人没有代理权、超越代理权或者代理权终止后实施代理行为的无权代理。② 客观上没有被赋予代理权的假象(表象)。

---

① C.

(续表)

效力	本人有追认权和拒绝权	追认,是本人接受无权代理之行为效果的单方意思表示;拒绝追认,是指不接受无权代理行为之效果的单方意思表示。《民法总则》第171条第2款规定了本人的追认权和拒绝权。无权代理经追认,溯及行为开始对本人生效,行为人之代理因追认成为有权代理,代理效果由本人承担;本人拒绝追认的,无权代理效果由行为人自己承受。追认权与拒绝权只需本人一方意思表示即生效,故属于形成权。相对人可以催告被代理人自收到通知起1个月内予以追认。被代理人未作表示的,视为拒绝追认。亦即追认权的除斥期间为自催告成立起1个月,须以明示方式表示,拒绝追认则可以默示方式表示。
	相对人有催告权和撤销权	催告是相对人请求本人于确定的期限内作出追认或拒绝的意思表示;撤销是善意相对人在本人追认前,撤销其法律行为效力的意思表示。需要指出的是:《民法总则》在规定本人的追认权的同时,也规定了相对人的权利。若本人既不追认也不否认,相对人如果信其默认时,本人又拒绝了,对相对人颇为不利。故,催告一经成立,追认权之除斥期间便开始,本人须在该期限内承认或拒绝,本人未作明示表示的,除斥期间届满追认权消灭;反之,明示承认或者拒绝的,除斥期间也即消灭。撤销须以通知的方式作出,撤销权旨在保护善意相对人利益,故须是善意相对人才得享有,若是相对人恶意,就有"串通"之嫌,适用滥用代理权的规定。
	在本人与无权代理人之间	行为人之无权代理行为如确是为"本人之利益计算",且符合无因管理法律要件时,在本人与行为人之间可构成无因管理之债;反之,如造成本人损害的,在本人与行为人之间发生损害赔偿之债。
	在无权代理人与相对人之间	① 行为人实施的行为未被追认的,善意相对人有权请求行为人履行债务或者就其受到的损害请求行为人赔偿,但是赔偿的范围不得超过被代理人追认时相对人所能获得的利益。② 相对人知道或者应当知道行为人无权代理的,相对人和行为人按照各自的过错承担责任。

【真题链接】

张某到王某家聊天,王某去厕所时张某帮其接听了刘某打来的电话。刘某欲向王某订购一批货物,请张某转告,张某应允。随后张某感到有利可图,没有向王某转告订购之事,而是自己低价购进了刘某所需货物,以王某名义交货并收取了刘某货款。关于张某将货物出卖给刘某的行为的性质,下列哪些说法是正确的?(2010-3-51;多选)

A. 无权代理 B. 无因管理
C. 不当得利 D. 效力待定
  〔答案〕_____ ①

---

① AD。

考点 8　表见代理

概念	表见代理是指虽无代理权但表面上有足以使人相信其有代理权,为保护善意相对人的合理信赖利益,该代理行为有效。	
要件	(1) 以本人名义为民事法律行为。	以本人名义实施意思表示或受领意思表示。因为如果不是以本人名义为民事法律行为,纵有为本人计算的意思,只能适用无因管理或隐名代理的规定。故,表见代理只适用于显名代理。
	(2) 行为人无代理权。	表见代理是广义无权代理,行为人若有代理权,适用有权代理的规定,即使代理权有瑕疵,也只能适用狭义无权代理的规定,与表见代理无涉。
	(3) 须有使相对人信其有代理权的表征。	这一点是表见代理与狭义无权代理最大的不同,也是表见代理之所以发生有权代理效果的根本理由。有代理权的外观包括但不限于:① 代理人持有被代理人的介绍信或者盖有被代理人公章的空白合同书。② 法人或者非法人组织对其工作人员职权范围有限制,但相对人不知情。
	(4) 须相对人为善意且无过失。	善意,是指相对人在与行为人为民事法律行为时,并不知其无代理权,且无从得知。无过失,是指相对人尽了必要的审查注意义务。《民法总则》规定,① 行为人伪造他人的公章、合同书或者授权委托书等,假冒他人的名义实施民事法律行为的;② 被代理人的公章、合同书或者授权委托书等遗失、被盗,或者与行为人特定的职务关系已经终止,并且已经以合理方式公告或者通知,相对人应当知悉的,不构成表见代理。
效果	发生有权代理的效果	即因行为人之行为,在本人与相对人之间发生权利义务关系,本人不得行使无权代理之撤销权和其他抗辩权。
	相对人有撤销权	表见代理旨在保护善意相对人利益,相对人对于表见代理应享有选择权,既可以按狭义无权代理,享有撤销权;亦可按表见代理,接受与本人的民事法律行为,与本人之间发生权利义务关系。

【真题链接】

1. 下列哪些情形下,甲公司应承担民事责任?（2013-3-52;多选）

A. 甲公司董事乙与丙公司签订保证合同,乙擅自在合同上加盖甲公司公章和法定代表人丁的印章

B. 甲公司与乙公司签订借款合同,甲公司未盖公章,但乙公司已付款,且该款用于甲公司项目建设

C. 甲公司法定代表人乙委托员工丙与丁签订合同,借用丁的存款单办理质押贷款用于经营

D. 甲公司与乙约定,乙向甲公司交纳保证金,甲公司为乙贷款购买设备提供担保。甲公

司法定代表人丙以个人名义收取该保证金并转交甲公司出纳员入账

〔答案〕_____①

2. 吴某是甲公司员工,持有甲公司授权委托书。吴某与温某签订了借款合同,该合同由温某签字、吴某用甲公司合同专用章盖章。后温某要求甲公司还款。下列哪些情形有助于甲公司否定吴某的行为构成表见代理?(2014-3-52;多选)

A. 温某明知借款合同上的盖章是甲公司合同专用章而非甲公司公章,未表示反对
B. 温某未与甲公司核实,即将借款交给吴某
C. 吴某出示的甲公司授权委托书载明甲公司仅授权吴某参加投标活动
D. 吴某出示的甲公司空白授权委托书已届期

〔答案〕_____②

3. 甲公司、乙公司签订的《合作开发协议》约定,合作开发的A区房屋归甲公司、B区房屋归乙公司。乙公司与丙公司签订《委托书》,委托丙公司对外销售房屋。《委托书》中委托人签字盖章处有乙公司盖章和法定代表人王某签字,王某同时也是甲公司法定代表人。张某查看《合作开发协议》和《委托书》后,与丙公司签订《房屋预订合同》,约定:"张某向丙公司预付房款30万元,购买A区房屋一套。待取得房屋预售许可证后,双方签订正式合同。"丙公司将房款用于项目投资,全部亏损。后王某向张某出具《承诺函》:如张某不闹事,将协调甲公司卖房给张某。但甲公司取得房屋预售许可后,将A区房屋全部卖与他人。张某要求甲公司、乙公司和丙公司退回房款。张某与李某签订《债权转让协议》,将该债权转让给李某,通知了甲、乙、丙三公司。因李某未按时支付债权转让款,张某又将债权转让给方某,也通知了甲、乙、丙三公司。

关于《房屋预订合同》,下列说法正确的是:(2015-3-86;不定项)

A. 无效
B. 对于甲公司而言,丙公司构成无权处分
C. 对于乙公司而言,丙公司构成有效代理
D. 对于张某而言,丙公司构成表见代理

〔答案〕_____③

考点 9 代理权滥用

类型	定义	效力
自己代理	代理人以被代理人的名义与自己实施民事行为。在这种情形下,交易双方实际只有一方的意思表示,而代理人出于自己的利益考虑,往往会损害被代理人的利益。	《民法总则》第168条第1款规定,代理人不得以被代理人的名义与自己实施民事法律行为,但是被代理人同意或者追认的除外。

---

① ABCD。
② CD。
③ B。

（续表）

类型	定义	效力
双方代理	代理人同时代理双方实施同一民事行为。双方代理因在一个双方的行为中只有代理人一人的意思表示，既谈不上合意，也难以顾及双方的利益，会损害某一被代理人的利益。	《民法总则》第168条第2款规定，代理人不得以被代理人的名义与自己同时代理的其他人实施民事法律行为，但是被代理的双方同意或者追认的除外。
恶意代理	这是代理人与相对人恶意串通，损害代理人利益之代理。代理本应未被代理人计算，代理人不履行代理职责，与相对人合谋损害代理人利益的，也为法律所禁止。	《民法总则》第164条第2款规定，代理人和相对人恶意串通，损害被代理人合法权益的，代理人和相对人应当承担连带责任。
利己代理	这是代理人利用地位之便，实施利于自己却不利于被代理人的代理。利己代理也为法律所禁止。	《民法总则》第35条第1款规定，监护人除为维护被监护人利益外，不得处分被监护人的财产。

【真题链接】

甲公司员工唐某受公司委托从乙公司订购一批空气净化机，甲公司对净化机单价未作明确限定。唐某与乙公司私下商定将净化机单价比正常售价提高200元，乙公司给唐某每台100元的回扣。商定后，唐某以甲公司名义与乙公司签订了买卖合同。对此，下列哪一选项是正确的？(2016-3-4；单选)

A．该买卖合同以合法形式掩盖非法目的，因而无效
B．唐某的行为属无权代理，买卖合同效力待定
C．乙公司行为构成对甲公司的欺诈，买卖合同属可变更、可撤销合同
D．唐某与乙公司恶意串通损害甲公司的利益，应对甲公司承担连带责任

〔答案〕_____①

第六章 诉讼时效与除斥期间

导读：2008年8月，颁布了最高人民法院《关于审理民事案件适用诉讼时效制度若干问题的规定》(以下简称《诉讼时效规定》)，对诉讼时效的基本处理原则、起算、中断、中止、时效效力等进行了较全面的规定，近年来一直在考试中显现。考生关键要把握以下主要知识点：(1)诉讼时效的期间。《民法总则》将普通诉讼时效期间由2年改为3年。(2)诉讼时效的起算点。(3)诉讼时效中止和中断。考生应当掌握诉讼时效中止和中断的不同构成要件，学会区分在哪种情形下构成了诉讼时效的中断，哪种情形下构成了诉讼时效的中止。这一点请大家尤其要关注上述《诉讼时效规定》。(4)诉讼时效与除斥期间。

---

① D。

第一节　诉讼时效概述

考点 1　诉讼时效期间概述

概念	又称消灭时效,权利主体在法定期间内不行使权利,以致该权利效力减损之制度。
性质	效力性强制规定;诉讼时效的期间、计算方法以及中止、中断的事由由法律规定,当事人约定无效。当事人对诉讼时效利益的预先放弃无效。
适用范围 原则	主要适用于债权请求权。下列请求权不适用诉讼时效的规定:① 请求停止侵害、排除妨碍、消除危险;② 不动产物权和登记的动产物权的权利人请求返还财产。
适用范围 例外	以下债权请求权不适用诉讼时效期间:① 支付存款本金及利息请求权;② 兑付国债、金融债券以及向不特定对象发行的企业债券本息请求权;③ 基于投资关系产生的缴付出资请求权;④ 请求支付抚养费、赡养费或者扶养费。
种类 普通	3年,从权利人知道或者应当知道权利受到损害以及义务人之日起计算。
种类 特殊	(1) 国际货物买卖合同和技术进出口合同纠纷的诉讼时效期间为4年。 (2) 人寿保险合同的被保险人或者受益人请求支付保险金的,自其知道或者应当知道保险事故发生之日起5年。
种类 最长	20年,自权利受到损害之日起计算。 因产品存在缺陷造成损害要求赔偿的请求权,在造成损害的缺陷产品交付最初消费者满10年丧失;但是,尚未超过明示的安全使用期的除外。

【真题链接】
下列哪些请求不适用诉讼时效?（2014-3-53;多选）
A. 当事人请求撤销合同　　　　　　　B. 当事人请求确认合同无效
C. 业主大会请求业主缴付公共维修基金　D. 按份共有人请求分割共有物
〔答案〕_____①

考点 2　诉讼时效期间的起算

(1) 约定有清偿期的债权	自期限届满时起算。当事人约定同一债务分期履行的,诉讼时效期间自最后一期履行期限届满之日起计算。
(2) 未约定履行期限的合同	可以确定履行期限的,诉讼时效期间从履行期限届满之日起计算;不能确定履行期限的,诉讼时效期间从债务人要求债务人履行义务的宽限期届满之日起计算,但债务人在债权人第一次向其主张权利之时明确表示不履行义务的,诉讼时效期间从债务人明确表示不履行义务之日起计算。

---

① ABCD。

(3)损害赔偿请求权	① 对于因债务不履行而生的债权之损害赔偿请求权的诉讼时效期间,应自债务不履行时起算。② 对于因人身受伤害而发生的损害赔偿请求权,伤害明显的,从受伤害之日起算;伤害当时未曾发现,后经检查确诊并能证明是由侵害引起的,从伤势确诊之日起算。③ 对于其他的因侵权行为而发生的损害赔偿请求权,其时效期间应自权利人已知或应知其权利受损害及侵害人为谁时起计算。
(4)无民事行为能力和限制民事行为能力的特殊保护	① 无民事行为能力人或者限制民事行为能力人对其法定代理人的请求权的诉讼时效期间,自该法定代理终止之日起计算。
	② 未成年人遭受性侵害的损害赔偿请求权的诉讼时效期间,自受害人年满18周岁之日起计算。

【真题链接】

关于诉讼时效,下列哪一选项是正确的?(2012-3-5;单选)

A. 甲借乙5万元,向乙出具借条,约定1周之内归还。乙债权的诉讼时效期间从借条出具日起计算

B. 甲对乙享有10万元货款债权,丙是连带保证人,甲对丙主张权利,会导致10万元货款债权诉讼时效中断

C. 甲向银行借款100万元,乙提供价值80万元房产作抵押,银行实现对乙的抵押权后,会导致剩余的20万元主债务诉讼时效中断

D. 甲为乙欠银行的50万元债务提供一般保证。甲不知50万元主债务诉讼时效期间届满,放弃先诉抗辩权,承担保证责任后不得向乙追偿

〔答案〕_____①

考点 3 诉讼时效期间的效力

(1)发生时效抗辩权	① 诉讼时效期间届满的,义务人可以提出不履行义务的抗辩。诉讼时效期间届满,债务人享有对抗请求权的时效抗辩权,以阻止请求权效力。② 当事人未提出诉讼时效抗辩的,法院不得主动适用诉讼时效的规定。③ 当事人在一审期间未提出诉讼时效抗辩,在二审期间提出的,法院不予支持,但其基于新的证据能够证明对方当事人的请求权已过诉讼时效期间的情形除外。
(2)实体权利不消灭	诉讼时效期间届满后,义务人同意履行的,不得以诉讼时效期间届满为由抗辩;义务人已自愿履行的,不得请求返还。

【真题链接】

某公司因合同纠纷的诉讼时效问题咨询律师。关于律师的答复,下列哪些选项是正确的?(2010-3-52;多选)

A. 当事人不得违反法律规定,约定延长或者缩短诉讼时效期间、预先放弃诉讼时效利益

---

① C。

B. 当事人约定同一债务分期履行的,诉讼时效期间从最后一期履行期限届满之日起计算

C. 当事人在一审期间未提出诉讼时效抗辩的,二审期间不能提出该抗辩

D. 诉讼时效届满,当事人一方向对方当事人作出同意履行义务意思表示的,不得再以时效届满为由进行抗辩

〔答案〕_____①

第二节 诉讼时效的中止与中断

考点 4 诉讼时效中止

概述	(1) 诉讼时效中止是指在诉讼时效期间的最后 6 个月内,因法定事由而使权利人不能行使请求权的,诉讼时效期间的计算暂时停止。 (2) 中止时效的法定事由必须在诉讼时效期间的最后 6 个月内发生,或法定事由虽发生于 6 个月前但持续至最后 6 个月内的,才能发生中止时效的法律效果。 (3) 诉讼时效中止适用于最长诉讼时效期间以外的诉讼时效期间类型。 (4) 诉讼时效中止的功能,是把导致权利人不能行使权利的法定障碍经过的期间,排除于时效期间之外,使诉讼时效期间所含的事实状态要素,真正能限定于权利人主观不行使权利的情形,以提高时效期间的"含金量"。	
事由	不可抗力	指的是不能预见、不能避免并不能克服的客观情况。包括自然灾害和非出于权利人意思的"人祸",如瘟疫、暴乱等。
	法定代理人未确定或丧失民事行为能力	在诉讼时效期间的最后 6 个月内,权利被侵害的无民事行为能力人、限制民事行为能力人没有法定代理人,或者法定代理人死亡、丧失代理权,或者法定代理人本人丧失行为能力的,可以认定为因其他障碍不能行使请求权,适用诉讼时效中止。
	其他障碍	下列情形应当认定为引起诉讼时效中止的"其他障碍":① 权利被侵害的无民事行为能力人、限制民事行为能力人没有法定代理人,或者法定代理人死亡、丧失代理权、丧失行为能力;② 继承开始后未确定继承人或者遗产管理人;③ 权利人被义务人或者其他人控制无法主张权利;④ 其他导致权利人不能主张权利的客观情形。
效力	(1) 法定事由发生前已经过的时效期间仍为有效,法定事由经过的期间为时效中止期间,不发生时效期间的效力,法定事由消除后,时效期间继续进行。 (2) 法定事由发生在最后 6 个月内,如法定事由消除后,剩下时效期间不足 6 个月,一般认为应该补足 6 个月。	

考点 5 诉讼时效中断

概念	诉讼时效中断是指因有与权利人怠于行使权利相反的事实,使已经过的时效期间失去效力,而须重新起算时效期间的制度。

---

① ABD。

(续表)

事由	权利人提起诉讼	《诉讼时效规定》第13条规定,下列事项之一,人民法院应当认定与提起诉讼具有同等诉讼时效中断的效力:①申请仲裁;②申请支付令;③申请破产、申报破产债权;④为主张权利而申请宣告义务人失踪或死亡;⑤申请诉前财产保全、诉前临时禁令等诉前措施;⑥申请强制执行;⑦申请追加当事人或者被通知参加诉讼;⑧在诉讼中主张抵销;⑨其他与提起诉讼具有同等诉讼时效中断效力的事项。
	权利人主张权利	《诉讼时效规定》第10条规定,具有下列情形之一的,应当认定为《民法通则》第140条规定的"当事人一方提出要求",产生诉讼时效中断的效力:①当事人一方直接向对方当事人送交主张权利文书,对方当事人在文书上签字、盖章或者虽未签字、盖章但能够以其他方式证明该文书到达对方当事人的;②当事人一方以发送信件或者数据电文方式主张权利,信件或者数据电文到达或者应当到达对方当事人的;③当事人一方为金融机构,依照法律规定或者当事人约定从对方当事人账户中扣收欠款本息的;④当事人一方下落不明,对方当事人在国家级或者下落不明的当事人一方住所地的省级有影响的媒体上刊登具有主张权利内容的公告的,但法律和司法解释另有特别规定的,适用其规定。
	义务人同意履行	《诉讼时效规定》第16条规定,义务人作出分期履行、部分履行、提供担保、请求延期履行、制定清偿债务计划等承诺或者行为的,应当认定为《民法通则》第140条规定的当事人一方"同意履行义务"。
效力		(1) 权利人对同一债权中的部分债权主张权利,诉讼时效中断的效力及于剩余债权,但权利人明确表示放弃剩余债权的情形除外。
		(2) 对于连带债权人中的一人发生诉讼时效中断效力的事由,应当认定对其他连带债权人也发生诉讼时效中断的效力。对于连带债务人中的一人发生诉讼时效中断效力的事由,应当认定对其他连带债务人也发生诉讼时效中断的效力。
		(3) 债权人提起代位权诉讼的,应当认定对债权人的债权和债务人的债权均发生诉讼时效中断的效力。
		(4) 债权转让的,应当认定诉讼时效从债权转让通知到达债务人之日起中断。
		(5) 在债务承担情形下,构成原债务人对债务承认的,应当认定诉讼时效从债务承担意思表示到达债权人之日起中断。

【真题链接】

1. 关于诉讼时效中断的表述,下列哪一选项是正确的?(2011-3-5;单选)

A. 甲欠乙10万元到期未还,乙要求甲先清偿8万元。乙的行为,仅导致8万元债务诉讼时效中断

B. 甲和乙对丙因共同侵权而需承担连带赔偿责任计10万元,丙要求甲承担8万元。丙的行为,导致甲和乙对丙负担的连带债务诉讼时效均中断

C. 乙欠甲8万元，丙欠乙10万元，甲对丙提起代位权诉讼。甲的行为，不会导致丙对乙的债务诉讼时效中断

D. 乙欠甲10万元，甲将该债权转让给丙。自甲与丙签订债权转让协议之日起，乙的10万元债务诉讼时效中断

〔答案〕_____①

2. 甲公司与乙银行签订借款合同，约定借款期限自2010年3月25日起至2011年3月24日止。乙银行未向甲公司主张过债权，直至2013年4月15日，乙银行将该笔债权转让给丙公司并通知了甲公司。2013年5月16日，丁公司通过公开竞拍购买并接管了甲公司。下列哪一选项是正确的？（2013-3-5；单选）

A. 因乙银行转让债权通知了甲公司，故甲公司不得对丙公司主张诉讼时效的抗辩

B. 甲公司债务的诉讼时效从2013年4月15日起中断

C. 丁公司债务的诉讼时效从2013年5月16日起中断

D. 丁公司有权向丙公司主张诉讼时效的抗辩

〔答案〕_____②

第三节　诉讼时效与除斥期间

考点 6 诉讼时效与除斥期间

	除斥期间	诉讼时效
价值定位	除斥期间的规范功能旨在维持原事实状态，除斥期间届满原事实状态之法律关系状态得到维持	诉讼时效的规范功能则是为了维护新事实状态，诉讼时效期间届满，新法律关系状态得到法律肯定
客体不同	除斥期间的客体是形成权	诉讼时效的客体是债权请求权。
效果不同	除斥期间届满，消灭的是实体权利，即形成权因除斥期间届满而消灭	诉讼时效期间届满，相对人发生拒绝履行义务抗辩权，即请求权因诉讼时效届满而丧失公力救济权，而实体权利并不消灭。
弹性不同	除斥期间是不变期间，期间经过不能中断、中止、延长	诉讼时效是可变期间，期间可因中止、中断或延长而得以延展。
始期不同	除斥期间一般自权利人知道或者应当知道权利产生之日起计算	诉讼时效期间一般自权利人知道或者应当知道权利受到损害以及义务人之日起计算。

【真题链接】

1. 甲为自己的车向乙公司投保第三者责任险，保险期间内甲车与丙车追尾，甲负全责。

---

① B。

② D。

丙在事故后不断索赔未果,直至事故后第3年,甲同意赔款,甲友丁为此提供保证。再过1年,因甲、丁拒绝履行,丙要求乙公司承担保险责任。关于诉讼时效的抗辩,下列哪些表述是错误的?(2013-3-54;多选)

　　A. 甲有权以侵权之债诉讼时效已过为由不向丙支付赔款
　　B. 丁有权以侵权之债诉讼时效已过为由不承担保证责任
　　C. 乙公司有权以侵权之债诉讼时效已过为由不承担保险责任
　　D. 乙公司有权以保险合同之债诉讼时效已过为由不承担保险责任
　　〔答案〕_____①

2. 甲公司向乙公司催讨一笔已过诉讼时效期限的10万元货款。乙公司书面答复称:"该笔债务已过时效期限,本公司本无义务偿还,但鉴于双方的长期合作关系,可偿还3万元。"甲公司遂向法院起诉,要求偿还10万元。乙公司接到应诉通知后书面回函甲公司称:"既然你公司起诉,则不再偿还任何货款。"下列哪一选项是正确的?(2014-3-5;单选)

　　A. 乙公司的书面答复意味着乙公司需偿还甲公司3万元
　　B. 乙公司的书面答复构成要约
　　C. 乙公司的书面回函对甲公司有效
　　D. 乙公司的书面答复表明其丧失了10万元的时效利益
　　〔答案〕_____②

3. 甲公司开发的系列楼盘由乙公司负责安装电梯设备。乙公司完工并验收合格投入使用后,甲公司一直未支付工程款,乙公司也未催要。诉讼时效期间届满后,乙公司组织工人到甲公司讨要。因高级管理人员均不在,甲公司新录用的法务小王,擅自以公司名义签署了同意履行付款义务的承诺函,工人们才散去。其后,乙公司提起诉讼。关于本案的诉讼时效,下列哪一说法是正确的?(2017-3-4;单选)

　　A. 甲公司仍可主张诉讼时效抗辩
　　B. 因乙公司提起诉讼,诉讼时效中断
　　C. 法院可主动适用诉讼时效的规定
　　D. 因甲公司同意履行债务,其不能再主张诉讼时效抗辩
　　〔答案〕_____③

第七章　人　身　权

　　导读: 人身权分为人格权和身份权两部分。人格权又分为一般人格权和具体人格权。身份权主要包括配偶权、亲属权以及父母对未成年子女的监护权(即,亲权)。人身权部分包括两个命题富矿区:(1)考生应当掌握侵犯各种人格权的具体的典型形态,学会辨析一项侵权行

---

① ABCD。
② A。
③ A。

为究竟侵犯的是哪种具体的人格权。(2)请求精神损害赔偿问题。考生需要明确精神损害赔偿的适用条件。对此,考生应当注意《侵权责任法》及《精神损害赔偿解释》的相关规定。

第一节 人身权概述

考点 1 人身权一般规定

概念	人身权是指法律赋予民事主体所享有的,与其人身不可分离而无直接财产内容的民事权利,是人身关系经法律调整后的结果。
特征	(1) 人身权与民事主体的人身密不可分,以民事主体的人身为存在的基础。
	(2) 人身权没有直接的财产内容,但又与财产权紧密相关,往往是取得财产权利、发生财产关系的前提和基础。
	(3) 人身权离不开民事主体而存在。
	(4) 人身权的主体是特定的人,义务主体是特定民事主体以外的任何人,因此,特定民事主体以外的任何人都负有不得侵害、干涉、妨碍人身权的义务。(绝对权)
	(5) 人身权是民事主体对自己的人身、人格利益直接支配,排除他人干涉的权利,因此,人身权的实现无须请求他人的协助。(支配权)

第二节 人 格 权

考点 2 一般人格权

人身自由	人身不受侵犯和自主行为	不得非法逮捕、拘禁、搜查。
	婚姻自由	自主缔结,自主解除。
	通信自由	不得非法拆邮件、扣押、藏匿、毁坏。
	住宅不受侵犯	不得非法侵入、搜查、查封。
人格尊严	指民事主体作为"人"所应有的最基本的社会地位、社会评价,并得到最起码尊重的权利。人格尊严不受民事主体行为能力、文化程度、财产状况、宗教信仰等因素的影响,所有民事主体所应获得的最基本的社会地位和最起码的尊重是一样的。	
人格独立	指民事主体的人格由自己支配,其存在不依赖任何外在力量,其意志不受任何外部势力的干预与强制。	
人格平等	指民事主体间地位平等,不存在人身依附与从属关系,任何一方不得将自己的意志强加另一方。人格平等意味着民事主体享有平等的资格和机会。至于最终结果是否平等,则取决于每个人的能力、努力程度、机会的把握、风险的防范等因素。	

考点 3　具体人格权(1)：生命权、身体权、健康权

生命权	自然人享有的生命安全不受非法侵害的权利。生命权是自然人作为权利主体的前提条件，也是行使其他权利的基础。故为自然人最基本的人格权。
身体权	自然人享有的对其肢体、器官和其他组织进行支配并维护其安全与完整，从而享有一定利益的权利。
健康权	自然人依法享有的维护其健康，保持与利用其劳动能力并排除他人非法侵害的权利。
辨析	健康权与身体权和生命权不同，生命权的客体是生命安全；身体权的客体是身体完整，主要指肉体的构造；而健康权的客体是生命的机能与良好运行。但是由于健康一般是通过身体构造的完整性而表现，故侵害肉体通常也会影响身体的机能，构成同时侵犯身体权和健康权。如仅侵害身体构造，而未侵犯身体机能正常发挥的，则仅构成侵犯身体权。

【真题链接】
下列哪一情形构成对生命权的侵犯？(2016-3-22；单选)
A. 甲女视其长发如生命，被情敌乙尽数剪去
B. 丙应丁要求，协助丁完成自杀行为
C. 戊为报复欲置己于死地，结果将己打成重伤
D. 庚医师因误诊致辛出生即残疾，辛认为庚应对自己的错误出生负责
〔答案〕_____①

考点 4　具体人格权(2)：姓名权、名称权、肖像权

姓名权	概念	公民依法享有的决定、使用、改变自己姓名，并排除他人非法侵害(干涉、冒用、盗用)的权利。据此可知，侵犯姓名权主要包括以下三类：① 干涉他人决定、使用、改变姓名。② 盗用他人姓名，即未经他人同意或授权，擅自以他人的名义实施某种活动，以抬高自己身价或谋求不正当的利益。③ 冒用他人姓名，即使用他人的姓名，冒充他人进行活动，以达到某种目的。
	立法解释	2014 年 11 月 1 日，全国人大常委会对"公民享有姓名权，有权决定、使用和依照规定改变自己的姓名"和"子女可以随父姓，可以随母姓"的规定作了法律解释，明确公民在父姓和母姓之外选取姓氏如何适用法律。公民行使姓名权除依照前述两条法律规定外，还应当尊重社会公德，不得损害社会公共利益。公民原则上应当随父姓或母姓，但有三种情况可以例外：① 选取其他直系长辈血亲的姓氏；② 因由法定扶养人以外的人扶养而选取扶养人姓氏；③ 有其他正当理由。另外，少数民族公民可以根据本民族的文化传统和风俗习惯选取姓氏。

---

① B。

(续表)

名称权	法人及非法人组织依法享有的决定、使用、改变其名称并排除他人非法干涉的权利。人格权具有专属性，一般不得转让，但是名称权往往具有直接财产利益，所以商业名称权可以转让。名称权的转让是人格权的一个例外。
肖像权	肖像使用权(擅自＋营利) ＋肖像利益维护权(恶意损毁、丑化、玷污他人肖像)

【案例索引】 北雁云依案

近日最高人民法院发布第17批共5件指导性案例，历下区人民法院"北雁云依"案入选。法院认为，公民凭个人喜好创设姓氏具有随意性，不予支持。

2009年，济南市民吕某给女儿起了一个既不随父姓也不随母姓的诗意名字——"北雁云依"，在办理户口登记被拒后提起了行政诉讼，要求判令确认被告燕山派出所拒绝以"北雁云依"为姓名办理户口登记的行为违法。据悉，这也成为全国首例姓名权行政诉讼案。因案件涉及法律适用问题，该案于2010年3月被中止审理，2015年4月，当地法院作出一审判决，驳回原告"北雁云依"要求办理户口登记的诉讼请求。

此次最高法将此案列为指导案例，旨在明确公民选取或创设姓氏应当符合中华传统文化和伦理观念。仅凭个人喜好和愿望在父姓、母姓之外选取其他姓氏或者创设新的姓氏，不属于相关法律中所规定的"有不违反公序良俗的其他正当理由"。

历下法院介绍，本案对于促进公民依法行使姓名权、公安机关依法进行户籍登记以及人民法院依法审理此类案件具有明显的指导价值。

法律专家认为，根据我国现行的法律、法规，公民享有姓名权，有改变自己姓名的权利。但是，取名也不能随意、任性而为。

【真题链接】

1. 女青年牛某因在一档电视相亲节目中言词犀利而受到观众关注，一时应者如云。有网民对其发动"人肉搜索"，在相关网站首次披露牛某的曾用名、儿时相片、家庭背景、恋爱史等信息，并有人在网站上捏造牛某曾与某明星有染的情节。关于网民的行为，下列哪些说法是正确的？(2010-3-68;多选)

　　A. 侵害牛某的姓名权　　　　　　　B. 侵害牛某的肖像权
　　C. 侵害牛某的隐私权　　　　　　　D. 侵害牛某的名誉权
〔答案〕_____①

2. 某"二人转"明星请某摄影爱好者为其拍摄个人写真，摄影爱好者未经该明星同意将其照片卖给崇拜该明星的广告商，广告商未经该明星、摄影爱好者同意将明星照片刊印在广告单上。对此，下列哪一选项是正确的？(2010-3-22;单选)

　　A. 照片的著作权属于该明星，但由摄影爱好者行使
　　B. 广告商侵犯了该明星的肖像权
　　C. 广告商侵犯了该明星的名誉权
　　D. 摄影爱好者卖照片给广告商，不构成侵权

---

① CD。

〔答案〕_____①

3. 甲用其拾得的乙的身份证在丙银行办理了信用卡,并恶意透支,致使乙的姓名被列入银行不良信用记录名单。经查,丙银行在办理发放信用卡之前,曾通过甲在该行留下的乙的电话(实为甲的电话)核实乙是否申请办理了信用卡。根据我国现行法律规定,下列哪一表述是正确的?(2013-3-22;单选)
    A. 甲侵犯了乙的姓名权　　　　　B. 甲侵犯了乙的名誉权
    C. 甲侵犯了乙的信用权　　　　　D. 丙银行不应承担责任
〔答案〕_____②

4. 高甲患有精神病,其父高乙为监护人。2009 年高甲与陈小美经人介绍认识,同年 12 月陈小美以其双胞胎妹妹陈小丽的名义与高甲登记结婚,2011 年生一子高小甲。2012 年高乙得知儿媳的真实姓名为陈小美,遂向法院起诉。诉讼期间,陈小美将一直由其抚养的高小甲户口迁往自己原籍,并将高小甲改名为陈龙,高乙对此提出异议。下列哪一选项是正确的?(2017-3-17;单选)
    A. 高甲与陈小美的婚姻属无效婚姻
    B. 高甲与陈小美的婚姻属可撤销婚姻
    C. 陈小美为高小甲改名的行为侵害了高小甲的合法权益
    D. 陈小美为高小甲改名的行为未侵害高甲的合法权益
〔答案〕_____③

5. 摄影爱好者李某为好友丁某拍摄了一组生活照,并经丁某同意上传于某社交媒体群中。蔡某在社交媒体群中看到后,擅自将该组照片上传于某营利性摄影网站,获得报酬若干。对蔡某的行为,下列哪一说法是正确的?(2017-3-21;单选)
    A. 侵害了丁某的肖像权和身体权　　　B. 侵害了丁某的肖像权和李某的著作权
    C. 侵害了丁某的身体权和李某的著作权　　　D. 不构成侵权
〔答案〕_____④

考点 5　具体人格权(3):名誉权、隐私权、荣誉权

名誉权	概念	名誉权是公民或法人对自己在社会生活中获得的社会评价、人格尊严享有的不可侵犯的权利。
	构成要件	(1) 主观上具有贬低他人人格的故意。 (2) 客观上实施了贬损他人人格的行为,即:① 新闻报道、书刊进行真人真事的报道都与事实不符;② 以侮辱、诽谤的方法,损害他人名誉;③ 捏造事实,陷害他人。上述行为导致他人社会评价降低。 (3) 上述行为为社会不特定的第三人所知晓。 (4) 侵权对象指向特定的个人或者群体。

---

① B。
② A。
③ D。
④ B。

(续表)

隐私权	自然人享有的对自己拥有的与社会公共生活无关的私人生活信息进行支配并排除他人非法干涉的人格权。一般认为,侵犯他人隐私权的方式主要是未经权利人同意而披露隐私。需要指出的是,2009年《侵权责任法》第2条正式确立了对隐私权的保护,这意味着隐私权已经被我国立法所承认,1988年颁布实施的《民通意见(试行)》第140条关于侵害公民隐私的,应当认定为侵犯公民名誉权的规定正式被废止。
荣誉权	(1) 公民、法人享有荣誉权,禁止非法剥夺公民、法人的荣誉称号。 (2) 荣誉权的取得可以有多种原因,如因为对科学技术事业作出杰出贡献被授予国家荣誉称号。如国家最高科学技术奖等。 (3) 公民、法人或其他组织荣誉权受到侵害的,有权要求停止侵害,恢复名誉,消除影响,赔礼道歉。公民的荣誉权受到侵害的,还可以主张精神损害赔偿。
个人信息(增)	自然人的个人信息受法律保护。任何组织和个人需要获取他人个人信息的,应当依法取得并确保信息安全,不得非法收集、使用、加工、传输他人个人信息,不得非法买卖、提供或者公开他人的个人信息。

【真题链接】

1. 张某毕业要去外地工作,将自己贴身生活用品、私密照片及平板电脑等装箱交给甲快递公司运送。张某在箱外贴了"私人物品,严禁打开"的字条。张某到外地收到快递后察觉有异,经查实,甲公司工作人员李某曾翻看箱内物品,并损坏了平板电脑。下列哪些选项是正确的?(2015-3-66;多选)

　　A. 甲公司侵犯了张某的隐私权
　　B. 张某可请求甲公司承担精神损害赔偿责任
　　C. 张某可请求甲公司赔偿平板电脑的损失
　　D. 张某可请求甲公司和李某承担连带赔偿责任
〔答案〕_____①

2. 张某因出售公民个人信息被判刑,孙某的姓名、身份证号码、家庭住址等信息也在其中,买方是某公司。下列哪一选项是正确的?(2017-3-20;单选)

　　A. 张某侵害了孙某的身份权
　　B. 张某侵害了孙某的名誉权
　　C. 张某侵害了孙某对其个人信息享有的民事权益
　　D. 某公司无须对孙某承担民事责任
〔答案〕_____②

3. 甲女委托乙公司为其拍摄一套艺术照。不久,甲女发现丙网站有其多张半裸照片,受到众人嘲讽和指责。经查,乙公司未经甲女同意将其照片上传到公司网站做宣传,丁男下载后将甲女头部移植至他人半裸照片,上传到丙网站。下列哪些说法是正确的?(2011-3-66;多选)

　　A. 乙公司侵犯了甲女的肖像权　　　　B. 丁男侵犯了乙公司的著作权

---

① AC。
② C。

C. 丁男侵犯了甲女的名誉权　　　　D. 甲女有权主张精神损害赔偿

〔答案〕_____①

考点 6　精神损害赔偿

适用范围	下列人格利益和身份利益遭受侵害,情节严重的,受害人或者其近亲属可主张精神损害赔偿:① 一般人格权;② 具体人格权(生命权、健康权、身体权、姓名权、肖像权、名誉权、荣誉权、隐私权);③ 特定身份权;荣誉权、亲权、配偶权;④ 死者的姓名、肖像、名誉、荣誉、隐私、遗体、遗骨等人格利益。⑤ 具有人格象征意义的特定纪念物品因侵权行为而永久毁损灭失的。
排除情形	下列情形,不能主张精神损害赔偿:① 法人、非法人组织的人格权受到侵害的。② 在侵权之诉中未提出精神损害赔偿,诉讼终结后基于同一事实另行起诉请求精神损害赔偿的。③ 加害给付中,受害人提起违约之诉而非提起侵权之诉的,不能主张精神损害赔偿。④ 因侵权致人精神损害,但未造成严重后果,受害人请求赔偿精神损害的,一般不予支持。
边缘问题	侵权致人死亡或者侵害死者利益,有权主张精神损害赔偿的近亲属具有顺序上的限制:① 第一顺序为配偶、父母、子女(可以作为共同原告);② 第二顺序为其他近亲属。仅在没有第一顺序的近亲属时,第二顺序的近亲属才有权主张精神损害赔偿。需要注意的是,如果不是主张精神损害赔偿,则所有的近亲属都可以作为原告起诉。
	精神损害抚慰金的请求权,不得让与或者继承,但赔偿义务人已经以书面方式承诺给予金钱赔偿,或者赔偿权利人已经向法院起诉的除外。

【真题链接】

张某因病住院,医生手术时误将一肾脏摘除。张某向法院起诉,要求医院赔偿治疗费用和精神损害抚慰金。法院审理期间,张某术后感染医治无效死亡。关于此案,下列哪些说法是正确的?(2010-3-69;多选)

A. 医院侵犯了张某的健康权和生命权
B. 张某继承人有权继承张某的医疗费赔偿请求权
C. 张某继承人有权继承张某的精神损害抚慰金请求权
D. 张某死后其配偶、父母和子女有权另行起诉,请求医院赔偿自己的精神损害

〔答案〕_____②

第三节　身　份　权

导读: 身份权是民事主体基于某种特定的身份享有的民事权利。它不是每个民事主体都享有的权利,只有当民事主体从事某种行为或因婚姻、家庭关系而取得某种身份时才能享有。

---

① ABCD。
② ABCD。

考点 7 配偶权、亲属权与亲权

配偶权	配偶权,是指合法有效婚姻关系存续期间,夫与妻作为配偶间的一种身份权。根据我国《婚姻法》的规定,配偶权的内容主要包括以下几个方面:① 姓名权。② 人身自由权。③ 协助权。④ 忠实权。⑤ 离婚权。⑥ 家事代理权,亦称"钥匙权",因为这一知识点是与婚姻法联系紧密的重要考点,所以笔者在本书体系编排上,将其在人身权部分单列一个考点讲解。
亲属权	亲属权,是指父母与成年子女、祖父母与孙子女、外祖父母与外孙子女、兄弟姐妹间的身份权。
亲权	亲权,是指父母基于其身份对未成年子女人身、财产方面的管理和保护的权利。大陆法系国家普遍没有亲权的规定,英美法系国家将亲权纳入监护中,在我国虽然没有直接的亲权规定,但《民法总则》规定的法定监护权带有亲权的性质。

考点 8 家事代理权

概述	家事代理权,是指夫妻因日常家庭事务与第三人为一定法律行为时相互代理的权利,即夫妻于日常家事处理方面互为代理人,互有代理权,无论对方对该代理行为知晓与否、追认与否,夫妻双方均应对该行为的法律后果承担连带责任。
依据	(1)《婚姻法》第 17 条第 2 款规定,夫妻对共同所有的财产,有平等的处理权。 (2)《婚姻法解释(一)》第 17 条规定:"夫或妻对夫妻共同所有的财产,有平等的处理权"的规定,应当理解为:① 夫或妻在处理夫妻共同财产上的权利是平等的。因日常生活需要而处理夫妻共同财产的,任何一方均有权决定。② 夫或妻非因日常生活需要对夫妻共同财产作重要处理决定,夫妻双方应当平等协商,取得一致意见。他人有理由相信其为夫妻双方共同意思表示的,另一方不得以不同意或不知道为由对抗善意第三人。
特征	① 家事代理权的主体是丈夫或妻子一方。② 家事代理权的对象是夫妻共同财产。③ 家事代理权的性质是对共同财产作一般的处理决定,如果丈夫或妻子一方处理夫妻重大共同财产特别是不动产时,无家事代理权。④ 丈夫或妻子在行使家事代理权时无须事先征得另一方同意。

考点 9 探望权

概念	探望权是指离婚后未直接抚养子女的配偶一方依法享有的在一定时间,以一定方式探视、看望子女的权利。
特征	① 探望权是法定的权利,任何人都不得非法干预。
	② 享有探望权的主体是离婚后未直接抚养子女的父母亲一方或者其他对未成年子女负担抚养、教育义务的法定监护人。
	③ 协助一方拒不履行协助义务妨碍权利人探望子女的,探望人可申请法院采取强制措施。对探望权的行使不履行协助义务的,可以强制执行(拘留或罚款)。
	④ 禁止对子女强制执行。

【真题链接】

屈赞与曲玲协议离婚并约定婚生子屈曲由屈赞抚养,另口头约定曲玲按其能力给付抚养费并可随时探望屈曲。对此,下列哪些选项是正确的?(2016-3-65;多选)

A. 曲玲有探望权,屈赞应履行必要的协助义务

B. 曲玲连续几年对屈曲不闻不问,违背了法定的探望义务

C. 屈赞拒不履行协助曲玲探望的义务,经由裁判可依法对屈赞采取拘留、罚款等强制措施

D. 屈赞拒不履行协助曲玲探望的义务,经由裁判可依法强制从屈赞处接领屈曲与曲玲会面

〔答案〕_____①

---

① AC。

第二编
物 权 法

第一章 物权概述[①]

第一节 物权的概念、特征与分类

考点 1 物权的概念和特征

概念		物权是指权利人对特定的物享有直接支配和排他的权利,包括所有权、用益物权和担保物权。
特征	支配权	物权人可以依自己的意志就标的物直接行使其权利,无须他人的意思或者义务人的行为的介入。
	绝对权	① 物权的权利人是特定的,义务人是不特定的,即除权利人以外任何人都负有消极不作为义务。② 物权具有追及效力。③ 为了让不特定的义务主体知晓物权的状况,物权需要公示,否则第三人无从知晓它的权利状况。
	排他性	① 物权人有权排除他人对物上权利之行使的干涉,可以对抗一切不特定的人,所以物权是一种对世权。② 同一物上不许有内容不相容的物权并存。③ 共有关系和两个以上抵押权的并存与物权的排他性并不矛盾。
	优先性	(1) 物权对债权的优先效力:① 所有权优先于债权。② 担保物权优先于债权。③ 用益物权优先于债权。④ 具有物权效力的债权优先于不具有物权效力的债权(预告登记)。在例外情况下,基于特殊政策的考量,法律规定同一物既是物权客体又是债权的标的物时,特定债权优先于物权实现,如建设工程承包人的优先受偿权;船舶优先权。 (2) 同一标的物上并存数个物权时,物权对物权的优先效力按照下列规则确定(一般规则):① 首先,按照法律的规定确定物权之间的优先性。如:他物权优先于所有权。② 法律没有明确规定时,适用"先来后到"规则,先成立的物权优先于后成立的物权。 (3) 法定担保物权与意定担保物权: ① 先设立质权或者抵押权,后成立留置权。留置权优先于质权、抵押权。《物权法》第239条规定:"同一动产上已设立抵押权或者质权,该动产又被留置的,留置权人优先受偿。"即留置权 > 抵押权/质权。② 先成立留置权,后设立质权或者抵押权。此时,关键在于质权或者抵押权是谁设立的。又分两种情况:A. 留置权成立后,若动产的所有人以自己的名义再设立的质权、抵押权,则先成立的留置权优先于后设立的质权、抵押权。B. 留置权成立后,若留置权人以自己的名义设立质权、抵押权,则后设立的质权、抵押权优先于先成立的留置权。

[①] 此部分正文中所引用的法律条文,无特殊说明即为《物权法》。

特征	优先性	(4) 动产抵押权与动产质权。① 先设立质权,后设立抵押权的:质权＞抵押权。② 先设立抵押权,后设立质权的:登记抵押权＞质权＞未登记的抵押权。(根据《物权法》第188条规定,未经登记的动产抵押权,不能对抗善意第三人。)
		(5) 登记的抵押权与未登记的抵押权(《物权法》第199条)。① 登记的抵押权之间:依时间顺序。② 登记的抵押权优于未登记的抵押权。③ 未登记的抵押权之间:平等受偿。

【真题链接】

同升公司以一套价值100万元的设备作为抵押,向甲借款10万元,未办理抵押登记手续。同升公司又向乙借款80万元,以该套设备作为抵押,并办理了抵押登记手续。同升公司欠丙货款20万元,将该套设备出质给丙。丙不小心损坏了该套设备送丁修理,因欠丁5万元修理费,该套设备被丁留置。关于甲、乙、丙、丁对该套设备享有的担保物权的清偿顺序,下列哪一排列是正确的?(2011-3-7;单选)

A. 甲乙丙丁　　B. 乙丙丁甲　　C. 丙丁甲乙　　D. 丁乙丙甲

〔答案〕_____①

考点 2　民法上物权的种类

所有权	在法律规定范围内对所有权客体占有、使用、收益、处分的权利。① 这是所有人在法律规定的范围内独占性地支配其所有的财产的权利。所有人可以对其所有的财产占有、使用、收益、处分,并可以排除他人违背其意志所为的干涉。② 所有权是最完整、最充分的物权。为充分发挥物的效用,从所有权中可以派生出各种其他物权。		
	国家所有权	① 矿藏、水流、海域。② 城市土地。③ 无线电频谱资源。④ 国防资产。	
	集体所有权	村民委员会代表集体行使所有权。	
	私人所有权	私人合法储蓄、投资及其收益。	
	其他所有权	法人所有权。	
	业主建筑物区分所有权	专有部分单独所有权、共有部分共有权和管理权。	
	相邻权	尊重相邻不动产所有人,相互之间给予一定方便和受限制的权利和义务。	
	共有	两个以上的人对同一项财产享有所有权。	
		按份共有	按照份额享有所有权。
		共同共有	共同享有一物的所有权。

---

① D。

(续表)

用益物权		对他人所有的物,在一定范围内进行占有、使用、收益、处分的他物权。
	土地承包经营权	因从事种植业、林业等生产承包使用、收益集体所有土地权。
	建设用地使用权	因建筑物及附属设施使用国家土地的权利。
	宅基地使用权	农民在所属农村集体土地上建造房屋的权利。
	地役权	以他人土地供自己土地便利使用,提高自己不动产效益的权利。
担保物权		为确保债权的实现而设定的,以直接取得或支配特定财产交换价值为内容的权利。
	抵押权	债务人或第三人不转移财产占有,将该财产作为债权的担保,债务人未履行债务时,债权人依照法律规定的程序就该财产优先受偿的权利。
	质权	债权人与债务人或债务人提供的第三人以协商订立书面合同的方式,移转债务人或者债务人提供的第三人的动产或权利的占有,在债务人不履行债务时,债权人有权以该财产价款优先受偿。
	留置权	债权人按照合同的约定占有债务人的动产,债务人不按照合同约定的期限履行债务的,债权人有权依照法律规定留置财产,以该财产折价或者以拍卖、变卖该财产的价款优先受偿。
准物权	占有	占有是指对物的控制、占领。占有究竟是一种单纯的事实,还是一种权利,各国的立法例是不一致的。有认为是权利的,还有的认为占有是受法律保护的一种事实状态。

考点 3 物的分类(1):动产与不动产

依据		以物能否移动和移动后是否会损害物的价值为标准。
动产		动产是能够移动并且不因移动损害价值的物,如家具等。
不动产		不动产是不能够移动或虽可移动但却会因移动损害价值的物,如土地、房屋等。
区分意义	(1) 所有权人限制	不动产中的土地、河流、森林等,只能成为国家或集体的所有权客体,任何自然人或集体组织以外的法人,都不能成为这些不动产的所有权人。
	(2) 公示方法不同	动产物权的变动,通常以交付为公示;而不动产物权的变动,则以登记为公示,不经登记的不发生变动效力。
	(3) 他物权类型不同	物权中的用益物权,如土地使用权、地役权等,只能在不动产上设定,动产不能设定用益物权。在担保物权中,不动产得设定抵押权,而不能设定质权和留置权;而动产可设定质权和留置权。

(续表)

区分意义	(4) 不动产发生相邻关系	不动产由于不能移动,相邻的占有人之间如因不动产的利用而产生冲突与矛盾时,就需要法律加以协调。所以,民法上有专门处理不动产相邻关系的条文,以处理排水、通行、通风、采光等相邻关系。动产因能移动,所以不发生特定人之间的相邻关系。
	(5) 地域管辖不同	因不动产发生的争议,适用专属管辖。因不动产纠纷提起的诉讼,由不动产所在地法院管辖。而因动产引起的民事诉讼,则依普通管辖确定管辖法院,如被告住所地、合同履行地等。

考点 4　物的分类(2):特定物与种类物

依据	以物是否有特征或是否被特定化而对物所作的区分。	
特定物	特定物是独具特征或被特定化并且无从替代的物。特定物既包括独一无二的物,如鲁迅某书手稿等,也包括经当事人指定后被特定化的种类物,如经挑选的家具等。特定物因其不可替代性,故也称不可替代物。	
种类物	种类物是以品种、规格、质量或度量衡确认的一类具有共同特征的物。如1吨煤、20公斤大米等。种类物在交易时,具有可替代性,故也称可替代物。种类物如经当事人指定后,也可成为特定物。	
区分意义	民事法律关系的专属性	民事法律关系,有的只能以特定物为客体,如租赁、借用合同等,而有的只能以种类物为客体,如消费借贷、货币借贷等。在租赁合同和借用合同期限届满时,承租人和借用人必须归还原物——特定物。相反,在消费借贷或货币借贷合同期限届满时,借贷人只要归还同种数量的物或同值的货币即可,因为所借之物或钱已被处分掉了,不可能也不需要返还原物或原币,况且原物、原币与返还的物、货币是具有共性、可替代的物——种类物。
	标的物灭失时的法律效果不同	当特定物作为债履行的标的物时,该物于交付对方当事人前灭失的,债务人可免除交付义务,改负过失赔偿责任。而若以种类物作为债履行的标的物时,债务人不能以交付前物已灭失作为免除交付的抗辩理由,仍需以同样品质、数量的种类物交付。
	所有权移转时间不同	特定物的转让,既可以物之交付为所有权移转的时间,也可依约定或法定,以交付以外的方式确定所有权移转的时间。而种类物的转让,因交付前尚未特定化,故只能以物之交付为所有权移转的时间。

考点 5　物的分类(3)：可分物与不可分物

依据	依物能否被分割为标准而对物作的区分。	
可分物	可分物是指可以分割并且不因分割而损害其价值或性能的物，如一袋米可分为若干份，并不改变效用与性质。	
不可分物	不可分物是分割后会改变性能或价值的物。不可分物有两种：一是自然性质上不可分，如一辆汽车、一架钢琴等；二是依权利人的意思不可分，如在一定时间内不许分割的共有物。	
区分意义	确立共有物的分割方法	共有人在分割共同财产时，对可分物，可分割实物，各得其所；对于不可分物，只能作价值上的分割，而不能作实物分割，实物可归于一人，由其对他人所得作补偿，或者将实物出卖，分割所得价金。
	确认多数人之债的性质	对于多数人之债，须确认究属连带之债还是按份之债。当标的物为数人共有，标的物上产生的利益或负担自然也由共有人分享或分担。在标的物属可分物时，产生的利益或负担除法律有相反规定外，可作为按份债权或按份债务；在标的物属不可分物时，因产生的利益或负担属不可分债权或不可分债务，故在共有人之间发生连带债权或连带债务的关系。如，楼房下水管因堵塞而需疏浚时，由于下水管是不可分物，属各层房屋所有权人共有，所以，对疏浚费用各层房主负连带债务之责。

考点 6　物的分类(4)：消耗物与不可消耗物

依据	依物能否重复使用而作的区分。
消耗物	消耗物是指仅一次性有效使用就灭失或品质发生变化的物。物因一次性使用而灭失，如食物因吃而消灭，货币因使用而丧失所有权；物因一次性使用而改变品质的，如原材料经加工变为产品。
不可消耗物	不可消耗物是指可反复使用，通过使用逐渐磨损其效用的物，如车辆、电器、服装、房屋等。
区分意义	消耗物与不可消耗物决定民事法律关系的类型。如同样是借物，所借之物为消耗物时，合同的性质就是消费借贷，借贷物交付时所有权移转，借贷人只要返还种类物即可；反之，所借之物为不可消耗物时，合同的性质就是借用合同或租赁合同，租借交付时仅移转使用权，租借人须返还原物。

考点 7　物的分类(5)：主物与从物

依据	根据两个独立存在的物在法律效力中的主从关系作的划分。只有属于同一个所有人的两个独立存在的、要相互结合才能发挥效用的物，才构成主物与从物的关系。如果是不同所有人的物，不产生主物与从物的关系。

(续表)

主物	主物是指从物所辅助之物。
从物	从物是指非主物的成分,但常借助主物发挥经济效用,而与主物归一人所有的物。
实例	同一人所有的电视机与遥控器属于典型的主物与从物。
区分意义	区分主物与从物的法律意义在于,如果法律或者合同没有相反约定时,从物的所有权随主物的所有权一并转移。

考点 8 物的分类(6):原物与孳息

依据	依产生收益的物与所生收益之间的关系而对物作的区分。	
原物	原物是指依自然属性或法律的规定,能够产生收益的物。基于自然属性能产生收益的物,如能结果实的果树、生幼畜的母畜等;基于法律规定产生收益的物,如能收租金的出租屋、生息的本金等。	
孳息	孳息物是原物产生之物。依自然属性产生的孳息称天然孳息,依法律规定产生的孳息称法定孳息。基于法律所认可的游戏规则所产生的概率性收益,如福利彩票的中奖奖金被称为射幸孳息,也为法定孳息的一种。需要指出的是,① 天然孳息为独立物,故与原物分离之前为其构成部分,不能称为孳息。如果树上所结果实,只有采摘下来才能称为孳息,未采摘之前只是原物的有机组成部分。② 天然孳息的重要特点在于,收取天然孳息后,不对原物造成根本性破坏(不改变其性质或对其构成毁损),基于此,牛奶、牛黄属于天然孳息,屠牛所取得的牛皮、牛肉就不是天然孳息。③ 对一物进行加工所产生的新物,不是孳息。④ 埋藏物,始终独立于埋藏体,不是孳息。	
区分意义	确定孳息物的所有权归属	(1)《物权法》第116条规定:① 天然孳息,由所有权人取得;既有所有权人又有用益物权人的,由用益物权人取得。当事人另有约定的,按照约定。② 法定孳息,当事人有约定的,按照约定取得;没有约定或者约定不明确的,按照交易习惯取得。
		(2)《合同法》第163条规定:标的物在交付之前产生的孳息,归出卖人所有,交付之后产生的孳息,归买受人所有。
	确定赔偿范围	当原物的所有权受到侵害,使孳息的收取发生不能时,侵害人应赔偿原物的损失,并依法律规定,赔偿孳息物的损失。对从事种植业的承包经营户,侵害人不仅要赔偿原物的损失,对于孳息物的损失也要按一定期限内的平均收入酌定补偿。

第二节 物权请求权

考点 9 物上请求权的概念与特征

概念	物权人在其权利的实现上遇有某种妨害时,有权请求造成妨害事由发生的人排除此等妨害,称为物上请求权,有时亦称为物权请求权。物权请求权包括三种:① 返还原物请求权;② 排除妨害请求权;③ 消除危险请求权。	
特征	物上请求权是独立于物权的一种请求权。	物上请求权在物权受到妨害时发生,它是物权人请求特定的人(妨害物权的人)为特定行为(除去妨害)的权利,属于行为请求权。它不以对物权标的物的支配为内容,故不是物权的本体,而是独立于物权的一种请求权。作为请求权,物上请求权与债权有类似的性质,因而在不与物上请求权性质相抵触的范围内,可以适用债权的有关规定,如过失相抵等。
	物上请求权是物权的效用。	物权作为一种法律上的权利,受到法律的保护,在受到妨害时,物权人即有排除妨害的请求权。因此,物上请求权是物权的效用,它以恢复物权的支配状态为目的,在物权存续期间不断地发生。
	物上请求权附属于物权。	由于物权请求权的功能在于回复物权的圆满状态,所以,物权请求权不能与物权分离而单独存在。
辨析	物上请求权与损害赔偿请求权不可混为一谈。物上请求权旨在恢复物权人对其标的物的支配状态,从而使物权得以实现。损害赔偿请求权的目的在于消除损害,它是在不能恢复物的原状时,以金钱作为赔偿,补偿物权人受到的财产损失。基于侵权行为的损害赔偿,必须是实际上受有损害,即标的物价值的减少或灭失,物上请求权则不以此为要件。在物权因他人的违法行为受到妨害时,如果有标的物的实际损害,可以同时发生损害赔偿请求权,故物上请求权与损害赔偿请求权是可以并存的。	

【真题链接】

1. 物权人在其权利的实现上遇有某种妨害时,有权请求造成妨害事由发生的人排除此等妨害,称为物权请求权。关于物权请求权,下列哪一表述是错误的?(2011-3-8;单选)
   A. 是独立于物权的一种行为请求权　　　B. 可以适用债权的有关规定
   C. 不能与物权分离而单独存在　　　　　D. 须依诉讼的方式进行
   〔答案〕_____①

2. 姚某旅游途中,前往某玉石市场参观,在唐某经营的摊位上拿起一只翡翠手镯,经唐某同意后试戴,并问价。唐某报价18万元(实际进货价8万元,市价9万元),姚某感觉价格太高,急忙取下,不慎将手镯摔断。关于姚某的赔偿责任,下列哪一选项是正确的?(2017-3-22;

---

① D。

单选)
A. 应承担违约责任
B. 应赔偿唐某 8 万元损失
C. 应赔偿唐某 9 万元损失
D. 应赔偿唐某 18 万元损失

[答案] ①

考点 10 物上请求权(1):返还原物请求权

概念	返还原物请求权是指物权人在物被他人无权占有时,可以向无权占有人请求返还原物或者请求法院责令无权占有人返还原物。
特征	(1) 请求人为物权人。包括所有权人和他物权人,但是不包括抵押权人。
	(2) 被请求人为(相对于请求人的)现时的无权占有人。此时的无权占有不再区分善意恶意,另外权利人不得对有权占有人主张返还原物。
	(3) 以基础权利受到侵害为前提。
	(4) 以原物尚且存在为前提,否则,只能转化为损害赔偿请求权。而损害赔偿请求权性质上属于债权请求权,而不是我们这里所探讨的物上请求权。
	(5) 普通动产适用诉讼时效期间,但登记动产与不动产不适用诉讼时效期间的限制。
范围	被请求人应返还原物及孳息。

考点 11 返还原物请求权与占有回复请求权初窥

	返还原物请求权	占有回复请求权
权利人	请求人为物权人。包括所有权人和他物权人,但是不包括抵押权人。	占有人(是否物权人在所不问)。
构成要件	仅要求相对人为无权占有人,其无权占有的原因在所不问。	要求占有人的占有被"侵夺",无侵夺则无占有回复请求权。
期间限制	普通动产适用诉讼时效期间,但登记动产与不动产不适用诉讼时效期间限制。	适用 1 年的除斥期间,应自占之日起 1 年内行使。
功能与效力	返还原物请求权的功能在于保护物权人对物的圆满支配状态,具有保护的终局性。	占有回复请求权的功能在于维护财产秩序,限制以法律禁止的私力剥夺他人的占有。

需要提醒考生注意的是,返还原物请求权与占有回复请求权可以发生竞合,为强化对该知识点的掌握,举一例以释之,以期做到窥一斑而知全貌。兹有以下事例:甲的手机被乙抢夺。则:①甲的占有被乙侵夺,甲可依据《物权法》第245条对乙行使占有回复请求权,除斥期间为1年。②甲是所有人,乙为手机的无权占有人,甲亦可依据《物权法》第34条对乙行使返还原物请求权,无时间限制。问题的复杂性在于,若乙将手机出卖给不知情的丙并交付,丙能够善意取得手机的所有权吗?答案是否定的,因为盗赃物绝对不可能善意取得。

---

① C。

【真题链接】

庞某有1辆名牌自行车,在借给黄某使用期间,达成转让协议,黄某以8000元的价格购买该自行车。次日,黄某又将自行车以9000元的价格转卖给了洪某,但约定由黄某继续使用1个月。关于该自行车的归属,下列哪一选项是正确的?(2017-3-5;单选)

A. 庞某未完成交付,该自行车仍归庞某所有
B. 黄某构成无权处分,洪某不能取得自行车所有权
C. 洪某在黄某继续使用1个月后,取得该自行车所有权
D. 庞某既不能向黄某,也不能向洪某主张原物返还请求权

〔答案〕_____①

考点 12 物上请求权(2):排除妨害请求权

概念	排除妨害请求权,是指物权人虽然占有其物,但由于他人的非法行为,致使物权人无法充分行使权利时,物权人可以请求侵害人排除妨害,或者请求法院责令侵害人排除妨害。
特征	(1) 请求人为物权人。 (2) 妨害人以无权占有以外的方式妨害物权的行使。妨害既可由妨害人的行为造成,亦可由妨害人的物件造成。如:在他人土地上堆放垃圾、在他人车库门口停放汽车、不动产登记簿上因他人行为产生错误登记、制造超出容忍限度的噪音、被大风刮断树木倒入邻人院内等。 (3) 提出请求之时,妨害仍在持续中。
效力	(1) 除去妨害。妨害人须采取措施排除妨害,例如:以违章建筑堵塞通道的,应拆除违章建筑;清理丢弃的垃圾;不再制造噪音。 (2) 排除妨害费用的承担:① 妨害人具有过错的,应独自承担排除妨害的费用;② 妨害人对妨害无过错的(如地震震倒围墙于邻居院中),由双方合理分担排除妨害的费用。

需要提请考生注意的是:① 对于一种特殊的妨害,即声明否认他人物权的行为,不属于对他人物权的直接侵害,物权人不得直接对否认者主张排除妨害请求权,而应提起确认之诉。但在物权人获得确认之诉的胜诉判决后,他人仍继续声明否认该物权的行为,构成对该物的妨害,物权人得对其行使排除妨害请求权。② 排除妨害请求权既可以对行为妨害人提出,亦可以对状态妨害人提出。所谓行为妨害人,指以自己行为对他人的物权施加妨害者;所谓状态妨害人,指对排除他人的妨害行为具有事实上的支配者。

【真题链接】

叶某将自有房屋卖给沈某,在交房和过户之前,沈某擅自撬门装修,施工导致邻居赵某经常失眠。下列哪些表述是正确的?(2013-3-55;多选)

A. 赵某有权要求叶某排除妨碍

---

① D。

B. 赵某有权要求沈某排除妨碍
C. 赵某请求排除妨碍不受诉讼时效的限制
D. 赵某可主张精神损害赔偿
〔答案〕_____①

考点 13 物上请求权(3):消除危险请求权

概念	消除危险请求权是指物权人对尚未发生但确有发生危险的妨害可以请求有关的当事人采取预防措施加以防止。	
特征	(1) 请求人为物权人。	
	(2) 物权的行使具有受到妨害的现实危险。如邻人在自己房屋近旁挖坑,具有危及房屋安全的现实可能性。再如,邻人所有的大树欲倾倒于自己房屋上。	
	(3) 被请求人为对危险的除去具有支配力的人。	
	(4) 提出请求之时,危险仍现实存在。	
效力	(1) 消除危险。制造危险的相对人应采取预防措施,除去现实危险。消除危险的行为既可以是作为,也可以不作为。	
	(2) 消除危险的费用,原则上应由相对人负担。若危险的产生系由不可抗力所致,或者危险的原因与请求权人自身具有客观上的关联时,则应参酌个案的具体情况,可以确定由请求人与相对人合理分担。	
总结	需要明确的是,排除妨害请求权与消除危险请求权,这两项权利的功能在于防患于未然,由于针对正在发生的事实,所以不适用诉讼时效期间。	

第三节 物权法的基本原则

考点 14 物权法定原则

概念	《物权法》第5条规定,物权的种类和内容,由法律规定。此即物权法定原则。由于物权是支配权,具有排他效力、优先效力和追及效力,为了维护交易安全,故适用法定原则。狭义的物权法的原则包括种类法定与内容法定。广义的物权法定原则还包括效力法定与公示方法法定。我国采用广义的物权法定原则。	
内容	(1) 种类法定	又称"类型强制",指哪些权利属于物权,只能由《物权法》或其他法律作出规定。违反物权法定创设的所谓"物权",不具有物权的效力。如:地方人大不得通过立法承认"居住权"为用益物权;法院不得在判决中承认"让与担保"为担保物权;当事人约定创设的法律没有规定的"物权",不具有物权的效力,顶多具有合同效力。

---

① ABC。

(续表)

内容	(2) 内容法定	又称"类型固定",包括两方面的含义:① 物权的内容由法律确定,当事人不得约定与物权的法定内容不相符合的权能内容。如,当事人不得约定某一所有权不具有处分效力。② 当事人不得通过约定违反《物权法》关于物权内容的强行性规定。如,当事人不得约定"流质契约"。
	(3) 效力法定	《物权法》未设明文。效力法定,包括两方面的内容:① 当事人必须按照法律规定的效力确定物权的效力。如:根据《物权法》第158条的规定,未登记的地役权不具有对抗善意第三人的效力,当事人如果约定未登记的地役权具有对抗善意第三人的效力,则当事人的约定对于善意第三人"不算数"。② 当事人不得改变法律关于物权效力的规定。如:根据《物权法》第202条的规定,抵押权人应当在主债权诉讼时效期间行使抵押权,如果抵押人与抵押权人约定,抵押权人可以在主债权诉讼时效期间完成后两年内行使抵押权,则抵押权的效力必须"缩短至"主债权诉讼时效期间内。
	(4) 公示方法法定	《物权法》未设明文,物权法定原则应当包含公示方法法定。如,根据《物权法》第228条的规定,以应收账款质押的,登记机关为信贷征信机构,如果当事人在"公证机关"进行出质登记,则权利质权"未设立"。
效力	违反物权法定原则的,不发生物权效力,可发生合同效力。	

【真题链接】

甲公司向乙银行借款500万元,以其闲置的一处办公用房作担保。乙银行正好缺乏办公场所,于是与甲公司商定,由甲公司以此办公用房为乙银行设立担保物权。随后,甲公司向乙银行交付了办公用房。借款到期后,甲公司未能偿还,乙银行主张对办公用房行使优先受偿的权利。下列哪一选项是正确的?(2008-3-13 延考;单选)

A. 乙银行有权这样做,因其对标的物享有抵押权

B. 乙银行有权这样做,因其对标的物享有质权

C. 乙银行有权这样做,因其对标的物享有同时履行抗辩权

D. 乙银行无权这样做,因其与甲公司之间的约定不能设定担保物权

〔答案〕_____①

考点 15 公示公信原则(1):公示原则

公示原则	(1) 公示原则要求物权的产生、变更、消灭,必须以一定的可以从外部查知的方式表现出来。否则,因为物权具有排他的性质,如果没有通过公示方式将物权的变动表现出来,就会给第三人带来不测,影响交易的安全。如,在房屋上设定抵押权,如果不以一定的方式表现出该抵押权的存在,不知该抵押权存在的购买该房屋的第三人就可能蒙受损害。因此,民法上关于物权的变动,以"登记"为不动产物权的公示方法,以"交付"为动产物权的公示方法。

---

① D。

(续表)

公示原则	(2) 对于基于不同法律事实发生的物权变动,公示原则具有不同意义: ① 对基于民事法律行为发生的物权变动,原则上非经公示不发生物权变动的效果。② 对于基于民事法律行为以外的原因发生的物权变动,不经公示虽然可以发生物权变动的效果,但是在公示完成之前,当事人不得处分,如因继承、法院判决、事实行为等发生的物权变动。

考点 16 公示公信原则(2):公示原则的具体体现

不动产登记	以登记为不动产物权变动的公示方法,从各国立法例考察,始于抵押权制度。不动产登记制度,虽然要受到地域的限制,其记载的内容也未必全然翔实,更由于现代社会商品经济的发展,物权的变动频繁,且地域范围越来越广,登记制度未必能充分起到公示不动产物权变动的作用。但是,人们毕竟可以通过登记了解物权变动的事实,不动产登记制度在很大程度上起着维护不动产交易安全的作用。
动产交付	交付为动产物权变动的公示方法,这是因为动产物权变动不仅容易而且频繁,无法以登记的方法公示,只能用移转占有这一手段来表现动产物权的变动。而且,在现代社会经济发展的条件下,时间和效率成为经济发展的一个重要因素,为保证交易的迅速进行,《物权法》上还有简易交付、占有改定、指示交付等方法作为现实交付的补充。可见,从经济发展的需要来看,交付足以作为动产物权变动的有效公示方法。

考点 17 公示公信原则(3):公信原则

概念	物权的变动以登记或者交付为公示方法,当事人如果信赖这种公示而为一定的行为(如买卖),即使登记或者交付所表现的物权状态与真实的物权状态不相符合,也不能影响物权变动的效力。
内容	公信原则包括两方面的内容:① 记载于不动产登记簿的人推定为该不动产的权利人,动产的占有人推定为该动产的权利人,除非有相反的证据证明。这称为"权利的正确性推定效力"。② 凡善意信赖公示的表象而为一定的行为,在法律上应当受到保护,保护的方式就是承认发生物权变动的效力。
依据	物权的变动之所以要有公信原则,是因为仅贯彻公示原则,在进行物权交易时,固然不必顾虑他人主张未公示的物权,免受不测的损害。但公示所表现的物权状态与真实的物权状态不相符合的情况,在现实生活中也是存在的。如果法律对这种情形无相应的措施,当事人一方也会因此遭受损失。如,假冒房屋所有人移转房屋所有权的登记,手机的借用人将其出卖等。如果在物权交易中都得先一一调查,必然十分不便。在物权变动中贯彻公信原则,使行为人可以信赖登记与交付所公示的物权状态进行交易,而不必担心其实际权利的状况。可见,公信原则的目的在于保护交易的安全,稳定社会经济秩序,但有时不免会牺牲真正权利享有人的利益,这是法律从促进社会经济发展以及在权利人的个人利益与社会利益之间进行均衡、选择的结果。

第二章 物权变动

导读:物权的变动,是指物权的设立、变更、转让和消灭。就物权主体而言,是指其取得物权和丧失物权;就物权内容而言,是指物权的内容发生变化。其中,物权的设立即物权的取得,物权的取得分为原始取得与继受取得。原始取得是指非依他人既存的权利而取得物权,如生产、收取孳息、添附、先占、没占等均属于物权的原始取得方式。继受取得是指基于他人既存的权利而取得物权。继受取得又分为移转的继受取得和创设的继受取得。移转的继受取得是指从他人处取得他人原有的物权,如基于有效的买卖合同受让所有权,因继承取得物权。创设的继受取得是指在他人的所有物上设立他物权,如在国家所有的土地上设立建设用地使用权,在他人动产上设立抵押权或者质权。

第一节 物权变动概述

导读:物权变动需有能够引起物权变动的法律事实。能够引起物权变动的法律事实称为物权变动的原因,主要包括法律行为、事件和事实行为、公法上的原因等。故通常可以将物权变动分为基于法律行为的物权变动和非基于法律行为的物权变动。在基于法律行为的物权变动中,公示为物权变动的生效要件或者对抗要件;非基于法律行为的物权变动则不需要公示,就其中的不动产变动而言,登记既非生效要件也不是对抗要件,而是处分要件。

考点 1 物权变动模式(1):意思主义/登记对抗主义模式

概述	登记对抗主义,指不动产物权的变动,依当事人间的合意即产生法律效力。但是,非经登记,不能对抗第三人。由于合同生效是基于当事人的意思表示,所以这一模式又被称为意思主义。我国有以下三项权利的设立采意思主义:
土地承包经营权	从承包合同生效时取得,无须登记。但是在流转的场合下(互换、转让),从相应的流转合同生效时发生效力,未登记不发生对抗善意第三人的效力。
地役权	地役权自地役权合同生效时设立。未经登记,不得对抗善意第三人。
动产抵押	从抵押合同生效时发生效力,但是未登记不得对抗善意第三人。
补充说明	《物权法解释(一)》第6条规定,转让人转移船舶、航空器和机动车等所有权,受让人已经支付对价并取得占有,虽未经登记,但转让人的债权人主张其为《物权法》第24条所称的"善意第三人"的,不予支持,法律另有规定的除外。
公式提取	债权行为=物权变动+登记(法律行为)>>第三人

考点 2 物权变动模式(2):形式主义

物权形式主义	① 物权变动除了当事人意思表示一致以外,还需对物权变动进行登记或者交付,方可产生物权变动的效果的立法例,以德国民法典为代表。在这里,登记或交付是一种事实行为。 ② 提取公式为:物权合同 + 交付/登记(事实行为) = 物权变动。
债权形式主义	① 物权变动只需在债权的意思表示之外加上登记或交付即可,不需要另有物权的合意,故无物权行为的独立性;既然无物权行为的独立性,则物权变动的效力自然受其原因行为即债权行为的影响,故不存在物权行为的无因性。在这里,登记或交付是一种法律行为。 ② 提取公式为:有效债权行为 + 交付/登记(法律行为) = 物权变动。
我国的立法例	我国的物权变动模式以债权形式主义为原则,以意思主义为例外。即我国立法原则上采用登记/交付生效主义模式,例外采用登记对抗主义模式。

第二节 基于法律行为的物权变动

考点 3 基于法律行为的物权变动(1):区分原则

概述	区分原则,又称为物债两分原则,登记或交付是合同的履行行为,未登记或未交付并不影响债权合同的效力。而债权合同不成立、无效、被撤销的,也不可能发生物权变动的效果。《物权法》第 15 条规定,当事人之间订立有关设立、变更、转让和消灭不动产物权的合同,除法律另有规定或者合同另有约定外,自合同成立时生效;未办理物权登记的,不影响合同效力。据此可知:① 法律行为是否成立与生效,依照法律行为成立与生效的规则判断。② 物权变动是否发生,依照基于法律行为物权变动的规范判断。③ 因欠缺物权公示不能发生物权变动效果的,法律行为的效力不会因此受影响。④ 负担行为有效,即产生债的履行效力,也即在当事人之间产生债权债务关系,如一方不履行,将承担违约责任,包括继续履行、赔偿损失等。
变迁	曾有很长一段时期,我国民事立法没有严格区分物权行为与债权行为的效力,结果造成立法规范的很大混乱,尤以 1995 年《担保法》为甚,如《担保法》第 41 条:当事人以不动产抵押的,应当办理抵押物登记,抵押合同自登记之日起生效。依照该规定,合同的效力(债权效力)竟然以抵押登记(物权行为)为生效要件,既然如此,抵押权自身又是何时设立? 也是以登记为生效要件,这就是典型的物债不分! 如此一来,债权、物权的生效便混为一谈了。不但令人费解,而且产生了许多难解的法律难题。

考点 4 区分原则的具体应用总结归纳

具体应用	(1) 在房屋买卖(赠与)中,若未办理过户登记,物权未发生变动,买受人(受赠人)尚未取得房屋所有权,但房屋买卖(赠与)合同不因此不成立或未生效,是否成立与生效,依照《合同法》确定。
	(2) 在手机买卖(赠与)中,若未交付手机,物权未发生变动,买受人(受赠人)尚未取得手机所有权,但手机买卖(赠与)合同不因此不成立或未生效,是否成立与生效,依照《合同法》确定。
	(3) 在不动产抵押中,若未办理抵押登记,则抵押权未设立,但不因此影响抵押合同的生效,是否成立与生效,依照《合同法》确定。
	(4) 在动产质押中,若未交付动产(或者采用占有改定方式交付的),则质权未设立,但不因此影响质押合同的生效,是否成立与生效,依照《合同法》确定。
	(5) 在预告登记后,未经预告登记权利人同意,所有权人再处分不动产的,不发生物权变动,但不因此影响合同的生效,是否成立与生效,依照《合同法》确定。
	(6) 非基于法律行为而取得不动产所有权,所有权人再处分不动产的,未经登记,不发生物权变动,但不因此影响合同的生效,是否成立与生效,依照《合同法》确定。

考点 5 基于法律行为的物权变动(2):不动产登记的一般规定

导读:不动产登记是基于法律行为发生的不动产物权变动的公示方式,对该公示产生何种效力以及欠缺该公示产生何种法律后果,《物权法》采取的是登记生效和登记对抗相结合的做法,其中,登记生效主义是原则,登记对抗主义是例外。不动产物权的设立、变更、转让和消灭,经依法登记,发生效力;未经登记,不发生效力,但法律另有规定的除外。登记为物权变动生效要件的情形主要有:因买卖、赠与、互易等行为发生不动产所有权变动的,建设用地使用权的出让与转让的,不动产抵押权的设立等。登记为对抗要件的情形主要有:土地承包经营权人将土地承包经营权互换、转让的,未经登记,不得对抗善意第三人;地役权设立和转让时,未经登记,不得对抗善意第三人。

一般规定		《物权法》第9条规定,不动产物权的设立、变更、转让和消灭,经依法登记,发生效力;未经登记,不发生效力,但法律另有规定的除外。依法属于国家所有的自然资源,所有权可以不登记。
解读	原则	此处所称不动产物权的变动,是指基于法律行为的物权变动。基于法律行为的不动产物权变动,除法律另有规定外,一律以登记作为物权变动的生效要件。物权变动的时间点是将物权变动记载于不动产登记簿之日,而不是权属证书发放或者收回之日。
	例外(1)	依法属于国家所有的自然资源,所有权可以不登记。
	例外(2)	地役权等不动产物权采用的是登记对抗主义模式。

(续表)

权属证明	不动产权属证书是权利人享有该不动产物权的证明。需要说明的是,不动产登记簿与权属证书不同。不动产登记簿是物权归属和内容的根据,由登记机构管理,具有权利推定的效力。不动产权属证书是权利人享有该不动产物权的证明。不动产权属证书记载的事项,应当与不动产登记簿一致;记载不一致的,除有证据证明不动产登记簿确有错误外,以不动产登记簿为准。当事人有证据证明不动产登记簿的记载与真实权利状态不符,其为该不动产物权的真实权利人,请求确认其享有物权的,应予支持。
具体规定	139条 建设用地使用权自登记时设立。
	187条 不动产抵押权自办理抵押登记时设立。
	226条 以基金份额、股权出质的,质权自办理出质登记时设立。
	227条 以注册商标专用权、著作权、专利权等知识产权中的财产权出质的,质权自办理出质登记时设立。
	228条 以应收账款出质的,质权自办理出质登记时设立。

考点 6 不动产登记的类型(1):变动登记

概述	变动登记指不动产物权登记机关就不动产物权的产生、变更、转让和消灭等事实进行的登记。故不动产的变动登记包括首次登记、变更登记、转移登记、注销登记等。
首次登记	不动产首次登记,是指不动产权利第一次登记。未办理不动产首次登记的,不得办理不动产其他类型登记,但法律、行政法规另有规定的除外。
变更登记	变更登记是指在登记事项发生改变时进行的登记,如权利人的名称发生变更、不动产权利期限发生变化的,不动产权利人可以向不动产登记机构申请变更登记。
移转登记	而在买卖、互换、赠与不动产时或者因继承、受遗赠导致不动产权利发生转移时,当事人可以向不动产登记机构申请转移登记。
注销登记	在不动产权利因不动产灭失、权利人放弃、不动产被依法征收等原因消灭时,当事人可以申请办理注销登记。

考点 7 不动产登记的类型(2):预告登记(阻止物权发生)

概念	预告登记,指在当事人所期待的不动产物权变动所需要的条件缺乏或者尚未成就时,即权利取得人只对未来取得物权享有请求权时,法律为保护这一债权请求权而进行的登记。
类型	①商品房预售登记。②在建工程抵押的预告登记。③抵押权顺位的预告登记。

(续表)

效力	办理了预告登记后,未经预告登记权利人的同意,处分该不动产的,不发生物权效力(但不影响合同的效力)。预告登记在下列两种情形下自动失效,即使没有涂销预告登记,预告登记亦不再具有前述效力:① 债权消灭:《物权法解释(一)》第 5 条规定:买卖不动产物权的协议被认定无效、被撤销、被解除,或者预告登记的权利人放弃债权的,应当认定为《物权法》第 20 条第 2 款所称的"债权消灭"。② 自能够进行不动产登记之日起 3 个月内未申请本登记。

【真题链接】

1. 甲公司开发写字楼一幢,于 2008 年 5 月 5 日将其中一层卖给乙公司,约定半年后交房,乙公司于 2008 年 5 月 6 日申请办理了预告登记。2008 年 6 月 2 日甲公司因资金周转困难,在乙公司不知情的情况下,以该层楼向银行抵押借款并登记。现因甲公司不能清偿欠款,银行要求实现抵押权。下列哪一判断是正确的?(2009-3-8;单选)

A. 抵押合同有效,抵押权设立
B. 抵押合同无效,但抵押权设立
C. 抵押合同有效,但抵押权不设立
D. 抵押合同无效,抵押权不设立
〔答案〕_____①

2. 案情:甲欲出卖自家的房屋,但其房屋现已出租给张某,租赁期还剩余 1 年。甲将此事告知张某,张某明确表示,以目前的房价自己无力购买。

甲的同事乙听说后,提出购买。甲表示愿意但需再考虑细节。乙担心甲将房屋卖与他人,提出草签书面合同,保证甲将房屋卖与自己,甲同意。甲、乙一起到房屋登记机关验证房屋确实登记在甲的名下,且所有权人一栏中只有甲的名字,双方草签了房屋预购合同。

后双方签订正式房屋买卖合同约定:乙在合同签订后的 5 日内将购房款的 2/3 通过银行转账给甲,但甲须提供保证人和他人房屋作为担保;双方还应就房屋买卖合同到登记机关办理预告登记。

甲找到丙作为保证人,并用丁的房屋抵押。丁与乙签订了抵押合同并办理了抵押登记,但并没有约定担保范围。甲乙双方办理了房屋买卖合同预告登记,但甲忘记告诉乙房屋出租情况。

此外,甲的房屋实际上为夫妻共同财产,甲自信妻子李某不会反对其将旧房出卖换大房,事先未将出卖房屋的事情告诉李某。李某知道后表示不同意。但甲还是瞒着李某与乙办理了房屋所有权转移登记。(2015 年卷四民法案例分析题)

(第三问)如甲不按合同交付房屋并转移房屋所有权,预告登记将对乙产生何种保护效果?〔答案〕_____②

(第四问)如甲在预告登记后又与第三人签订房屋买卖合同,该合同是否有效?为什么?〔答案〕_____③

---

① C.
② 按照我国《物权法》第 21 条的规定,预告登记后,甲再处分房屋的,不产生物权效力,即丙对房屋的交付请求权具有物权性优先权,可以对抗所有的未登记的购房人。
③ 预告登记后,甲与第三人签订的房屋买卖合同有效,只是不发生物权变动的效力,如果甲不履行,将对第三人承担违约责任。

考点 8 不动产登记的类型(3):异议登记(阻止发生善意取得)

条件	① 不动产登记簿出现登记错误(包括权利主体、内容、客体错误)。 ② 权利人或者利害关系人提出更正申请。 ③ 登记名义人书面同意更正或者申请人确有证据证明登记错误。
效力	① 异议登记的申请人应当在 15 日内提起确权诉讼,否则异议登记将失去效力。 ② 符合更正登记条件的,登记机关应当办理更正登记,消除错误登记。以更正后的登记确定不动产物权的归属与内容。 ③ 异议登记不当给权利人造成损害的,异议登记申请人应当赔偿损失。 ④ 在异议登记期间,异议登记不能阻止债权的发生,亦不能阻止物权的发生,只能在不动产登记簿上以异议登记的形式标明该不动产可能存在权利瑕疵,给相关人予以警示,仅产生对抗第三人善意取得的效力。

【真题链接】
某房屋登记的所有人为甲,乙认为自己是共有人,于是向登记机构申请更正登记。甲不同意,乙又于 3 月 15 日进行了异议登记。3 月 20 日,丙打算买甲的房屋,但是到登记机构查询发现甲的房屋存有异议登记,遂放弃购买。乙申请异议登记后,发现自己的证据不足,遂对此事置之不理。下列哪些选项是正确的? (2008-3-59 延考;多选)

A. 异议登记后,未经乙同意,处分该房屋的,不发生物权效力
B. 异议登记于 3 月 31 日失效
C. 甲有权向乙请求赔偿损失
D. 甲有权向登记机构请求赔偿损失
〔答案〕_____①

考点 9 不动产登记的类型(4):更正登记

条件	① 利害关系人未能办理更正登记。② 利害关系人提出异议登记申请。
办理	① 利害关系人提出异议登记的申请时,登记机构即应办理异议登记。② 异议登记不当,给权利人造成损害的,由申请人承担赔偿责任。
效力	① 减损错误登记的公信力,阻碍善意取得的发生。② 申请人在异议登记之日起 15 日内不起诉,异议登记失效。须注意:此时异议登记是自动失去效力。即异议登记失效后,即使没有被涂销,也不再发生阻碍善意取得的效果。③ 若登记名义人为真正的物权人,真正物权人之处分行为不受异议登记的影响。

---

① BC。

(续表)

关系	① 救济途径1：先向登记机构申请异议登记，再起诉。② 救济途径2：直接向法院提起形成之诉。③ 这两条路径的差异在于：路径1显然成本高但风险小，路径2恰好相反。原因在于，在路径2的情况下，如在甲乙诉讼期间，甲有可能边打官司边变卖房，如出卖给丙，完成过户登记毫无法律障碍，其后即使乙赢得官司，可能面临要不回房屋的尴尬，因为此时丙可以善意取得抗辩，乙只能向甲主张房款返还或者损害赔偿。但在路径1的场合下，如将来乙赢得官司，丙无法主张善意取得。

考点 10 借名买房问题（隐名登记＋不动产登记的相对证明效力）

概述	借名买房行为是因为实际出资人不符合某种资格，或是不方便以本人的名义购房时，与登记名义人约定借用其名买房，将房屋登记在出名人名下，但仍保留房屋的使用权限。借名房屋的权属变动形式不满足《物权法》对房屋权属的形式要求，造成法律层面的产权人和实际层面的产权人不一致的形态，从而引起诸多纠纷。
特征	借名买房关系中，实际存在两个合意：一是存在于借名人与被借名人之间的关于房屋所有权归属的合意；二是借名人与第三人之间达成的房屋买卖，并据此向登记机关表达的关于房屋所有权登记的合意。这两个合意在一般情况下是一致的，但在特定情形下则出现分离。
物权说	如根据当事人提供的购房款支付、房贷的偿还、双方之间关于借名买房及所有权归属的约定等证据，能够证明在双方之间形成了借名买房关系，则当事人之间的真实意思是借名人购买房屋并取得所有权。被借名人虽然根据相应的房屋买卖合同等文件，被登记为房屋所有权人，但这并非当事人的真实意思表示，据此作出的权属登记不具有原因行为基础，故而导致登记权利状态与真实权利状态不一致。此种情况，应回归真实权利状态，借名人系房屋所有权人，登记名义人不是所有权人，此时发生房屋权属登记错误。这种观点被称为"物权说"。
债权说	在借名买房中，登记权利人与第三人之间的房屋买卖合同是真实有效的，并且已经基于这一基础法律关系完成了房屋所有权登记，故是唯一合法的房屋所有权人，借名人与登记权利人之间关于房屋所有权归属的约定，只能约束合同双方当事人，没有直接设立房屋所有权的法律效力。借名人不能根据借名买房协议的约定，直接取得房屋的所有权。《物权法解释（一）》第2条规定，当事人有证据证明不动产登记簿的记载与真实权利状态不符，其为该不动产物权的真实权利人，请求确认其享有物权的，应予支持。这一观点被称为"债权说"，即不动产登记的相对证明力，是主流观点，也是最高人民法院的司法立场。 综上：① 不动产物权的登记，是一个权利公示的方式，具有公信力与推定效力，登记物权人应该被推定为物权人。② 如果登记的状态与真实的权利状态不一样的，真正权利人有权利要求变更登记，改变名不符实的状态。③ 但在变更登记之前，善意第三人基于对登记公信力的信赖受到保护，故受让人可以援用善意取得制度取得所有权。

【真题链接】

1. 刘某借用张某的名义购买房屋后,将房屋登记在张某名下。双方约定该房屋归刘某所有,房屋由刘某使用,产权证由刘某保存。后刘某、张某因房屋所有权归属发生争议。关于刘某的权利主张,下列哪些表述是正确的?(2014-3-55;多选)
A. 可直接向登记机构申请更正登记
B. 向登记机构申请异议登记
C. 可向法院请求确认其为所有权人
D. 可依据法院确认其为所有权人的判决请求登记机关变更登记
〔答案〕_____①

2. 甲与乙签订《协议》,由乙以自己名义代甲购房,甲全权使用房屋并获取收益。乙与开发商和银行分别签订了房屋买卖合同和贷款合同。甲把首付款和月供款给乙,乙再给开发商和银行,房屋登记在乙名下。后甲要求乙过户,乙主张是自己借款购房。下列哪一选项是正确的?(2015-3-5;单选)
A. 甲有权提出更正登记
B. 房屋登记在乙名下,甲不得请求乙过户
C. 《协议》名为代购房关系,实为借款购房关系
D. 如乙将房屋过户给不知《协议》的丙,丙支付合理房款则构成善意取得
〔答案〕_____②

考点 11　基于法律行为的物权变动(3):动产交付

一般		动产物权的设立和转让,自交付时发生效力,但法律另有规定的除外。
例外规定		船舶、航空器和机动车等物权的设立、变更、转让和消灭,未经登记,不得对抗善意第三人。
解读	普通动产	交付,乃是普通动产物权变动的生效要件。
	特殊动产	对于船舶、航空器和机动车等特殊动产,交付仍然是物权变动的生效要件,特殊之处在于只有登记才能对抗善意第三人。
	例外规定	动产抵押权采用的是登记对抗主义模式。
具体规定	第212条	质权自出质人交付质押财产时设立。
	第224条	以汇票、支票、本票、债券、存款单、仓单、提单出质的,当事人应当订立书面合同。质权自权利凭证交付质权人时设立;没有权利凭证的,质权自有关部门办理出质登记时设立。

---

① BCD。
② A。

考点 12 动产交付的具体形式

概述	交付,即占有的移转。交付的要件有二:	
	(1) 移转占有	现实交付与简易交付移转的是直接占有;指示交付与占有改定则创设或移转间接占有。
	(2) 具有交付的合意	当事人之间就占有的移转达成协议。因此,仅有占有的移转,没有交付的合意,不构成交付,不发生动产物权的变动。
现实交付	事实管领力的移转,即双方在约定的地点,基于合意移转直接占有,使受让人取得直接占有,让与人放弃全部占有地位。直接占有是否终局性移转,须依一般社会观念(交易观念)定之。	
观念交付	简易交付	即受让人已经占有动产,如受让人已经通过租赁、借用等方式实际占有了动产,则于物权变动的合意成立时,视为交付。这是因为标的物已经为受让人实际占有,如果要使其先将物返还给出让人,再由出让人转让给受让人,纯属徒劳。《物权法》第25条规定,动产物权设立和转让前,权利人已经依法占有该动产的,物权自法律行为生效时发生效力。
	指示交付	即动产由第三人占有时,出让人将其对于第三人的返还请求权让与受让人,以代替交付。如,甲将其出租的家具卖给乙,但是由于租赁期限未满,暂时无法收回,甲可以把家具的返还请求权让与乙,以代替现实交付。《物权法》第26条规定,动产物权设立和转让前,第三人依法占有该动产的,负有交付义务的人可以通过转让请求第三人返还原物的权利代替交付。
	占有改定	占有改定,即动产物权的让与人与受让人之间特别约定,标的物仍然由出让人继续占有,这样,在物权让与的合意成立时,视为交付,受让人取得间接占有。如,甲将其所有的书卖给乙,按一般情形,只有在甲把书交给乙时才发生所有权移转的效力,但甲还想留书阅读,这时甲可以占有改定的方式使乙取得间接占有,以代替现实交付。《物权法》第27条规定,动产物权转让时,双方又约定由出让人继续占有该动产的,物权自该约定生效时发生效力。

【真题链接】

1. 某宾馆为了8月8日的开业庆典,于8月7日向电视台租借一台摄像机。庆典之日,工作人员不慎摔坏摄像机,宾馆决定按原价买下,以抵偿电视台的损失,遂于8月9日通过电话向电视台负责人表明此意,对方表示同意。8月15日,宾馆依约定向电视台支付了价款。摄像机所有权何时转移?(2004-3-10;单选)

　　A. 8月7日　　　B. 8月8日　　　C. 8月9日　　　D. 8月15日

　　[答案]_____①

2. 甲将自己的电脑卖给乙,双方约定电脑卖给乙后仍然由甲使用一个月。乙是通过哪种

---

① C。

交付方法取得电脑所有权的?(2008-3-9延考;单选)

　　A.现实交付　　B.占有改定　　C.指示交付　　D.简易交付

[答案]_____①

3.甲有一块价值1万元的玉石。甲与乙订立了买卖该玉石的合同,约定价金11 000元。由于乙没有带钱,甲未将该玉石交付与乙,约定3日后乙到甲的住处付钱取玉石。随后又向乙提出,再借用玉石把玩几天,乙表示同意。隔天,知情的丙找到甲,提出愿以12 000元购买该玉石,甲同意并当场将玉石交给丙。丙在回家路上遇到债主丁,向丙催要9 000元欠款甚急,丙无奈,将玉石交付与丁抵偿债务。后丁将玉石丢失被戊拾得,戊将其转卖给己。根据上述事实,请回答:

关于乙对该玉石所有权的取得和交付的表述,下列选项正确的是?(2009-3-92;不定项)

　　A.甲、乙的买卖合同生效时,乙直接取得该玉石的所有权
　　B.甲、乙的借用约定生效时,乙取得该玉石的所有权
　　C.由于甲未将玉石交付给乙,所以乙一直未取得该玉石的所有权
　　D.甲通过占有改定的方式将玉石交付给了乙

[答案]_____②

考点 13　普通动产多重买卖所有权移转规则

普通动产多重买卖	出卖人就同一普通动产订立多重买卖合同,在买卖合同均有效的情况下,买受人均要求实际履行合同的,应当按照以下情形分别处理:
	(1) 先行受领交付的买受人请求确认所有权已经转移的,法院应予支持。
	(2) 均未受领交付,先行支付价款的买受人请求出卖人履行交付标的物等合同义务的,法院应予支持。
	(3) 均未受领交付,也未支付价款,依法成立在先合同的买受人请求出卖人履行交付标的物等合同义务的,法院应予支持。

上图可以进一步提炼如下:

普通动产多重买卖特征	① 出卖人为同一人。② 同一普通动产。③ 两个以上买卖合同。④ 出卖人具有处分权。	
《买卖合同解释(一)》第9条	第一层次看交付	至起诉日止,只有交付,依交付取得标的物获得所有权。
	第二层次看付款	至起诉日止,谁先付款,谁取得所有权。
	第三层次看先来后到	至起诉日止,无交付无付款,合同成立在先优先。

---

① B。
② BD。

【真题链接】

1. 甲有件玉器,欲转让,与乙签订合同,约好10日后交货付款;第二天,丙见该玉器,愿以更高的价格购买,甲遂与丙签订合同,丙当即支付了80%的价款,约好3天后交货;第三天,甲又与丁订立合同,将该玉器卖给丁,并当场交付,但丁仅支付了30%的价款。后乙、丙均要求甲履行合同,诉至法院。下列哪一表述是正确的?(2013-3-11;单选)

   A. 应认定丁取得了玉器的所有权
   B. 应支持丙要求甲交付玉器的请求
   C. 应支持乙要求甲交付玉器的请求
   D. 第一份合同有效,第二、三份合同均无效
   [答案]_____①

2. 甲为出售一台挖掘机分别与乙、丙、丁、戊签订买卖合同,具体情形如下:2016年3月1日,甲胁迫乙订立合同,约定货到付款;4月1日,甲与丙签订合同,丙支付20%的货款;5月1日,甲与丁签订合同,丁支付全部货款;6月1日,甲与戊签订合同,甲将挖掘机交付给戊。上述买受人均要求实际履行合同,就履行顺序产生争议。关于履行顺序,下列哪一选项是正确的?(2016-3-12;单选)

   A. 戊、丙、丁、乙
   B. 戊、丁、丙、乙
   C. 乙、丁、丙、戊
   D. 丁、戊、乙、丙
   [答案]_____②

考点 14 特殊动产多重买卖所有权移转规则

特殊动产多重买卖	出卖人就同一船舶、航空器、机动车等特殊动产订立多重买卖合同,在买卖合同均有效的情况下,买受人均要求实际履行合同的,应当按照以下情形分别处理:
	① 先行受领交付的买受人请求出卖人履行办理所有权转移登记手续等合同义务的,法院应予支持。
	② 均未受领交付,先行办理所有权转移登记手续的买受人请求出卖人履行交付标的物等合同义务的,法院应予支持。
	③ 均未受领交付,也未办理所有权转移登记手续,依法成立在先合同的买受人请求出卖人交付标的物和办理所有权转移登记手续等合同义务的,法院应予支持。
	④ 出卖人将标的物交付给买受人之一,又为其他买受人办理所有权转移登记,已受领交付的买受人请求将标的物所有权登记在自己名下的,法院应予支持。

上图可以进一步提炼如下:

---

① A。
② A。

特殊动产	机动车、船舶和航空器。	
特殊动产多重买卖特征	① 出卖人为同一人。② 同一特殊动产。③ 两个以上买卖合同。④ 出卖人具有处分权。	
《买卖合同解释（一）》第10条	交付优先登记	交付一人，又登记另一人，交付优先登记。
	第一层次看交付	至起诉日止，只有交付，依交付取得标的物获得所有权。
	第二层次看登记	至起诉日止，只有登记，给谁登记谁取得所有权。
	第三层次看先来后到	至起诉日止，无交付无登记，合同成立在先的优先。

考点 15 基于法律行为的物权变动(4)：公式记忆归纳

所有权	不动产	（买卖、赠与等）合同有效 + 登记 = 所有权转移
	普通动产	（买卖、赠与等）合同有效 + 交付 = 所有权转移
	特殊动产	（买卖、赠与等）合同有效 + 交付 = 所有权转移 + 登记 >> 善意第三人
抵押权	不动产	（抵押）合同有效 + 登记 = 抵押权设立
	普通动产	（抵押）合同有效 = 抵押权设立 + 登记 >> 善意第三人
	特殊动产	（抵押）合同有效 = 抵押权设立 + 登记 >> 善意第三人
质押权	普通动产	（质押）合同有效 + 交付 = 质权设立
	特殊动产	（质押）合同有效 + 交付 = 质权设立
	权利	（质押）合同有效 + 交付/登记 = 质权设立

第三节 非基于法律行为的物权变动

考点 16 非基于法律行为的物权变动一般规定

概述	非基于法律行为的物权变动，既不以登记或者交付为生效要件，也不以登记或者交付为对抗要件，而以公法行为生效或者事件、事实行为的发生为准。依照《物权法》第28—31条，具体情形分为以下三大类：	
公法行为	依据	(1)《物权法》第28条：因人民法院、仲裁委员会的法律文书或者人民政府的征收决定等，导致物权设立、变更、转让或者消灭的，自法律文书或者人民政府的征收决定等生效时发生效力。
		(2)《物权法解释（一）》第7条：人民法院、仲裁委员会在分割共有不动产或者动产等案件中作出并依法生效的改变原有物权关系的判决书、裁决书、调解书，以及人民法院在执行程序中作出的拍卖成交裁定书、以物抵债裁定书，应当认定为《物权法》第28条所称导致物权设立、变更、转让或者消灭的人民法院、仲裁委员会的法律文书。

(续表)

公法行为	说明	需要指出的是:此处"生效法律文书"要作必要的限制解释,仅限于形成判决,不包括给付判决。也就是说,当事人行使形成权所产生的判决生效时,直接发生物权变动的效果(无须登记或交付);但是,当事人行使请求权所产生的判决生效时,不能直接发生物权变动的效果(仍须登记或交付)。原因在于,形成权的作用在于依照形成权人单方的意思表示直接引起权利变动;而请求权的实现具有间接性,须依赖相对人依照请求完成一定的行为,请求权才能实现。
继承行为	依据	《物权法》第29条:因继承或者受遗赠取得物权的,自继承或者受遗赠开始时发生效力。
	说明	继承是死因行为,所以继承、受遗赠从被继承人死亡时开始发生效力。
事实行为	依据	《物权法》第30条:因合法建造、拆除房屋等事实行为设立或者消灭物权的,自事实行为成就时发生效力。
	说明	① 合法建造房屋的,自事实行为成就(房屋封顶之时,无论门窗是否安装)时,建造人取得房屋所有权,无须登记(初始登记)。更准确一点说,应当是每一层封顶时,建造人就取得这一层的所有权(因为楼房中的每一间房屋都具有经济上与法律上的独立性,可以成为所有权的客体)。② 拆除房屋的,将每一层的屋顶掀开时,该层的房屋所有权就消灭了,无须登记(注销登记)。
辨析	依据	《物权法》第31条:依照本法第28条至第30条规定享有不动产物权的,处分该物权时,依照法律规定需要办理登记的,未经登记,不发生物权效力。
	说明	(1) 依照《物权法》第28条、第29条和第30条取得不动产所有权或者其他不动产物权(如抵押权)的,无须登记,即可发生不动产物权变动。
		(2) 但是,未经宣示登记(如移转登记、初始登记),该不动产所有权或他物权是不完整的权利,欠缺处分权,权利人处分该不动产的,如出卖、抵押、赠与等,不发生物权效力,但处分合同的效力不因此受影响。

【真题链接】

1. 甲继承了一套房屋,在办理产权登记前将房屋出卖并交付给乙,办理产权登记后又将该房屋出卖给丙并办理了所有权移转登记。丙受丁胁迫将房屋出卖给丁,并完成了移转登记。丁旋即将房屋出卖并移转登记于戊。请回答问题。

(1) 在办理继承登记前,关于甲对房屋的权利状态,下列选项正确的是:(2008-3-94;不定项)

A. 甲已经取得了该房屋的所有权

B. 甲对该房屋的所有权不能对抗善意第三人

C. 甲出卖该房屋未经登记不发生物权效力

D. 甲可以出租该房屋

〔答案〕_____ ①

(2) 关于甲、乙、丙三方的关系,下列选项正确的是:(2008-3-95;不定项)

A. 甲与乙之间的房屋买卖合同因未办理登记而无效
B. 乙对房屋的占有是合法占有
C. 乙可以诉请法院宣告甲与丙之间的房屋买卖合同无效
D. 丙已取得该房屋的所有权

〔答案〕_____ ②

(3) 关于戊的权利状态,下列选项正确的是:(2008-3-96;不定项)

A. 戊享有该房屋的所有权
B. 戊不享有该房屋的所有权
C. 戊原始取得该房屋的所有权
D. 戊继受取得该房屋的所有权

〔答案〕_____ ③

2. 吴某和李某共有一套房屋,所有权登记在吴某名下。2010年2月1日,法院判决吴某和李某离婚,并且判决房屋归李某所有,但是并未办理房屋所有权变更登记。3月1日,李某将该房屋出卖给张某,张某基于对判决书的信赖支付了50万元价款,并入住了该房屋。4月1日,吴某又就该房屋和王某签订了买卖合同,王某在查阅了房屋登记簿确认房屋仍归吴某所有后,支付了50万元价款,并于5月10日办理了所有权变更登记手续。下列哪些选项是正确的?(2011-3-55;多选)

A. 5月10日前,吴某是房屋所有权人
B. 2月1日至5月10日,李某是房屋所有权人
C. 3月1日至5月10日,张某是房屋所有权人
D. 5月10日后,王某是房屋所有权人

〔答案〕_____ ④

3. 甲、乙和丙于2012年3月签订了散伙协议,约定登记在丙名下的合伙房屋归甲、乙共有。后丙未履行协议。同年8月,法院判决丙办理该房屋过户手续,丙仍未办理。9月,丙死亡,丁为其唯一继承人。12月,丁将房屋赠给女友戊,并对赠与合同作了公证。下列哪一表述是正确的?(2013-3-6;单选)

A. 2012年3月,甲、乙按份共有房屋
B. 2012年8月,甲、乙按份共有房屋
C. 2012年9月,丁为房屋所有人
D. 2012年12月,戊为房屋所有人

〔答案〕_____ ⑤

---

① ACD。
② BD。
③ AD。
④ BD。
⑤ C。

第三章 所 有 权[①]

第一节 所有权的取得

考点 1 原始取得与继受取得

原始取得	概念	原始取得,指不基于原所有人的意思或者权利,而是依据法律直接取得某物的所有权。
	方式	(1) 该物原来不存在所有人,现在属于第一次取得所有权,具体包括:① 劳动生产;② 孳息;③ 先占等。
		(2) 该物原来有所有人,但现在的所有人取得所有权与原所有人的意愿、权利无关,具体包括:① 公法方式如征收;② 私法方式如拾得、发现、添附与善意取得。
继受取得	概念	继受取得,又称传来取得,是指通过某种法律事实从原所有人那里取得对某项财产的所有权。这种方式是以承认原所有人对该项财产的所有权作为取得的前提条件的。
	方式	继受取得的原因,包括法律行为取得和法律行为以外的事实取得两大类。具体方式有:
		合同行为 : 民事主体双方达成协议,通过买卖、赠与等合同行为使得所有权发生移转。此处取得所有权的行为属于继受取得。
		继承遗产 : 继承人按照法律的直接规定或者合法有效遗嘱的指定,取得被继承人死亡时遗留的个人合法财产。
		接受遗赠 : 公民、集体组织或者国家作为受遗赠人,按照被继承人生前所立的合法有效遗赠的指定,取得遗赠的财产。

【真题链接】
下列哪一选项属于所有权的继受取得?(2008-3-10;单选)
A. 甲通过遗嘱继承其兄房屋一间　　B. 乙的3万元存款得利息1000元
C. 丙购来木材后制成椅子一把　　　D. 丁拾得他人搬家时丢弃的旧电扇一台
〔答案〕_____[②]

[①] 此部分正文中所引用法条,无特殊说明即为《物权法》。
[②] A。

考点 2 先占

概念	先占是指以所有的意思,先于他人占有无主动产,从而取得其所有权的法律事实。
构成要件	① 先占的客体须为无主动产(指不归任何人所有的动产,如他人抛弃所有权的动产。须注意:遗失物不是无主物)。无主不动产由国家或集体取得所有权,不适用先占制度。② 先占人须以所有的意思占有(自主占有)。③ 先占不得违反法律、法规的禁止性规定,且不与他人依法享有的先占权相冲突。A. 禁止流通物,如无主的武器、毒品,不能因先占取得所有权;B. 他人享有先占权的,不适用先占。如依法对特定水面享有渔业权的人,对该水面内的水产动物享有独占的捕捞权,该水面内的水产动物不得为先占的标的物。
法律效果	先占人即取得无主动产的所有权。先占属于非基于法律行为的物权变动(先占属于事实行为,而非法律行为),属于原始取得。

【真题链接】

潘某与刘某相约出游,潘某在长江边拾得一块奇石,爱不释手,拟带回家。刘某说,《物权法》规定河流属于国家所有,这一行为可能属于侵占国家财产。关于潘某能否取得奇石的所有权,下列哪一说法是正确的?(2011-3-9;单选)

A. 不能,因为石头是河流的成分,长江属于国家所有,石头从河流中分离后仍然属于国家财产

B. 可以,因为即使长江属于国家所有,但石头是独立物,经有关部门许可即可以取得其所有权

C. 不能,因为即使石头是独立物,但长江属于国家所有,石头也属于国家财产

D. 可以,因为即使长江属于国家所有,但石头是独立物、无主物,依先占的习惯可以取得其所有权

〔答案〕_____ ①

考点 3 添附(1):附合

附合是指两个以上不同所有人的物结合在一起而不能分离,若分离会毁损该物或者花费较大,如用他人的建筑材料建造房屋。附合有两种情况:(1) 动产与动产的附合;(2) 动产与不动产的附合。

---

① D。

种类	构成要件	法律效果
动产与动产	① 动产与动产相结合,自外观上尚能区分二者。 ② 须不经毁损不能分离或者分离所需费用过于巨大。 ③ 动产为不同的人所有。	① 原则上由原动产所有人按照附合时各自动产的价值,按份共有附合物的所有权。② 如果可以区别主物或从物,或者一方动产的价值显然高于他方的动产,则应当由主物或价值较高的物的原所有人取得附合物的所有权,并给对方以补偿。
动产与不动产	① 动产附合于不动产之上,二者尚能从外观上予以辨认。 ② 动产成为不动产的重要成分,即非经毁损或变更其性质不能分离。 ③ 动产与不动产属于不同的人所有。	① 动产所有权因附合而消灭。 ② 不动产所有人取得附合物的所有权,但应当给原动产所有人以补偿。

考点 4　添附(2):混合

概述	混合,是两个以上不同所有人的动产互相混杂合并,不能识别。混合发生在动产之间,它与附合的不同在于:附合(指动产的附合)的数个动产在形体上可以识别、分割,只是分离后要损害附合物的价值,出于社会利益考虑不许分割;而混合则是数个动产混于一起,在事实上不能也不易区别。但二者的法律效果却无区别规定的理由,故而各国民法大多规定混合准用附合的规定。
要件	① 发生混合的各物都是动产。② 混合后不能识别原物或者识别所需的费用较大。③ 混合的动产属于不同的所有人。
法律效果	(1) 各动产所有人原则上按照混合时各自物的价值按份共有混合物的所有权。 (2) 被混合的动产有可能被视为主物的,由该主物的所有人取得混合物的所有权。

考点 5　添附(3):加工

概念	加工,是指对他人的动产进行制作、改造,使之成为一种更高价值的新物。
构成要件	① 加工的标的物须为动产。② 加工的标的物须为他人所有。③ 须因加工而制成了新物或使原物的价值发生了较大的或巨额的增加。
法律效果	(1) 原则上,加工物的所有权归原材料的所有人。 (2) 若加工物所增加的价值明显超过了原材料的价值,加工物的所有权归加工人,但加工人具有恶意的除外。 (3) 上述规则不适用于加工承揽合同。因为在加工承揽合同中,当事人双方已约定了所有权的归属。

考点 6 善意取得概述

概述		善意取得亦称即时取得,是指无处分权人转让标的物给善意第三人时,善意第三人一般可取得标的物的所有权,所有权人不得请求善意第三人返还原物。善意取得制度作为所有权保护的一种例外,是无权处分的特别规定,是对所有权的效力的一种限制,它是法律在所有权的保护与交易的安全和快捷之间予以平衡的结果。
效果	物权效果	善意受让人取得动产后,该动产上的原有权利消灭,但善意受让人在受让时知道或者应当知道该权利的除外。
	债权效果	受让人善意取得不动产或者动产的所有权,此时原所有权人无权请求善意第三人返还原物,而只能向无权处分人请求赔偿损失。
	扩张适用	根据《物权法》106条的规定,善意取得不限于所有权,其他物权也可以善意取得。
例外		根据《物权法》第107条的规定,对盗赃物、遗失物、漂流物、埋藏物这些占有脱离物,其占有人实施无权处分的,原则上不发生善意取得的效果。但有两个例外:① 货币、无记名有价证券不适用《物权法》第107条,适用"占有即取得所有权"的规则。② 遗失物可以善意取得留置权。

【真题链接】

1. 甲遗失其为乙保管的迪亚手表,为偿还乙,甲窃取丙的美茄手表和4000元现金。甲将美茄手表交乙,因美茄手表比迪亚手表便宜1000元,甲又从4000元中补偿乙1000元。乙不知甲盗窃情节。乙将美茄手表赠与丁,又用该1000元的一半支付某自来水公司水费,另一半购得某商场一件衬衣。下列哪些说法是正确的?(2015-3-61;多选)

    A. 丙可请求丁返还手表
    B. 丙可请求甲返还3000元、请求自来水公司和商场各返还500元
    C. 丙可请求乙返还1000元不当得利
    D. 丙可请求甲返还4000元不当得利
   〔答案〕①

2. 甲公司与乙公司约定,由甲公司向乙公司交付1吨药材,乙公司付款100万元。乙公司将药材转卖给丙公司,并约定由甲公司向丙公司交付,丙公司收货后3日内应向乙支付价款120万元。

    张某以自有汽车为乙公司的债权提供抵押担保,未办理抵押登记。抵押合同约定:"在丙公司不付款时,乙公司有权就出卖该汽车的价款清偿自己的债权。"李某为这笔货款出具担保函:"在丙公司不付款时,由李某承担保证责任"。丙公司收到药材后未依约向乙公司支付120万元,乙公司向张某主张实现抵押权,同时要求李某承担保证责任。

    张某见状,便将其汽车赠与刘某。刘某将该汽车作为出资,与钱某设立丁酒店有限责任公司,并办理完出资手续。

---
① AD。

问题:在刘某办理出资手续后,关于汽车所有权人,下列选项正确的是?(2011-3-88;不定项)

A. 乙公司　　　　B. 张某　　　　C. 刘某　　　　D. 丁公司

〔答案〕_____①

考点 7　善意取得的构成要件

善意取得只能发生在无权处分之中		无权处分包括两种类型:① 处分了合法占有的他人之物,如承租人将租赁的手机转卖。② 共有人不足法定多数而处分共有物。但是需要指出的是有权处分绝对不发生善意取得,这是出题人比较青睐的一个命题陷阱。在有些场合下,所有权人对于自己的财产处分受到一定程度的限制,如果违反这些限制性规定,就构成有瑕疵的有权处分,但究其性质仍然是属于有权处分,受让人在这些场合下就不是善意取得所有权。
第三人受让该不动产或者动产时是善意的	善意推定	《物权法解释(一)》第15条第1款:受让人受让不动产或者动产时,不知道转让人无处分权,且无重大过失的,应当认定受让人为善意。
	时间要求	所谓"受让人受让该不动产或者动产时",是指依法完成不动产物权转移登记或者动产交付之时。当事人以《物权法》第25条规定的方式交付动产的,转让动产法律行为生效时为动产交付之时。当事人以《物权法》第26条规定的方式交付动产的,转让人与受让人之间有关转让返还原物请求权的协议生效时为动产交付之时。法律对不动产、动产物权的设立另有规定的,应当按照法律规定的时间认定权利人是否为善意。据此可知,不仅要求受让人签约时是善意的,而且一直到动产交付与不动产登记办理之时也得保持善意的状态。
	恶意认定	《物权法解释(一)》第15条第2款:真实权利人主张受让人不构成善意的,应当承担举证证明责任。具体而言: (1) 以下情形视为第三人知情:① 登记簿上存在有效的异议登记;② 预告登记有效期内未经预告登记的权利人同意;③ 登记簿上已经记载司法机关或者行政机关依法裁定、决定查封或者以其他形式限制不动产权利的有关事项;④ 受让人知道登记簿上记载的权利主体错误;⑤ 受让人知道他人已经依法享有不动产物权。 (2) 以下情形视为第三人具有重大过失:① 真实权利人有证据证明不动产受让人应当知道转让人无处分权的,应当认定受让人具有重大过失。② 受让人受让动产时,交易的对象、场所或者时机等不符合交易习惯的,应当认定受让人具有重大过失。

---

① D。

(续表)

以合理的价格转让	(1) 受让人须付出了合理对价,具有有偿性。遗赠、赠与等不适用善意取得。
	(2) 所谓"合理的价格",应当根据转让标的物的性质、数量以及付款方式等具体情况,参考转让时交易地市场价格以及交易习惯等因素综合认定。
	(3) 只需要"以约定的合理价格受让",而不需要实际支付。
	(4) 抵押权、质权的善意取得不要求具备"以合理的价格受让"这一要件。
完成公示	(1) 转让的不动产或者动产依照法律规定应当登记的已经登记,不需要登记的已经交付给受让人。转让人将《物权法》第24条规定的船舶、航空器和机动车等交付给受让人的,应当认定符合《物权法》第106条第1款第3项规定的善意取得的条件。
	(2) 此处动产的交付包括现实交付、交易交付和指示交付,占有改定不适用善意取得。
合同有效	《物权法解释(一)》第21条:具有下列情形之一,受让人主张根据《物权法》第106条规定善意取得所有权的,不予支持:① 转让合同因违反《合同法》第52条规定被认定无效;② 转让合同因受让人存在欺诈、胁迫或者乘人之危(《民法总则》中已经删去"乘人之危",此处应理解为"显失公平")等法定事由被撤销。

【真题链接】

甲有一块价值1万元的玉石。甲与乙订立了买卖该玉石的合同,约定价金11 000元。由于乙没有带钱,甲未将玉石交付与乙,约定3日后乙到甲的住处付钱取玉石。随后甲又向乙提出,再借用玉石把玩几天,乙表示同意。隔天,知情的丙找到甲,提出以12 000元购买该玉石,甲同意并当场将玉石交给丙。丙在回家路上遇到债主丁,向丙催要9 000元欠款甚急,丙无奈,将玉石交付与丁抵偿债务。后丁将玉石丢失被戊拾得,戊将其转卖给己。根据上述事实,请回答:

关于丙、丁对该玉石所有权的取得问题,下列说法正确的是?(2009-3-92;不定项)
A. 甲将玉石交付给丙时,丙取得该玉石的所有权
B. 甲、丙的买卖合同成立时,丙取得该玉石的所有权
C. 丙将玉石交给丁时,丁取得该玉石的所有权
D. 丁不能取得该玉石的所有权
[答案]_____①

---

① C。

考点 8　拾得遗失物一般规定

认定	遗失物是指非基于遗失人的意志而暂时丧失占有的物。可见,遗失物并非无主财产。一般认为,遗失物有以下构成要件:① 须为他人之物。② 须为动产,不动产不构成遗失物。③ 遗失人对物的占有的丧失须非出于自己的意思。④ 须非隐藏物。举一例以释之:无行为能力的所有人将物抛弃,因他欠缺意思能力,就不成立所有权的抛弃,而只是丧失占有,是为遗失物。但是,所有人为了安全的目的或其他考虑,将物品埋藏于土地之中或放置于一定的隐秘的场所,这时所有人并没有丧失对于物的占有,因此并不是遗失物,如果因年长日久,所有人忘其所在,则为埋藏物或者隐藏物。拾得遗失物属于法律事实中的事实行为,不以拾得人有行为能力为构成要件。
义务	(1) 拾得遗失物,应当返还失主。拾得人应当及时通知失主领取,或者送交公安等有关部门。有关部门收到遗失物,知道失主的,应当及时通知其领取;不知道的,应当及时发布招领公告。
	(2) 拾得人在遗失物送交有关部门前,有关部门在遗失物被领取前,应当妥善保管遗失物。因故意或者重大过失致使遗失物毁损、灭失的,应当承担民事责任。
权利	必要费用求偿	失主领取遗失物时,应当向拾得人或有关部门支付保管遗失物等支出的必要费用。
	单方允诺之债	失主悬赏寻找遗失物的,领取遗失物时应当按照承诺履行义务。
	权利丧失	拾得人侵占遗失物的,无权请求保管遗失物等支出的费用,也无权请求失主按照承诺履行义务。
效果	遗失物如果通过转让被第三人占有的,权利人有权向无处分权人请求损害赔偿,或者自知道或应当知道受让人(第三人)之日起 2 年内向第三人请求返还原物,但第三人通过拍卖或者向具有经营资格的经营者购得该遗失物的,权利人请求返还原物时应当支付第三人所付的费用。权利人向第三人支付所付费用后,有权向无处分权人追偿。
其他	我国《物权法》规定,拾得漂流物、发现埋藏物或者隐藏物的,参照拾得遗失物的有关规定。《文物保护法》等法律另有规定的,依照其规定。

考点 9　拾得遗失物回眸:有可能在失主和拾得人之间发生四种债

由于其他法律实施的介入,有可能在失主和拾得人之间发生四种债:	
不当得利之债	拾得人负有返还义务,据为己有的,就其获利构成不当得利,需要返还原物及孳息。
无因管理之债	拾得人保管遗失物等支出的必要费用,构成无因管理,可以向失主主张。
侵权之债	拾得人负有妥善保管的义务,因故意或者重大过失致遗失物毁损、灭失的,构成侵权,需要承担赔偿责任。
单方允诺之债	拾得人原则上不得主张报酬,但是基于失主发布的悬赏广告,可以主张单方允诺之债。

【真题链接】

1. 甲有一块价值 1 万元的玉石。甲与乙订立了买卖该玉石的合同,约定价金 11 000 元。由于乙没有带钱,甲未将该玉石交付与乙,约定 3 日后乙到甲的住处付钱取玉石。随后甲又向乙提出,再借用玉石把玩几天,乙表示同意。隔天,知情的丙找到甲,提出愿以 12 000 元购买该玉石,甲同意并当场将玉石交给丙。丙在回家路上遇到债主丁,向丙催要 9 000 元欠款甚急,丙无奈,将玉石交付与丁抵偿债务。后丁将玉石丢失被戊拾得,戊将其转卖给己。根据上述事实,请回答:

关于该玉石的返还问题,下列说法正确的是?(2009-3-93;不定项)

A. 戊已取得了该玉石的所有权,原所有权人无权请求返还该玉石
B. 该玉石的真正所有权人请求己返还该玉石不受时间限制
C. 该玉石的真正所有权人可以在戊与己的转让行为生效之日起两年内请求己返还该玉石
D. 该玉石的真正所有权人可以在知道或者应当知道该玉石的受让人己之日起两年内请求己返还该玉石

〔答案〕_____①

2. 甲遗失手链 1 条,被乙拾得。为找回手链,甲张贴了悬赏 500 元的寻物告示。后经人指证手链为乙拾得,甲要求乙返还,乙索要 500 元报酬,甲不同意,双方数次交涉无果。后乙在桥边玩耍时手链掉入河中被冲走。下列哪一选项是正确的?(2017-3-6;单选)

A. 乙应承担赔偿责任,但有权要求甲支付 500 元
B. 乙应承担赔偿责任,无权要求甲支付 500 元
C. 乙不应承担赔偿责任,也无权要求甲支付 500 元
D. 乙不应承担赔偿责任,有权要求甲支付 500 元

〔答案〕_____②

第二节 建筑物区分所有权

考点 10 建筑物区分所有权一般规定

概述	建筑物区分所有权,指业主对一栋建筑物中自己专有部分的单独所有权、对共有部分的共有权以及因共有关系而产生的管理权相结合所形成的"三位一体"的权利。需注意:不要错误地以为,只有高楼大厦才能形成建筑物区分所有权。如:一栋平房,左边一户(独立产权),右边一户(独立产权),中间共用一面墙。这也形成了建筑物区分所有,只不过是世界上最简单的建筑物区分所有。

---

① D。
② B。

（续表）

内容	专有权	客体	①业主专有的住宅或者经营性住房。②业主单独享有的车位、车库、绿地。③业主单独享有的露台。④具有构造、利用上的独立性，能够进行房屋登记的摊位。
		地位	在区分所有权中居于主导地位。
		限制	(1)业主将住宅改为经营性用房，应当经有利害关系的业主同意。在这里，"利害关系业主"包括：①本栋建筑物内的所有其他业主。②本栋建筑物之外，应证明受到或者可能受到不利影响的其他业主。 (2)行使专有权不得危及建筑物的安全。否则其他业主可以行使物权请求权。
		推论	业主转让其专有权时，其他业主不享有优先购买权。
	共有权	共有的对象范围	共有部分是专有部分以外的建筑物的其他部分。包括：①建筑物基本结构（承重机构、外墙、屋顶）。②道路，但城镇公共道路除外。③绿地，但公共绿地或明示个人所有除外。④占用公共道路或其他场地设立的汽车车位。
		业主的权利与义务	权利：①使用权。②收益权，业主有权按照其持有份额取得因共有部分产生的收益。
			义务：①以共有部分的本来用途使用共有部分。②不得单独转让，即业主转让建筑物内住宅、经营性用房，其对建筑物共有部分享有的共有权与共同管理权一并转让。③按照各自的持有份额分担义务，并且不得以放弃权利为由不履行义务。
	管理权		(1)双1/2以上业主同意：①改变共有部分用途。②利用共有部分从事经营性活动。③处分共有部分。④制定和修改业主大会议事规则。⑤制定和修改建筑物及其附属设施的管理规约。⑥选举业主委员会或者更换业主委员会成员。⑦选聘或者解聘物业服务企业或者其他管理人。
			(2)双2/3以上业主同意：①筹集和使用建筑物及其附属设施的维修资金。②改建或者重建建筑物及其附属设施。

【真题链接】

王某有一栋两层楼房，在楼顶上设置了一个商业广告牌。后王某将该楼房的第二层出售给了张某。下列哪些选项是正确的？（2008-3-58；多选）

A. 张某无权要求王某拆除广告牌

B. 张某与王某间形成了建筑物区分所有权关系

C. 张某对楼顶享有共有和共同管理的权利

D. 张某有权要求与王某分享其购房后的广告收益

〔答案〕_____ ①

---

① ABCD。

考点 11 物业合同与业主诉权

物业合同	(1) 物业服务企业公开作出的服务承诺及制定的服务细则,应当认定为物业服务合同的组成部分。
	(2) 业主与物业的承租人、借用人或者其他物业使用人约定由物业使用人交纳物业费,物业服务企业请求业主承担连带责任的,法院应予支持。
	(3) 物业服务企业向业主委员会提出物业费主张的,法院应当告知其向拖欠物业费的业主另行主张权利。
	(4) 经书面催交,业主无正当理由拒绝交纳或者在催告的合理期限内仍未交纳物业费,物业服务企业请求业主支付物业费的,法院应予支持。物业服务企业已经按照合同约定以及相关规定提供服务,业主仅以未享受或者无需接受相关物业服务为抗辩理由的,法院不予支持。
业主诉权	(1) 业主大会、业主委员会享有管理权,但在维护业主利益时无诉讼主体资格。
	(2) 业主对侵害自己合法权益的行为,可以提起单独或者共同诉讼。
	(3) 业主大会、业主委员会作出侵害业主权益的决定的,业主可以向法院提起撤销之诉,撤销权应当在知道或者应当知道业主大会或者业主委员会作出决定之日起1年内行使。
	(4) 业主委员会或者业主在下列情况下请求确认合同或者合同相关条款无效的,法院应予支持:A. 物业服务企业将物业服务区域内的全部物业服务业务一并委托他人而签订的委托合同;B. 物业服务合同中免除物业服务企业责任、加重业主委员会或者业主责任、排除业主委员会或者业主主要权利的条款。(《物业服务纠纷司法解释》第2条)

【真题链接】

北林公司是某小区业主选聘的物业服务企业。关于业主与北林公司的权利义务,下列哪一选项是正确的?(2010-3-8;单选)

A. 北林公司公开作出的服务承诺及制定的服务细则,不是物业服务合同的组成部分

B. 业主甲将房屋租给他人使用,约定由承租人交纳物业费,北林公司有权请求业主甲对该物业费的交纳承担连带责任

C. 业主乙拖欠半年物业服务费,北林公司要求业主委员会支付欠款,业主委员会无权拒绝

D. 业主丙出国进修两年返家,北林公司要求其补交两年的物业管理费,丙有权以两年未接受物业服务为由予以拒绝

〔答案〕_____①

---

① B。

第三节 相邻关系[①]

考点 12 相邻关系的一般规定

概述	（1）相邻关系即不动产相邻关系，是指相互毗邻受限制所发生的权利义务关系。	
	（2）相邻关系，从本质上来说是一方所有人或者使用人财产权利的延伸，同时又是对他方所有人或者使用人财产权利的限制。	
特征	（1）相邻关系发生在两个以上的不动产相邻的所有人或者使用人之间。	
	（2）相邻关系的客体一般不是不动产本身，而是由行使所有权或使用权所引起的与相邻人有关的经济利益或其他利益。	
	（3）相邻关系的发生与不动产的相邻有关。如土地承包经营人甲不经过乙承包的土地就不能到达自己承包的土地，甲、乙之间具有相邻关系。同时需要明确的是，所谓"相邻"，并不以不动产的直接相邻为限。如甲、乙两村处于同一条河流的上下游，两村虽然不直接相邻，亦可能因用水关系而发生相邻关系，即有相邻关系适用的余地。	
处理原则	第84条	不动产的相邻权利人应当按照有利生产、方便生活、团结互助、公平合理的原则，正确处理相邻关系。
	第85条	法律、法规对处理相邻关系有规定的，依照其规定；法律、法规没有规定的，可以按照当地习惯。
种类	（1）相邻通行关系	不动产权利人对相邻权利人因通行等必须利用其土地的，应当提供必要的便利。通行人应尽量避免对相邻的不动产权利人造成损害，造成损害的，应当予以赔偿。
	（2）相邻管线安设关系	不动产权利人因建造、修缮建筑物以及铺设电线、电缆、水管、暖气和燃气管线等必须利用相邻土地、建筑物的，该土地、建筑物的权利人应当提供必要的便利。
	（3）相邻防险、排污关系	①不动产权利人挖掘土地、建造建筑物、铺设管线以及安装设备等，不得危及相邻不动产的安全。②不动产权利人因用水、排水、通行、铺设管线等利用相邻不动产的，应当尽量避免对相邻不动产权利人造成损害；造成损害的，应当给予赔偿。
	（4）相邻用水、排水关系	①不动产权利人应当为相邻权利人用水、排水提供必要的便利。②对自然流水的利用，应当在不动产的相邻权利人之间合理分配。对自然流水的排放，应当尊重自然流向。
	（5）相邻光照、通风关系	①在建造建筑物时，应当与相邻人的建筑物留有一定的距离，不得违反国家规定的有关工程建设的标准，以免影响相邻人的通风、采光和日照。②相邻各方不得以高音、噪音、震动等妨害邻人的工作、生活和休息。否则，邻人有权请求停止侵害。

[①] 笔者在本节仅介绍相邻关系的一般规定，相邻关系与地役权的比较在本书地役权部分讲解。

第四节 共　　有

考点 13　共同共有一般规定

概念	共同共有是指两个或两个以上的人基于一定的共同关系对于同一标的物之全部,不分份额、平等享有所有权。
特征	(1) 共同共有是不分份额的共有。在共同共有关系存续期间,各共有人对共有物享受的权利与承担的义务没有份额之分。 (2) 共同共有的发生以共有人之间存在共同关系为前提。如夫妻关系。 (3) 共同共有人平等地享有权利和承担义务。
内部关系	(1) 使用收益。共有人之间享有平等的权利和义务。 (2) 共有财产的处分和重大修缮。须经全体共有人一致同意。需要明确两点:① 这里的处分是指导致物权变动的原因行为,包括法律处分行为,如买卖、设立抵押等行为,也包括事实处分行为,如消费、毁灭等。但不包括出租、出借等设立债权的负担行为。② 共有人违反法律规定擅自对共有物进行处分,构成无权处分,适用善意取得制度。 (3) 共有物、共有财产的管理。共有人按照约定管理共有物,没有明确约定的,各共有人都有管理的权利,也有管理的义务。 (4) 共有物的管理费用负担。对共有物的管理费用以及其他负担,有约定的,按照约定;没有约定或者约定不明确的,由共同共有人共同负担。
外部关系	因共有的不动产或者动产产生的债权债务,在对外关系上,共有人享有连带债权、承担连带债务,但法律另有规定或者第三人知道共有人不具有连带债权债务关系的除外。
分割	(1) 共有人约定不得分割共有的不动产或者动产,以维持共有关系的,应当按照约定。但共有人有重大理由需要分割的,仍然可以请求分割。 (2) 没有约定或者约定不明确的,共同共有人在共有的基础丧失或者有重大理由需要分割时可以请求分割。因分割对其他共有人造成损害的,应当给予赔偿。 笔者以夫妻共同共有为例,详细解说"共有基础丧失"和"重大理由": ① 共有基础丧失:如,A. 夫妻离婚;B. 夫或妻一方死亡(宣告死亡)。 ② 重大理由,依据《婚姻法解释(三)》第 4 条规定,是指:A. 一方有隐藏、转移、变卖、毁损、挥霍夫妻共同财产或者伪造夫妻共同债务等严重损害夫妻共同财产利益行为的;B. 一方负有法定扶养义务的人患重大疾病需要医治,另一方不同意支付相关医疗费用的。

考点 14　共同共有的类型

夫妻共有财产	(1)《婚姻法》第 17 条规定,夫妻在婚姻关系存续期间所得的下列财产,归夫妻共同所有:A. 工资、奖金;B. 生产、经营的收益;C. 知识产权的收益;D. 继承或赠予所得的财产,但本法第 18 条第 3 项规定的除外;E. 其他应当归共同所有的财产。夫妻对共同所有的财产,有平等的处理权。
	(2) 根据《婚姻法》第 19 条第 1 款的规定,夫妻可以约定婚姻关系存续期间所得的财产以及婚前财产归各自所有、共同所有或部分各自所有、部分共同所有。
家庭共有财产	家庭共有财产是指家庭成员在家庭共同生活关系存续期间共同创造、共同所得的财产。家庭共同劳动收入中作为家庭成员各自消费的财产和已在家庭成员间分配了的财产,不属于家庭共有财产,而属于家庭成员的个人财产。
遗产分割前共同继承的财产	共同继承的财产是指在继承开始后,遗产分割前,两个以上继承人依法所继承的被继承人的遗产。《继承法意见》第 177 条规定,继承开始后,继承人未明确放弃继承的,视为接受继承,遗产未分割的,视为共同共有。
合伙财产	合伙财产的共有状态是按份共有还是共同共有?对此有不同的观点:一种观点认为共同共有主要是夫妻共有财产和家庭共有财产;而另一种观点则认为除此之外还包括合伙财产。从我国实践来看,笔者赞同合伙财产的性质为共同共有。这样,有利于维护合伙关系和合伙的主体地位,并可以充分保护债权人的利益。

【真题链接】

关于共有,下列哪些表述是正确的?(2011-3-56;多选)

　A. 对于共有财产,部分共有人主张按份共有,部分共有人主张共同共有,如不能证明财产是按份共有的,应当认定为共同共有

　B. 按份共有人对共有不动产或者动产享有的份额,没有约定或者约定不明的,按照出资额确定;不能确定出资额的,视为等额享有

　C. 夫或妻在处理夫妻共同财产上权利平等,因日常生活需要而处理夫妻共同财产的,任何一方均有权决定

　D. 对共有物的分割,当事人没有约定或者约定不明确的,按份共有人可以随时请求分割,共同共有人在共有的基础丧失或者有重大理由需要分割时可以请求分割

　〔答案〕_____①

考点 15　按份共有

概念	按份共有指两个或两个以上的民事主体对同一标的物按照一定的份额分享所有权。

---

① BCD。

(续表)

特征	(1)按份共有人的权利义务体现在一定份额之上。在按份共有中，各共有人的份额称为应有部分，这个应有部分是共有人对共有物所有权所享有的权利的比例，是确定按份共有人权利义务的依据。如果应有部分无法确定时，应推定各共有人的应有部分均等。		
	(2)按份共有人对其应有部分享有相当于所有权的权利。按份共有人按照其份额享有权利，分担义务。共有人对其应有部分，享有相当于所有权的权利。所以，按份共有人有权要求将自己的份额分出或予以转让，除非法律或者共有协议有所限制。在按份共有人死亡时，其继承人也有权继承其应有部分。		
	(3)按份共有人的权利义务及于共有物的全部，即按照份额对共有物的全部享有权利，承担义务。		
推定	(1)《物权法》第103条规定，共有人对共有的不动产或者动产没有约定为按份共有或者共同共有，或者约定不明确的，除共有人具有家庭关系等外，视为按份共有。		
	(2)《物权法》第104条规定，按份共有人对共有的不动产或者动产享有的份额，没有约定或者约定不明确的，按照出资额确定；不能确定出资额的，视为等额享有。		
内部关系	占有、使用、收益	① 各共有人依其份额对共有物进行占有、使用、收益，这种权利的行使及于共有物的全部。② 由共有人对占有、使用、收益的方法进行协商，并按协商一致的方法处理。在意见不一时，按照拥有共有份额2/3以上的共有人的意见办理，但不得损害其他共有人的利益。	
	处分	① 按份共有人有权对自己所有的份额为转让、设定担保、抛弃等处分行为。② 处分共有的不动产或者动产以及对共有的不动产或者动产作重大修缮的，应当经占份额2/3以上的按份共有人或者全体共同共有人同意，但共有人之间另有约定的除外。③ △注意：若未取得占份额2/3以上的共有人同意的，其处分行为若为法律行为，则构成无权处分，其效力为待定，但是若共有物为动产，第三人构成善意取得的除外。若为事实行为，则构成侵权行为，应当对其他共有人承担侵权责任。	
	管理	保存行为	共有人皆可行使。
		改良行为	2/3份额以上的共有人同意。
		费用负担	对共有物的管理费用以及其他负担，有约定的，按照约定；没有约定或者约定不明确的，按共有人按照其份额负担。
	物上请求权	按份共有人的应有份额除了受其他共有人的份额的限制外，其余的都与所有权相同。因此，共有人之间应相互尊重他人应有份额。如果其他共有人否认共有人的应有份额时，则共有人可以以该共有人为被告，提起确认其应有份额的诉讼。如果其他共有人妨害共有权行使的时候，共有人也可以行使物上请求权。	

(续表)

外部关系	《物权法》第102条规定,因共有的不动产或者动产产生的债权债务,在对外关系上,共有人享有连带债权、承担连带债务,但法律另有规定或者第三人知道共有人不具有连带债权债务关系的除外;在共有人内部关系上,除共有人另有约定外,按份共有人按照份额享有债权、承担债务,共同共有人共同享有债权、承担债务。偿还债务超过自己应当承担份额的按份共有人,有权向其他共有人追偿。	
分割	概述	在按份共有的情形下,若共有人没有不得分割的约定时,各按份共有人之间由于没有共同关系存在,因此可以随时请求分割共有物。在各共有人有不得分割的约定时,共有人有重大理由需要分割的,可以请求分割。对共有物的分割方式有如下三种:
	方式	实物分割	对于可分物可以采取实物分割的方式,如粮食、布匹等。
		变价分割	如果共有物是不可分物,而且各共有人都不愿意接受共有物时,可以将共有物折价或者拍卖、变卖,由各共有人分别取得价金。
		作价补偿	对于不可分物共有人中的一人愿意取得共有物的,可以由该共有人取得该共有物。对于共有物的价值超出其应得份额的部分,取得共有物的共有人应对其他共有人作价补偿。
	△注意:共有人分割所得的不动产或者动产有瑕疵的,其他共有人应当分担损失(互负瑕疵担保责任)。	

【真题链接】

1. 红光、金辉、绿叶和彩虹公司分别出资50万、20万、20万、10万元建造一栋楼房,约定建成后按投资比例使用,但对楼房管理和所有权归属未作约定。对此,下列哪一说法是错误的?(2010-3-7;单选)

A. 该楼发生的管理费用应按投资比例承担

B. 该楼所有权为按份共有

C. 红光公司投资占50%,有权决定该楼的重大修缮事宜

D. 彩虹公司对其享有的份额有权转让

〔答案〕_____①

2. 甲、乙、丙、丁共有1套房屋,各占1/4,对共有房屋的管理没有进行约定。甲、乙、丙未经丁同意,以全体共有人的名义将该房屋出租给戊。关于甲、乙、丙上述行为对丁的效力的依据,下列哪一表述是正确的?(2012-3-6;单选)

A. 有效,出租属于对共有物的管理,各共有人都有管理的权利

B. 有效,对共有物的处分应当经占共有份额2/3以上的共有人的同意,出租行为较处分为轻,当然可以为之

---

① C.

C. 无效,对共有物的出租属于处分,应当经全体共有人的同意

D. 有效,出租是以利用的方法增加物的收益,可以视为改良行为,经占共有份额 2/3 以上的共有人的同意即可

〔答案〕_____ ①

3. 张某与李某共有一台机器,各占 50% 份额。双方共同将机器转卖获得 10 万元,约定张某和李某分别享有 6 万元和 4 万元。同时约定该 10 万元暂存李某账户,由其在 3 个月后返还给张某 6 万元。后该账户全部款项均被李某债权人王某申请法院查封并执行,致李某不能按期返还张某款项。下列哪一表述是正确的?(2014-3-6;单选)

A. 李某构成违约,张某可请求李某返还 5 万元

B. 李某构成违约,张某可请求李某返还 6 万元

C. 李某构成侵权,张某可请求李某返还 5 万元

D. 李某构成侵权,张某可请求李某返还 6 万元

〔答案〕_____ ②

4. 甲、乙二人按照 3∶7 的份额共有一辆货车,为担保丙的债务,甲、乙将货车抵押给债权人丁,但未办理抵押登记。后该货车在运输过程中将戊撞伤。对此,下列哪一选项是正确的?(2016-3-8;单选)

A. 如戊免除了甲的损害赔偿责任,则应由乙承担损害赔偿责任

B. 因抵押权未登记,戊应优先于丁受偿

C. 如丁对丙的债权超过诉讼时效,仍可在 2 年内要求甲、乙承担担保责任

D. 如甲对丁承担了全部担保责任,则有权向乙追偿

〔答案〕_____ ③

考点 16 按份共有人的优先购买权及冲突解决

条件	(1) 按份共有存续期间,某一按份共有人向共有人之外的人转让其份额。例外:以下两种情形,除按份共有人之间另有约定,按份共有人主张优先购买权,不予支持:① 按份共有人之间转让共有份额。② 共有份额的权利主体因继承、遗赠等原因发生变化时。
	(2) 同等条件。① "同等条件",应当综合共有份额的转让价格、价款履行方式及期限等因素确定。② 虽主张优先购买,但提出减少转让价款、增加转让人负担等实质性变更要求,不享有优先购买权。
	(3) 须在除斥期间内行使。优先购买权的行使期间,按份共有人之间有约定的,按照约定处理;没有约定或者约定不明的,按照下列情形确定:

---

① B。
② B。
③ D。

(续表)

期间	(1) 载明时期为准	转让人向其他按份共有人发出的包含同等条件内容的通知中载明行使期间的,以该期间为准。
	(2) 未载明时期,短于15日,为15日	通知中未载明行使期间,或者载明的期间短于通知送达之日起15日的,为15日。
	(3) 未通知,知道之日起15日	转让人未通知的,为其他按份共有人知道或者应当知道最终确定的同等条件之日起15日。
	(4) 未通知且不知道,转移之日起6个月	转让人未通知,且无法确定其他按份共有人知道或者应当知道最终确定的同等条件的,为共有份额权属转移之日起6个月。
救济	① 以其优先购买权受到侵害为由,仅请求撤销共有份额转让合同或者认定该合同无效。② 两个以上按份共有人主张优先购买且协商不成时,请求按照转让时各自份额比例行使优先购买权的,应予支持。	
竞合	根据《城镇租赁合同解释》第24条第1项的规定,房屋共有人优先购买权优先于房屋承租人的优先购买权。	

【真题链接】

1. 甲、乙、丙、丁按份共有一艘货船,份额分别为10%、20%、30%、40%。甲欲将其共有份额转让,戊愿意以50万元的价格购买,价款一次付清。关于甲的共有份额转让,下列哪些选项是错误的?(2016-3-53;多选)

A. 甲向戊转让其共有份额,须经乙、丙、丁同意
B. 如乙、丙、丁均以同等条件主张优先购买权,则丁的主张应得到支持
C. 如丙在法定期限内以50万元分期付款的方式要求购买该共有份额,应予支持
D. 如甲改由向乙转让其共有份额,丙、丁在同等条件下享有优先购买权
〔答案〕_____ ①

2. 甲、乙、丙、丁按份共有某商铺,各自份额均为25%。因经营理念发生分歧,甲与丙商定将其份额以100万元转让给丙,通知了乙、丁;乙与第三人戊约定将其份额以120万元转让给戊,未通知甲、丙、丁。下列哪些选项是正确的?(2017-3-54;多选)

A. 乙、丁对甲的份额享有优先购买权
B. 甲、丙、丁对乙的份额享有优先购买权
C. 如甲、丙均对乙的份额主张优先购买权,双方可协商确定各自购买的份额
D. 丙、丁可仅请求认定乙与戊之间的份额转让合同无效
〔答案〕_____ ②

---

① ABCD。
② BC。

第四章 用益物权

第一节 用益物权概述

考点 1 用益物权的一般规定

概述	用益物权是对他人所有的物,在一定范围内进行占有、使用、收益的他物权。用益物权主要以不动产为标的物,因为动产的种类繁多、数量零碎、价值较低,若有需要尽可买之,即便偶尔需要利用他人的动产,亦可依借贷、租赁等债的方式获得,而不必依赖用益物权。
种类	用益物权主要有土地承包经营权、建设用地使用权、宅基地使用权、地役权。
辨析	用益物权和担保物权的主要区别在于: (1) 用益物权以使用收益为目的;担保物权以担保债权实现(抑或确保债务清偿)为目的。 (2) 用益物权的客体为有体物,主要为不动产;担保物权的客体除了有体物之外,还包括权利。 (3) 设立用益物权的目的在于实现物的使用价值;而设立债权的目的在于实现物的交换价值。 (4) 用益物权为独立性权利,担保物权为从属性权利。 (5) 用益物权人取得权利时即可实现其权利,担保物权人取得权利后,只有在所担保的债权未获得清偿时,才可以行使变价受偿权。 (6) 用益物权的设立以占有标的物为要件;担保物权的设立,除质权和留置权外,其他担保物权不以占有标的物为条件。 (7) 用益物权不具有物上代位性;而担保物权具有物上代位性。

第二节 土地承包经营权

考点 2 土地承包经营权

概念	土地承包经营权就是承包人(个人或单位)因从事种植业、林业、畜牧业、渔业生产或者其他生产经营项目而承包使用、收益集体所有或者国家所有由农民集体使用的土地或者森林、山岭、草原、荒地、滩涂、水面的权利。

（续表）

创设取得	承包人与发包人通过订立承包经营合同而取得承包经营权,分为家庭承包与以招标、拍卖、公开协商等方式进行的承包。通过这两种方式承包的,都应当签订承包合同,承包合同自成立之日起生效,承包方于合同生效时取得土地承包经营权。县级以上地方政府应当向土地承包经营权人发放土地承包经营权证、林权证、草原使用权证,并登记造册,确认土地承包经营权。
移转取得	指在土地承包经营权的流转过程中,受让人通过转包、互换、转让等方式,依法从承包人手中取得土地承包经营权。我国《物权法》规定,土地承包经营权人依照《农村土地承包法》的规定,有权将土地承包经营权采取转包、互换、转让等方式流转。流转的期限不得超过承包期的剩余期限。未经依法批准,不得将承包地用于非农建设。土地承包经营权人将土地承包经营权互换、转让,当事人要求登记的,应当向县级以上地方政府申请土地承包经营权变更登记;未经登记,不得对抗善意第三人。
继承取得	《继承法》第3条规定的遗产范围没有承包经营权,因此在我国民法学界对于承包经营权能否继承有不同的看法。《农村土地承包法》认可承包人应得的承包收益的继承,而有限地认可土地承包经营权。具体而言,承包土地的收益可以继承,但承包权本身不可以继承。

【真题链接】

1. 季大与季小兄弟二人,成年后各自立户,季大一直未婚。季大从所在村集体经济组织承包耕地若干。关于季大的土地承包经营权,下列哪些表述是正确的?(2014-3-56;多选)
   A. 自土地承包经营权合同生效时设立
   B. 如季大转让其土地承包经营权,则未经变更登记不发生转让的效力
   C. 如季大死亡,则季小可以继承该土地承包经营权
   D. 如季大死亡,则季小可以继承该耕地上未收割的农作物
   〔答案〕_____①

2. 河西村在第二轮承包过程中将本村耕地全部发包,但仍留有部分荒山,此时本村集体经济组织以外的Z企业欲承包该荒山。对此,下列哪些说法是正确的?(2016-3-54;多选)
   A. 集体土地只能以家庭承包的方式进行承包
   B. 河西村集体之外的人只能通过招标、拍卖、公开协商等方式承包
   C. 河西村将荒山发包给Z企业,经2/3以上村民代表同意即可
   D. 如河西村村民黄某也要承包该荒山,则黄某享有优先承包权
   〔答案〕_____②

3. 村民胡某承包了一块农民集体所有的耕地,订立了土地承包经营权合同,未办理确权登记。胡某因常年在外,便与同村村民周某订立土地承包经营权转让合同,将地交周某耕种,未办理变更登记。关于该土地承包经营权,下列哪一说法是正确的?(2017-3-7;单选)
   A. 未经登记不得处分

---

① AD。
② BC。

B. 自土地承包经营权合同生效时设立
C. 其转让合同自完成变更登记时起生效
D. 其转让未经登记不发生效力
[答案]_____①

第三节 建设用地使用权

考点 3 建设用地使用权的一般规定

概念	建设用地使用权是因建筑物或者构筑物及其他附属设施而使用国家所有的土地的权利。	
特征	(1) 建设用地使用权是存在于国家所有的土地上的物权。	
	(2) 建设用地使用权是以保存建筑物或者构筑物及其他附属设施为目的的权利。	
	(3) 建设用地使用权是使用他人土地的权利。	
	(4) "房随地走"。《物权法》第146条规定,建设用地使用权转让、互换、出资或者赠与的,附着于该土地上的建筑物、构筑物及其附属设施一并处分。	
	(5) "地随房走"。《物权法》第147条规定,建筑物、构筑物及其附属设施转让、互换、出资或者赠与的,该建筑物、构筑物及其附属设施占用范围内的建设用地使用权一并处分。	
产生	划拨	即土地使用人依据法律规定无偿取得建设用地使用权。可以通过划拨方式取得的建设用地包括:国家机关用地和军事用地;城市基础设施用地和公益事业用地;国家重点扶持的能源、交通、水利等基础设施用地;法律、行政法规规定的其他用地。上述以划拨方式取得建设用地,须经县级以上地方政府依法批准。
	出让	采取招标、拍卖、协议等出让方式设立建设用地使用权的,当事人应当采取书面形式订立建设用地使用权出让合同。
	流转	建设用地使用权流转,是指土地使用人将建设用地使用权再转移的行为,如转让、互换、出资、赠与等。建设用地使用权转让、互换、出资或者赠与的,应当向登记机构申请变更登记。
模式	登记生效	建设用地使用权适用登记生效的原则。建设用地使用权从办理建设用地使用权登记时设立。

---

① B。

第四节 宅基地使用权

考点 4 宅基地使用权的一般规定

概念	宅基地使用权指的是农村集体经济组织的成员依法享有的在农民集体所有的土地上建造个人住宅的权利。需要注意的是,宅基地使用权的取得方式与私法行为无关,完全依赖行政行为而设立。所以也就不存在登记为生效要件或者登记为对抗要件的私法问题。
特征	(1) 宅基地使用权的主体只能是农村集体经济组织的成员。 (2) 宅基地使用权的用途仅限于村民建造个人住宅。个人住宅包括住房以及与村民居住生活有关的附属设施。 (3) 宅基地使用权实行严格的"一户一宅"制。农村村民出卖、出租住房后,再申请宅基地的,不予批准。 (4) 宅基地因自然灾害等原因灭失的,宅基地使用权也随之消灭;无宅基地的村民,应当另行分配宅基地。

第五节 地 役 权

考点 5 地役权的一般规定

概念	地役权是不动产所有人或者使用人为某特定不动产的便利而使用他人不动产,使其负有一定负担的用益物权。其中,享有使用便利的不动产称为需役地,提供便利的不动产称为供役地。
取得	(1) 基于法律行为而取得地役权的,如根据地役合同。设立地役权,当事人应当采取书面形式订立地役权合同。地役权自地役权合同生效时设立。未经登记,不得对抗善意第三人。 (2) 地役权也可以基于让与而取得。但是由于地役权的从属性,地役权的让与应与需役地的让与共同为之,并应有书面合同。 (3) 基于法律行为以外的原因取得地役权的,如继承。

(续表)

特征	从属性	(1) 地役权不得单独转让。具体而言:(《物权法》第164条) ① 地役权人不得自己保留需役地的所有权或使用权,单独将地役权让与他人。② 地役权人不得自己保留地役权,仅把需役地的所有权或使用权让与他人。③ 地役权人不得把需役地的所有权或使用权与地役权分别让与不同的人。
		(2) 地役权不得单独抵押。(《物权法》第165条) 土地承包经营权、建设用地使用权等抵押的,在实现抵押权时,地役权一并转让。
	不可分性	主要体现在两个方面:地役权不因需役地的分割或者部分转让而受有影响;也不因为供役地的分割或者部分转让而受有影响。
		第166条:需役地以及需役地上的土地承包经营权、建设用地使用权部分转让时,转让部分涉及地役权的,受让人同时享有地役权。
		第167条:供役地以及供役地上的土地承包经营权、建设用地使用权部分转让时,转让部分涉及地役权的,地役权对受让人具有约束力。
期限		不得超过用益物权的剩余期限。

考点 6 地役权的消灭

消灭	地役权是一种不动产物权,则不动产物权的一般消灭原因,当然适用于地役权。以下叙述的是地役权消灭的几项特殊原因:	
	土地灭失	土地灭失是任何以土地为标的的物权消灭的原因,但地役权不但因作为其标的物的土地(供役地)灭失时消灭,而且地役权也因需役地的灭失而消灭。
	目的事实上不能实现	设定地役权的目的事实上不能实现,即供役地事实上不能再供需役地便利时,地役权消灭。如汲水地役权因供役地水源枯竭而消灭。
	地役权合同解除	供役地权利人解除地役权关系。在下列两种情形下,地役权因供役地权利人解除地役权关系而消灭:① 地役权人违反法律规定或者合同约定,滥用地役权;② 有偿利用供役地,约定的付款期间届满后在合理期限内经两次催告未支付费用。
	抛弃	地役权人如将其地役权抛弃,供役地则因之恢复其无负担的状态,地役权归于消灭。但如果是有偿的地役权,地役权人抛弃地役权后,仍应支付地役权全部期间的租金。
	地役权合同期限届满	存续期间的届满或者其他预定事由的发生。地役权如有存续期间,因期间的届满而消灭。其设定行为附有解除条件的,因条件的成就,地役权消灭。

【真题链接】

1. 甲为了能在自己房中欣赏远处风景,便与相邻的乙约定:乙不在自己的土地上建造高层建筑,作为补偿,甲一次性支付给乙4万元。两年后,甲将该房屋转让给丙,乙将该土地使用权转让给丁。下列哪些判断是错误的?(2006-3-56;多选)

　　A. 甲、乙之间的约定为有关相邻关系的约定
　　B. 丙可禁止丁建高楼,且无须另对丁进行补偿
　　C. 若丁建高楼,丙只能要求甲承担违约责任
　　D. 甲、乙之间约定因房屋和土地使用权转让而失去效力
　〔答案〕_____①

2. 李某从自己承包的土地上出入不便,遂与张某书面约定在张某承包的土地上开辟一条道路供李某通行,李某支付给张某2万元,但没有进行登记。下列哪一选项是错误的?(2008-3-11延考;单选)

　　A. 该约定属于有关相邻关系的约定
　　B. 该约定属于地役权合同
　　C. 如果李某将其承包经营权转移给他人,受让人有权在张某承包的土地上通行,但合同另有约定的除外
　　D. 如果张某将其承包经营权转移给他人,则善意的受让人有权拒绝李某在自己的土地上通行
　〔答案〕_____②

3. 2013年2月,A地块使用权人甲公司与B地块使用权人乙公司约定,由甲公司在B地块上修路。同年4月,甲公司将A地块过户给丙公司,6月,乙公司将B地块过户给不知上述情形的丁公司。下列哪些表述是正确的?(2013-3-56;多选)

　　A. 2013年2月,甲公司对乙公司的B地块享有地役权
　　B. 2013年4月,丙公司对乙公司的B地块享有地役权
　　C. 2013年6月,甲公司对丁公司的B地块享有地役权
　　D. 2013年6月,丙公司对丁公司的B地块享有地役权
　〔答案〕_____③

考点 7　相邻关系与地役权

	地役权	相邻关系
概念	不动产的所有人或者使用人为某特定不动产的便利而使用他人不动产,使其负有一定负担的用益物权。	两个或两个以上相互毗邻的不动产所有人或使用人,在行使占有、使用、收益、处分权利时所发生的权利义务关系。

---

① ABCD。
② A。
③ AB。

(续表)

	地役权	相邻关系
法律性质	独立的用益物权。	不是一种独立的物权类型,体现的是所有权的扩张或限制。
发生依据	基于当事人合同约定产生。	基于法律的直接规定产生。
内容	当事人超出相邻关系限度而设定的权利,可以有偿,也可以无偿。	对相邻各方权利义务的最低限度的调节,通常是无偿的。
前提条件	不以不动产相邻为条件。	以不动产相邻为条件。

【真题链接】

1. 甲、乙、丙依次比邻而居。甲为修房向乙提出在其院内堆放建材,乙不允。甲遂向丙提出在其院内堆放,丙要求甲付费200元,并提出不得超过20天,甲同意。修房过程中,甲搬运建材须从乙家门前经过,乙予以阻拦。对此,下列哪一种说法不正确?(2005-3-3;单选)
A. 乙无权拒绝甲在其院内堆放建材
B. 乙无权阻拦甲经其门前搬运建材
C. 甲应依约定向丙支付占地费
D. 若建材堆放时间超过20天,丙有权要求甲清理现场
〔答案〕_____①

2. 某郊区小学校为方便乘坐地铁,与相邻研究院约定,学校人员有权借研究院道路通行,每年支付1万元。据此,学校享有的是下列哪一项权利?(2010-3-19;单选)
A. 相邻权   B. 地役权   C. 建设用地使用权   D. 宅基地使用权
〔答案〕_____②

第五章 担保物权

第一节 担保物权概述

考点 1 担保物权概念与特征

概念	担保物权,是指以确保债务清偿为目的,而在债务人或者第三人的特定物或者权利上设立的定限物权。担保物权的目的在于担保债权的实现,而不是对担保物进行使用收益;担保物可以是债务人的财产,也可以是第三人的财产。

---

① A。
② B。

(续表)

特征	(1) 优先受偿性。就特定物或权利享有担保物权的权利人可以就担保物的价值优先于债务人的普通债权人而受偿。
	(2) 从属性。担保物权的从属性又称担保物权的附随性。主要体现在以下五个方面：① 成立上的从属性。担保物权以主债权、债务的存在或将来存在为前提，主债权不存在，担保物权无从成立。② 内容和范围上的从属性。担保物权担保的范围以主债务的范围为限。③ 效力上的从属性。主合同无效，担保合同无效，抵押权和质权未设立。④ 消灭上的从属性。主债务全部消灭的，担保物权消灭。⑤ 移转上的从属性。债权转让时，除让与人与受让人另有约定，或者债权人与担保人另有约定，或者法律另有规定，担保物权随同债权转让给受让人。
	(3) 不可分性。担保物权的不可分性是指债权人在全部债权受清偿前，可就担保物的全部行使其权利。笔者以抵押权为例，来详细介绍担保物权的不可分性。具体而言，抵押不可分性有五个方面的含义：① 抵押物一部分灭失，残存的部分仍担保债权全部。② 抵押物被分割，每个分得人的部分抵押物仍担保债权全部。③ 债权一部分消灭，未消灭部分仍对抵押物全部行使权利。④ 债权被分割，每个分得人分得的部分债权仍对抵押物全部行使权利。⑤ 抵押权设定后，抵押物价值上涨，债务人无权减少抵押物，抵押物价值下跌，债务人无义务补充担保。
	(4) 物上代位性。这是指担保物因毁损、灭失或者被征收而得赔偿金、补偿金或者保险金时，该赔偿金、补偿金或者保险金即是担保物的代替物，担保物权人可就其行使权利。

考点 2　担保物权的消灭

主债权消灭	担保物权属于从权利，主债权消灭，担保物权亦消灭。
担保物权实现	担保物所担保的债权已届清偿期而债务人不能履行债务时，担保物权人通过行使担保物权而使其债权得到优先受偿。担保物权的实现，担保法律关系消灭。即使其债权未完全受偿，担保物权也消灭。
债权人放弃担保物权	债权人放弃担保物权必须有明确的意思表示，且须具备民事行为能力。具体而言：① 抛弃动产抵押权，抛弃的意思表示到达抵押人，抵押权消灭。② 抛弃不动产抵押权，抛弃的意思表示到达抵押人，且办理抵押的注销登记时，抵押权消灭。③ 抛弃质权，抛弃的意思表示到达相对人，并向出质人返还质物的占有时，质权消灭。④ 抛弃留置权的，抛弃的意思表示到达相对人，并向债务人返还留置物的占有的，留置权消灭。

(续表)

法律规定担保物权消灭的其他情形	(1) 第三人提供担保,未经其书面同意,债权人允许债务人转移全部或者部分债务的,担保人不再承担相应的担保责任。 (2) 债务人另行提供担保并被债权人接受的。 (3) 担保物因不可归责于担保人的原因毁损、灭失且无代位物(保险金、补偿金、赔偿金)的,担保物权消灭。

考点 3 流质(押)契约之禁止

概述	根据《物权法》第186条和第211条,流质(押)契约,指在意定担保物权合同中,双方约定,若债务人到期不履行债务,担保物的所有权直接移转为债权人所有。
特征	(1) 约定的时间点是"履行期届满之前"。 (2) 约定的内容是债务人到期不履行债务时,债权人"即时"取得担保物的所有权。
效力	流质(押)条款取消了在实现担保物权时担保物的市场定价机会,在多数场合下对抵(质)押人不利,基于此,流质(押)条款无效。但是流质(押)条款的无效不影响合同其他条款的效力。因此,流质(押)条款无效则视为合同中无此条款,抵押权仍可以折价、变卖、拍卖的方式实现。

考点 4 混合担保

概念	同一个债,既有物保(抵押、质押),又有人保(保证),称为混合担保。混合担保的问题是,当债务人不履行到期债务或者发生当事人约定的实现担保物权的情形,债权人应如何行使其抵押权、质权和保证债权。
依据	《物权法》第176条规定,被担保的债权既有物的担保又有人的担保的,债务人不履行到期债务或者发生当事人约定的实现担保物权的情形,债权人应当按照约定实现债权;没有约定或者约定不明确,债务人自己提供物的担保的,债权人应当先就该物的担保实现债权;第三人提供物的担保的,债权人可以就物的担保实现债权,也可以要求保证人承担保证责任。提供担保的第三人承担担保责任后,有权向债务人追偿。
责任免除	债务人以自己的财产设定抵押,抵押权人放弃该抵押权、抵押权顺位或者变更抵押权的,其他担保人在抵押权人丧失优先受偿权益的范围内免除担保责任,但其他担保人承诺仍然提供担保的除外。 质权人可以放弃质权。债务人以自己的财产出质,质权人放弃该质权的,其他担保人在质权人丧失优先受偿权益的范围内免除担保责任,但其他担保人承诺仍然提供担保的除外。

【真题链接】

1. 甲公司向乙银行借款100万元,丙、丁以各自房产分别向乙银行设定抵押,戊、己分别向乙银行出具承担全部责任的担保函,承担保证责任。下列哪些表述是正确的?(2012-3-55;

多选)
   A. 乙银行可以就丙或者丁的房产行使抵押权
   B. 丙承担担保责任后,可向甲公司追偿,也可要求丁清偿其应承担的份额
   C. 乙银行可以要求戊或者己承担全部保证责任
   D. 戊承担保证责任后,可向甲公司追偿,也可要求己清偿其应承担的份额
   〔答案〕_____①

2. 甲公司将1台挖掘机出租给乙公司,为担保乙公司依约支付租金,丙公司担任保证人,丁公司以机器设备设置抵押。乙公司欠付10万元租金时,经甲公司、丙公司和丁公司口头同意,将6万元租金债务转让给戊公司。之后,乙公司为现金周转将挖掘机分别以45万元和50万元的价格先后出卖给丙公司和丁公司,丙公司和丁公司均已付款,但乙公司没有依约交付挖掘机。

   因乙公司一直未向甲公司支付租金,甲公司便将挖掘机以48万元的价格出卖给王某,约定由乙公司直接将挖掘机交付给王某,王某首期付款20万元,尾款28万元待收到挖掘机后支付。此事,甲公司通知乙公司。

   王某未及取得挖掘机便死亡。王某临终立遗嘱,其遗产由其子大王和小王继承,遗嘱还指定小王为遗嘱执行人。因大王一直在外地工作,同意王某遗产由小王保管,没有进行遗产分割。在此期间,小王将挖掘机出卖给方某,没有征得大王的同意。请回答:

   在乙公司将6万元租金债务转让给戊公司之前,关于丙公司和丁公司的担保责任,甲公司下列做法正确的是:(2012-3-87;不定项)
   A. 可以要求丙公司承担保证责任
   B. 可以要求丁公司承担抵押担保责任
   C. 须先要求丙公司承担保证责任,后要求丁公司承担抵押担保责任
   D. 须先要求丁公司承担抵押担保责任,后要求丙公司承担保证责任
   〔答案〕_____②

3. 甲公司欠乙公司货款100万元,先由甲公司提供机器设备设定抵押权、丙公司担任保证人,后由丁公司提供房屋设定抵押权并办理了抵押登记。甲公司届期不支付货款,下列哪一表述是正确的?(2014-3-8;单选)
   A. 乙公司应先行使机器设备抵押权
   B. 乙公司应先行使房屋抵押权
   C. 乙公司应先行请求丙公司承担保证责任
   D. 丙公司和丁公司可相互追偿
   〔答案〕_____③

---

① ABC。
② BC。
③ A。

考点 5 无效担保

情形	效力
主合同有效,担保合同无效	(1) 债权人无过错的,担保人、债务人对债权人承担连带责任。 (2) 债权人、担保人均有过错的,担保人的责任限额是债务人不能清偿部分的1/2。
主合同无效而导致担保合同亦无效	(1) 担保人无过错的,担保人免责。 (2) 担保人有过错的,担保人的责任限额是债务人不能清偿部分的1/3。

考点 6 担保物权的竞合

概念	担保物权的竞合,亦称为物的担保的竞合,是指在同一标的物上存在不同种类的担保物权,此时应以何类担保物权的效力优先的问题。	
抵押权与质权的竞合	因抵押权是不移转标的物占有的,而质权是以移转标的物占有为成立要件的,所以在设定抵押权后,抵押人得将标的物再用于质押,成立质权,因为于此情形下,后设定的质权无害于抵押权。此时发生抵押权与质权的竞合。若该抵押权属于可不予登记即成立而当事人又未为抵押权登记的,则因未登记的抵押权不具有对抗第三人的效力,未登记的抵押权虽成立在前,质权的效力也应优先于抵押权。若当事人将该抵押权进行了登记,该抵押权的效力自然优先于质权的效力。	
抵押权与留置权的竞合	留置权的标的物为动产,因此只有动产抵押权才可能与留置权发生竞合。抵押权与留置权竞合的发生同样有两种情况:	
	(1) 先设定抵押权而后成立留置权	因为先设定抵押权后因标的物不移转占有,所以在抵押人将抵押物交由他人占有时,在具备留置权的成立条件下可在抵押物上再成立留置权。此种情形下发生的抵押权与留置权的竞合效力:留置权优先于抵押权,因为留置权人占有标的物,并且因留置权担保的债权往往是有利于保全抵押权人利益的。
	(2) 先成立留置权而后设定抵押权	① 留置物所有人将留置物抵押,此时在留置物上又成立抵押权,抵押权与留置权竞合,因留置权成立在先,留置权的效力当然优先于抵押权。
		② 留置权人将留置物抵押,于此情形下,因为留置权人非为标的物所有人,抵押应为无效,不发生抵押权与留置权的竞合。但若经留置物所有人同意,留置权人为自己的债务履行而为其债权设定抵押权的,抵押权可为有效,发生抵押权与留置权的竞合。不过于此情形下,抵押权的效力应优先于留置权,因为留置权人是抵押权所担保债权的债务人,债务人的权利不能优于债权人的权利。

(续表)

留置权与质权的竞合	由于留置权与质权都是以占有标的物为其存续要件的,留置权得因占有的丧失而消灭,质权在占有丧失而又不能回复时也消灭。但因占有不以直接占有为限,因此在同一标的物上可以发生留置权与质权的竞合。就其发生而言,有以下两种情况:	
	(1) 先成立留置权后成立质权。	留置权人以其占有的留置物再设定质权的,如经所有人同意,质权成立;如未经所有人同意,则其设定行为应为无效,但因留置权与质权均以占有为公示原则,善意第三人得依善意取得原则取得质权。在第三人取得质权时,留置权与质权竞合,后设定的质权效力应优先于留置权。因为在此种情形下,标的物为质权人实际直接占有,而留置权人仅为间接占有人。但如果在留置期间经留置权人同意,标的物所有人以留置物设定质权的,则因留置权成立在前,质权成立在后,留置权的效力应当优先于质权。
	(2) 先成立质权后成立留置权。	在质物由质权人占有期间,质权人将质物交由第三人直接占有,而自己间接占有时,第三人得基于留置权的成立事由而取得留置权。如,质权人将质物交由第三人保管,保管人于具备留置权条件下取得留置权。于此情形下,因质权人的质权并不消灭,发生留置权与质权的竞合,留置权的效力优先于质权。因为留置权是担保基于维护或者保存标的物的价值的行为而发生的债权,并且标的物由留置权人直接占有,质权人仅为间接占有人。

【真题链接】

甲公司以其机器设备为乙公司设立了质权。10日后,丙公司向银行贷款100万元,甲公司将机器设备又抵押给银行,担保其中40万元贷款,但未办理抵押登记。同时,丙公司将自有房产抵押给银行,担保其余60万元贷款,办理了抵押登记。20日后,甲将机器设备再抵押给丁公司,办理了抵押登记。丙公司届期不能清偿银行贷款。下列哪一表述是正确的?(2013-3-8;单选)

A. 如银行主张全部债权,应先拍卖房产实现抵押权
B. 如银行主张全部债权,可选择拍卖房产或者机器设备实现抵押权
C. 乙公司的质权优先于银行对机器设备的抵押权
D. 丁公司对机器设备的抵押权优先于乙公司的质权

[答案]_____①

---

① C。

第二节 抵 押 权

考点 7 抵押权的概念与特征

概念	抵押权是对于债务人或者第三人不移转占有而提供担保的不动产或其他财产,在债务人不履行到期债务或者发生当事人约定的实现债务情形下,债权人得优先清偿其债权的权利。其中,提供财产担保的债务人或者第三人,称为抵押人,享有抵押权的债权人,称为抵押权人。
特征	(1) 不移转占有的担保物权。这一点是抵押权和质押权最大的区别之处。也正是由于不移转占有,债权人无法实际支配抵押物,所以法律规定,抵押权的公示只能通过登记的方式进行。 (2) 抵押权是意定担保物权。抵押权和质押权都是基于担保合同而设立,由此区别于留置权这一法定担保物权。

【真题链接】

甲公司以一地块的建设用地使用权作抵押向乙银行借款3 000万元,办理了抵押登记。其后,甲公司在该地块上开发建设住宅楼,由丙公司承建。甲公司在取得预售许可后与丁订立了商品房买卖合同,丁交付了80%的购房款。现住宅楼已竣工验收,但甲公司未能按期偿还乙银行借款,并欠付丙公司工程款1 500万元,乙银行和丙公司同时主张权利,法院拍卖了该住宅楼。下列哪些选项是正确的?(2017-3-55;多选)

A. 乙银行对建设用地使用权拍卖所得价款享有优先受偿权
B. 乙银行对该住宅楼拍卖所得价款享有优先受偿权
C. 丙公司对该住宅楼及其建设用地使用权的优先受偿权优先于乙银行的抵押权
D. 丙公司对该住宅楼及其建设用地使用权的优先受偿权不得对抗丁对其所购商品房的权利

〔答案〕_____①

考点 8 抵押权的设立(1):抵押权的标的

可以抵押的财产	《物权法》第180条规定:"债务人或者第三人有权处分的下列财产可以抵押:(一)建筑物和其他土地附着物;(二)建设用地使用权;(三)以招标、拍卖、公开协商等方式取得的荒地等土地承包经营权;(四)生产设备、原材料、半成品、产品;(五)正在建造的建筑物、船舶、航空器;(六)交通运输工具;(七)法律、行政法规未禁止抵押的其他财产。抵押人可以将前款所列财产一并抵押。"

---

① ACD。

(续表)

不可抵押的财产	(1) 国有、集体土地所有权。(不可流通)
	(2) 耕地、宅基地、自留地、自留山等集体所有的土地的土地使用权,但法律规定可以抵押的除外,但是有如下两种例外情形:① 抵押人依法承包并经发包方同意抵押的荒山、荒沟、荒丘、荒滩等荒地的土地使用权,可以抵押(四荒用地)。② 乡(镇)村企业的土地使用权不得单独抵押,但是以乡(镇)村企业的厂房等建筑物抵押的,其占用范围内的土地使用权可同时抵押,但在未来仍不能改变土地使用权的性质。
	(3) 学校、幼儿园、医院等以公益为目的的事业单位和社会团体的教育设施、医疗卫生设施和其他社会公益设施。此种情形是为了公共利益而设。但需要注意的是,公益法人以公益设施以外的财产为自身债务设抵押的,此种情形的抵押有效。
	(4) 所有权、使用权不明或有争议的财产。(抵押是处分行为,此种情形是由于处分权之欠缺)
	(5) 依法被查封、扣押、监管的财产。(此种情形所有人丧失了处分权)
	(6) 以法定程序确认为违法、违章的建筑物抵押的,抵押无效。需要注意下列区分:查封、扣押在前的,不得再设抵押;但是财产已经抵押的,查封、扣押在后,并不影响此前抵押权的效力,且抵押权优先于执行权。
补充说明	(1) 房地产抵押的"房地一体主义",即房地产转让、抵押时,房屋的所有权和该房屋占用范围内的土地使用权同时转让、抵押。原因在于房产所有权与房产所占土地使用权不可分割地归属于一个权利主体。
	(2) 抵押权不及于土地上新增的房屋。但是应当将新增的房屋与原抵押房产一同拍卖,只不过就变卖新增房屋的价款,抵押权人无权优先受偿。

考点 9　抵押权的设立(2):抵押合同

抵押合同	抵押权依抵押行为而设立。抵押行为是当事人(主债权人和主债务人或第三人)以意思表示设定抵押权的双方民事法律行为,其具体表现形式为抵押合同。根据我国《物权法》的规定,设立抵押权,当事人应当采取书面形式订立抵押合同。
流质禁止条款	《物权法》第186条:抵押权人在债务履行期届满前,不得与抵押人约定债务人不履行到期债务时抵押财产归债权人所有。 △注意:流质禁止条款也适用于质押合同。

考点 10 抵押权的设立(3):抵押登记

登记作为生效要件,不登记抵押权不成立	以建筑物或者土地使用权等不动产进行担保的,抵押权从登记时设立。但是需要注意的是,不登记只是抵押权不成立,不影响抵押合同的法律效力,抵押合同从成立时生效(物债区分原则的具体体现)。上述不动产范围具体包括:① 建筑物和其他土地附着物。② 建设用地使用权。③ 以招标、拍卖、公开协商等方式取得的荒地等土地承包经营权。④ 正在建造的建筑物。
登记作为对抗要件	以动产进行抵押的均自抵押合同生效时设立,未登记不得对抗善意第三人。上述动产范围具体包括:① 生产设备、原材料、半成品、产品。② 正在建造的建筑物、船舶、航空器。③ 交通运输工具。④ 其他法律、行政法规未禁止抵押的动产。
登记具有绝对效力	登记的内容与抵押合同的约定不一致的以登记为准。

【真题链接】
甲向乙借款,丙与乙约定以自有房屋担保该笔借款。丙仅将房本交给乙,未按约定办理抵押登记。借款到期后甲无力清偿,丙的房屋被法院另行查封。下列哪些表述是正确的?(2013-3-57;多选)
　　A. 乙有权要求丙继续履行担保合同,办理房屋抵押登记
　　B. 乙有权要求丙以自身全部财产承担担保义务
　　C. 乙有权要求丙以房屋价值为限承担担保义务
　　D. 乙有权要求丙承担损害赔偿责任
〔答案〕_____①

考点 11 抵押人的权利

占有、使用、收益权	由于抵押权的设定并不移转抵押物的占有,所以,抵押人仍然享有占有、使用、收益的权利。
处分权	(1)抵押期间,抵押人经抵押权人同意转让抵押财产的,应当将转让所得的价款向抵押权人提前清偿债务或者提存。转让的价款超过债权数额的部分归抵押人所有,不足部分由债务人清偿。 (2)抵押期间,抵押人未经抵押权人同意,不得转让抵押财产,但受让人代为清偿债务消灭抵押权的除外。

【真题链接】
甲公司向某银行贷款100万元,乙公司以其所有的一栋房屋作抵押担保,并完成了抵押登记。现乙公司拟将房屋出售给丙公司,通知了银行并向丙公司告知了该房屋已经抵押的事实。乙、丙订立书面买卖合同后到房屋管理部门办理过户手续。下列哪些说法是正确的?(2009-

---
① CD。

3-55;多选)

　　A. 不论银行是否同意转让,房屋管理部门应当准予过户,但银行仍然对该房屋享有抵押权

　　B. 如丙公司代为清偿了甲公司的银行债务,则不论银行是否同意转让,房屋管理部门均应当准予过户

　　C. 如丙公司向银行承诺代为清偿甲公司的银行债务,则不论银行是否同意转让,房屋管理部门均应当准予过户

　　D. 如甲公司清偿了银行债务,则不论银行是否同意,房屋管理部门均应当准予过户

　〔答案〕_____ ①

考点 12 抵押权人的权利

抵押物的保全	① 抵押人的行为足以使抵押财产价值减少的,抵押权人有权要求抵押人停止其行为。② 抵押财产价值减少的,抵押权人有权要求恢复抵押财产的价值,或者提供与减少的价值相应的担保。③ 抵押人不恢复抵押财产的价值也不提供担保的,抵押权人有权要求债务人提前清偿债务。
优先受偿权	在债务人不履行债务时,抵押权人可以与抵押人协议以抵押物折价或者以拍卖、变卖后的价款受偿;协议不成的,抵押权人可以向法院提起诉讼。

【真题链接】

　　甲以自有房屋向乙银行抵押借款,办理了抵押登记。丙因甲欠钱不还,强行进入该房屋居住。借款到期后,甲无力偿还债务。该房屋由于丙的非法居住,难以拍卖,甲怠于行使对丙的返还请求权。乙银行可以行使下列哪些权利?(2012-3-57;多选)

　　A. 请求甲行使对丙的返还请求权,防止抵押财产价值的减少

　　B. 请求甲将对丙的返还请求权转让给自己

　　C. 可以代位行使对丙的返还请求权

　　D. 可以依据抵押权直接对丙行使返还请求权

　〔答案〕_____ ②

考点 13 确定抵押权顺位的规则

类型	顺序
同一不动产上并存数个抵押权的处理	(1) 先登记的优先于后登记的。
	(2) 同一天登记的,顺位相同,按照债权比例清偿。
同一动产上并存数个抵押权的处理	(1) 登记的优先于未登记的。
	(2) 先登记的优先于后登记的。
	(3) 都没有登记的,顺位相同,按照债权比例清偿。

---

①　BD。
②　AB。

考点 14 抵押权优先顺位的变更

概述	抵押权顺位的变更指同一物上设立数个抵押权,抵押权人协议互换彼此的抵押权顺位。该制度规定在《物权法》第194条第1款。
要件	① 抵押权人就变更顺位达成协议。 ② 不动产抵押权顺位的,不以登记为生效要件;动产抵押权顺位的变更以登记为对抗要件。
效力	① 未经其他抵押权人书面同意,不得对其他抵押权人产生不利影响,也即该变更协议只在变更当事人之间产生效力。 ② 若经过其他抵押权人的书面同意,就按照变更后的抵押权顺位实现抵押权。

【真题链接】

黄河公司以其房屋作抵押,先后向甲银行借款100万元,乙银行借款300万元,丙银行借款500万元,并依次办理了抵押登记。后丙银行与甲银行商定交换各自抵押权的顺位,并办理了变更登记,但乙银行并不知情。因黄河公司无力偿还三家银行的到期债务,银行拍卖其房屋,仅得价款600万元。关于三家银行对该价款的分配,下列哪一选项是正确的?(2008-3-11;单选)

 A. 甲银行100万元、乙银行300万元、丙银行200万元
 B. 甲银行得不到清偿、乙银行100万元、丙银行500万元
 C. 甲银行得不到清偿、乙银行300万元、丙银行300万元
 D. 甲银行100万元、乙银行200万元、丙银行300万元
 [答案]_____ ①

考点 15 抵押权优先顺位的放弃

抵押权顺位的放弃,是指同一财产上的先顺位抵押权人,为后顺位抵押权人利益而放弃其优先受偿的顺序。抵押权顺位的放弃是对一种权利的放弃,不会对其他抵押权人产生不利影响,因而无须取得其他抵押权人的同意。抵押权顺位的放弃分为相对放弃和绝对放弃:

种类	概念	效力
相对放弃	先顺位的抵押权人为同一抵押财产上的"某一特定"的后顺位抵押权人的利益而放弃其在先顺位。	(1) 对其他抵押权人而言,抵押权顺位的放弃对其并未产生不利影响。 (2) 对于放弃者与被放弃者而言,放弃者与被放弃者处于同一顺位,将其各自按照原来顺位可分配的数额合在一起,由双方按其债权比例分配。
绝对放弃	先顺位的抵押权人并非专为同一抵押财产上的"某一特定"的后顺位抵押权人的利益,而是为同一抵押财产上"所有"的后顺位抵押权人利益抛弃其在先顺位。	(1) 后顺位的抵押权人的顺位依次升进。 (2) 放弃者变为最后顺位的抵押权人。

---

① C。

考点 16 抵押权实现与买卖不破租赁

先租后抵	"订立抵押合同"前抵押财产已出租的,原租赁关系不受该抵押权的影响,即抵押权人拍卖、变卖抵押财产后,仍适用买卖不破租赁规则,新的所有权人应法定承受原租赁合同。
先抵后租	(1) 若抵押权已经登记,则不再适用买卖不破租赁规则。 (2) 若抵押权未登记(当然仅限于动产),仍适用买卖不破租赁规则。

【真题链接】

2013年2月1日,王某以一套房屋为张某设定了抵押,办理了抵押登记。同年3月1日,王某将该房屋无偿租给李某1年,以此抵王某欠李某的借款。房屋交付后,李某向王某出具了借款还清的收据。同年4月1日,李某得知房屋上设有抵押后,与王某修订租赁合同,把起租日改为2013年1月1日。张某实现抵押权时,要求李某搬离房屋。下列哪些表述是正确的?(2014-3-57;多选)

A. 王某、李某的借款之债消灭
B. 李某的租赁权可对抗张某的抵押权
C. 王某、李某修订租赁合同行为无效
D. 李某可向王某主张违约责任

[答案]_____①

考点 17 共同抵押的类型

概述		共同抵押是为同一债权就数个物设定的抵押。在共同抵押中,数个物并不是本身结合而视为一物,而是在担保同一债权的目的上互相结合担保债权。所以共同抵押与一般抵押不同,是一种特殊的抵押。
类型	按份共同抵押	共同抵押所担保的债权已届清偿期而未受清偿时,债权人可以就供担保的不动产或其他财产进行清偿。债权人的这种受清偿的权利因是否限定各个抵押物的负担金额而有所不同: ① 如果限定了各个抵押物的负担金额时,应当按照当事人的约定,就各个抵押物的卖得价金分别就其负担金额进行清偿。即为按份共同抵押。
	连带共同抵押	② 如果未限定各个抵押物的负担金额时,抵押权人原则上可以任意就设定共同抵押的某个抵押物的卖得价金受偿。即为连带共同抵押。可见这种抵押,每个不动产都担保债权的全部。

【真题链接】

甲公司以其机器设备为乙公司设立了质权。10日后,丙公司向银行贷款100万元,甲公司将机器设备又抵押给银行,担保其中40万元贷款,但未办理抵押登记。同时,丙公司将自有

---

① ACD。

房产抵押给银行,担保其余60万元贷款,办理了抵押登记。20日后,甲将机器设备再抵押给丁公司,办理了抵押登记。丙公司届期不能清偿银行贷款。下列哪一表述是正确的?(2013-3-8;单选)

A. 如银行主张全部债权,应先拍卖房产实现抵押权
B. 如银行主张全部债权,可选择拍卖房产或者机器设备实现抵押权
C. 乙公司的质权优先于银行对机器设备的抵押权
D. 丁公司对机器设备的抵押权优先于乙公司的质权

〔答案〕_____①

考点 18 连带共同抵押与混合担保初窥

混合担保	根据《物权法》第176条的规定,在混合担保中,若债务人以自己的财产设立的抵押或者质押,且没有约定债权人行使权利的顺序与份额的,债权人行使权利有顺序限制,即债权人应先对债务人提供的物保行使抵押权或者质权。原因在于混合担保中有保证,对保证人主张债权费时、费力。
连带共同抵押	连带抵押加强了抵押权的效力,对抵押权人有利。根据《担保法解释》第75条的规定,在连带共同抵押中,即使债务人以自己的财产设立了抵押权,债权人行使权利时无顺序的限制,即使债权人尚未对债务人的财产行使抵押权,亦可对第三人的财产行使抵押权。换言之,债权人享有选择权,可选择其中之一行使抵押权,也可同时行使所有或者数个抵押权。

考点 19 共同抵押中追偿权的行使

按份共同抵押	抵押人承担了担保责任后只能向债务人追偿,不能向其他按份共同抵押人追偿。(因为按份责任是"对外按份、对内无关",这个知识点笔者在侵权责任法编中已作详细说明,在此不赘。)
连带共同抵押	抵押人承担担保责任以后,可以向债务人全额追偿,亦可以直接按照内部的份额比例向其他连带共同抵押人追偿。
需要提醒考生注意的是:在混合担保、连带共同抵押、连带共同保证中,承担了担保责任的第三人应如何追偿(追偿顺序)是一个有争议的知识点。司法部官方答题标准如下:	
混合担保	在混合担保中,承担了担保责任的第三人,其追偿权行使无顺序限制,可以向债务人全额追偿,亦可以直接按照内部的份额比例向其他担保人追偿。
连带共同抵押	在连带共同抵押中,承担了担保责任的第三人,其追偿权亦无顺序限制。
连带共同保证	在连带共同保证中,根据《担保法解释》第20条第2款的规定,承担了担保责任的保证人,其追偿权有顺序限制,应先向债务人全额追偿,向债务人不能追偿的部分,再按照内部的份额比例向其他连带共同保证人追偿。

---

① C。

【真题链接】

甲公司向乙银行借款100万元，丙、丁以各自房产分别向乙银行设定抵押，戊、己分别向乙银行出具承担全部责任的担保函，承担保证责任。下列哪些表述是正确的？（2012-3-55；多选）

A. 乙银行可以就丙或者丁的房产行使抵押权
B. 丙承担担保责任后，可向甲公司追偿，也可要求丁清偿其应承担的份额
C. 乙银行可以要求戊或者己承担全部保证责任
D. 戊承担保证责任后，可向甲公司追偿，也可要求己清偿其应承担的份额

〔答案〕_____①

考点 20 动产浮动抵押

概念		动产浮动抵押是指经当事人书面协议，企业、个体工商户、农业生产经营者可以将现有的以及将有的生产设备、原材料、半成品、产品抵押，债务人不履行到期债务或者发生当事人约定的实现抵押权的情形，债权人有权就实现抵押权时的动产优先受偿的一种担保方式。
特点	（1）主体的特定性	抵押人限于企业、个体工商户、农业生产经营者。
	（2）财产的集合性	抵押财产是经营者所有的集合动产，包括现有或者将有的生产设备、原材料、半成品、产品。
	（3）财产的不特定性	抵押财产包括现有或者将有的财产，其范围和价值具有变动性。
	（4）财产的可让与性	在抵押期间，未出现实现抵押权的情形时，抵押人可以不经抵押权人的允许，在正常的经营活动中转让抵押物。
抵押财产的确定		抵押财产自下列情形之一发生时确定：① 债务履行期届满，债权未实现；② 抵押人被宣告破产或者被撤销；③ 当事人约定的实现抵押权的情形；④ 严重影响债权实现的其他情形。
规则		应当向抵押人住所地的工商行政管理部门办理登记。抵押权自抵押合同生效时设立；未经登记，不得对抗善意第三人。不得对抗正常经营活动中已支付合理价款并取得抵押财产的买受人。

【真题链接】

1. 个体工商户甲将其现有的以及将有的生产设备、原材料、半成品、产品一并抵押给乙银行，但未办理抵押登记。抵押期间，甲未经乙同意以合理价格将一台生产设备出卖给丙。后甲不能向乙履行到期债务。对此，下列哪一选项是正确的？（2008-3-12；单选）

A. 该抵押权因抵押物不特定而不能成立
B. 该抵押权因未办理抵押登记而不能成立
C. 该抵押权虽已成立但不能对抗善意第三人

---

① ABC。

D. 乙有权对丙从甲处购买的生产设备行使抵押权

〔答案〕_____①

2. 某农村养殖户为扩大规模向银行借款,欲以其财产设立浮动抵押。对此,下列哪些表述是正确的?(2010-3-56;多选)

A. 该养殖户可将存栏的养殖物作为抵押财产

B. 抵押登记机关为抵押财产所在地的工商部门

C. 抵押登记可对抗任何善意第三人

D. 如借款到期未还,抵押财产自借款到期时确定

〔答案〕_____②

考点 21 最高额抵押

概念	最高额抵押,是指为担保将来一段时间可能发生的不超过一定数额债权的实现而设定的担保方式。
特点	① 担保合同成立在前,主债权合同成立在后。 ② 担保的主债权的发生及其数额具有不确定性。 ③ 在担保物权确定前,部分债权转让的,最高额抵押权不随之转让。
担保债权的确定	有下列情形之一的,抵押权人的债权确定:① 约定的债权确定期间届满;② 没有约定债权确定期间或者约定不明确,抵押权人或者抵押人自最高额抵押权设立之日起满两年后请求确定债权;③ 新的债权不可能发生;④ 抵押财产被查封、扣押的;⑤ 债务人、抵押权人被宣告破产或者被撤销的;⑥ 法律规定债权确定的其他情形。
效力	① 抵押权人实现最高额抵押权时,如果实际发生的债权余额高于最高限额的,以最高限额为限,超过部分不具有优先受偿的效力。② 如果实际发生的债权余额低于最高限额的,以实际发生的债权余额为限对抵押物优先受偿。
其他	最高额抵押担保的债权确定前,部分债权转让的,最高额抵押权不得转让,但当事人另有约定的除外。

【真题链接】

1. 2014年7月1日,甲公司、乙公司和张某签订了《个人最高额抵押协议》,张某将其房屋抵押给乙公司,担保甲公司在一周前所欠乙公司货款300万元,最高债权额400万元,并办理了最高额抵押登记,债权确定期间为2014年7月2日到2015年7月1日。债权确定期间内,甲公司因从乙公司分批次进货,又欠乙公司100万元。甲公司未还款。关于有抵押担保的债权额和抵押权期间,下列哪些选项是正确的?(2015-3-54;多选)

A. 债权额为100万元

B. 债权额为400万元

C. 抵押权期间为1年

---

① C。

② AD。

D. 抵押权期间为主债权诉讼时效期间

〔答案〕_____①

2. 甲、乙双方于 2013 年 5 月 6 日签订水泥供应合同,乙以自己的土地使用权为其价款支付提供了最高额抵押,约定 2014 年 5 月 5 日为债权确定日,并办理了登记。丙为担保乙的债务,也于 2013 年 5 月 6 日与甲订立最高额保证合同,保证期间为 1 年,自债权确定日开始计算。

(1) 水泥供应合同约定,将 2013 年 5 月 6 日前乙欠甲的货款纳入了最高额抵押的担保范围。下列说法正确的是:(2016-3-89;不定项)

A. 该约定无效

B. 该约定合法有效

C. 如最高额保证合同未约定将 2013 年 5 月 6 日前乙欠甲的货款纳入最高额保证的担保范围,则丙对此不承担责任

D. 丙有权主张减轻其保证责任

〔答案〕_____②

(2) 甲在 2013 年 11 月将自己对乙已取得的债权全部转让给丁。下列说法正确的是:(2016-3-90;不定项)

A. 甲的行为将导致其最高额抵押权消灭

B. 甲将上述债权转让给丁后,丁取得最高额抵押权

C. 甲将上述债权转让给丁后,最高额抵押权不随之转让

D. 2014 年 5 月 5 日前,甲对乙的任何债权均不得转让

〔答案〕_____③

第三节 质 权

考点 22 质权的一般规定

概念	质权,是指为担保债权的履行,债务人或者第三人将其动产或者权利移转债权人占有,从而成立的担保物权。
特点	① 质权的客体包括动产和权利,不动产不能设定质权。 ② 质权的设定通常以合同进行,当事人是质权人与出质人。 ③ 出质人交付质物时,质押权成立即生效,债权人始对质物享有优先受偿的权利,即动产质权的生效采交付主义要件。以汇票、支票、本票、公司债券设立权利质权的,自交付权利凭证时设立。但是,若未在权利凭证背书"质押"字样,已经成立的权利质权不得对抗善意第三人。需要指出的是,以占有改定的方式完成交付的,不发生质权设立的效果。

---

① BD。
② BC。
③ C。

（续表）

权利	(1) 占有权	因质权是移转占有的权利,不同于抵押权。因此,质权人享有占有的权利,包括直接占有与间接占有。
	(2) 孳息收取权	含义有四：① 质押合同若无相反约定,质权人有权收取质物孳息。② 该孳息的所有权仍归属于出质人,质权人仅享有收取权。③ 质权人收取孳息的目的在于控制孳息,以方便对债务人主张债权。④ 该孳息应首先抵充收取孳息的费用,剩下的用于质权的实现,仍有剩下的,则返还出质人。
	(3) 保全质权	因不能归责于质权人的事由可能使质押财产毁损或者价值明显减少,足以危害质权人权利的,质权人有权要求出质人提供相应的担保；出质人不提供的,质权人可以拍卖、变卖质押财产,并与出质人通过协议将拍卖、变卖所得的价款提前清偿债务或者提存。
	(4) 优先受偿权	债务人不履行到期债务或者发生当事人约定的实现质权的情形,质权人可以与出质人协议以质押财产折价,也可以就拍卖、变卖质押财产所得的价款优先受偿。
	(5) 转质权	质权人在质权存续期间,以其占有的质物为第三人设定质权,以担保自己的债务。
义务		质权人负有妥善保管质押财产的义务；因保管不善致使质押财产毁损、灭失的,应当承担赔偿责任。质权人的行为可能使质押财产毁损、灭失的,出质人可以要求质权人将质押财产提存,或者要求提前清偿债务并返还质押财产。

【真题链接】

1. 甲向乙借款,欲以轿车作担保。关于担保,下列哪些选项是正确的？（2013-3-58；多选）

　　A. 甲可就该轿车设立质权　　　　　B. 甲可就该轿车设立抵押权
　　C. 就该轿车的质权自登记时设立　　D. 就该轿车的抵押权自登记时设立
　　〔答案〕_____①

2. 2016年3月3日,甲向乙借款10万元,约定还款日期为2017年3月3日。借款当日,甲将自己饲养的市值5万元的名贵宠物鹦鹉质押交付给乙,作为债务到期不履行的担保；另外,第三人丙提供了连带责任保证。关于乙的质权,下列哪些说法是正确的？（2017-3-56；多选）

　　A. 2016年5月5日,鹦鹉产蛋一枚,市值2 000元,应交由甲处置
　　B. 因乙照管不善,2016年10月1日鹦鹉死亡,乙需承担赔偿责任
　　C. 2017年4月4日,甲未偿还借款,乙未实现质权,则甲可请求乙及时行使质权
　　D. 乙可放弃该质权,丙可在乙丧失质权的范围内免除相应的保证责任
　　〔答案〕_____②

---

① AB。
② BCD。

考点 23 转质

概念	转质是指质权人在质权存续期间,以其占有的质物为第三人设定质权,以担保自己的债务。	
特点	① 质权人合法享有质权。② 质权人因前一质权而合法占有质物。③ 转质的目的是为了担保自己的债务。④ 质权人为第三人而设定转质权。	
类型	承诺转质	经出质人同意,质权人为第三人设定的转质权。
	责任转质	未经出质人同意,质权人为第三人设定的转质权。
效力	承诺转质	① 转质权优先于原质权。② 转质权具有独立性,不受原质权的限制,即原质权消灭的,不影响转质权的存续。③ 转质人对质物的毁损、灭失承担"过错责任"。
	责任转质	① 转质权所担保债权范围以原质权所担保债权为限。② 转质权优先于原质权。③ 转质人对质物的毁损、灭失承担"绝对无过错责任"。

需要提请考生注意的是:责任转质不同于质权的善意取得。在责任转质中质权人是以质权人的身份向第三人转质的;在质权的善意取得中,质权人是以质物的所有人身份为第三人设定质权的,适用质权的善意取得规定。

考点 24 权利质权

要件	合同 + 交付或登记	
客体	① 有价证券出质:汇票、支票、本票;债券、存款单;仓单、提单(不得转质);② 基金份额、股权出质;③ 知识产权出质;④ 应收账款出质(债权);⑤ 不动产收益权出质。	
公示	有价证券出质	交付;不能交付的,登记。
	基金份额、股权出质	登记。
	知识产权出质	登记。
	应收账款出质(债权)	登记。
效力	① 权利不得转让,经质权人同意的,价款提存或提前清偿。② 有价证券、应收账款先于主债权到期的,质权人可以受领,并与出质人协议将兑现的价款或者提取的货物提前清偿债务或者提存。③ 变价优先受偿权。	

【真题链接】

1. 甲对乙享有 10 万元的债权,甲将该债权向丙出质,借款 5 万元。下列哪一表述是错误的?(2012-3-7;单选)

   A. 将债权出质的事实通知乙不是债权质权生效的要件

B. 如未将债权出质的事实通知乙,丙即不得向乙主张权利

C. 如将债权出质的事实通知了乙,即使乙向甲履行了债务,乙不得对丙主张债已消灭

D. 乙在得到债权出质的通知后,向甲还款3万元,因还有7万元的债权额作为担保,乙的部分履行行为对丙有效

〔答案〕_____①

2. 甲公司为乙公司向银行贷款100万元提供保证,乙公司将其基于与丙公司签订的供货合同而对丙公司享有的100万元债权出质给甲公司作反担保。下列哪一表述是正确的? (2013-3-7;单选)

A. 如乙公司依约向银行清偿了贷款,甲公司的债权质权仍未消灭

B. 如甲公司、乙公司将出质债权转让给丁公司但未通知丙公司,则丁公司可向丙公司主张该债权

C. 甲公司在设立债权质权时可与乙公司约定,如乙公司届期不清偿银行贷款,则出质债权归甲公司所有

D. 如乙公司将债权出质的事实通知了丙公司,则丙公司可向甲公司主张其基于供货合同而对乙公司享有的抗辩

〔答案〕_____②

3. 甲公司通知乙公司将其对乙公司的10万元债权出质给了丙银行,担保其9万元贷款。出质前,乙公司对甲公司享有2万元到期债权。如乙公司提出抗辩,关于丙银行可向乙公司行使质权的最大数额,下列哪一选项是正确的? (2014-3-7;单选)

A. 10万元　　　　B. 9万元　　　　C. 8万元　　　　D. 7万元

〔答案〕_____③

第四节　留　置　权

考点 25　留置权的一般规定

概述	①留置权是债权人就其依法占有的债务人的动产,在债务人逾期不履行债务时,有留置该财产以迫使债务人履行债务,并在债务人仍不履行债务时就该财产优先受偿的权利。②留置权是以动产为标的物的担保物权。③留置权的作用,在于担保债权受偿,而不在于对物的使用、收益,因此留置权是一种担保物权。④留置权是一种法定担保物权。留置权在符合一定的条件时,依法律的规定产生,而不是依当事人之间的协议设定的。

---

① D。
② D。
③ C。

(续表)

成立要件	积极要件	① 债务人未履行到期债务。《担保法解释》第112条规定了一个例外。债务人丧失支付能力或者被宣告破产的，即使债务的履行期尚未届至，债权人可以提前行使留置权，这种留置权称为"紧急留置权"。② 债权人合法占有债务人的动产。③ 债权人占有的动产与所担保的债权属于同一法律关系。
	消极要件	① 因侵权行为取得动产占有的。② 当事人约定不得留置的。③ 留置不得违反公共秩序或善良风俗。④ 留置不得与留置人所承担的义务相抵触。如，承运人在履行运输义务"之前"，即以未付运费为由留置所运货物的，其留置货物的行为即与其承担的义务相抵触。
商事留置		企业之间在商业往来中，一方不履行到期债务，另一方有权留置与其债权不具有同一法律关系的对方动产的留置权。与一般留置权相比，商事留置权的成立要件具有特殊性：① 双方必须均为企业。② 留置权人必须基于营业关系而占有对方的动产。③ 留置的动产与所担保的债权"不必属于"同一法律关系。
效力		同一动产上已设立抵押权或者质权，该动产又被留置的，留置权人优先受偿。
消灭		① 主债权消灭。② 留置权实现。③ 留置物灭失。④ 债务人另行提供担保并被债权人接受。⑤ 留置权人对留置财产丧失占有。

【真题链接】

1. 辽东公司欠辽西公司货款200万元，辽西公司与辽中公司签订了一份价款为150万元的电脑买卖合同，合同签订后，辽中公司指示辽西公司将该合同项下的电脑交付给辽东公司。因辽东公司届期未清偿所欠货款，故辽西公司将该批电脑扣留。关于辽西公司的行为，下列哪一选项是正确的？(2010-3-10；单选)

  A. 属于行使抵押权   B. 属于行使动产质权

  C. 属于行使留置权   D. 属于自助行为

  〔答案〕_____①

2. 小贝购得一只世界杯指定用球后兴奋不已，一脚踢出，恰好落入邻居老马家门前的水井中，正在井边清洗花瓶的老马受到惊吓，手中花瓶落地摔碎。老马从井中捞出足球后，小贝央求老马归还，老马则要求小贝赔偿花瓶损失。对此，下列哪些选项是正确的？(2010-3-54；多选)

  A. 小贝对老马享有物权请求权

  B. 老马对小贝享有物权请求权

  C. 老马对小贝享有债权请求权

  D. 如小贝拒绝赔偿，老马可对足球行使留置权

  〔答案〕_____②

---

① C。

② AC。

3. 下列哪些情形下权利人可以行使留置权？（2015-3-55；多选）

A. 张某为王某送货，约定货物送到后一周内支付运费。张某在货物运到后立刻要求王某支付运费被拒绝，张某可留置部分货物

B. 刘某把房屋租给方某，方某退租搬离时尚有部分租金未付，刘某可留置方某部分家具

C. 何某将丁某的行李存放在火车站小件寄处，后丁某取行李时认为寄存费过高而拒绝支付，寄存处可留置该行李

D. 甲公司加工乙公司的机器零件，约定先付费后加工。付费和加工均已完成，但乙公司尚欠甲公司借款，甲公司可留置机器零件

〔答案〕_____①

4. 同升公司以一套价值100万元的设备作为抵押，向甲借款10万元，未办理抵押登记手续。同升公司又向乙借款80万元，以该套设备作为抵押，并办理了抵押登记手续。同升公司欠丙货款20万元，将该套设备出质给丙。丙不小心损坏了该套设备送丁修理，因欠丁5万元修理费，该套设备被丁留置。关于甲、乙、丙、丁对该套设备享有的担保物权的清偿顺序，下列哪一排列是正确的？（2011-3-7；单选）

A. 甲乙丙丁 B. 乙丙丁甲
C. 丙丁甲乙 D. 丁乙丙甲

〔答案〕_____②

考点 26 留置权人的权利与义务

权利	（1）留置并占有动产的权利。留置物为可分物的，留置财产的价值应当相当于债务的金额。留置物为不可分物的，留置权人可以就留置物的全部行使留置权。
	（2）优先受偿的权利。优先受偿权的行使受到债务履行宽限期的限制，只有在宽限期满后债务人仍未履行债务的，留置权人才可以行使优先受偿权。具体而言：① 对宽限期有约定的，按照约定。但是该宽展期不得少于两个月。② 没有约定的，留置权人应当确定两个月以上的宽限期。但标的物属于鲜活易腐等不易保管的动产的，留置权人可以径行实行优先受偿权，不受两个月以上期限的限制。
	（3）其他权利：① 收取留置物所产生的孳息。注意，仅为"收取"而非"取得"。② 为保管之目的而使用留置物。
义务	① 妥善保管留置物的义务。② 不得擅自使用、出租或处分留置财产的义务。③ 经债务人的请求及时行使留置权。④ 留置权消灭后返还留置财产的义务。

---

① CD。
② D。

第六章 占 有

第一节 占有概述

考点 1 占有一般规定

概念	占有是指民事主体对物在事实上的控制和管领。占有人的占有，并不以占有人对于物的亲自支配为必要。占有人基于某种法律关系，通过他人为媒介，也可以成立占有。这主要有两种情况：一种情况是占有人依辅助人而成立的占有，如，雇主依雇员占有机器；另一种情况是间接占有，如，承租人直接占有租赁物，对于出租人则构成间接占有。
性质	关于占有的性质，学说上有不同的观点，即：事实说、权利说、权能说。目前通说为事实说，即：认为对占有的保护仅基于占有这一事实，而不论该占有是有权占有还是无权占有，是自主占有还是他主占有，是善意占有还是恶意占有。

【真题链接】

1. 张某拾得王某的一只小羊拒不归还，李某将小羊从张某羊圈中抱走交给王某。下列哪一表述是正确的？（2014-3-9；单选）
   A. 张某拾得小羊后因占有而取得所有权
   B. 张某有权要求王某返还占有
   C. 张某有权要求李某返还占有
   D. 李某侵犯了张某的占有
   〔答案〕_____①

2. 某小区徐某未获得规划许可证和施工许可证便在自住房前扩建一个门面房，挤占小区人行通道。小区其他业主多次要求徐某拆除未果后，将该门面房强行拆除，毁坏了徐某自住房屋的墙砖。关于拆除行为，下列哪些表述是正确的？（2014-3-58；多选）
   A. 侵犯了徐某门面房的所有权
   B. 侵犯了徐某的占有
   C. 其他业主应恢复原状
   D. 其他业主应赔偿徐某自住房屋墙砖毁坏的损失
   〔答案〕_____②

---

① D。
② BD。

考点 2 占有的推定

事实的推定	（1）占有的状态推定包括以下几个方面：① 无权占有与有权占有不明时，除有相反证据证明外，推定为有权占有。② 在无权占有中，善意占有与恶意占有不明时，除有相反证据证明外，推定为善意占有。③ 和平、公然占有的事实不明时，推定为和平占有、公然占有。 （2）占有状态的推定属于证明规则，欲否定占有人是自主占有、善意占有、公然占有、和平占有的，须提出反证，推翻该推定。
权利的推定	占有权利的推定包括以下两方面的内容：① 占有人在占有物上行使权利的，推定其合法享有此权利，占有人免负举证责任。② 占有的权利推定原则上以动产为限，未登记的不动产物权准用之。
推定的效力	权利推定的效力，可以分为以下几点来说明：① 受权利推定的占有人，免除举证责任，即在其有无实体权利争议时，占有人可以直接援用该推定对抗相对人，无须证明自己是权利人。当然在相对人提出反证时，占有人为推翻该反证，仍须举证。② 权利的推定，不仅权利人自己可以援用，第三人也可以援用。如，从占有人处借用物的人，在物的真正所有人要求其返还时，该借用人也可援用借用人以占有人身份所受的所有人推定，此时所有人要求返还原物，必须证明自己的所有权方可。③ 权利的推定，一般是为占有人的利益。④ 权利的推定是消极性的，占有人不得利用此项推定作为其行使权利的积极证明。

【真题链接】
甲、乙就乙手中的一枚宝石戒指的归属发生争议。甲称该戒指是其在2015年10月1日外出旅游时让乙保管，属甲所有，现要求乙返还。乙称该戒指为自己所有，拒绝返还。甲无法证明对该戒指拥有所有权，但能够证明在2015年10月1日前一直合法占有该戒指，乙则拒绝提供自2015年10月1日后从甲处合法取得戒指的任何证据。对此，下列哪一说法是正确的？（2016-3-9；单选）
A. 应推定乙对戒指享有合法权利，因占有具有权利公示性
B. 应当认定甲对戒指享有合法权利，因其证明了自己的先前占有
C. 应当由甲、乙证明自己拥有所有权，否则应判决归国家所有
D. 应当认定由甲、乙共同共有
［答案］_____①

---

① B。

第二节 占有的分类

考点 3 有权占有与无权占有

有权占有	有权占有,指有本权的占有。换言之,凡对物享有占有的物权、债权、监护权等,均为有权占有。所有权人、建设用地使用权人、留置权人、质权人的占有为有权占有(本权为物权);借用人、承租人、保管人、运输人、买受人的占有亦属有权占有(本权为债权);替孩子保管财产的父母对财产的占有属于有权占有(本权为监护权)。
无权占有	无权占有,指欠缺本权的占有。遗失物拾得人的占有、小偷对赃物的占有、无效买卖合同中买受人的占有、租赁期届满后承租人对租赁物的占有均为无权占有。
区分意义	①《物权法》第34条规定的返还原物请求权的构成要件之一,系相对人为无权占有人。对有权占有人,物权人不得行使返还原物请求权。② 根据《物权法》第230条,因侵权行为占有他人动产的,非为合法占有,不成立留置权。③《物权法》第242、243、244条是关于无权占有的规定,不能用于调整有权占有。

考点 4 善意占有与恶意占有

善意占有	善意占有,指占有人不知道也不应当知道缺乏占有的本权而占有,即无权占有人的主观状态为不知情且无怀疑。如:小偷甲将偷来的手表出卖给"不知情"的乙,乙的占有为善意占有。买卖合同无效,不知无效事由的买受人的占有为善意占有。
恶意占有	恶意占有,指占有人明知无占有的权利,或者虽非明知但仍有所怀疑所形成的占有。如:小偷甲将偷来的手表出卖给"知情"的乙,乙对手表的占有即为恶意占有。拾得人对遗失物的占有亦为恶意占有。
区分意义	① 权利人请求返还占有物时,善意占有人有权请求权利人支付保管、维修等必要费用;恶意占有人则否。② 无权占有的标的物因"使用"遭受损害的,恶意占有人应当承担赔偿责任;善意占有人不承担赔偿责任。③ 无权占有的标的物毁损、灭失的,无权占有人均应返还补偿金、赔偿金或者保险金。没有补偿金、赔偿金或者保险金,或者尚有损失没有得到弥补的,善意的自主占有人,"不论是否具有过错",均不承担损害赔偿责任;恶意占有人(无论自主、他主占有)"不论是否具有过错",均应承担损害赔偿责任;善意的他主占有人因超越假想的占有权对占有物造成的损害,应承担赔偿责任,否则不承担赔偿责任。

【真题链接】

1. 高某向周某借用一头耕牛,在借用期间高某意外死亡,其子小高不知耕牛非属高某所有而继承。不久耕牛产下一头小牛。期满后周某要求小高归还耕牛及小牛,但此时小牛已因小高管理不善而死亡。下列哪一选项是正确的?(2008-3-14 延考;单选)

A. 周某有权请求小高归还其耕牛,但无权请求返还小牛
B. 周某有权请求小高归还其耕牛及小牛
C. 周某有权请求小高返还其耕牛及小牛,但应向小高支付必要费用
D. 周某可以请求小高赔偿小牛死亡的损失
〔答案〕_____ ①

2. 甲将1套房屋出卖给乙,已经移转占有,没有办理房屋所有权移转登记。现甲死亡,该房屋由其子丙继承。丙在继承房屋后又将该房屋出卖给丁,并办理了房屋所有权移转登记。下列哪些表述是正确的?(2012-3-56;多选)
A. 乙虽然没有取得房屋所有权,但是基于甲的意思取得占有,乙为有权占有
B. 乙可以对甲的继承人丙主张有权占有
C. 在丁取得房屋所有权后,乙可以以占有正当权利来源对丁主张有权占有
D. 在丁取得房屋所有权后,丁可以基于其所有权请求乙返还房屋
〔答案〕_____ ②

3. 丙找甲借自行车,甲的自行车与乙的很相像,均放于楼下车棚。丙错认乙车为甲车,遂把乙车骑走。甲告知丙骑错车,丙未理睬。某日,丙骑车购物,将车放在商店楼下,因墙体倒塌将车砸坏。下列哪些表述是正确的?(2012-3-58;多选)
A. 丙错认乙车为甲车而占有,属于无权占有人
B. 甲告知丙骑错车前,丙修车的必要费用,乙应当偿还
C. 无论丙是否知道骑错车,乙均有权对其行使占有返还请求权
D. 对于乙车的毁损,丙应当承担赔偿责任
〔答案〕_____ ③

4. 甲、乙是邻居。乙出国2年,甲将乙的停车位占为己用。期间,甲将该停车位出租给丙,租期1年。期满后丙表示不再续租,但仍继续使用该停车位。下列哪一表述是错误的?(2012-3-8;单选)
A. 甲将乙的停车位占为己用,甲属于恶意、无权占有人
B. 丙的租期届满前,甲不能对丙主张占有返还请求权
C. 乙可以请求甲返还原物。在甲为间接占有人时,可以对甲请求让与其对丙的占有返还请求权
D. 无论丙是善意或恶意的占有人,乙都可以对其行使占有返还请求权
〔答案〕_____ ④

---

① A。
② ABCD。
③ ABCD。
④ D。

考点 5 直接占有与间接占有

直接占有	直接占有，指直接对物进行事实上的管领和控制。如：质权人、承租人、保管人、借用人的占有为直接占有。
间接占有	间接占有，指虽未直接占有某物，但依据一定的法律关系而对直接占有人享有返还占有请求权，从而间接管领和控制该物。间接占有的构成要件有三：① 具有出租、借用、保管、质押等占有媒介关系；② 对直接占有人享有返还请求权；③ 直接占有人为他主占有。例如：出质人、出租人、寄托人为间接占有人。
区分意义	① 交付既可以通过移转直接占有完成（现实交付与简易交付），也可以通过移转或者创设间接占有完成（指示交付与占有改定），这是占有制度与交付制度之间的亲密关系。② 直接占有可以独立存在；间接占有不能独立存在。③ 间接占有可以形成占有阶梯，形成多层次间接占有；直接占有则否。④《物权法》第34条规定的返还原物请求权之相对人，既包括无权的直接占有人，也包括无权的间接占有人。⑤《物权法》第245条规定的占有保护请求权，既保护直接占有人，又保护间接占有人。

考点 6 自主占有与他主占有

自主占有	自主占有，指以据为己有的意思而占有。自主占有不以享有所有权为前提。所有人的占有通常为自主占有，小偷的占有、侵占遗失物的拾得人的占有、不知买卖合同无效的买受人的占有均为自主占有。
他主占有	他主占有，指不以据为己有的意思而占有。不具有据为己有的意思而对物进行的占有，为他主占有。① 凡是基于占有媒介关系占有"他人"之物者，如承租人、保管人、质权人、留置权人的占有均为他主占有。② 若他主占有人"变了心"，以外界可得而知的方式将他主占有的意思变更为自主占有的意思，则他主占有变更为自主占有。
区分意义	根据《物权法》第244条的规定，无权占有的标的物毁损、灭失的，对于权利人因此遭受的损失：① 善意的自主占有人无论是否具有过错，均不承担损害赔偿责任。② 善意的他主占有人，因超越假想的占有权对占有物造成的损害，应承担赔偿责任，否则不承担赔偿责任。

【真题链接】

1. 甲拾得乙的手机，以市价卖给不知情的丙并交付。丙把手机交给丁维修。修好后丙拒付部分维修费，丁将手机扣下。关于手机的占有状态，下列哪些选项是正确的？（2015-3-56；多选）

  A. 乙丢失手机后，由直接占有变为间接占有

  B. 甲为无权占有、自主占有

C. 丙为无权占有、善意占有

D. 丁为有权占有、他主占有

〔答案〕_____①

考点 7 单独与共同占有

单独占有	单独占有是一个主体对物的占有。	
共同占有	共同占有是数人对同一物的占有。	
区分意义	内部关系	数人共同占有一物时,仅仅就占有物的使用范围发生争议时,不得互相请求占有保护。
	外部关系	数人共同占有一物时,若有人侵夺其他共有人的占有,占有被侵夺的共同占有人可行使占有返还请求权,请求侵夺人向全部共同占有人返还占有,不得仅请求返还给自己。

第三节 占有保护请求权

考点 8 占有保护请求权

占有回复请求权	(1) 须占有被侵夺,即违背占有人的意志,以法律禁止的私力剥夺占有人的占有,将占有人的占有物移转到自己的管理控制之下。
	(2) 请求权人须为占有被侵夺之人。
	(3) 被请求人为现实的无权占有人。
	(4) 自侵夺发生之日起1年内行使。
排除妨害或者消除危险请求权	无期限限制。
赔偿损害请求权	适用一般诉讼时效的规定。

【真题链接】

1. 甲、乙是邻居。乙出国2年,甲将乙的停车位占为己用。期间,甲将该停车位出租给丙,租期1年。期满后丙表示不再续租,但仍继续使用该停车位。下列哪一表述是错误的?(2012-3-8;单选)

A. 甲将乙的停车位占为己用,甲属于恶意、无权占有人

---

① ABCD。

B. 丙的租期届满前，甲不能对丙主张占有返还请求权

C. 乙可以请求甲返还原物。在甲为间接占有人时，可以对甲请求让与其对丙的占有返还请求权

D. 无论丙是善意或恶意的占有人，乙都可以对其行使占有返还请求权

〔答案〕_____①

2. 张某遗失的名表被李某拾得。1年后，李某将该表卖给了王某。再过1年，王某将该表卖给了郑某。郑某将该表交给不知情的朱某维修，因郑某不付维修费与朱某发生争执，张某方知原委。下列哪一表述是正确的？（2013-3-9；单选）

A. 张某可请求李某返还手表　　　B. 张某可请求王某返还手表
C. 张某可请求郑某返还手表　　　D. 张某可请求朱某返还手表

〔答案〕_____②

---

① D.
② C.

第三编
债法总论

第三章
幼虫主劑

第一节 债法概述

考点 1 债权的概念与特征

概述	债是指特定的当事人之间得请求为一定给付的民事法律关系。简言之,债是指特定的当事人可以请求特定人为一定行为或者不为一定行为的民事法律关系。在债的关系中,一方享有请求对方为一定给付的权利,即债权,该方当事人称为债权人。另一方负有向对方为一定给付的义务,即债务,该方当事人称为债务人。	
特征	债权为财产权	债权要么具有一定的财产价值,要么可以依法转化为一定的财产价值,即可用一定的财产对其加以评价。
	债权为请求权	债权以请求权的行使方式请求债务人为一定行为或者不为一定行为,而不具有直接的支配性。
	债权为相对权	债权人和债务人都是特定的一人或者数人。因此,债权人原则上只能要求债务人履行给付。
	债权具有期限性	债权具有请求权效力,该效力受期限的限制。
	债权具有相容性	债权人有权请求债务人为给付行为,但是无权直接支配债务人的人身、财产、行为。因此,同一客体(标的)可同时或先后成立数个债权,也即数个债权可以并存。这也是一物数卖得以发生的原因。
	债权具有平等性	一般情况下,数个债权不论发生的先后,都处于平等地位,即在实现的顺序上没有绝对的先后次序。需要提醒考生注意的是,债权的平等性有例外。如《买卖合同》第9条和第10条中的"动产多重买卖"的债权人享有"请求实际履行"的债权就具有不平等性。再如,在普通债权与特殊债权并存的场合下也存在债权之间具有不平等性:① 海商法上的船舶优先权。② 租赁权的物权化。③ 预告登记制度。④ 破产债权。

考点 2 债的分类(1):总表

发生原因	法定之债	依据法律规定而发生的债。
	意定之债	依据法律行为发生的债。

(续表)

标的的性质	劳务之债		债务人须提供一定劳务来履行债务的债。	专属性。专属性不能实现,要约不能生效,不得强制执行。
	财物之债		债务人应给付一定财产来履行债务的债。	不具有专属性,可以强制执行,不影响要约的生效。
		种类之债	给付的标的物仅以种类与数量指示的债,即以种类物为标的物的债。	
		特定之债	给付的标的物为特定物的债	独一无二的物。种类物,经行为人指定而特定。
一方主体人数的多寡	单一之债		债权人和债务人均为一人的债。	
	多数人之债		债权人或者债务人一方为两人以上的债。	
	多数人一方有无连带	按份之债	债的一方当事人为多数,各自按照确定的份额享有权利或者承担债务的债。	
			债权	债权人为两人以上的按份之债。
			债务	债务人为两人以上的按份之债。
		连带之债	债的多数债权人中的任何一人都有权请求对方履行全部债务。	
			债权	多数的债权人一方任何一人具有向债务人主张债权的权利。
			债务	多数的债务人一方任何一人具有向债权人承担债务的义务。
	不可分之债		以同一不可分给付为标的的多数人之债。	
债的标的是否有选择	简单之债		仅有一个标的的债,给付只有一个。	
	选择之债		债的标的有数个,只能就其中之一给付,可择一履行的债。	
			选择之债经确定给付,转化为简单之债。	
			选择之债转简单之债。① 协议补充确定给付。② 选择权行使确定一个给付。③ 只有一个标的有履行可能,其他标的均不能履行。	
	任意之债		债权人或债务人可以其他给付替代原定给付的债,给付自始确定。	

考点 3 债的分类(2):法定之债与意定之债

划分依据	债的设定及其内容是否允许当事人以自由意思决定。
意定之债	指债的发生及其内容由当事人依其自由意思决定的债。合同之债和单方允诺之债均为意定之债。
法定之债	指债的发生及其内容均由法律予以规定的债。侵权行为之债、无因管理之债和不当得利之债均属法定之债。

(续表)

区分意义	前者贯彻意思自治原则,在债的客体、内容及债务不履行的责任等方面均可由当事人约定;而在后者,债的发生及效力均由法律规定。

考点 4 债的分类(3):单一之债与多数人之债

划分依据	债的主体双方是单一的还是多数的。
单一之债	指债的主体双方即债权人和债务人均为一人的债。
多数人之债	指债权人和债务人至少有一方为2人或2人以上的债。
区分意义	有助于准确地确定债的当事人之间的权利义务关系。在单一之债中,当事人之间的权利义务关系较为简单明了。多数人之债则既涉及债权人与债务人之间的权利义务关系,又涉及多数债权人之间或多数债务人之间的权利义务关系,其法律关系较为复杂。

考点 5 债的分类(4):按份之债与连带之债

划分依据	对于多数人之债,根据多数一方当事人之间权利义务关系的不同状态可分为按份之债和连带之债。
按份之债	指债的多数一方当事人各自按照确定的份额享有权利或者承担义务的债。其中,债权人为两人以上,各自按照确定的份额分享权利的,称为按份债权;债务人为两人以上,各自按照确定的份额分担义务的,称为按份债务。在按份债权中,各个债权人只能就自己享有的债权份额请求债务人给付和接受给付,无权请求和接受债务人的全部给付;在按份债务中,各债务人只对自己分担的债务额负责清偿,无须向债权人清偿全部债务。
连带之债	指债的多数一方当事人之间有连带关系的债。所谓连带关系,是指对当事人中一人发生效力的事项,对其他当事人同样发生效力。连带之债有连带债权和连带债务之分。在连带之债中,享有连带权利的每个债权人都有权要求债务人履行义务,负有连带义务的每个债务人都负有清偿全部债务的义务。履行了债务的连带债务人,有权要求其他连带债务人偿付其应当承担的份额。
区分意义	效力不同。在按份之债中,任一债权人接受了其应受份额义务的履行或任一债务人履行了其应负担份额的义务后,与其他债权人或债务人均不再发生任何权利义务关系。在连带之债中,连带债权人的任何一人接受了全部债务的履行,或者连带债务人的任何一人清偿了全部债务时,虽然原债归于消灭,但在连带债权人或连带债务人内部则会产生新的按份之债。

【真题链接】

1. 甲公司向银行贷款1000万元,乙公司和丙公司向银行分别出具担保函:"在甲公司不按时偿还 1 000 万元本息时,本公司承担保证责任。"关于乙公司和丙公司对银行的保证债务,下列哪一表述是正确的?(2011-3-10;单选)

　　A. 属于选择之债　　　　　　　B. 属于连带之债
　　C. 属于按份之债　　　　　　　D. 属于多数人之债
〔答案〕_____①

　　2. 甲、乙与丙就交通事故在交管部门的主持下达成《调解协议书》,由甲、乙分别赔偿丙 5 万元,甲当即履行。乙赔了 1 万元,余下 4 万元给丙打了欠条。乙到期后未履行,丙多次催讨未果,遂持《调解协议书》与欠条向法院起诉。下列哪一表述是正确的?(2013-3-12;单选)

　　A. 本案属侵权之债　　　　　　B. 本案属合同之债
　　C. 如丙获得工伤补偿,乙可主张相应免责　　D. 丙可要求甲继续赔偿 4 万元
〔答案〕_____②

考点 6　债的分类(5):财物之债、劳务之债与货币之债

划分依据	根据债务人所负给付义务的不同内容,债可分为财物之债、劳务之债与货币之债。
财物之债	凡债的标的为给付财物的,为财物之债,如买卖合同之债。
劳务之债	债的标的为提供劳务的,为劳务之债,如委托合同之债。
货币之债	指债务人通过支付一定的货币来履行债务的债,如用人单位与劳动者的劳动合同中,用人单位主要承担支付工资的货币之债。
区分意义	① 财物之债、劳务之债与货币之债的性质、种类不同,因此不可以单方抵销。 ② 当债务人不履行债务时,财物之债与货币之债一般可以由第三人代为履行,也可以强制履行,而劳务之债一般不可以由第三人代为履行,也不得强制履行。

考点 7　债的分类(6):种类物之债与特定物之债

划分依据	根据债的标的物的不同属性,债可分为种类物之债与特定物之债。
种类物之债	以种类物为标的的债称为种类之债。债成立时其标的物尚未特定化,甚至尚不存在,当事人仅就其种类、数量、质量、规格或型号等达成协议。
特定物之债	以特定物为标的的债称为特定之债。债发生时,其标的物即已特定化。
区分意义	① 劳务之债与货币之债无种类物之债与特定物之债的区分。② 对特定之债,除非债务履行前标的物已灭失,债务人不得以其他标的物代为履行,而种类之债则无此问题。③ 在法律规定或当事人约定的情况下,特定之债标的物的所有权可自债成立时发生转移,标的物意外灭失的风险随之转移,而种类之债标的物的所有权及其意外灭失风险则自交付时起转移。

---

　① B。
　② B。

考点 8　债的分类(7)：简单之债与选择之债

划分依据	根据债的标的有无选择性，债可分为简单之债和选择之债。
简单之债	指债的履行标的具有唯一性，债务人只能按照该种标的履行、债权人也只能请求债务人按该种标的履行的债。
选择之债	指债的履行标的有数种，债务人可从中选择其一履行或债权人可选择其一请求债务人履行的债。
区分意义	选择之债在实际履行时必须转化为简单之债，转化的途径有以下三种：① 协议补充确定：当事人通过补充协议确定实际履行的标的，则原本的选择之债自然变为简单之债。② 选择权的行使：享有选择权的一方一旦作出选择的意思表示，则选择之债转化为特定之债。其中，享有选择权的主体：A. 可以由双方当事人约定。B. 无约定时推定由债务人享有。C. 享有选择权的一方主体未在约定或者经催告后的合理期限内行使选择权的，选择权转归对方行使；第三人的选择权转归债务人行使。③ 其他标的出现履行不能：若选择之债仅剩一个可以履行，选择之债成为简单之债。

考点 9　债的分类(8)：主债与从债

划分依据	在存在从属关系的两个债中，根据其不同地位，可分为主债和从债。
主债	是指能够独立存在，不以其他债的存在为前提的债。
从债	不能独立存在，必须以主债的存在为存在前提的债。
区分意义	主债和从债是相互对应的，没有主债不发生从债，没有从债也无所谓主债。主债与从债之分常见于设有担保的债中，被担保的债(如买卖合同、借贷合同之债)为主债，为担保该债而设之债(如保证合同、抵押合同之债)为从债。

第二节　债的发生

债是法律关系，引起债之法律关系发生的事实，为债的发生原因。债的发生原因主要有以下几种：① 合同。② 无因管理。③ 不当得利。④ 因侵权行为产生的债。⑤ 因其他原因产生的债。如，因悬赏广告产生的债、因缔约过失产生的债。关于侵权与合同，后续章节会详细讲解，本节重点讲解无因管理与不当得利。

考点 10 债的发生：总表

意定之债	合同	合同在债法上的效力,会产生当事人之间请求与被请求的关系。
	单方法律行为	悬赏广告、单方允诺。
	共同行为	设立公司的协议、合伙协议。
法定之债	侵权行为	公民、法人由于过错侵害他人人身、财产的,应当承担民事责任。
	无因管理	没有法定或约定的义务而替他人管理事务的行为。
	不当得利	没有合法的根据使他人受损而自己获利的行为。
	缔约过失	一方当事人违反因诚实信用原则而产生的相互保护、通知、协助等义务,致使他方当事人遭受损害,过失者应负赔偿责任。
	拾得遗失物	拾得者具有归还遗失物给失主的义务。
	亲属间的扶养请求权	基于身份关系产生的债。
	受益人的法定补偿义务（《侵权责任法》第23条）	因防止、制止他人民事权益被侵害而使自己受到损害的,由侵权人承担责任。侵权人逃逸或者无力承担责任,被侵权人请求补偿的,受益人应当给予适当补偿。

考点 11 无因管理的一般规定

概述	无因管理,是指没有法定或约定义务的人,为了他人利益免受损失而自愿为他人管理合法、必要、适当事务的行为。		
辨析	无因管理要求行为人主观上有为他人谋利的意思,不当得利之债没有要求主观上为他人谋利。		
类型	正当的无因管理	主观正当的无因管理:管理的事务不违反被管理人本人明示或可推知的意思,并且管理事务的效果也有利于被管理人本人。	
		客观正当的无因管理:管理的事务违反被管理人本人明示或可推知的意思,但管理的事务是被管理人本人应尽的法定义务或具有公益性义务的事务。	
	不正当无因管理	不法管理	明知是他人事务,却故意将其作为自己的事务而加以管理。实质上是侵权行为。
		误信管理	误把他人的事务当作自己的事务进行管理。

考点 12　无因管理的构成要件

(1) 无因管理须是管理他人事务	① 无因管理是事实行为,不要求管理人的行为能力,无行为能力人与限制行为能力人只要具有管理能力,均可成立无因管理。 ② 管理事务范围虽广泛,但应注意对所管理事务的要求:A. 所管理的"事务"应该是能够产生债权债务关系的事务。关于宗教、道德、友谊的事务,不是无因管理的事务。B. 所管理的"事务"须为合法事务。非法事务不得作为无因管理的事务。C. 管理的"事务"不属于被管理人个人的专属事务。如,结婚。D. 管理的"事务"不能是被管理人授权的事务。经被管理人授权的事务,便产生了约定的义务,管理人的行为即不再属于无因管理。E. 管理的"事务"不是管理人先行行为而产生的法定义务。③ 纯粹为自己的事务不能成为无因管理上的事务。如果管理的事务系管理人为自己和他人的共同事务,可以就属于他人的事务部分成立无因管理。如,修缮自己与他人共用的院墙。
(2) 管理人须有为他人管理的意思	即管理人认识到其所管理的是他人事务,并想让管理事务发生的利益归于被管理人。管理人具有为他人管理的意思即可成立无因管理,而不要求他在管理时知道该事务属于何人的事务。如,误将甲的事务认作乙的事务而为管理,仍可对甲成立无因管理。
(3) 就管理的事务,没有受委托或无法律上原因	无因管理的"无因",是指没有法律依据,即没有法定或者约定的义务。需要提醒考生注意的是:虽然没有法定、契约义务,但以下行为仍不成立无因管理:① 履行公益性质的义务。如,青年志愿者为敬老院打扫卫生的行为。② 履行道德性质的义务。如,养子女对生父母的日常衣食住行之照料。③ 履行宗教性质的义务。如,佛教教徒自愿为佛庙添加香火之行为。
(4) 管理利于本人,且不违反本人明示或者可推知的意思	但在下列情况下,管理人对事务的管理即使违反本人明示或者可推知的意思,仍可成立正当的无因管理:① 为本人尽公益上的义务。如,缴纳税款。② 为本人履行法定抚养、赡养等义务。如,以本人名义给其父母应得的赡养费。③ 本人之意思违反公共秩序或者善良风俗的。如,在本人自杀时救助本人使得自己受伤。

考点 13　无因管理的法律后果

正当的无因管理	不成立不当得利	正当的无因管理虽使被管理人受益,但有无因管理法定之债,故即使管理人因此而遭受损失,在二者之间也不成立不当得利。
	与侵权责任的竞合	无因管理成立后,管理人在管理事务过程中违反了善良管理人的注意义务,因故意或过失不法侵害被管理人权利的,侵权行为仍可成立。

正当的无因管理	管理人之义务	① 必须尽到善良管理人的注意义务。② 通知义务。③ 计算义务。
	管理人之权利	① 支付必要费用偿还请求权。② 清偿负担债务请求权。③ 损害赔偿请求权。(需要提醒考生注意的是:管理人无报酬请求权)
不当的无因管理		不当的无因管理,就其管理事务之承担而言不具有违法阻却性,属于不当干预他人事务,为保护被管理人的利益,适用《侵权责任法》的规定。

【真题链接】

1. 刘某承包西瓜园,收获季节突然病故。好友刁某因联系不上刘某家人,便主动为刘某办理后事和照看西瓜园,并将西瓜卖出,获益5万元。其中,办理后事花费1万元、摘卖西瓜雇工费以及其他必要费用共5 000元。刁某认为自己应得劳务费5 000元。关于刁某的行为,下列哪一说法是正确的?(2011-3-20;单选)

A. 5万元属于不当得利　　　　B. 应向刘某家人给付3万元

C. 应向刘某家人给付4万元　　D. 应向刘某家人给付3.5万元

〔答案〕_____①

2. 甲聘请乙负责照看小孩,丙聘请丁做家务。甲和丙为邻居,乙和丁为好友。一日,甲突生急病昏迷不醒,乙联系不上甲的亲属,急将甲送到医院,并将甲的小孩委托给丁临时照看。丁疏于照看,致甲的小孩在玩耍中受伤。下列哪一说法是正确的?(2012-3-21;单选)

A. 乙将甲送往医院的行为属于无因管理

B. 丁照看小孩的行为属于无因管理,不构成侵权行为

C. 丙应当承担甲小孩的医疗费

D. 乙和丁对甲小孩的医疗费承担连带责任

〔答案〕_____②

3. 下列哪一情形会引起无因管理之债?(2013-3-21;单选)

A. 甲向乙借款,丙在明知诉讼时效已过后擅自代甲向乙还本付息

B. 甲在自家门口扫雪,顺便将邻居乙的小轿车上的积雪清扫干净

C. 甲与乙结婚后,乙生育一子丙,甲抚养丙5年后才得知丙是乙和丁所生

D. 甲拾得乙遗失的牛,寻找失主未果后牵回暂养。因地震致屋塌牛死,甲出卖牛皮、牛肉获价款若干

〔答案〕_____③

4. 甲的房屋与乙的房屋相邻。乙把房屋出租给丙居住,并为该房屋在A公司买了火灾保险。某日甲见乙的房屋起火,唯恐大火蔓延自家受损,遂率家人救火,火势得到及时控制,但甲被烧伤住院治疗。下列哪一表述是正确的?(2014-3-20;单选)

A. 甲主观上为避免自家房屋受损,不构成无因管理,应自行承担医疗费用

---

① D。

② A。

③ D。

B. 甲依据无因管理只能向乙主张医疗费赔偿,因乙是房屋所有人
C. 甲依据无因管理只能向丙主张医疗费赔偿,因丙是房屋实际使用人
D. 甲依据无因管理不能向 A 公司主张医疗费赔偿,因甲欠缺为 A 公司的利益实施管理的主观意思

〔答案〕_____ ①

考点 14 不当得利知识体系

概述	不当得利,是指一方无法律上的原因而受有利益,致他方受损害的事实。其中,取得不当利益的人叫受益人,财产受到损失的人叫受损人。	
一般构成	① 一方取得财产利益。一方受有利益是不当得利的前提,该利益包括财产积极增加与财产消极增加。财产积极增加,指财产本不应该增加而增加。财产消极增加,指财产本应减少而未减少。	
	② 一方受有损失。此处损失包括财产积极减少与财产消极减少。财产积极减少,指财产本不应该减少而减少。财产消极减少,指财产本应增加而未增加。	
	③ 取得利益与所受损失间有因果关系。	
	④ 获得利益没有法律上的根据。	
排除适用	强迫得利	指受损人因其行为使受益人享有利益,但违反了受益人的意思,不符合其经济计划的情形。如,乙将房屋出租给甲。甲经乙同意对房屋进行了装修,但双方并未约定装饰物的归属。租期届满后,乙不同意继续出租给甲。双方对装饰物费用发生争执。经鉴定,构成附合的装饰物(如地砖)的残值为 10 万元。构成附合装饰物的残值虽构成不当得利,但一般属于强迫得利,故甲不能对乙主张不当得利返还请求权。
	反射利益	指一方的财产因另一方的行为而增值,但并未致另一方损害,故不属于不当得利。如,某大学新建校区,当地居民乙的房屋大幅升值,乙不构成不当得利。
	自然债务	① 超过诉讼时效期间,当事人自愿履行的,不受诉讼时效限制。② 过了诉讼时效期间,义务人履行义务后,又以超过诉讼时效为由反悔的,法院不予支持。据此可知,债务人对已过诉讼时效的债务履行后,再以自己不知超过诉讼时效为由反悔的,法院不予支持。因此,债权人取得清偿款是有法律依据的,不产生不当得利之债。
	履行正当义务	① 履行道德上义务。② 提前履行未到期债务而丧失期限利益。③ 明知无债务(无给付义务)而为清偿。
	非法利益	基于不法原因而给付(如支付赌债、行贿等)。对非法所得应追缴国库,而非以不当得利返还。

【真题链接】
1. 下列哪一情形不产生不当得利之债?(2011-3-19;单选)

---

① D。

A. 甲向乙借款 10 万元,1 年后根据约定偿还本息 15 万元
B. 甲不知诉讼时效已过,向债权人乙清偿债务
C. 甲久别归家,误把乙的鸡当成自家的吃掉
D. 甲雇用的装修工人,误把邻居乙的装修材料用于甲的房屋装修
〔答案〕_____①

2. 甲将某物出售于乙,乙转售于丙,甲应乙的要求,将该物直接交付于丙。下列哪一说法是错误的?(2012-3-20;单选)
A. 如仅甲、乙间买卖合同无效,则甲有权向乙主张不当得利返还请求权
B. 如仅乙、丙间买卖合同无效,则乙有权向丙主张不当得利返还请求权
C. 如甲、乙间以及乙、丙间买卖合同均无效,甲无权向丙主张不当得利返还请求权
D. 如甲、乙间以及乙、丙间买卖合同均无效,甲有权向乙、乙有权向丙主张不当得利返还请求权
〔答案〕_____②

3. 下列哪一情形产生了不当得利之债?(2013-3-20;单选)
A. 甲欠乙款超过诉讼时效后,甲向乙还款
B. 甲欠乙款,提前支付全部利息后又在借期届满前提前还款
C. 甲向乙支付因前晚打麻将输掉的 2000 元现金
D. 甲在乙银行的存款账户因银行电脑故障多出 1 万元
〔答案〕_____③

考点 15 不当得利的基本类型

因给付产生	欠缺给付目的	①非债清偿——误偿他人债务。②作为给付原因行为未成立、无效或被撤销。③事前有原因,事后该原因不存在。④为将来的目的给付,但实际未能达成给付目的。
基于给付外的事实产生	侵害他人权益而发生的不当得利	①无权处分他人之物。②无权使用或消费他人之物。③擅自出租他人之物。④侵害他人知识产权。因无权使用他人的知识产权受有利益时,构成不当得利。⑤侵害他人人格权获得不当经济利益。擅自使用他人的肖像、姓名或名称而获得不当经济利益,无权使用人可构成不当得利。
	基于受损人行为发生的不当得利。	
	基于第三人行为发生的不当得利。	

考点 16 不当得利返还请求权

概述	《民法总则》第 122 条:因他人没有法律根据,取得不当利益,受损失的人有权请求其返还不当利益。

---

① B。
② C。
③ D。

(续表)

返还对象	① 返还原物。返还时,原物存在的,不当得利的受益人应返还原物或原权利。原物不存在的,折价返还;原物毁损后存在代位物(保险金、赔偿金),应返还原物的代位物。② 所受利益依其性质不能返还的(如获利为物的占有和使用,获利为他人提供劳务的),应返还其价额(如相当期限的租金、相当数额的工资)。③ 所受利益产生的孳息,应返还。需要提醒考生注意的是:受益人利用不当得利所取得的其他利益(主要是利用不当得利进行投资所产生的收益),扣除劳务管理费后,应当予以收缴,而不是返还给受害人。
善意	受益人为善意时的利益返还:① 若受损人的损失大于受益人取得的利益,则受益人返还的利益仅以现存的利益为限。利益不存在时,受益人不负返还义务。② 善意受益人将利益无偿转让给第三人时,善意受益人就无偿转让不负返还义务。第三人在受益人免除返还责任的限度内对受损人负返还责任。
恶意	① 受益人为恶意时的利益返还:受益人应当返还其所得的全部利益。即使利益不存在也应负责返还。若受益人所得的利益少于受损人的损失时,受益人除返还其所得的全部实际利益外,还须就其损失与得利的差额另外加以赔偿。② 受益人受益时为善意而其后为恶意的利益返还:返还的利益范围以恶意开始时的利益范围为准。③ 恶意受益人将所受利益无偿让与第三人时,恶意受益人的返还责任不受影响。但此时受损人有选择权,即在第三人与受损人之间符合不当得利的构成要件情况下,受损人也可以选择要求第三人负担返还义务。

【真题链接】

1. 甲遗失其为乙保管的迪亚手表,为偿还乙,甲窃取丙的美茄手表和4000元现金。甲将美茄手表交乙,因美茄手表比迪亚手表便宜1000元,甲又从4000元中补偿乙1000元。乙不知甲盗窃情节。乙将美茄手表赠与丁,又用该1000元的一半支付自来水公司水费,另一半购得某商场一件衬衣。下列哪些说法是正确的?(2015-3-61;多选)

    A. 丙可请求丁返还手表
    B. 丙可请求甲返还3000元、请求自来水公司和商场各返还500元
    C. 丙可请求乙返还1000元不当得利
    D. 丙可请求甲返还4000元不当得利
    〔答案〕_____①

2. 顺风电器租赁公司将一台电脑出租给张某,租期为2年。在租赁期间内,张某谎称电脑是自己的,分别以市价与甲、乙、丙签订了3份电脑买卖合同并收取了3份价款,但张某把电脑实际交付给了乙。后乙的这台电脑被李某拾得,因暂时找不到失主,李某将电脑出租给王某获得很高收益。王某租用该电脑时出了故障,遂将电脑交给康成电脑维修公司维修。王某和李某就维修费的承担发生争执。康成公司因未收到修理费而将电脑留置,并告知王某如7天内不交费,将变卖电脑抵债。李某听闻后,于当日潜入康成公司偷回电脑。如乙请求李某返还电脑和所获利益,下列说法正确的是:(2015-3-90;不定项)

    A. 李某向乙返还所获利益时,应以乙所受损失为限

---

① AD。

B. 李某应将所获利益作为不当得利返还给乙,但可以扣除支出的必要费用
C. 乙应以所有权人身份而非不当得利债权人身份请求李某返还电脑
D. 如李某拒绝返还电脑,需向乙承担侵权责任
〔答案〕_____ ①

第三节 债 的 移 转

考点 17 债的移转(1):总表

法定移转	《保险法》第 60 条:代位求偿权。
	《继承法》第 33 条:继承。
	《合同法》第 229 条:买卖不破租赁。
	《合同法》第 234 条:房屋租赁合同的法定承受。
	《合同法》第 90 条:企业合并、分立。
裁判转移	判决、裁决。
约定移转	《合同法》第 79—83 条:债权让与。
	《合同法》第 84—87 条:债务承担。
	《合同法》第 88、89 条:约定概括承受。

考点 18 债的移转(2):债的法定移转

债的法定移转,指债权、债务直接依照法律规定发生移转。其主要特征在于,无须债权人的同意。债的法定移转主要包括:代位求偿权、继承、买卖不破租赁、房屋租赁合同的法定承受、企业合并与分立。

因继承发生的债权、债务的法定承受	《继承法》第 33 条规定,继承遗产应当清偿被继承人依法应当缴纳的税款和债务,缴纳税款和清偿债务以他的遗产实际价值为限。超过遗产实际价值部分,继承人自愿偿还的不在此限。继承人放弃继承的,对被继承人依法应当缴纳的税款和债务可以不负偿还责任。
因企业合并、分立发生的债权、债务的法定承受	《合同法》第 90 条规定,当事人订立合同后合并的,由合并后的法人或者其他组织行使合同权利,履行合同义务。当事人订立合同后分立的,除债权人和债务人另有约定的以外,由分立的法人或者其他组织对合同的权利和义务享有连带债权,承担连带债务。

【真题链接】

债的法定移转指依法使债权债务由原债权债务人转移给新的债权债务人。下列哪些选项属于债的法定移转的情形?(2013-3-59;多选)

A. 保险人对第三人的代位求偿权

---

① BCD。

B. 企业发生合并或者分立时对原债权债务的承担
C. 继承人在继承遗产范围内对被继承人生前债务的清偿
D. 根据买卖不破租赁规则,租赁物的受让人对原租赁合同的承受

〔答案〕_____①

考点 19 债的移转(3):债权让与

要件	1. 须存在有效的债权。		
	2. 被让与的债权须具有可让与性。	(1) 根据债权性质不得转让的债权。包括:	依据《合同法》第 79 条的规定,以下三类债权不得转让: ① 基于个人信任关系而发生的债权,如雇佣、委托、租赁等合同所生债权。 ② 专为特定债权人利益而存在的债权。如向特定人讲授外语的合同债权。 ③ 不作为债权,如竞业禁止约定。 ④ 属于从权利的债权,如保证债权不得单独让与。但从权利可与主权利分离而单独存在的,可以转让,如已经产生的利息债权可以与本金债权相分离而单独让与。
		(2) 按照当事人的约定不得转让的债权。	
		(3) 依照法律规定不得转让的债权。《合同法》没有明确规定何种债权禁止让与,所以,依照法律规定不得转让的债权是指《合同法》以外的其他法律中关于债权禁止让与的规定。如,《担保法》第 61 条规定,最高额抵押的主合同债权不得转让。	
	3. 让与人与受让人须就债权的转让达成协议,并且不得违反法律的有关规定。		
	4. 债权的让与须通知债务人。未经通知,该转让对债务人不发生效力。换言之,债权让与无须征得债务人的同意。另,通知非债权转让协议的生效要件,是对债务人的生效要件。		
救济	1. 债务人接到债权转让通知后,债务人对让与人的抗辩,可以向受让人主张。		
	2. 债务人接到债权转让通知时,债务人对让与人享有债权,并且债务人的债权先于转让的债权到期或者同时到期的,债务人可以向受让人主张抵销。		

【真题链接】
甲向乙借款 300 万元于 2008 年 12 月 30 日到期,丁提供保证担保,丁仅对乙承担保证责任。后乙从甲处购买价值 50 万元的货物,双方约定 2009 年 1 月 1 日付款。2008 年 10 月 1 日,乙将债权让与丙,并于同月 15 日通知甲,但未告知丁。对此,下列哪些选项是正确的?(2010-3-57;多选)

A. 2008 年 10 月 1 日债权让与在乙丙之间生效
B. 2008 年 10 月 15 日债权让与对甲生效

---

① ABCD。

C. 2008年10月15日甲可向丙主张抵销50万元
D. 2008年10月15日后丁的保证债务继续有效
〔答案〕_____①

考点 20 债的移转(4)：债务承担

概念	不改变债的同一性，债权人或债务人通过与第三人订立转让债务的协议，将债务全部或部分移转给第三人承担的民事法律行为。
种类	(1) 免责的债务承担　原债务人脱离债的关系，以债权人同意为生效要件。 (2) 并存的债务承担　原债务人不脱离债的关系，不以债权人同意为生效要件。
要件	(1) 须有有效的债务存在。 (2) 债务承担合同的标的应具有可移转性。 (3) 须有以债务承担为内容的合同。 (4) 债务承担须经债权人同意。债权人的同意可以明示，也可以默示，还可以通过向第三人请求履行或者受领第三人以债务承担为意图的履行推定出来。
效力	(1) 就已经全部或者部分转让给受让人承担的债务，原债务人脱离债的关系，而由受让人直接向债权人承担债务。 (2) 债务受让人可以主张原债务人对债权人的抗辩。 (3) 债务承担情形下，构成原债务人对债务承认的，应当认定诉讼时效从债务承担意思表示到达债权人之日起中断。(《诉讼时效规定》第19条第2款) (4) 第三人提供担保，未经其书面同意，债权人允许债务人转移全部或者部分债务的，担保人不再承担相应的担保责任。(《物权法》第175条)

【真题链接】

1. 甲公司对乙公司享有10万元债权，乙公司对丙公司享有20万元债权。甲公司将其债权转让给丁公司并通知了乙公司，丙公司未经乙公司同意，将其债务转移给戊公司。如丁公司对戊公司提起代位权诉讼，戊公司下列哪一抗辩理由能够成立？(2011-3-12；单选)
   A. 甲公司转让债权未获乙公司同意
   B. 丙公司转移债务未经乙公司同意
   C. 乙公司已经要求戊公司偿还债务
   D. 乙公司、丙公司之间的债务纠纷有仲裁条款约束
   〔答案〕_____②

2. 甲将其对乙享有的10万元贷款债权转让给丙，丙再转让给丁，乙均不知情。乙将债务转让给戊，得到了甲的同意。丁要求乙履行债务，乙以其不知情为由抗辩。下列哪一表述是正确的？(2012-3-13；单选)
   A. 甲将债权转让给丙的行为无效
   B. 丙将债权转让给丁的行为无效

---

① AB。
② B。

C. 乙将债务转让给戊的行为无效

D. 如乙清偿 10 万元债务,则享有对戊的求偿权

〔答案〕_____①

3. 甲经乙公司股东丙介绍购买乙公司矿粉,甲依约预付了 100 万元货款,乙公司仅交付部分矿粉,经结算欠甲 50 万元货款。乙公司与丙商议,由乙公司和丙以欠款人的身份向甲出具欠条。其后,乙公司未按期支付。关于丙在欠条上签名的行为,下列哪一选项是正确的?(2017-3-9;单选)

A. 构成第三人代为清偿
B. 构成免责的债务承担
C. 构成并存的债务承担
D. 构成无因管理

〔答案〕_____②

考点 21 债的移转(5):概括承受

概念	当事人一方经对方同意,可以将自己在合同中的权利和义务一并转让给第三人。比如,继承、企业合并与分立。(《合同法》第 88 条)
要件	(1) 须由合法有效的双务合同存在。
	(2) 合同当事人一方与第三人达成合同承受的协议。
	(3) 须经合同对方当事人同意(因为移转的有债务)。但有一个例外,《旅游纠纷规定》第 11 条第 1 款规定:"除合同性质不宜转让或者合同另有约定之外,在旅游行程开始前的合理期间内,旅游者将其在旅游合同中的权利义务转让给第三人,请求确认转让合同效力的,人民法院应予支持。"简言之,在旅游行程开始前的合理期间内,旅游者将其在旅游合同中的权利义务概括转让给第三人的,无须经合同对方当事人的同意。
效力	(1) 第三人(承受人)取得让与人所享有的合同权利及所负担的合同义务。
	(2) 让与人退出合同关系。
	(3) 从权利、从债务随同转移,但专属于让与人的除外。

第四节 债的保全

针对债务人恶意地消极或者积极减少自己责任财产以逃避债务的行为,债权人可以采取法律措施阻止债务人责任财产的不当减少,谓之为债的保全制度。

考点 22 债权人代位权(应当增加而不增加)

概念	当债务人怠于行使其对第三人的权利而有害于债权人的债权实现时,债权人为保全自己的债权,可以自己的名义行使债务人之权利的权利。

---

① D。
② C。

(续表)

实体	(1) 须有合法、有效的债权债务关系。① 非法的债权(如赌债),债权人无代位权。② 若债权人对债务人的债权已过诉讼时效,则债权人无代位权。	
	(2) 须债权人与债务人之间的债务及债务人与第三人(次债务人)之间的债权均到清偿期。这一点有别于债权人撤销权。	
	(3) 须债务人怠于行使其对第三人的权利,即债务人不履行其对债权人的到期债务,又不以诉讼方式或者仲裁方式向其债务人主张其享有的具有金钱给付内容的到期债权,致使债权人的到期债权未能实现。(《合同法解释(一)》第13条)	
	(4) 须债务人怠于行使权利的行为有害于债权人的债权。判断标准:采"债务超过说",即债务人除了对次债务人的金钱债权之外,债务人的其他财产不足以清偿对债权人的债务。	
	(5) 债务人对次债务人的债权不具有专属性。专属于债务人自身的债权,是指① 基于人身伤害产生的赔偿请求权;② 基于身份关系产生的债权,如基于扶养关系、抚养关系、赡养关系、继承关系产生的给付请求权;③ 基于劳动关系产生的债权,如劳动报酬、退休金、养老金、抚恤金、安置费等债权;④ 人寿保险合同的保险金请求权。(《合同法解释(一)》第12条)	
程序	原告	债权人。
	被告	次债务人。
	无独立请求权第三人	债务人。债权人以次债务人为被告向法院提起代位权诉讼,未将债务人列为第三人的,法院可以追加债务人为第三人。
	管辖	就被告原则:由被告住所地法院管辖。债务人与次债务人的管辖法院协议、仲裁协议(相对性),对提起代位之诉的债权人无约束力。
后果	实体	若胜诉,可直接受领次债务人的清偿。债权人与债务人、债务人与次债务人之间相应的债权债务关系即予消灭。
	程序	诉讼费用	债权人胜诉的,诉讼费由次债务人负担,从实现的债权中优先支付。(《合同法解释(一)》第19条)
		必要费用	代位权的行使范围以债权人的债权为限。债权人行使代位权的必要费用(律师费用、差旅费),由债务人负担。(《合同法》第73条第2款)
		抗辩	次债务人(被告)享有一系列的抗辩权:① 继续适用次债务人对债务人的抗辩权;② 援用债务人对债权人的抗辩权;③ 代位之诉的原被告之间的程序抗辩权。

【真题链接】

1. 甲以自有房屋向乙银行抵押借款,办理了抵押登记。丙因甲欠钱不还,强行进入该房屋居住。借款到期后,甲无力偿还债务。该房屋由于丙的非法居住,难以拍卖,甲怠于行使对丙的返还请求权。乙银行可以行使下列哪些权利?(2012-3-57;多选)

A. 请求甲行使对丙的返还请求权,防止抵押财产价值的减少

B. 请求甲将对丙的返还请求权转让给自己

C. 可以代位行使对丙的返还请求权
D. 可以依据抵押权直接对丙行使返还请求权
〔答案〕_____①

2. 甲公司对乙公司享有5万元债权,乙公司对丙公司享有10万元债权。如甲公司对丙公司提起代位权诉讼,则针对甲公司,丙公司的下列哪些主张具有法律依据?(2012-3-59;多选)

A. 有权主张乙公司对甲公司的抗辩
B. 有权主张丙公司对乙公司的抗辩
C. 有权主张代位权行使中对甲公司的抗辩
D. 有权要求法院追加乙公司为共同被告
〔答案〕_____②

3. 甲公司与乙公司签订10万元建材买卖合同后,乙交付建材,甲公司未付建材款。甲公司将该建材用于丙公司办公楼装修,丙公司需向甲公司支付15万元装修款,其中5万元已经支付完毕。丙公司给乙公司出具《担保函》:"本公司同意以欠甲公司的10万元装修款担保甲公司欠乙公司的10万元建材款。"乙公司对此并无异议。后,甲公司对乙公司的债务、丙公司对甲公司的债务均届期未偿,且甲公司怠于向丙公司主张债权。下列哪些表述是正确的?(2011-3-59;多选)

A. 乙公司对丙公司享有应收账款质权
B. 丙公司应对乙公司承担保证责任
C. 乙公司可以对丙公司提起代位权诉讼
D. 乙公司可以要求并存债务承担人丙公司清偿债务
〔答案〕_____③

4. 材料①:2012年2月,甲公司与其全资子公司乙公司签订了《协议一》,约定甲公司将其建设用地使用权用于抵偿其欠乙公司的2000万元债务,并约定了仲裁条款。但甲公司未依约将该用地使用权过户到乙公司名下,而是将之抵押给不知情的银行以获贷款,办理了抵押登记。

材料②:同年4月,甲公司、丙公司与丁公司签订了《协议二》,约定甲公司欠丁公司的5000万元债务由丙公司承担,且甲公司法定代表人张某为该笔债务提供保证,但未约定保证方式和期间。曾为该5000万元负债提供房产抵押担保的李某对《协议二》并不知情。同年5月,丁公司债权到期。

材料③:同年6月,丙公司丧失偿债能力。丁公司查知乙公司作为丙公司的股东(非发起人),对丙公司出资不实,尚有3000万元未注入丙公司。同年8月,乙公司既不承担出资不实的赔偿责任,又怠于向甲公司主张权利。

材料④:同年10月,甲公司股东戊公司与己公司签订了《协议三》,约定戊公司将其对甲公司享有的60%股权低价转让给己公司,己公司承担甲公司此前的所有负债。

根据材料①、材料②和材料③,如丁公司向甲公司提起3000万元代位权诉讼,甲公司认

---

① AB。
② ABC。
③ BC。

为丁公司不能提起代位权之诉的下列抗辩理由中不能成立的是:(2013-3-90;不定项)
  A. 甲公司对乙公司的债务是过户建设用地使用权,而非金钱债务
  B.《协议一》有仲裁条款
  C. 乙公司多次发函给甲公司要求清偿债务
  D.《协议一》的 2 000 万元数额低于乙公司出资不实的 3 000 万元
  〔答案〕_____①

考点 23　债权人撤销权(不应减少而减少)

概念	当债务人实施了减少其责任财产的处分行为而有害于债权人的债权时,债权人可依法请求法院撤销债务人所实施之行为的权利。		
实体	客观		债务人实施了减少财产的处分行为。包括无偿和有偿,具体行为有:传统三种情形和新增四种情形。
		传统情形	① 放弃其到期债权。② 无偿转让财产。③ 以明显不合理的低价转让财产,对债权人造成损害,并且受让人知道该情形的。
		新增情形	① 放弃其未到期的债权。② 放弃债权担保。③ 恶意延长到期债权的履行期。④ 以明显不合理的高价收购他人财产。
			债务人的处分行为害及债权人的债权实现。
			该处分行为必须是纯粹的财产行为,身份行为即使导致债务人的财产减少也不能进行撤销。
	主观		存在恶意。① 若为无偿处分,即可认定恶意的存在。② 若为有偿,但为明显不合理低价,以受让人明知该情形的存在认定恶意。具体而言,转让价格达不到交易时交易地的指导价或者市场交易价 70% 的,一般可以视为明显不合理的低价;对转让价格高于当地指导价或者市场交易价 30% 的,一般可以视为明显不合理的高价。
	时间		不以债权已届清偿期为要件。
	两点说明		① 该撤销权针对债务人的赠与行为(无偿转让行为),必须是发生在债务发生之后的行为,此前的赠与行为视为与该债务无关。
			② 针对一切的无偿转让行为,哪怕是公益性质的赠与(区别于赠与合同中的赠与人的任意撤销权)。
程序	原告		债权人。
	被告		债务人。
	无独三		可以追加受让人或者受益人为第三人。
	除斥期间		撤销权自债权人知道或者应当知道撤销事由之日起 1 年内行使。自债务人的行为发生之日起 5 年内没有行使撤销权的,该撤销权消灭。

---

① ABCD。

（续表）

后果	实体		① 债权人有权要求法院撤销债务人处分财产的行为。② 债务人的行为一经被撤销，视为自始无效。
	程序	债务人	债权人行使撤销权所支出的诉讼费用、必要费用，由债务人负担。
		受让人	对于上述费用，受益人或者受让人有过错的，应适当分担。

【真题链接】

1. 甲对乙享有 2006 年 8 月 10 日到期的 6 万元债权，到期后乙无力清偿。乙对丙享有 5 万元债权，清偿期已届满 7 个月，但乙未对丙采取法律措施。乙对丁还享有 5 万元人身损害赔偿请求权。后乙去世，无其他遗产，遗嘱中将上述 10 万元的债权赠与戊。对此，下列哪些选项是正确的？（2010-3-58；多选）

　　A. 甲可向法院请求撤销乙的遗赠
　　B. 在乙去世前，甲可直接向法院请求丙向自己清偿
　　C. 在乙去世前，甲可直接向法院请求丁向自己清偿
　　D. 如甲行使代位权胜诉，行使代位权的诉讼费用和其他费用都应该从乙财产中支付
　　〔答案〕＿＿＿＿＿＿①

2. 甲公司在 2011 年 6 月 1 日欠乙公司货款 500 万元，届期无力清偿。2010 年 12 月 1 日，甲公司向丙公司赠送一套价值 50 万元的机器设备。2011 年 3 月 1 日，甲公司向丁基金会捐赠 50 万元现金。2011 年 12 月 1 日，甲公司向戊希望学校捐赠价值 100 万元的电脑。甲公司的 3 项赠与行为均尚未履行。下列哪一选项是正确的？（2012-3-15；单选）

　　A. 乙公司有权撤销甲公司对丙公司的赠与
　　B. 乙公司有权撤销甲公司对丁基金会的捐赠
　　C. 乙公司有权撤销甲公司对戊学校的捐赠
　　D. 甲公司有权撤销对戊学校的捐赠
　　〔答案〕＿＿＿＿＿＿②

3. 乙向甲借款 20 万元，借款到期后，乙的下列哪些行为导致无力偿还甲的借款时，甲可申请法院予以撤销？（2016-3-58；多选）

　　A. 乙将自己所有的财产用于偿还对他人的未到期债务
　　B. 乙与其债权人约定放弃对债务人财产的抵押权
　　C. 乙在离婚协议中放弃对家庭共有财产的分割
　　D. 乙父去世，乙放弃对父亲遗产的继承权
　　〔答案〕＿＿＿＿＿＿③

---

① AB。
② C。
③ ABC。

4. 甲欠乙30万元到期后,乙多次催要未果。甲与丙结婚数日后即办理离婚手续,在《离婚协议书》中约定将婚前的一处住房赠与知悉甲欠乙债务的丙,并办理了所有权变更登记。乙认为甲侵害了自己的权益,聘请律师向法院起诉,请求撤销甲的赠与行为,为此向律师支付代理费2万元。下列哪些选项是正确的?(2017-3-58;多选)

A.《离婚协议书》因恶意串通损害第三人利益而无效

B. 如甲证明自己有稳定工资收入及汽车等财产可供还债,法院应驳回乙的诉讼请求

C. 如乙仅以甲为被告,法院应追加丙为被告

D. 如法院认定乙的撤销权成立,应一并支持乙提出的由甲承担律师代理费的请求

〔答案〕_____①

第五节 债的担保

考点 24 担保法知识体系

保证	一般保证	债务人不能履行债务时,保证人承担明确份额约定的债务。
	连带保证	债务人在履行期限届满后不履行债务,债权人可要求债务人履行,也可要求保证人履行债务。
定金		合同当事人一方,为确保合同的履行而预先向他方给付的金钱或者其他替代物。
	违约定金	以定金作为不履行主合同义务的损害赔偿,即给付定金的一方如不履行债务时,接受定金的一方可以没收定金,而接受定金的一方不履行时,须双倍返还其受领的定金。
	立约定金	为了确保在当事人间未来订立合同而交付定金。
	成约定金	以定金的交付作为主合同特别成立要件。 例外:未交付定金,合同已经履行或履行主要部分。
	解约定金	以定金的丧失或双倍赔偿作为代价,获得主合同自由解除的权利。

考点 25 保证一般规定

概念	保证是指保证人和债权人约定,当债务人不履行债务时,保证人按照约定履行债务或承担责任的担保方式。
特征	① 保证是由第三人提供的担保方式。② 保证属于人的担保。③ 保证具有从属性、补充性、相对独立性和明确的目的性。

---

① BD。

(续表)

设立	① 保证人符合法定条件。国家机关原则上不得为保证人,除非经国务院批准为使用外国政府或者国际经济组织贷款而进行转贷。学校、幼儿园、医院等以公益为目的的事业单位、社会团体以及企业法人的职能部门也不得担任保证人。但从事经营活动的事业单位、社会团体可以担任保证人。企业法人的分支机构经法人书面授权可以提供保证。
	② 保证人与债权人达成合意且意思表示真实。保证人提供保证的意思必须明确具体,而且必须是其本人的真实意图,而不是受欺诈或受胁迫的结果。
	③ 主合同合法有效。主合同无效,保证合同随之无效,保证人不承担保证责任。保证人无过错的,亦不承担其他民事责任;保证人有过错的,承担部分民事责任。
	④ 应当以书面形式订立保证合同。

需要提醒考生注意的是:根据《担保法》第13条和《担保法解释》第22条的规定,保证合同的订立方式包括以下四种:① 债权人与保证人在主合同之外,单独订立保证合同。② 主合同设有保证条款,保证人在主合同上签字或者盖章的。③ 主合同虽无保证条款,保证人在主合同上以保证人身份签字或者盖章的。④ 第三人单方以书面形式向债权人出具担保书,债权人接受且未提出异议的。

【真题链接】

1. 甲向乙借款5万元,乙要求甲提供担保,甲分别找到友人丙、丁、戊、己,他们各自作出以下表示,其中哪些构成保证?(2008-3-53;多选)
    A. 丙在甲向乙出具的借据上签署"保证人丙"
    B. 丁向乙出具字据称"如甲到期不向乙还款,本人愿代还3万元"
    C. 戊向乙出具字据称"如甲到期不向乙还款,由本人负责"
    D. 己向乙出具字据称"如甲到期不向乙还款,由本人以某处私房抵债"
    〔答案〕_____①

2. 根据甲公司的下列哪些《承诺(保证)函》,如乙公司未履行义务,甲公司应承担保证责任?(2015-3-57;多选)
    A. 承诺:"积极督促乙公司还款,努力将丙公司的损失降到最低"
    B. 承诺:"乙公司向丙公司还款,如乙公司无力还款,甲公司愿代为清偿"
    C. 保证:"乙公司实际投资与注册资金相符"。实际上乙公司实际投资与注册资金不符
    D. 承诺:"指定乙公司与丙公司签订保证合同"。乙公司签订了保证合同但拒不承担保证责任
    〔答案〕_____②

---

① ABC。
② BC。

考点 26 保证方式

一般保证	(1) 一般保证是指当事人在保证合同中约定,只有在债务人不能履行债务时,保证人才履行保证债务的保证方式。 (2) 一般保证人享有先诉抗辩权,即在主合同纠纷未经审判或者仲裁,并就债务人财产依法强制执行仍不能履行债务前,对债权人可以拒绝承担保证责任。但在下列四种情况下一般保证人丧失先诉抗辩权:① 债务人住所变更,致使债权人要求其履行债务发生重大困难的。② 债务人下落不明、移居境外,且无财产可供执行。③ 法院受理债务人破产案件,中止执行程序的。④ 保证人以书面形式放弃前款规定的权利的。
连带保证	连带责任保证是指保证人在债务人不履行债务时与债务人承担连带责任的保证。连带责任保证的成立方式有二:① 明确约定为连带责任保证。② 没有约定保证方式或者约定不明确的,保证人承担连带责任保证。
诉讼地位	一般保证	一般保证中,债务人甲不履行到期债务,债权人乙起诉的,保证人丙的诉讼地位:① 可以只列甲为被告。② 不能只列丙为被告。只列丙为被告,法院应当追加甲为共同被告。③ 可以将甲、丙列为共同被告。④ 将甲、丙列为共同被告的,应当在判决书中明确对债务人财产依法强制执行后仍不能履行债务时,由保证人承担保证责任。
	连带责任保证	连带责任保证中,债务人甲不履行到期债务,债权人乙起诉的,保证人丙的诉讼地位:① 可以只列甲为被告。② 可以只列丙为被告。③ 可以将甲、丙列为共同被告。

考点 27 共同保证

概述	共同保证,也称数人保证,是指两个以上的保证人为同一债务人的同一债务作保证的方式。同一债权有两个以上抵押人的,债权人放弃债务人提供的抵押担保的,其他抵押权人可以请求法院减轻或者免除其应当承担的担保责任。同一债权有两个以上抵押人的,当事人对其提供的抵押财产所担保的债权份额或者顺序没有约定或者约定不明的,抵押权人可以就其中任一或者各个财产行使抵押权。抵押人承担担保责任后,可以向债务人追偿,也可以要求其他抵押人清偿其应当承担的份额。

类型	按份共同保证	保证人分别或共同与债权人约定各保证人承担保证责任的份额。按份共同保证具有以下效力：① 保证人按照确定的份额对债权人承担保证责任。② 保证人之间无内部关系。③ 保证人承担保证责任后，只能向债务人追偿，无权请求其他保证人分担。
	连带共同保证	连带共同保证的成立有两种方式：① 明确约定各保证人承担连带责任。② 均未与债权人约定各保证人承担保证责任的份额。 连带共同保证具有以下效力：① 债务人不履行到期债务时，各保证人应对债权人承担连带责任。② 保证人的追偿权具有顺序性： A. 连带共同保证人承担保证责任后，应当先向债务人追偿。 B. 向债务人不能追偿的部分，由各连带保证人按其内部约定的比例分担。没有约定的，平均分担。
辨析		连带共同保证与连带责任保证的区别如下：① 连带责任保证强调的是保证人无先诉抗辩权。② 连带共同保证强调的是债权人可以请求任一保证人承担保证责任，与先诉抗辩权无直接关系。

【真题链接】

甲公司向乙银行借款 100 万元，丙、丁以各自房产分别向乙银行设定抵押，戊、己分别向乙银行出具承担全部责任的担保函，承担保证责任。下列哪些表述是正确的？（2012-3-55；多选）

A. 乙银行可以就丙或者丁的房产行使抵押权
B. 丙承担担保责任后，可向甲公司追偿，也可要求丁清偿其应承担的份额
C. 乙银行可以要求戊或者己承担全部保证责任
D. 戊承担保证责任后，可向甲公司追偿，也可要求己清偿其应承担的份额

〔答案〕_____①

考点 28 保证期间

概述	保证期间是债权人要求保证人承担保证责任的权利存续期间，亦即保证人承担保证责任的期间。保证期间可以由当事人约定。保证合同约定保证人承担保证责任直至主债务本息还清时为止等类似内容的，视为约定不明，保证期间为主债务履行期届满之日起 2 年。
一般保证期间	① 一般保证的保证人与债权人未约定保证期间或者约定的保证期间早于或等于主债务履行期限的，保证期间为主债务履行期届满之日起 6 个月。② 在保证期间，债权人未对债务人提起诉讼或者申请仲裁的，保证人免除保证责任。③ 债权人在保证期间届满前对债务人提起诉讼或者申请仲裁的，从判决或者仲裁裁决生效之日起，开始计算保证合同的诉讼时效。

---

① ABC。

连带责任保证期间	连带责任保证的保证人与债权人未约定保证期间或者约定的保证期间早于或等于主债务履行期限的，债权人有权自主债务履行期届满之日起6个月内要求保证人承担保证责任。在保证期间，债权人未要求保证人承担保证责任的，保证人免除保证责任。债权人在保证期间届满前要求保证人承担保证责任的，从债权人要求保证人承担保证责任之日起，开始计算保证合同的诉讼时效。

【真题链接】

甲乙双方拟订的借款合同约定：甲向乙借款11万元，借款期限为1年。乙在签字之前，要求甲为借款合同提供担保。丙应甲要求同意担保，并在借款合同保证人一栏签字，保证期间为1年。甲将有担保签字的借款合同交给乙。乙要求从11万元中预先扣除1万元利息，同时将借款期限和保证期间均延长为2年。甲应允，双方签字，乙依约将10万元交付给甲。下列哪一表述是正确的？(2011-3-11；单选)

A. 丙的保证期间为1年　　　　　　B. 丙无须承担保证责任
C. 丙应承担连带保证责任　　　　　D. 丙应对10万元本息承担保证责任

[答案]_____①

考点 29 保证期间、诉讼时效与担保期间对比一览表

	保证期间	诉讼时效	担保期间
客体	保证债权	主债权或者保证债权（请求权）	担保物权（支配权）
起算点	有约定从约定，无约定自主债务履行期届满之日起算。主合同对主债务履行期限没有约定或者约定不明的，保证期间自债权人要求债务人履行义务的宽限期届满之日起计算。	规定有履行期限的情况下，该期限届满，债务人仍未履行其债务，诉讼时效从履行期限届满的次日起计算。	担保权人在诉讼时效结束后的2年内行使担保物权的，法院应当予以支持。
	有约定从约定，无约定或者约定的保证期间早于或者等于主债务履行期限的为6个月，约定不明的为2年，自主债权清偿届满之日起算。	法定期间（一般为2年）。	约定或者登记部门要求的担保期间无效。
效果	保证债权消灭。	产生时效抗辩权。	担保物权消灭。

---

① B。

(续表)

	保证期间	诉讼时效	担保期间
中断、中止、延长	除斥期间，无中断、中止、延长。债权人与债务人对主合同履行期限作了变动，未经保证人书面同意的，保证期间为原合同约定的或者法律规定的期间。	(1) 一般保证中，主债务诉讼时效中断，保证债务诉讼时效中断；连带责任保证中，主债务诉讼时效中断，保证债务诉讼时效不中断。(2) 一般保证和连带责任保证中，主债务诉讼时效中止的，保证债务的诉讼时效同时中止。	

考点 30 保证的效力

保证有效成立后，其效力体现在：

在保证人与债权人之间		债权人在履行期限届至时，可以要求保证人承担保证责任，而保证人则享有主债务人享有的一切抗辩权。同时，一般保证中的保证人还享有先诉抗辩权。保证人承担保证责任的范围包括主债权及利息、违约金、损害赔偿金和实现债权的费用。保证合同另有约定的，按照约定。
在保证人与主债务人之间	追偿权	保证人在承担保证责任后，有权向主债务人追偿。
	债权让与	保证期间，债权人依法将主债权转让给第三人的，保证债权同时转让，保证人在原保证担保的范围内对受让人承担保证责任。但是保证人与债权人事先约定仅对特定的债权人承担保证责任或者禁止债权转让的，保证人不再承担保证责任。
	债务承担	保证期间，债权人许可债务人转让债务的，应当取得保证人书面同意，保证人对未经其同意转让的债务，不再承担保证责任。
	主合同变更	① 保证期间，债权人与债务人对主合同数量、价款、币种、利率等内容作了变动，未经保证人同意的，如果减轻债务人的债务的，保证人仍应当对变更后的合同承担保证责任；如果加重债务人的债务的，保证人对加重的部分不承担保证责任。② 债权人与债务人对主合同履行期限作了变动，未经保证人书面同意的，保证期间为原合同约定的或者法律规定的期间。③ 债权人与债务人协议变动主合同内容，但并未实际履行的，保证人仍应当承担保证责任。

【真题链接】

甲公司从乙公司采购10袋菊花茶，约定："在乙公司交付菊花茶后，甲公司应付货款10万元。"丙公司提供担保函:"若甲公司不依约付款,则由丙公司代为支付。"乙公司交付的菊花茶中有2袋经过硫磺熏蒸,无法饮用,价值2万元。乙公司要求甲公司付款未果,便要求丙公司付款10万元。下列哪些表述是正确的?(2011-3-54;多选)

  A. 如丙公司知情并乙公司付款10万元,则丙公司只能向甲公司追偿8万元

  B. 如丙公司不知情并向乙公司付款10万元,则乙公司会构成不当得利

  C. 如甲公司付款债务诉讼时效已过,丙公司仍向乙公司付款8万元,则丙公司不得向甲公司追偿

  D. 如丙公司放弃对乙公司享有的先诉抗辩权,仍向乙公司付款8万元,则丙公司不得向甲公司追偿

  〔答案〕_____①

考点 31 定金的概念、特征与种类

概念	定金是指为担保合同的订立、成立或生效、履行,由当事人一方在合同订立时或者订立后至履行前给付对方的一定数额的金钱或替代物。
特征	① 定金属于约定担保方式,当事人可以约定定金数额,但不得超过主合同标的额的20%。② 定金属于金钱担保,具有多重效力。③ 定金合同是实践性合同,从实际交付定金之日起生效。④ 定金具有从属性,主合同不成立或者无效,定金随之不成立或者无效。
种类	定金可以分为立约定金、成约定金、解约定金和违约定金。我国现行法承认上述所有种类的定金。
	立约定金 指以定金作为订立合同担保的定金。给付定金的一方拒绝订立合同的,无权要求返还定金;收受定金的一方拒绝订立合同的,应当双倍返还定金。
	成约定金 指以交付定金作为主合同成立或生效要件的定金。定金不交付,主合同不成立或不生效,但主合同已经履行或者已经履行主要部分的除外。
	解约定金 指以丧失定金或者双倍返还定金为代价而解除主合同的定金。
	违约定金 指以丧失定金或者双倍返还定金作为对违约方惩罚的定金。

【真题链接】

  甲、乙约定:甲将100吨汽油卖给乙,合同签订后3天交货,交货后10天内付货款。还约定,合同签订后乙应向甲支付10万元定金,合同在支付定金时生效。合同订立后,乙未交付定金,甲按期向乙交付了货物,乙到期未付款。对此,下列哪一表述是正确的?(2010-3-14;单选)

  A. 甲可请求乙支付定金   B. 乙未支付定金不影响买卖合同的效力

  C. 甲交付汽油使得定金合同生效   D. 甲无权请求乙支付价款

  〔答案〕_____②

---

① ABC。

② B。

考点 32 定金的效力

效力	不同种类的定金,其效力各不相同。具体而言:		
	立约定金	立约定金的效力在于担保主合同的订立。	
	成约定金	成约定金的效力在于促使主合同成立或生效。	
	解约定金	解约定金的效力在于为当事人保留单方解除主合同的权利。	
	违约定金	违约定金的效力有三:	
		担保债务履行	定金是通过对违约方适用定金罚则而起到合同担保作用的。定金罚则的基本规则是:给付定金的一方不履行约定债务的,无权要求返还定金;收受定金的一方不履行约定债务的,应当双倍返还定金。
		证明合同成立	定金的交付本身可以视为合同成立的证据。
		预先给付	在合同履行的情形下,定金可以视为预付款。
辨析	违约定金不同于预付款,二者的主要区别在于:		
	性质不同	违约定金是一种担保方式,预付款是一种支付手段。	
	效力不同	违约定金除担保外,还有证明合同成立及预先给付的作用;预付款则无担保之作用。	
	功能不同	违约定金有制裁功能,预付款无此功能。	
	违约金与定金不得并用。《合同法》第 116 条规定,当事人既约定违约金,又约定定金的,一方违约时,对方可以选择适用违约金或者定金条款。		

【真题链接】
甲公司与乙公司签订了一份手机买卖合同,约定:甲公司供给乙公司某型号手机 1 000 部,每部单价 1 000 元,乙公司支付定金 30 万元,任何一方违约应向对方支付合同总价款 30% 的违约金。合同签订后,乙公司向甲公司支付了 30 万元定金,并将该批手机转售给丙公司,每部单价 1 100 元,指明由甲公司直接交付给丙公司。但甲公司未按约定期间交货。(2010-3-91;不定项)
关于返还定金和支付违约金,乙公司向甲公司提出请求,下列表述正确的是:
A. 请求甲公司双倍返还定金 60 万元并支付违约金 30 万元
B. 请求甲公司双倍返还定金 40 万元并支付违约金 30 万元
C. 请求甲公司双倍返还定金 60 万元或者支付违约金 30 万元
D. 请求甲公司双倍返还定金 40 万元或者支付违约金 30 万元
〔答案〕_____①

---

① D。

第六节 债的消灭

考点 33 清偿(1):实际清偿

概念	当事人一方不履行非金钱债务或者履行非金钱债务不符合约定的,对方可以要求履行,但有下列情形之一的除外:① 法律上或者事实上不能履行;② 债务的标的不适于强制履行或者履行费用过高;③ 债权人在合理期限内未要求履行。
费用承担	① 对于清偿费用,法律无明文规定、当事人又无约定时,由债务人负担。② 但因债权人变更住所或其他行为而致清偿费用增加时,增加的费用由债权人负担。例如,债权人受领迟延而致清偿费用增加,债权人请求对物品特别包装而增加费用,债权人请求将物品送往清偿地以外的地点而增加费用,因债权移转增加费用的,均由债权人负担。

考点 34 清偿(2):第三人代为清偿

要件	(1) 债的性质允许第三人代为清偿。
	(2) 若债权人与债务人约定不得由第三人代为清偿,则不得第三人代为清偿。
	(3) 须债权人未拒绝第三人代为清偿。具体而言:① 若第三人与债务的清偿无法律上利害关系,债权人可以拒绝第三人的代为清偿。② 若第三人与债务的清偿有法律上的利害关系,无论债务人是否提出异议,债权人均不得拒绝第三人代为清偿。
	(4) 须第三人有为债务人清偿的意思。

效力	债务人与债权人	债务人对债权人的债务因第三人代为清偿而消灭。
	第三人与债务人	① 若第三人基于赠与合同代为清偿,第三人对债务人无追偿权。② 若第三人基于委托合同代为清偿,可基于委托合同向债务人追偿。③ 若第三人基于其他原因代为清偿,在使债务人免责的范围内,第三人可基于无因管理或者不当得利向债务人追偿。
	第三人与债权人	若第三人系对于债务清偿有法律上利害关系的第三人,则第三人享有代位求偿权,在其对债务人追偿的范围内,第三人取得债权人的权利。

【真题链接】

甲公司对乙公司负有交付葡萄酒的合同义务。丙公司和乙公司约定,由丙公司代甲公司履行,甲公司对此全不知情。下列哪一表述是正确的?(2012-3-12;单选)

A. 虽然甲公司不知情,丙公司的履行仍然有法律效力
B. 因甲公司不知情,故丙公司代为履行后对甲公司不得追偿代为履行的必要费用
C. 虽然甲公司不知情,但如丙公司履行有瑕疵的,甲公司需就此对乙公司承担违约责任
D. 虽然甲公司不知情,但如丙公司履行有瑕疵从而承担违约责任的,丙公司可就该违约

赔偿金向甲公司追偿

〔答案〕_____ ①

考点 35 清偿(3):代物清偿

概念	代物清偿是指债务人以他种给付代替其所负担的给付,从而使债消灭的方式。
要件	(1) 须有合法原债务存在。 (2) 须以他种给付代替原来的给付。 (3) 须有双方当事人关于代物清偿的合意(协议)。 (4) 须完成他种给付的现实受领给付。据此可知,代物清偿协议是实践合同。

【真题链接】

1. 材料①:2012年2月,甲公司与其全资子公司乙公司签订了《协议一》,约定甲公司将其建设用地使用权用于抵偿其欠乙公司的2000万元债务,并约定了仲裁条款。但甲公司未依约将该用地使用权过户到乙公司名下,而是将之抵押给不知情的银行以获贷款,办理了抵押登记。

根据材料①,关于甲公司、乙公司与银行的法律关系,下列表述正确的是:(2013-3-86;不定项)

A. 甲公司欠乙公司2000万元债务没有消灭
B. 甲公司抵押建设用地使用权的行为属于无权处分
C. 银行因善意取得而享有抵押权
D. 甲公司用建设用地使用权抵偿债务的行为属于代为清偿

〔答案〕_____ ②

2. 王某向丁某借款100万元,后无力清偿,遂提出以自己所有的一幅古画抵债,双方约定第二天交付。对此,下列哪些说法是正确的?(2016-3-56;多选)

A. 双方约定以古画抵债,等同于签订了另一份买卖合同,原借款合同失效,王某只能以交付古画履行债务
B. 双方交付古画的行为属于履行借款合同义务
C. 王某有权在交付古画前反悔,提出继续以现金偿付借款本息方式履行债务
D. 古画交付后,如果被鉴定为赝品,则王某应承担瑕疵担保责任

〔答案〕_____ ③

考点 36 清偿(4):清偿抵充

按顺位依次为约定抵充、指定抵充、法定抵充	
约定抵充	当事人可约定债务人的清偿用来抵充哪一宗债务。
指定抵充	没有约定抵充,清偿人有权单方面指定抵充。一经指定,不得撤回。

---

① A。
② A。
③ BCD。

(续表)

法定抵充	无约定抵充、指定抵充时适用《合同法解释(二)》第20条:① 债务人的给付不足以清偿其对同一债权人所负的数笔相同种类的全部债务,应当优先抵充已到期的债务;② 几项债务均到期的,优先抵充对债权人缺乏担保或者担保数额最少的债务;③ 担保数额相同的,优先抵充债务负担较重的债务;④ 负担相同的,按照债务到期的先后顺序抵充;⑤ 到期时间相同的,按比例抵充。但是,债权人与债务人对清偿的债务或者清偿抵充顺序有约定的除外。上述内容可进一步提炼归纳如下:
	第一顺位 已到期债务。
	第二顺位 均已到期,没有担保的债务或担保额最少的债务优先。
	第三顺位 均已到期,担保数额相同,负担较重的债务优先。
	第四顺位 均已到期,担保数额相同,负担也相同,按到期先后顺序。
	第五顺位 均已到期,担保数额相同,负担也相同,到期时间一样,按比例抵充。

【真题链接】

胡某于2006年3月10日向李某借款100万元,期限3年。2009年3月30日,双方商议再借100万元,期限3年。两笔借款均先后由王某保证,未约定保证方式和保证期间。李某未向胡某和王某催讨。胡某仅于2010年2月归还借款100万元。关于胡某归还的100万元,下列哪一表述是正确的?(2014-3-13;单选)

A. 因2006年的借款已到期,故归还的是该笔借款
B. 因2006年的借款无担保,故归的是该笔借款
C. 因2006年和2009年的借款数额相同,故按比例归还该两笔借款
D. 因2006年和2009年的借款均有担保,故按比例归还该两笔借款
〔答案〕_____①

考点 37 抵销

概念	当事人互负到期债务,该债务的标的物种类、品质相同的,任何一方可以将自己的债务与对方的债务抵销,但依照法律规定或者按照合同性质不得抵销的除外(法定抵销)。标的物种类、品质不相同的,经双方协商一致,也可以抵销(意定抵销)。 抵销权为形成权,当事人以单方意思表示即可发生效力。行使抵销权的一方是主动债权人,相对人是被动债权人。

---

① A。

(续表)

要件	(1) 必须是双方互负债务、互享债权。
	(2) 给付种类、品质相同。
	(3) 双方债务已届清偿期,但有两项例外:① 在破产时债权人享有破产抵销权,均无须届清偿期。② 主张抵销的一方的债权到清偿期,对方被抵销之债权没到清偿期的,也可以主张抵销。
	(4) 必须是非依债的性质不能抵销。例如基于人身损害赔偿而发生的债权,加害人一方不得主张抵销。
方式	法定抵销：需要向债权人做抵销的意思表示(不以被抵销一方的同意为必要),抵销权人主张抵销应通知对方。通知自到达对方时生效。该通知不得附条件或者附期限。
	意定抵销：双方协商一致。
效果	双方互负的债务消灭,抵销具有溯及力。

考点 38 提存

概念		非因可归责于债务人的原因,导致债务人无法履行债务或者难以履行债务的情况下,债务人将标的物交由提存机关保存,以终止合同权利义务关系的行为。《合同法》规定的提存是以清偿为目的,所以是债消灭的原因。但是《担保法》规定的提存并非以清偿为目的,而是以担保为目的的提存。
条件	具有法定事由	① 债权人无正当理由拒绝受领。
		② 债权人下落不明。包括债权人不清、地址不详、债权人失踪又无代管人等情况。
		③ 债权人死亡未确定继承人或者丧失行为能力未确定监护人。
		④ 债权人分立、合并或者变更住所没有通知债务人,致使债务人履行债务发生困难的。
	标的物适合提存	① 鲜活易腐物品不适合提存。
		② 提存费用过高的不适合提存。
		③ 对于标的物不适合提存的,债务人依法可以拍卖或者变卖标的物,提存所得的价款。

(续表)

法律后果	债权人	① 标的物提存后,毁损、灭失的风险由债权人承担。② 提存期间,标的物的孳息归债权人所有。③ 提存费用由债权人负担。④ 债权人可以随时领取提存物,但债权人对债务人负有到期债务的,在债权人未履行债务或者提供担保之前,提存部门根据债务人的要求应当拒绝其领取提存物。债权人领取提存物的权利,自提存之日起5年内不行使则消灭,提存物扣除提存费用后归国家所有。此处规定的"5年"时效为不变期间,不适用诉讼时效中止、中断或者延长的规定。
	债务人	① 提存成立的,视为债务人在其提存范围内已经履行债务。② 标的物提存后,合同虽然终止,但债务人还负有后合同义务。除债权人下落不明的以外,债务人应当及时通知债权人或者债权人的继承人、监护人。
	提存机关	提存机关负有妥善保管的义务。因保管不善造成提存物毁损、灭失的,提存机关应当承担赔偿责任。(归责原则为过错责任)

【真题链接】

乙在甲提存机构办好提存手续并通知债权人丙后,将2台专业相机、2台天文望远镜交甲提存。后乙另行向丙履行了提存之债,要求取回提存物。但甲机构工作人员在检修自来水管道时因操作不当引起大水,致乙交存的物品严重毁损。下列哪一选项是错误的?(2012-3-14;单选)

A. 甲机构构成违约行为　　　　　　B. 甲机构应承担赔偿责任
C. 乙有权主张赔偿财产损失　　　　D. 丙有权主张赔偿财产损失

〔答案〕_____ ①

考点 39 免除

概念	债权人为抛弃债权而对债务人为意思表示进而发生债务消灭的单方法律行为。
要件	(1) 免除人须为免除的意思表示。 (2) 免除的意思表示应向债务人为之。 (3) 债权人免除债务时须具有行为能力。 (4) 免除不得损害第三人的利益。 (5) 免除的意思表示一经作出即不得撤回。
效果	(1) 免除全部债务,债权全部消灭,从债务随同消灭。免除部分债务的,债务部分消灭,但是基于担保物权的不可分性,担保物权从权利并不因此消灭。 (2) 在按份债务中,免除某一债务人的债务,该债务人的债务消灭,对其他债务人的债务没有影响。 (3) 在连带债务中,免除某一债务人的债务,其他债务人对该债务人应当承担的份额不再承担连带责任。

---

① D。

考点 40 混同

概念	债权与债务同归于一人,致使合同关系归于消灭的事实。
原因	债权债务的混同,由债权或债务的承受而产生。其承受包括概括承受与特定承受两种。概括承受是发生混同的主要原因。如企业合并,合并前的两个企业之间有债权债务时,企业合并后,债权债务因同归一个企业而消灭。再如,债权人继承债务人,债务人继承债权人或第三人继承债权人和债务人,债权债务因同归一个人而消灭。由特定承受而发生的混同,系指债务人由债权人受让债权,债权人承受债务人的债务。
效力	混同的效力为绝对地消灭债权、债务及由合同关系所生的从债权、从债务。《合同法》规定,债权和债务同归于一人的,合同的权利义务终止,但涉及第三人利益的除外。因此,合同债权为第三人权利的标的,则债权不得因混同而消灭。如合同债权为他人质权的标的,则此合同债权不得因混同而消灭,否则有损于质权人的利益。此外,法律有例外规定的,债权不得因混同而消灭。

第四编
合同法

第一章 总　　论

第一节　合同概述

考点 1　合同的概念与特征

概述	合同又称契约,是平等主体的自然人、法人和非法人组织之间设立、变更、终止民事权利义务关系的协议。婚姻、收养、监护等有关身份关系的协议,适用其他法律的规定。
特征	(1) 合同的主体是平等主体的自然人、法人和非法人组织。需要提醒考生注意的是:并非国家机关作为一方主体订立的协议都不是合同。国家机关以平等主体身份出现时,和其他民事主体间也可以订立合同。 (2) 合同的内容是民事权利与民事义务。 (3) 合同的客体是一定的行为。

考点 2　合同的相对性

一般规定		合同的相对性,指合同仅在合同当事人之间发生拘束力。考生需要重点掌握:① 合同债权人只能请求合同债务人履行合同义务(或者承担违约责任),不能请求合同以外的第三人履行合同义务(或者承担违约责任)。② 合同之外的第三人无权请求合同债务人履行合同义务(或者承担违约责任)。③ 合同债务人因第三人违约的,仍应对合同债权人承担违约责任。债务人与第三人的关系另行解决。
例外规定	合同保全	《合同法》第 73 条规定的代位权、第 74 条规定的撤销权,突破了合同的相对性,合同债权人在法定条件成就时,得对合同关系以外的第三人主张权利。
	买卖不破租赁	《合同法》第 229 条规定:"租赁物在租赁期间发生所有权变动的,不影响租赁合同的效力。"租赁合同对租赁物的受让人具有法律效力,突破了合同的相对性。根据《城镇房屋租赁合同解释》第 20 条规定的精神,房屋租赁期间发生房屋所有权变动的,房屋所有权的继受人应当概括受让原租赁合同。

（续表）

例外规定	建设工程合同分包人的连带责任	承包人或者勘察、设计、施工承包人经发包人同意，可以将自己承包的部分工作交由第三人完成。第三人就其完成的工作成果与总承包人或者勘察、设计、施工承包人向发包人承担连带责任。"
	建设工程合同分包人的连带责任	《合同法》第272条第2款规定了总承包人在非法转包、违法分包情形下，发包人对实际施工人的责任。《建设工程施工合同解释》第26条规定："实际施工人以转包人、违法分包人为被告起诉的，人民法院应当依法受理。实际施工人以发包人为被告主张权利的，人民法院可以追加转包人或者违法分包人为本案当事人。发包人只在欠付工程价款范围内对实际施工人承担责任。"

【真题链接】

顺风电器租赁公司将一台电脑出租给张某，租期为2年。在租赁期间内，张某谎称电脑是自己的，分别以市价与甲、乙、丙签订了3份电脑买卖合同并收取了3份价款，但张某把电脑实际交付给了乙。后乙的这台电脑被李某拾得，因暂时找不到失主，李某将电脑出租给王某获得很高收益。王某租用该电脑时出了故障，遂将电脑交给康成电脑维修公司维修。王某和李某就维修费的承担发生争执。康成公司因未收到修理费而将电脑留置，并告知王某如7天内不交费，将变卖电脑抵债。李某听闻后，于当日潜入康成公司偷回电脑。

关于康成公司的民事权利，下列说法正确的是：(2015-3-91；不定项)
A. 王某在7日内未交费，康成公司可变卖电脑并自己买下电脑
B. 康成公司曾享有留置权，但当电脑被偷走后，丧失留置权
C. 康成公司可请求李某返还电脑
D. 康成公司可请求李某支付电脑维修费
〔答案〕_____①

考点 3　合同的分类之一

有无定型化规定	无名合同		非典型合同，指立法尚未规定其定型化内容和名称，当事人自由创设。
		纯粹的无名合同	不以任何有名合同的事项为内容的合同。
		混合合同	在一个有名合同中添加其他有名合同事项。
		准混合合同	在一个有名合同中添加其他无名合同事项。
	有名合同		法律直接规定了类型和内容并赋予一定名称的合同。
		买卖合同	当事人双方约定，一方交付标的物并转移标的物所有权于对方，对方受领标的物并支付价款。

---

① BC。

（续表）

有无定型化规定	有名合同	供用电、水、气、热力合同	供电合同	供电人向用电人供电,用电人支付电费的合同。
			供水合同	供水人向用水人供水,用水人支付水费的合同。
			供气合同	供气人向用气人供气,用气人支付气费的合同。
			供热合同	供热人向用热人供热,用热人支付热费的合同。
		赠与合同		赠与人将自己财产无偿给予受赠与人,受赠与人接受的合同。
		借款合同		甲向乙借款500万元,乙于某个时间点还甲500万元及利息。
		租赁合同		出租人将租赁物交付承租人使用、收益,承租人支付租金的合同。
		融资租赁合同		出租人依承租人需要的租赁物,向出卖人购买租赁物,出租人把租赁物提供给承租人使用的合同。
		承揽合同		承揽人按照定作人要求完成工作,交付成果,定做人向承揽人支付报酬的合同。
		建设工程合同		承包人进行工程建设,发包人支付工程款的合同。
		运输合同		承运人与旅客或者托运人约定,将旅客或者货物运送到指定地点,旅客或者托运人支付运费的合同。
		技术合同		当事人就技术开发、转让、咨询或者服务(为主)的确立相互之间权利义务关系的合同。
		保管合同		一方保管另一方交付的物品,并返还该物的合同。
		仓储合同		保管人为存货人保管存储的货物,存货人支付仓储费的合同。
		委托合同		一方委托他人处理事务,他人同意为其处理事务的合同。
		行纪合同		一方根据他方的委托,以自己名义为他方从事贸易活动,并收取报酬的合同。
		居间合同		居间人向委托人报告订立合同的机会或者提供订立合同的媒介服务,委托人支付报酬的合同。

考点 4　合同的分类之二

转移财产所有权的合同	① 买卖合同。② 赠与合同。③ 消费借贷合同。
转移财产使用权的合同	① 使用借贷合同。② 租赁合同。③ 融资租赁合同。
完成工作成果的合同	① 承揽合同。② 建设工程合同。
具有类似委托关系，提供劳务的合同	① 运输合同。② 保管合同。③ 仓储合同。④ 委托合同。⑤ 行纪合同。⑥ 居间合同。
涉及知识产权的合同	技术合同。
提供担保的合同	① 保证合同。② 抵押合同。③ 定金合同。④ 质押合同。

考点 5　合同的分类之三

是否交付标的物为合同生效要件	诺成合同	当事人意思表示一致即可成立的合同。
	实践合同	除当事人意思表示一致外,还需要交付标的物才成立。
		定金合同。
		保管合同。
		借用合同。
		自然人之间借款合同。
		代物清偿协议。
是否具有对待给付	单务合同	当事人双方互负对待给付义务的合同。
	双务合同	只有一方当事人承担给付义务或者双方的义务不具有对待给付关系的合同。
有偿与无偿	有偿合同	合同当事人一方享有合同规定的权益,必须向对方偿付相应代价的合同。
	无偿合同	合同当事人一方享有合同规定的权益,不必向对方偿付相应代价的合同。
法定是否要求特定形式才成立	要式合同	法律规定应当采用书面、登记、批准、公证等行使的合同。
	不要式合同	法律不要求采用特定形式的合同。
是否突破合同相对性	束己合同	严格遵守合同相对性原则,合同当事人为自己设定并承受权利义务,第三人不能向当事人主张权利,当事人也不得向第三人主张权利的合同。
	涉他合同	部分突破合同相对性,合同当事人在合同中为第三人设定了合同权利或义务的合同。
按给付的次数	一时性合同	可以通过一次给付使合同目的得以实现的合同。
	连续性合同	合同内容非一次性给付可完结,须经持续的给付才能实现合同目的。

(续表)

是否可独立	主合同	两个相互依存的合同中,不以其他合同的存在为前提而能独立存在的合同。
	从合同	两个相互依存合同中,以其他合同的存在为前提,自身不能独立存在的合同。
订立合同的目的	预约	约定将来订立一定合同的合同。预约以订立本约为合同义务。
	本约	本合同,指为履行预约而订立的合同。
给付内容和范围是否确定	确定合同	给付的内容和范围在合同成立时已经确定的合同。
	射幸合同	给付的内容和范围在合同成立时尚不确定的合同。

第二节 合同的成立

导读: 合同订立是合同之债开始的第一步,考生关键要把握以下知识点:(1) 要约规则。应当学会区分要约与要约邀请以及要约的撤回与撤销,并且掌握要约4种不得撤销的情形。另外,学会准确判断一项意思表示是构成了要约还是反要约。(2) 承诺规则。考生首先应当学会判断一项意思表示是否构成一项承诺。其次应当学会区分承诺的迟发与迟到,并掌握它们在法律上的不同效果。(3) 格式条款。考生应当掌握格式条款的无效制度。(4) 缔约过失责任。①学会判断当事人在特定条件下究竟应当承担缔约过失责任还是违约责任或者侵权责任。②应当明确缔约过失责任所保护的信赖利益的含义。(5) 合同的效力与《民法总则》中的"民事法律行为"一章多有交叉,可以参照复习,但应当特别注意相关内容在法律规定上的差别与冲突。(6)《合同法解释(二)》对合同的成立与效力作出了许多重要的规定,应当特别关注。

考点 6 要约

概念	要约是希望和他人订立合同的意思表示。该意思表示应当符合下列规定:① 内容具体确定;② 表明经受要约人承诺,要约人即受该意思表示约束。
撤回	撤回要约的通知应当在要约到达受要约人之前或者与要约同时到达受要约人。
撤销	(1) 撤销要约的通知应当在受要约人发出承诺通知之前到达受要约人。 (2) 有下列情形之一的,要约不得撤销:① 要约人确定了承诺期限或者以其他形式明示要约不可撤销。② 受要约人有理由认为要约是不可撤销的,并已经为履行合同作了准备工作。 (3) 撤回与撤销的区别:时间点不同,即前者发生在要约生效前;后者发生在生效后。
失效	有下列情形之一的,要约失效:① 拒绝要约的通知到达要约人。② 要约人依法撤销要约。③ 承诺期限届满,受要约人未作出承诺。④ 受要约人对要约的内容作出实质性变更。所谓的"实质性的变更"是指:有关合同标的、数量、质量、价款或者报酬、履行期限、履行地点和方式、违约责任和解决争议方法等的变更。受要约人对要约的内容作出实质性变更的,为新要约。

【真题链接】

甲公司于6月10日向乙公司发出要约订购一批红木,要求乙公司于6月15日前答复。6月12日,甲公司欲改向丙公司订购红木,遂向乙公司发出撤销要约的信件,于6月14日到达乙公司。而6月13日,甲公司收到乙公司的回复,乙公司表示红木缺货,问甲公司能否用杉木代替。甲公司的要约于何时失效?(2008-3-6延考;单选)

A. 6月12日　　　B. 6月13日　　　C. 6月14日　　　D. 6月15日

[答案]_____①

考点 7　要约邀请

概述	要约邀请是希望他人向自己发出要约的意思表示。寄送的价目表、拍卖公告、招标公告、招股说明书、商业广告等为要约邀请。(《合同法》第15条第1款)
商业广告定性	(1) 关键看其"目的意思、效果意思"具备与否:内容具体确定;有受拘束的意思。
	(2) 商业广告的内容符合要约规定的,视为要约。(《合同法》第15条第2款)
	(3) 商品房的销售广告和宣传资料为要约邀请,但是出卖人就商品房开发规划范围内的房屋及相关设施所作的说明和允诺具体确定,并对商品房买卖合同的订立以及房屋价格的确定有重大影响的,应当视为要约。该说明和允诺即使未载入商品房买卖合同,亦应当视为合同内容,当事人违反的,应当承担违约责任。(《商品房买卖解释》第3条)

考点 8　承诺

概念		承诺是受要约人同意要约的意思表示。(《合同法》第21条)
生效		承诺通知到达要约人时生效。承诺不需要通知的,根据交易习惯或者要约的要求作出承诺的行为时生效。
迟延	因迟发而迟到	受要约人超过承诺期限发出承诺的,除要约人及时通知受要约人该承诺有效的以外,为新要约。(《合同法》第28条)
	未迟发而迟到	受要约人在承诺期限内发出承诺,按照通常情形能够及时到达要约人,但因其他原因承诺到达要约人时超过承诺期限的,除要约人及时通知受要约人因承诺超过期限不接受该承诺的以外,该承诺有效。(《合同法》第29条)

---

① B。

(续表)

变更	实质性变更	"实质性变更"的判断,就看是否对《合同法》第12条的八大条款作出变更。具体包括:① 变更交易条件的。② 变更解决争议方法的。③ 变更违约责任约定的。④ 变更合同成立时间、地点的。(《合同法》第30条)
		承诺的内容应当与要约的内容一致。受要约人对要约的内容作出实质性变更的,为新要约。
	非实质性变更	承诺对要约的内容作出非实质性变更的,除要约人及时表示反对或者要约表明承诺不得对要约的内容作出任何变更的以外,该承诺有效,合同的内容以承诺的内容为准。
效力		① 承诺生效时合同成立。② 当事人采用合同书形式订立合同的,自双方当事人签字或者盖章时合同成立。③ 当事人采用信件、数据电文等形式订立合同的,可以在合同成立之前要求签订确认书。签订确认书时合同成立。

考点 9 合同成立的时间

概述	合同成立的时间,是指合同开始对当事人产生法律拘束力的时间。合同的成立时间因合同订立的形式不同而有所不同。
一般形式	承诺生效时合同成立。
特殊形式	(1) 法律规定或者当事人约定采用书面形式订立合同的,自最后一方在合同书上签字、盖章或者摁手印时,合同成立。 (2) 采用合同书形式订立合同,在签字或者盖章之前,当事人一方已经履行主要义务,对方接受的,该合同成立。 (3) 当事人采用信件、数据电文等形式订立合同,在合同成立之前要求签订确认书的,以签订确认书的时间为合同成立的时间。

考点 10 合同成立的地点

一般规则		当事人采用合同书形式订立合同的,双方当事人签字或者盖章的地点为合同成立的地点。
特殊规则	① 不一致	采用书面形式订立合同,合同约定的签订地与实际签字或者盖章地点不符的,法院应当认定约定的签订地为合同签订地。
	② 无约定	合同没有约定签订地,双方当事人签字或者盖章不在同一地点的,法院应当认定最后签字或者盖章的地点为合同签订地。

【真题链接】

张某和李某采用书面形式签订一份买卖合同,双方在甲地谈妥合同的主要条款,张某于乙地在合同上签字,李某于丙地在合同上摁了手印,合同在丁地履行。关于该合同签订地,下列哪一选项是正确的?(2010-3-11;单选)

A. 甲地　　　　　B. 乙地　　　　　C. 丙地　　　　　D. 丁地

〔答案〕_____ ①

考点 11 合同的条款

必备条款	《合同法解释(二)》第1条规定,当事人对合同是否成立存在争议,人民法院能够确定当事人名称或者姓名、标的和数量的,一般应当认定合同成立。但法律另有规定或者当事人另有约定的除外。据此可知,有三个条款(① 当事人的名称或者姓名和住所;② 标的;③ 数量)属于绝大多数合同的必备条款。	
主要条款	《合同法》第12条规定,合同的内容由当事人约定,一般包括以下条款:① 当事人的名称或者姓名和住所;② 标的;③ 数量;④ 质量;⑤ 价款或者报酬;⑥ 履行期限、地点和方式;⑦ 违约责任;⑧ 解决争议的方法。当事人可以参照各类合同的示范文本订立合同。除当事人、标的和数量三个必备条款以外,一般而言,第12条所列的其余5个条款称为"主要条款"。	
	主要条款的缺失或者约定不明确不影响合同的成立与生效,但影响合同的履行。依据《合同法》第61—62条,予以补充、补正:	
	第61条规定的补正方法	合同生效后,当事人就质量、价款或者报酬、履行地点等内容没有约定或者约定不明确的,可以协议补充;不能达成补充协议的,按照合同有关条款或者交易习惯确定。
	第62条规定的补正方法	当事人就有关合同内容约定不明确,依照本法第61条的规定仍不能确定的,适用下列规定:① 质量要求不明确的,按照国家标准、行业标准履行;没有国家标准、行业标准的,按照通常标准或者符合合同目的的特定标准履行。② 价款或者报酬不明确的,按照订立合同时履行地的市场价格履行;依法应当执行政府定价或者政府指导价的,按照规定履行。③ 履行地点不明确,给付货币的,在接受货币一方所在地履行;交付不动产的,在不动产所在地履行;其他标的,在履行义务一方所在地履行。④ 履行期限不明确的,债务人可以随时履行,债权人也可以随时要求履行,但应当给对方必要的准备时间。⑤ 履行方式不明确的,按照有利于实现合同目的的方式履行。⑥ 履行费用的负担不明确的,由履行义务一方负担。

---

① C。

考点 12 格式条款

概念	格式条款是当事人为了重复使用而预先拟定,并在订立合同时未与对方协商的条款。据此可知,格式条款要符合三个要件:① 由一方事先拟定的。② 重复使用的,也即针对不特定相对人的。③ 不协商。(《合同法》第39条第2款)		
要求	采用格式条款订立合同的,提供格式条款的一方应当遵循公平原则确定当事人之间的权利和义务,并采取合理的方式提请对方注意免除或者限制其责任的条款,按照对方的要求,对该条款予以说明。(《合同法》第39条第1款)		
	解释规则	对格式条款的解释,除了遵循合同的一般解释规则。《合同法》第125条外,还有独特的解释三规则:	
		① 通常理解的解释	对格式条款的理解发生争议的,应当按照通常理解予以解释。
		② 不利于提供方的解释	对格式条款有两种以上解释的,应当作出不利于提供格式条款一方的解释。
		③ 非格式条款优先的解释	格式条款和非格式条款不一致的,应当采用非格式条款,俗称"手写体优先于印刷体"。

【真题链接】

1. 刘某提前两周以600元订购了海鸥航空公司全价1000元的六折机票,后因临时改变行程,刘某于航班起飞前1小时前往售票处办理退票手续,海鸥航空公司规定起飞前两小时内退票按机票价格收取30%手续费。下列哪一选项是正确的?(2008-3-7延考;单选)

   A. 退票手续费的规定是无效格式条款
   B. 刘某应当支付300元的退票手续费
   C. 刘某应当支付180元的退票手续费
   D. 航空公司只能收取退票的成本费而不能收取手续费
   〔答案〕_____ ①

2. 甲与乙公司订立美容服务协议,约定服务期为半年,服务费预收后逐次计扣,乙公司提供的协议格式条款中载明"如甲单方放弃服务,余款不退"(并注明该条款不得更改)协议订立后,甲依约支付5万元服务费。在接受服务1个月并发生费用8000元后,甲感觉美容效果不明显,单方放弃服务并要求退款,乙公司不同意。甲起诉乙公司要求返还余款。下列哪一选项是正确的?(2017-3-11;单选)

   A. 美容服务协议无效
   B. "如甲单方放弃服务,余款不退"的条款无效
   C. 甲单方放弃服务无须承担违约责任
   D. 甲单方放弃服务应承担继续履行的违约责任
   〔答案〕_____ ②

---

① C。
② B。

第三节 合同的履行

考点 13 合同履行的原则

全面适当履行原则	《合同法》第60条第1款规定,当事人应当按照约定全面履行自己的义务。据此可知,全面履行原则,是指合同当事人按照合同约定的标的及其数量、质量,由适当的主体在适当的履行期限、履行地点,以适当的履行方式,全面完成合同义务的原则。如果合同当事人不履行合同的主给付义务、从给付义务以及附随义务的,则构成违约,需要承担违约责任。
诚实信用原则	《合同法》第60条第2款规定,当事人应当遵循诚实信用原则,根据合同的性质、目的和交易习惯履行通知、协助、保密等义务。诚实信用原则包括以下几个方面内容:① 在债务人履行合同债务时,债权人应适当受领给付。② 债务人履行债务,可以主动要求债权人创造必要的条件,提供便利。③ 债务人应根据合同的性质、目的和交易习惯履行通知、协助、保密等附随义务。④ 债务人因故不能履行或者不能完全履行债务的,应积极采取措施,避免或减少损失。否则需要就扩大的损失负责。
实际履行原则	实际履行原则,是指当事人按照合同约定的标的完成合同义务的原则。该原则要求当事人在履行合同中,需要实际履行标的,不能用其他标的代替原合同标的,也不能以违约金或赔偿金代替履行标的。《合同法》第110条规定的情形,不适用实际履行原则:① 法律上或者事实上不能履行。② 债务的标的不适于强制履行或者履行费用过高。③ 债权人在合理期限内未要求履行。

考点 14 双务合同中的三大抗辩权

同时履行抗辩权（双方都享有）	当事人互负债务,没有先后履行顺序的,应当同时履行。一方在对方履行之前有权拒绝其履行要求。一方在对方履行债务不符合约定时,有权拒绝其相应的履行要求。(《买卖合同解释》第2条)
先履行抗辩权（后履行方）	又称为"顺序履行抗辩权":当事人互负债务,有先后履行顺序,先履行一方未履行的,后履行一方有权拒绝其履行要求。先履行一方履行债务不符合约定的,后履行一方有权拒绝其相应的履行要求。

（续表）

不安抗辩权（先履行方）	主体	先履行方。
	时间	履行期限届满前。
	条件	举证对方可能失信的情形：① 经营状况严重恶化。② 转移财产、抽逃资金，以逃避债务。③ 丧失商业信誉。④ 有丧失或者可能丧失履行债务能力的其他情形。
	效力 中止履行	当事人中止履行的，应当及时通知对方。对方提供适当担保时，应当恢复履行。
	解除合同	中止履行后，对方在合理期限内未恢复履行能力并且未提供适当担保的，中止履行的一方可以解除合同。
	责任	当事人没有确切证据中止履行的，应当承担违约责任。

【真题链接】

1. 甲、乙订立一份价款为 10 万元的图书买卖合同，约定甲先支付书款，乙两个月后交付图书。甲由于资金周转困难只支付 5 万元，答应余款尽快支付，但乙不同意。两个月后甲要求乙交付图书，遭乙拒绝。对此，下列哪一表述是正确的？（2010-3-13；单选）
   A. 乙对甲享有同时履行抗辩权
   B. 乙对甲享有不安抗辩权
   C. 乙有权拒绝交付全部图书
   D. 乙有权拒绝交付与 5 万元书款价值相当的部分图书
   〔答案〕_____①

2. 2011 年 5 月 6 日，甲公司与乙公司签约，约定甲公司于 6 月 1 日付款，乙公司 6 月 15 日交付"连升"牌自动扶梯。合同签订后 10 日，乙公司销售他人的"连升"牌自动扶梯发生重大安全事故，质监局介入调查。合同签订后 20 日，甲、乙、丙公司三方合意，由丙公司承担付款义务。丙公司 6 月 1 日未付款。下列哪一表述是正确的？（2011-3-14；单选）
   A. 甲公司有权要求乙公司交付自动扶梯
   B. 丙公司有权要求乙公司交付自动扶梯
   C. 丙公司有权行使不安抗辩权
   D. 乙公司有权要求甲公司和丙公司承担连带债务
   〔答案〕_____②

3. 甲公司向乙公司购买小轿车，约定 7 月 1 日预付 10 万元，10 月 1 日预付 20 万元，12 月 1 日乙公司交车时付清尾款。甲公司按时预付第一笔款。乙公司于 9 月 30 日发函称因原材料价格上涨，需提高小轿车价格。甲公司于 10 月 1 日拒绝，等待乙公司答复未果后于 10 月 3 日向乙公司汇去 20 万元。乙公司当即拒收，并称甲公司迟延付款构成违约，要求解除合同，甲公司则要求乙公司继续履行。下列哪一表述是正确的？（2014-3-12；单选）
   A. 甲公司不构成违约　　　　　　B. 乙公司有权解除合同

---

① D.
② C.

C. 乙公司可行使先履行抗辩权　　D. 乙公司可要求提高合同价格

〔答案〕_____①

4. 甲与乙公司签订的房屋买卖合同约定："乙公司收到首期房款后,向甲交付房屋和房屋使用说明书;收到二期房款后,将房屋过户给甲。"甲交纳首期房款后,乙公司交付房屋但未立即交付房屋使用说明书。甲以此为由行使先履行抗辩权而拒不支付二期房款。下列哪一表述是正确的?（2015-3-10;单选）

A. 甲的做法正确,因乙公司未完全履行义务

B. 甲不应行使先履行抗辩权,而应行使不安抗辩权,因乙公司有不能交付房屋使用说明书的可能性

C. 甲可主张解除合同,因乙公司未履行义务

D. 甲不能行使先履行抗辩权,因甲的付款义务与乙公司交付房屋使用说明书不形成主给付义务对应关系

〔答案〕_____②

考点 15 缔约过失责任

概念	在订立合同过程中,当事人一方因违反其依据诚实信用原则所产生的先合同义务,而导致他方信赖利益遭受损失时所应承担的损害赔偿责任。
情形	(1) 假借订立合同,恶意进行磋商
	(2) 故意隐瞒与订立合同有关的重要事实或者提供虚假情况
	(3) 有其他违背诚实信用原则的行为
构成	(1) 当事人一方因违反其依据诚实信用原则所产生的先合同义务
	(2) 他方信赖利益遭受损失
	(3) 一方违反先合同义务与他方遭受损失之间有因果关系
	(4) 违反先合同义务的一方具有过错
赔偿范围	赔偿范围是信赖利益的损失。一般包括:缔约费用、准备履行合同所支出的费用、丧失与第三人另订合同的机会所遭受的损失。

【真题链接】

德凯公司拟为新三板上市造势,在无真实交易意图的情况下,短期内以业务合作为由邀请多家公司来其主要办公地点洽谈。其中,真诚公司安排授权代表往返十余次,每次都准备了详尽可操作的合作方案,德凯公司佯装感兴趣并屡次表达将签署合同的意愿,但均在最后一刻推脱拒签。期间,德凯公司还将知悉的真诚公司的部分商业秘密不当泄露。对此,下列哪一说法是正确的?（2017-3-12;单选）

A. 未缔结合同,则德凯公司就磋商事宜无需承担责任

B. 虽未缔结合同,但德凯公司构成恶意磋商,应赔偿损失

C. 未缔结合同,则商业秘密属于真诚公司自愿披露,不应禁止外泄

---

① A。

② D。

D. 德凯公司也付出了大量的工作成本,如被对方主张赔偿,则据此可主张抵销

〔答案〕_____①

第四节　合同的终止

考点 16 合同的解除

情形		
	约定解除	当事人协商一致,可以解除合同。当事人可以约定一方解除合同的条件。解除合同的条件成就时,解除权人可以解除合同。
	法定解除	(1)《合同法》第 94 条规定:有下列情形之一的,当事人可以解除合同;① 因不可抗力致使不能实现合同目的;② 在履行期限届满之前,当事人一方明确表示或者以自己的行为表明不履行主要债务;③ 当事人一方迟延履行主要债务,经催告后在合理期限内仍未履行;④ 当事人一方迟延履行债务或者有其他违约行为致使不能实现合同目的;⑤ 法律规定的其他情形。
		(2) 情势变更:合同成立以后客观情况发生了当事人在订立合同时无法预见的、非不可抗力造成的不属于商业风险的重大变化,继续履行合同对于一方当事人明显不公平或者不能实现合同目的,当事人请求人民法院变更或者解除合同的,人民法院应当根据公平原则,并结合案件的实际情况确定是否变更或者解除。(《合同法解释(二)》第 26 条)
		(3)《合同法》分则规定的四类特殊法定解除权:一方实施特定违约行为时,非违约方享有法定解除权:
		(1) 分期付款买卖合同。买受人未支付到期价款的金额达到全部价款的1/5 的,出卖人有权解除合同。
		(2) 借款人未按照约定的借款用途使用借款的,贷款人有权解除合同。
		(3) 承租人擅自转租的,出租人有权解除合同。
		(4) 承揽人擅自将承揽的主要工作交由第三人完成的,定作人有权解除合同。
	任意解除	(1) 不定期租赁双方当事人;可以随时解除合同,但出租人解除合同应当在合理期限之前通知承租人。
		(2) 承揽合同定作人可以随时解除承揽合同,造成承揽人损失的,应当赔偿损失。
		(3) 承运人将货物交付收货人之前,托运人可以要求承运人中止运输、返还货物、变更到达地或者将货物交给其他收货人,但应赔偿承运人因此受到的损失。

---

① B。

(续表)

情形	任意解除	(4) 保管合同的寄存人以及未约定保管期间的保管合同的双方：① 寄存人可以随时领取保管物。② 当事人对保管期间没有约定或者约定不明确的，保管人可以随时要求寄存人领取保管物。
		(5) 委托合同的双方：委托人或者受托人可以随时解除委托合同。因解除合同给对方造成损失的，除不可归责于该当事人的事由以外，应当赔偿损失。
		(6) 未定保证期间的最高额保证人：保证人就连续发生的债权作保证，未约定保证期间的，保证人可以随时书面通知债权人终止保证合同。
		(7) 网购：消费者7日无理由退货。
效力	合同解除后，尚未履行的，终止履行；已经履行的，根据履行情况和合同性质，当事人可以要求恢复原状、采取其他补救措施，并有权要求赔偿损失。	

【真题链接】

1. 甲公司与乙公司签订并购协议："甲公司以1亿元收购乙公司在丙公司中51%的股权。若股权过户后，甲公司未支付收购款，则乙公司有权解除并购协议。"后乙公司依约履行，甲公司却分文未付。乙公司向甲公司发送一份经过公证的《通知》："鉴于你公司严重违约，建议双方终止协议，贵方向我方支付违约金；或者由贵方提出解决方案。"3日后，乙公司又向甲公司发送《通报》："鉴于你公司严重违约，我方现终止协议，要求你方依约支付违约金。"下列哪一选项是正确的？（2011-3-13；单选）

A. 《通知》送达后，并购协议解除

B. 《通报》送达后，并购协议解除

C. 甲公司对乙公司解除并购协议的权利不得提出异议

D. 乙公司不能既要求终止协议，又要求甲公司支付违约金

〔答案〕_____①

2. 甲公司与乙公司签订商品房包销合同，约定甲公司将其开发的10套房屋交由乙公司包销。甲公司将其中1套房屋卖给丙，丙向甲公司支付了首付款20万元。后因国家出台房地产调控政策，丙不具备购房资格，甲公司与丙之间的房屋买卖合同不能继续履行。下列哪些表述是正确的？（2012-3-60；多选）

A. 甲公司将房屋出卖给丙的行为属于无权处分

B. 乙公司有权请求甲公司承担违约责任

C. 丙有权请求解除合同

D. 甲公司只需将20万元本金返还给丙

〔答案〕_____②

3. 甲、乙两公司签订协议，约定甲公司向乙公司采购面包券。双方交割完毕，面包券上载明"不记名、不挂失，凭券提货"。甲公司将面包券转让给张某，后张某因未付款等原因被判处

---

① B。

② BC。

合同诈骗罪。面包券全部流入市场。关于协议和面包券的法律性质,下列哪一表述是正确的?(2015-3-12;单选)

　　A. 面包券是一种物权凭证
　　B. 甲公司有权解除与乙公司的协议
　　C. 如甲公司通知乙公司停止兑付面包券,乙公司应停止兑付
　　D. 如某顾客以合理价格从张某处受让面包券,该顾客有权请求乙公司兑付
　　〔答案〕_____①

4. 某律师事务所指派吴律师担任某案件的一、二审委托代理人。第一次开庭后,吴律师感觉案件复杂,本人和该事务所均难以胜任,建议不再继续代理。但该事务所坚持代理。一审判决委托人败诉。下列哪些表述是正确的?(2013-3-60;多选)
　　A. 律师事务所有权单方解除委托合同,但须承担赔偿责任
　　B. 律师事务所在委托人一审败诉后不能单方解除合同
　　C. 即使一审胜诉,委托人也可解除委托合同,但须承担赔偿责任
　　D. 只有存在故意或者重大过失时,该律师事务所才对败诉承担赔偿责任
　　〔答案〕_____②

第五节　合同不履行的法律后果

考点 17　违约责任概念

违约责任	当事人一方不履行合同义务或者履行合同义务不符合约定时应承担的民事责任。		
归责原则	无过错归责原则,法定的免责事由只有不可抗力,因意外事件不能履行合同义务的,不能作为免责事由。		
构成要件	① 有违约行为。② 无免责事由。		
	违约行为	单方违约与双方违约;双方违约,应当各自承担相应的责任。	
		实际违约	不履行。包括履行不能(客观没有履行能力)和拒绝履行(故意不履行合同义务)。拒绝履行,对方可以在履行期限届满之前要求其承担违约责任。
			迟延履行;到期后,能履行但是不履行。
			不适当履行;履行不符合合同约定和加害给付。
			预期违约 包括明示毁约与默示毁约。
不可抗力	不能预见、不能避免并不能克服的客观情况。如:自然灾害;政府行为;罢工、骚乱等。		
	不可抗力作为免责条款具有强制性,当事人不可约定排除。		
免责条款	免责条款不得排除当事人的基本权利和义务,也不得排除故意违约的责任。		

---

①　D。
②　AC。

考点 18 违约责任的承担

承担方式（3种）	继续履行、采取补救措施和赔偿损失。其他形式:违约金和定金责任。	
	继续履行	继续履行以违约为前提。继续履行守约方须提出请求,法院不得径行判决。
		适用:金钱债务无条件适用。非金钱债务原则上适用,除履行不能;继续履行不适合或强制履行费用过高;债权人在合理期限内未请求履行。
	采取补救措施	修理、更换、重作、退货、减少价款或者报酬等。
	赔偿损失	也称违约损害赔偿,以支付金钱方式弥补受害方的损失。其他的任何责任形式都可以转化为损害赔偿。

【真题链接】

1. 方某为送汤某生日礼物,特向余某定做一件玉器。订货单上,方某指示余某将玉器交给汤某,并将订货情况告知汤某。玉器制好后,余某委托朱某将玉器交给汤某,朱某不慎将玉器碰坏。下列哪一表述是正确的？(2014-3-11;单选)

　　A. 汤某有权要求余某承担违约责任　　B. 汤某有权要求朱某承担侵权责任
　　C. 方某有权要求朱某承担侵权责任　　D. 方某有权要求余某承担违约责任

　　〔答案〕_____①

2. 2016年8月8日,玄武公司向朱雀公司订购了一辆小型客用汽车。2016年8月28日,玄武公司按照当地政策取得本市小客车更新指标,有效期至2017年2月28日。2016年底,朱雀公司依约向玄武公司交付了该小客车,但未同时交付机动车销售统一发票、合格证等有关单证资料,致使玄武公司无法办理车辆所有权登记和牌照。关于上述购车行为,下列哪些说法是正确的？(2017-3-57;多选)

　　A. 玄武公司已取得该小客车的所有权
　　B. 玄武公司有权要求朱雀公司交付有关单证资料
　　C. 如朱雀公司一直拒绝交付有关单证资料,玄武公司可主张购车合同解除
　　D. 朱雀公司未交付有关单证资料,属于从给付义务的违反,玄武公司可主张违约责任,但不得主张合同解除

　　〔答案〕_____②

考点 19 损害赔偿金、违约金与定金

适用	一定要发生损害后果,无损害后果就没有损害赔偿金的问题。

---

① D。
② ABC。

(续表)

三金的关系	(1) 三金的适用前提:违约金、定金的适用不需要以损害后果为前提,不需要以因果关系为要件,而损害赔偿金的适用以损害后果为前提,需要违约行为与损害后果之间具有因果关系。
	(2) 三金的适用关系。① 定金与损害赔偿金原则上可以并用,但不得超过因违约所造成的损失。② 违约金与损害赔偿金不得并用。③ 定金罚则与违约金不得并用,只能选择其一。定金最高20%。
违约金的调整（三种情况）	① 约定的违约金低于实际损失——调整到损失。② 约定的违约金一般高于实际损失——不变。③ 约定的违约金过分高于实际损失——适当减少。
定金与违约金的选择（100万的合同）	原则:就高不就低。① 定金10万元,违约金30万元——违约金高选违约金,即30+10,诉40万元。② 定金30万元,违约金10万元——定金高选定金,定金30万元超过20万元(定金限制20%,100×20%),多交的10万元定金视为预付款(需还),即20×2+10,诉50万元。③ 定金30万元,违约金30万元——选30万元违约金,即30+30,诉60万元。④ 定金30万元,违约金30万元,实际损失40万元——调到实际损失40万元,即40+30,诉70万元。

【真题链接】
　　甲乙签订一份买卖合同,约定违约方应向对方支付18万元违约金。后甲违约,给乙造成损失15万元。下列哪一表述是正确的？(2013-3-14;单选)
　　A. 甲应向乙支付违约金18万元,不再支付其他费用或者赔偿损失
　　B. 甲应向乙赔偿损失15万元,不再支付其他费用或者赔偿损失
　　C. 甲应向乙赔偿损失15万元并支付违约金18万元,共计33万元
　　D. 甲应向乙赔偿损失15万元及其利息
　　〔答案〕_____ ①

第二章　分　　论

第一节　移转标的物所有权的合同

一、买卖合同

　　导读:买卖合同是最重要的有名合同。需要注意的是,本部分考点不仅在选择题里常常涉及,而且极易成为案例分析题的出题素材。考生关键要把握以下主要知识点:(1) 标的物所有

---

① A.

权的移转规则。考生需要将此部分内容和《物权法》结合起来全面掌握。(2) 标的物风险责任。考生首先应当重点掌握标的物毁损、灭失的风险是以交付为原则进行转移,而非以所有权转移为原则。其次应当掌握《合同法》规定的标的物风险责任的特殊规则,尤其是出卖人出卖交由承运人运输的在途标的物的风险责任。(3) 标的物孳息的归属。在买卖合同中,标的物孳息的转移也是以交付为原则的。(4) 特种买卖。① 分期付款买卖,应当掌握分期付款的出卖人法定解除权的适用条件以及解除后的法律效果。② 商品房买卖,应当掌握惩罚性赔偿的适用条件。③ 试用买卖,应当掌握"试用期间届满,买受人对是否购买标的物未作表示的,视为购买"的法律规定。

考点 1 动产买卖中的现实交付

现实交付的效果	① 所有权移转买受人。② 风险同时移转买受人。③ 利益承受,由买受人取得孳息所有权。	
约定了交付地点	双方约定了交付地点。双方必须在约定地点,基于交付的合意,移转动产的直接占有,认定完成了现实交付。	
	目的地交货	买受人来目的地提货,出卖人把货物交给来提货的人占有之时。
	指定地点交付承运人	双方明确了交付地点,出卖人一方把货物交给指定地点的承运人占有之时。
没有约定交付地点	标的物不需要运输	出卖人和买受人订立合同时知道标的物在某一地点,买受人上门提货。
		订立合同时不知道标的物在某一地点的,应当在出卖人订立合同时的营业地交付标的物,买受人上门提货。
	标的物需要运输	买受人把货物交给第一承运人占有之时,完成现实交付。

考点 2 买卖合同风险负担概述

概念	风险是指非由任何一方当事人过错而导致的标的物的毁损灭失。买卖合同标的物的风险负担,是指在买卖过程中,标的物因不可归责于当事人的事由毁损、灭失的风险的分配。
限定	① 风险的发生应该在合同生效之后、终止之前。② 风险负担仅存在于标的物是特定物或者标的物虽是种类物但已经被特定化的场合,即出卖人必须以装运单据、加盖标记、通知买受人等可以识别的方式清楚地将标的物特定于买卖合同,才有风险转移的问题。

考点 3　买卖合同风险负担移转规则

一般规定	标的物毁损、灭失的风险，在标的物交付之前由出卖人承担，交付之后由买受人承担，但法律另有规定或者当事人另有约定的除外。据此可知，《合同法》以"交付转移风险"为一般规则。关于一般规则，需要注意以下几点：① 风险负担的移转与标的物所有权的移转并没有直接联系。只要标的物已经实际交付，即使买受人尚未取得标的物的所有权，风险也移转由买受人承担。② 风险负担的移转与出卖人是否应承担违约责任一般也没有直接关系。只要出卖人不构成根本违约，出卖人交付标的物后，风险即由买受人承担。③ 出卖人按照约定未交付有关标的物的单证和资料的，只要已经完成了标的物的交付，风险也发生移转。	
特别规定	根据《合同法》第143—149条的规定，买卖合同标的物的风险负担在特定情形下的规则如下：	
	在途货物买卖	出卖人出卖交由承运人运输的在途标的物，除当事人另有约定的以外，毁损、灭失的风险自合同成立时起由买受人承担。
	一方违约	(1) 因买受人的原因致使标的物不能按照约定的期限交付的，买受人应当自违反约定之日起承担标的物毁损、灭失的风险。
		(2) 出卖人按照约定或者规定将标的物置于交付地点，买受人违反约定没有收取的，标的物毁损、灭失的风险自违反约定之日起由买受人承担。
		(3) 房屋毁损、灭失的风险，在交付使用前由出卖人承担，交付使用后由买受人承担；买受人接到出卖人的书面交房通知，无正当理由拒绝接收的，房屋毁损、灭失的风险自书面交房通知确定的交付使用之日起由买受人承担，但法律另有规定或当事人另有约定的除外。
		(4) 因标的物质量不符合质量要求，致使不能实现合同目的的，买受人可以拒绝接受标的物或者解除合同。买受人拒绝接受标的物或者解除合同的，标的物毁损、灭失的风险由出卖人承担。

【真题链接】

甲乙约定卖方甲负责将所卖货物运送至买方乙指定的仓库。甲如约交货，乙验收收货，但甲未将产品合格证和原产地证明文件交给乙。乙已经支付80%的货款。交货当晚，因山洪暴发，乙仓库内的货物全部毁损。下列哪些表述是正确的？（2013-3-61；多选）

A. 乙应当支付剩余20%的货款
B. 甲未交付产品合格证与原产地证明，构成违约，但货物损失由乙承担
C. 乙有权要求解除合同，并要求甲返还已支付的80%货款
D. 甲有权要求乙支付剩余的20%货款，但应补交已经毁损的货物

〔答案〕_____ ①

---

① AB。

考点 4 保留所有权的买卖合同

概念		当事人在买卖合同中约定买受人未履行支付价款或者其他义务的,标的物的所有权属于出卖人。
适用范围		仅适用动产买卖,不适用不动产买卖。
出卖人特殊权利	取回权	在标的物所有权移转前,买受人有下列情形之一,对出卖人造成损害,出卖人有权主张取回标的物:① 未按约定支付价款的;② 未按约定完成特定条件的;③ 将标的物出卖、出质或者作出其他不当处分的。
		① 乙已经支付的价款达到标的额总价款的75%以上的。② 乙实施无权处分后,受让人已经善意取得标的物所有权、质权的。
	再次出卖权	① 出卖人取回后,若买受人未在回赎期行使回赎权,出卖人可以另行出卖标的物。② 出卖人所得价款依次扣除取回和保管费用、再交易费用、利息、未清偿的价金后仍有剩余的,应返还给乙;如有不足,甲有权要求乙继续清偿。但乙有证据证明甲另行出卖的价格明显低于市场价格的。
买受人回赎权	适用情形	出卖人行使取回权后,买受人在回赎期内享有回赎权。
	回赎权行使	买受人须消除自己的违约行为。未按约定支付价款的,须按约定支付拖欠价款。对标的物实施处分的,须消除标的物上的负担。
	效力	买受人行使赎回权后,出卖人的取回权消灭,出卖人应将标的物返还给买受人。
	回赎期	回赎期,当事人双方可以约定,不能约定的,由出卖人指定一个合理的期间;买受人必须在回赎期才能行使回赎权。

【真题链接】

1. 甲将其1辆汽车出卖给乙,约定价款30万元。乙先付了20万元,余款在6个月内分期支付。在分期付款期间,甲先将汽车交付给乙,但明确约定付清全款后甲才将汽车的所有权移转给乙。嗣后,甲又将该汽车以20万元的价格卖给不知情的丙,并以指示交付的方式完成交付。下列哪一表述是正确的?(2012-3-9;单选)

   A. 在乙分期付款期间,汽车已经交付给乙,乙即取得汽车的所有权
   B. 在乙分期付款期间,汽车虽然已经交付给乙,但甲保留了汽车的所有权,故乙不能取得汽车的所有权
   C. 丙对甲、乙之间的交易不知情,可以依据善意取得制度取得汽车所有权
   D. 丙不能依甲的指示交付取得汽车所有权
   〔答案〕_____①

2. 周某以6000元的价格向吴某出售一台电脑,双方约定5个月内付清货款,每月支付

---

① B。

1200元,在全部价款付清前电脑所有权不转移。合同生效后,周某将电脑交给吴某使用。期间,电脑出现故障,吴某将电脑交周某修理,但周某修好后以6200元的价格将该电脑出售并交付给不知情的王某。对此,下列哪些说法是正确的?(2016-3-61;多选)

  A. 王某可以取得该电脑所有权
  B. 在吴某无力支付最后1个月的价款时,周某可行使取回权
  C. 如吴某未支付到期货款达1800元,周某可要求其一次性支付剩余货款
  D. 如吴某未支付到期货款达1800元,周某可要求解除合同,并要求吴某支付一定的电脑使用费

〔答案〕_____①

考点 5　分期付款买卖合同

概念	买受人将其应付的总价款,在一定期限内至少分3次向出卖人支付的买卖合同。
出卖人的权利	买受人未支付到期价款的金额达到全部价款的1/5以上的,出卖人有权择一行使下列权利:① 要求买受人一次性支付剩余的全部价款;② 行使法定解除权解除合同,并要求买受人支付标的物的使用费。
买受人保护	《合同法》第167条规定的"1/5以上"这一比例,是强制性规范,且是法定最低比例。当事人的约定违反该比例,损害买受人利益的,约定无效,仍按照1/5以上的比例调整。

〔真题链接〕
曾某购某汽车销售公司的轿车一辆,总价款20万元,约定分10次付清,每次两万元,每月的第一天支付。曾某按期支付6次共计12万元后,因该款汽车大幅降价,曾某遂停止付款。下列哪些表述是正确的?(2009-3-59;多选)

  A. 汽车销售公司有权要求曾某一次性付清余下的8万元价款
  B. 汽车销售公司有权通知曾某解除合同
  C. 汽车销售公司有权收回汽车,并且收取曾某汽车使用费
  D. 汽车销售公司有权收回汽车,但不退还曾某已经支付的12万元价款

〔答案〕_____②

考点 6　试用买卖合同(1):概念、特征

概念	合同成立时出卖人将标的物交付给买受人试用,买受人在适用期间内决定是否购买的买卖合同。

---

① ACD。
② ABC。

(续表)

特征	(1) 在当事人对适用达成意思一致时,买卖合同成立但未生效。试用人同意购买是合同的生效要件。 (2) 买受人是否同意购买全凭自己的自由意志,他人不得干涉,且在合同中也不得附加条件。买受人在试用期内可以购买标的物,也可以拒绝购买标的物。买卖合同存在下列约定内容之一的,不属于试用买卖。买受人主张属于试用买卖的,法院不予支持:① 约定标的物经过试用或者检验符合一定要求时,买受人应当购买标的物(原因:买受人无购买选择权)。② 约定第三人经试验对标的物认可时,买受人应当购买标的物(原因:买受人无购买选择权)。③ 约定买受人在一定期间内可以调换标的物(原因:实质是约定买受人任意变更权)。④ 约定买受人在一定期间内可以退还标的物(原因:实质是约定买受人任意解除权)。

考点 7 试用买卖合同(2):买受人的认可权与拒绝权

性质		买受人认可权与拒绝权均属于形成权。
期限		买受人行使认可权的时间在试用期内。(试用期的长短有约定的按照约定,没有约定且根据合同漏洞填补规则仍不能确定的,由出卖人确定。)
方式	明示认可	以书面或者口头的方式通知出卖人为购买或拒绝购买。
	默示认可	约定有试用期的,试用期届满买受人未作认可表示的,视为购买。
	推定认可	买受人以其行为表示同意购买:① 标的物因试用交付给买受人后,出卖人请求返还,而买受人拒不返还的。② 买受人交付一部分或者全部价款的。③ 买受人就标的物行使了出卖、出租、设定担保等非试用行为的。
效力		① 买受人作出同意购买的,买卖合同生效。② 买受人拒绝认可的:一是买卖合同确定不发生效力;二是买受人应当返还标的物,并不支付标的物的使用费。

考点 8 商品房买卖合同(1):合同的成立与效力

概述		商品房买卖合同是指房地产开发企业将尚未建成或已竣工的房屋向社会销售并转移房屋所有权于买受人,买受人支付价款的合同。
合同的成立	① 销售广告性质认定	商品房的销售广告和宣传资料为要约邀请,但是出卖人就商品房开发规划范围内的房屋及相关设施所作的说明和允诺具体确定,并对商品房买卖合同的订立以及房屋价格的确定有重大影响的,应当视为要约。
	② 预约合同与本合同的认定。	商品房的认购、订购、预订等协议具备商品房买卖合同的主要内容,并且出卖人已经按照约定收受购房款的,该协议应当认定为商品房买卖合同。

(续表)

效力	出卖人未取得商品房预售许可证明,与买受人订立的商品房预售合同,应当认定无效,但是在起诉前取得商品房预售许可证明的,可以认定有效。商品房预售合同未按照法律、行政法规规定办理登记备案,不因此确认合同无效。当事人约定以办理登记备案手续为商品房预售合同生效条件的,从其约定,但当事人一方已经履行主要义务、对方接受的除外。

【真题链接】

甲公司未取得商铺预售许可证,便与李某签订了《商铺认购书》约定李某支付认购金即可取得商铺优先认购权,商铺正式认购时甲公司应优先通知李某选购。双方还约定了认购面积和房价,但对楼号、房型未作约定。李某依约支付了认购金。甲公司取得预售许可后,未通知李某前来认购,将商铺售罄。关于《商铺认购书》,下列哪一表述是正确的?(2012-3-10;单选)

A. 无效,因甲公司未取得预售许可证即对外销售
B. 不成立,因合同内容不完整
C. 甲公司未履行通知义务,构成根本违约
D. 甲公司须承担继续履行的违约责任
[答案]_____①

考点 9　商品房买卖合同(2):根本违约与合同法定解除权

根本违约情形	①因房屋主体结构质量不合格不能交付使用,或者房屋交付使用后,房屋主体结构质量经核验确属不合格,买受人有权请求解除合同和赔偿损失。②因房屋质量问题严重影响正常居住使用。③出卖人交付使用的房屋套内建筑面积或者建筑面积与商品房买卖合同约定面积不符,合同有约定的,按照约定处理;合同没有约定或者约定不明确的,面积误差比绝对值超出3%,买受人有权请求解除合同、返还已付购房款及利息。买受人同意继续履行合同,房屋实际面积大于合同约定面积的,面积误差比在3%以内部分的房价款由买受人按约定的价格补足,面积误差比超出3%部分的房价款由出卖人承担,所有权归买受人。④出卖人迟延交付房屋,经催告后在3个月的合理期限内仍未履行。⑤合同约定或者法律规定的办理房屋所有权登记的期限届满后超过1年,由于出卖人的原因,导致买受人无法办理房屋所有权登记的。

---

①　C.

(续表)

效果	单方解除权	根据《合同法》第94条的规定，非违约方均取得法定解除权。解除合同时有权要求赔偿损失。
	惩罚性赔偿	具有下列情形之一，导致商品房买卖合同目的不能实现的，无法取得房屋的买受人可以请求解除合同、返还已付购房款及利息、赔偿损失，并可以请求出卖人承担不超过已付购房款1倍的赔偿责任：① 商品房买卖合同订立后，出卖人未告知买受人又将该房屋抵押给第三人。② 商品房买卖合同订立后，出卖人又将该房屋出卖给第三人。③ 故意隐瞒没有取得商品房预售许可证明的事实或者提供虚假商品房预售许可证明。④ 故意隐瞒所售房屋已经抵押的事实。⑤ 故意隐瞒所售房屋已经出卖给第三人或者为拆迁补偿安置房屋的事实。

【真题链接】

2013年甲购买乙公司开发的商品房一套，合同约定面积为135平方米。2015年交房时，住建部门的测绘报告显示，该房的实际面积为150平方米。对此，下列哪一说法是正确的？(2016-3-13；单选)

A. 房屋买卖合同存在重大误解，乙公司有权请求予以撤销
B. 甲如在法定期限内起诉请求解除房屋买卖合同，法院应予支持
C. 如双方同意房屋买卖合同继续履行，甲应按实际面积支付房款
D. 如双方同意房屋买卖合同继续履行，甲仍按约定面积支付房款

〔答案〕_____①

二、赠与合同

导读：赠与合同，关键要把握以下主要知识点：(1) 赠与合同的性质。根据"恩惠不滥施于人"的规定，可以判定赠与合同是双方合同。(2) 赠与人的撤销权。考生应重点掌握任意撤销权与法定撤销权适用的不同法律要件。明确赠与人的撤销权与赠与人的继承人或者法定代理人的撤销权行使要件以及期限的不同。(3) 赠与人的赔偿责任。应掌握赠与人在哪些情况下才需要承担赔偿责任。

考点 10 赠与合同一般规定

概述		赠与人将自己的财产无偿给予受赠人，受赠人表示接受赠与的合同。
性质	无偿合同	在赠与合同中，赠与人依约无偿转移其赠与物的所有权于受赠人，受赠人取得赠与物的所有权而不必向赠与人为相应的对待给付。但因赠与人的过失给受赠人造成损失的，受赠人有权请求赔偿。如赠与人故意不告知其赠与财产之瑕疵或保证无瑕疵的，对受赠人因物之瑕疵所受的损害应负赔偿责任。

---

① A.

(续表)

性质	单务合同	赠与人只承担将赠与物无偿地交付给受赠人的义务,而受赠人只享受接受赠与物的权利。即使受赠人依约定负一定义务,该义务与给予赠与物之间不存在对待给付关系,因而不构成双务合同。
	诺成合同	我国《合同法》规定赠与合同为诺成合同,自当事人意思表示一致时起成立。
效力	交付赠与财产	(1) 赠与人应按约定将赠与物之所有权交付给受赠人,在赠与物为不动产时,还应协助办理有关登记手续。赠与物的所有权转移时间,可准用买卖合同的规定。根据《合同法》规定,在具有救灾、扶贫等社会公益、道德义务性质的赠与合同,以及经过公证的赠与合同中,受赠人可以请求交付。
		(2) 赠与人因故意或重大过失致使赠与财产毁损灭失的,应负损害赔偿责任。
	瑕疵担保义务	(1) 赠与的财产有瑕疵的,赠与人不承担责任。
		(2) 附义务的赠与,赠与的财产有瑕疵的,赠与人在附义务的限度内承担与出卖人相同的责任。
		(3) 赠与人故意不告知瑕疵或者保证无瑕疵,造成受赠人损失的,应当承担损害赔偿责任。

【真题链接】

甲欠丙800元到期无力偿还,乙替甲还款,并对甲说:"这800元就算给你了。"甲称将来一定奉还。事后甲还了乙500元。后二人交恶,乙要求甲偿还余款300元,甲则以乙已送自己800元为由要求乙退回500元。下列哪种说法是正确的?(2006-3-4;单选)

A. 甲应再还300元
B. 乙应退回500元
C. 乙不必退回甲500元,甲也不必再还乙300元
D. 乙应退还甲500元及银行存款同期利息

[答案]_____①

考点 11 赠与合同的终止

任意撤销	(1) 赠与人在赠与财产的权利移转之前可以撤销赠与。
	(2) 具有救灾、扶贫等社会公益、道德义务性质的赠与合同或者经过公证的赠与合同,赠与人不得任意撤销。
法定撤销	(1) 受赠人有下列情形之一的,赠与人可以撤销赠与:① 严重侵害赠与人或者赠与人的近亲属。② 对赠与人有扶养义务而不履行。③ 不履行赠与合同约定的义务。赠与人的撤销权,自知道或者应当知道撤销原因之日起1年内行使。

---

① A.

(续表)

法定撤销	(2) 因受赠人的违法行为致使赠与人死亡或者丧失民事行为能力的,赠与人的继承人或者法定代理人可以撤销赠与。赠与人的继承人或者法定代理人的撤销权,自知道或者应当知道撤销原因之日起6个月内行使。
	(3) 撤销权人撤销赠与的,可以向受赠人要求返还赠与的财产。
穷困抗辩	赠与人的经济状况显著恶化,严重影响其生产经营或者家庭生活的,可以不再履行赠与义务。

【真题链接】

甲曾表示将赠与乙5 000元,且已实际交付乙2 000元,后乙在与甲之子丙的一次纠纷中,将丙殴成重伤。下列说法哪些是正确的?(2003-3-43;多选)

A. 甲可以撤销对乙的赠与 B. 丙可以要求撤销其父对乙的赠与
C. 丙应在被殴伤6个月内行使撤销权 D. 甲有权要求乙返还已赠与的2 000元

〔答案〕_____①

三、借款合同

导读:借款合同中,关键要把握以下主要知识点:(1) 自然人之间借款合同的性质;(2) 自然人之间的借款合同利息的确定。(这两个问题是考试中的热点问题,考生应当掌握。)

考点 12 借款合同的分类

概述	借款合同,是当事人约定一方将一定种类和数额的货币所有权移转给他方,他方于一定期限内返还同种类、同数额货币的合同。其中,提供货币的一方称贷款人,受领货币的一方称借款人。借款合同根据主体不同分为两类:即商业借贷与民间借贷。	
辨析	商业借贷合同	民间借贷合同
	要式合同	不要式合同
	诺成合同	实践合同
	有偿合同	无特别约定时,推定为无偿合同
	双务合同	单务合同

考点 13 民间借贷合同一般规定

性质	民间借贷,是指自然人、法人、非法人组织之间及其相互之间进行资金融通的行为。经金融监管部门批准设立的从事贷款业务的金融机构及其分支机构,因发放贷款等相关金融业务引发的纠纷,不适用该规定。可见,民间借贷是指金融机构借贷以外的借贷关系。

---

① AD。

(续表)

效力		自然人之间的借款合同,自贷款人提供借款时生效。具有下列情形之一,可以视为自然人之间借款合同的生效要件:① 以现金支付的,自借款人收到借款时。② 以银行转账、网上电子汇款或者通过网络借贷平台等形式支付,自资金到达借款人账户时。③ 以票据交付的,自借款人依法取得票据权利时。④ 出借人将特定资金账户支配权授权给借款人的,自借款人取得对该账户实际支配权时。⑤ 出借人以与借款人约定的其他方式提供借款并实际履行完成时。
	无效	① 套取贷款高利转贷,借款人知情。② 企业或者职工集资后转贷,借款人知情。③ 出借人明知借款人用的是借款实施违法犯罪活动。④ 违背公序良俗、效力性强制规定。
	有效	① 单位之间生产经营借款。② 单位与职工之间生产经营借款。

考点 14 民间借贷合同的利息问题

利息的有无	(1) 借贷双方没有约定利息,出借人主张支付借期内利息的,法院不予支持。
	(2) 自然人之间借贷对利息约定不明,出借人主张支付利息的,法院不予支持。除自然人之间借贷的外,借贷双方对借贷利息约定不明,出借人主张利息的,法院应当结合民间借贷合同的内容,并根据当地或者当事人的交易方式、交易习惯、市场利率等因素确定利息。
	(3) 借贷双方约定的利率未超过年利率24%,出借人请求借款人按照约定的利率支付利息的,法院应予支持。
	(4) 借贷双方约定的利率超过年利率24%但未超过36%的,为自然债务,当事人自愿履行的,法律无限制。
	(5) 借贷双方约定的利率超过年利率36%,超过部分的利息约定无效。借款人请求出借人返还已支付的超过年利率36%部分的利息的,法院应予支持。
利息预先扣除	借款的利息不得预先在本金中扣除。利息预先在本金中扣除的,应当按照实际借款数额返还借款并计算利息。
支付时间	有约定的,按照约定。没有约定,又不能协商确定的,借款人可以随时返还。贷款人可以催告借款人在合理期限内返还。
支付期限	(1) 借款人应当按照约定的期限支付利息。对支付利息的期限没有约定或者约定不明确,依照合同漏洞填补规则仍不能确定,借款期间不满1年的,应当在返还借款时一并支付。借款期间1年以上的,应当在每届满1年时支付。剩余期间不满1年的,应当在返还借款时一并支付。
	(2) 借款人可以提前偿还借款,但当事人另有约定的除外。借款人提前偿还借款并主张按照实际借款期间计算利息的,法院应予支持。

(续表)

逾期问题	(1) 借贷双方对逾期利率有约定的，从其约定，但以不超过年利率24%为限。
	(2) 未约定逾期利率或者约定不明的，法院可以区分不同情况处理：① 既未约定借期内的利率，也未约定逾期利率，出借人主张借款人自逾期还款之日起按照年利率6%支付资金占用期间利息的，法院应予支持。② 约定了借期内的利率但未约定逾期利率，出借人主张借款人自逾期还款之日起按照借期内的利率支付资金占用期间利息的，法院应予支持。
	(3) 出借人与借款人既约定了逾期利率，又约定了违约金或者其他费用，出借人可以选择主张逾期利息、违约金或者其他费用，也可以一并主张，但总计超过年利率24%的部分，法院不予支持。

【真题链接】

自然人甲与乙签订了年利率为30%、为期1年的1000万元借款合同。后双方又签订了房屋买卖合同，约定："甲把房屋卖给乙，房款为甲的借款本息之和。甲须在一年内以该房款分6期回购房屋。如甲不回购，乙有权直接取得房屋所有权。"乙交付借款时，甲出具收到全部房款的收据。后甲未按约定回购房屋，也未把房屋过户给乙。因房屋价格上涨至3000万元，甲主张偿还借款本息。下列哪些选项是正确的？(2015-3-51；多选)

A. 甲乙之间是借贷合同关系，不是房屋买卖合同关系
B. 应在不超过银行同期贷款利率的4倍以内承认借款利息
C. 乙不能获得房屋所有权
D. 因甲未按约定偿还借款，应承担违约责任

〔答案〕_____①

四、供用电、气、水、热合同

考点 15 供用电合同一般规定

概述		供用电合同是供电人向用电人供电，用电人支付电费的合同。供用水、供用气、供用热力合同，参照供用电合同的有关规定。
供方义务	安全供应义务	供电人应当按照国家规定的供电质量标准和约定安全供电。供电人未按照国家规定的供电质量标准和约定安全供电，造成用电人损失的，应当承担损害赔偿责任。
	通知义务	供电人因供电设施计划检修、临时检修、依法限电或者用电人违法用电等原因，需要中断供电时，应当按照国家有关规定事先通知用电人。未事先通知用电人中断供电，造成用电人损失的，应当承担损害赔偿责任。
	及时抢修义务	因自然灾害等原因断电，供电人应当按照国家有关规定及时抢修。未及时抢修，造成用电人损失的，应当承担损害赔偿责任。

---

① ABCD。

(续表)

用方义务	支付电费义务	用电人应当按照国家有关规定和当事人的约定及时交付电费。用电人逾期不交付电费的,应当按照约定支付违约金。经催告用电人在合理期限内仍不交付电费和违约金的,供电人可以按照国家规定的程序中止供电。
	安全用电义务	用电人应当按照国家有关规定和当事人的约定安全用电。用电人未按照国家有关规定和当事人的约定安全用电,造成供电人损失的,应当承担损害赔偿责任。

【真题链接】

甲公司与小区业主吴某订立了供热合同。因吴某要出国进修半年,向甲公司申请暂停供热未果,遂拒交上一期供热费。下列哪些表述是正确的?(2014-3-60;多选)

A. 甲公司可以直接解除供热合同
B. 经催告吴某在合理期限内未交费,甲公司可以解除供热合同
C. 经催告吴某在合理期限内未交费,甲公司可以中止供热
D. 甲公司可以要求吴某承担违约责任

〔答案〕_____①

第二节 移转标的物用益权的合同

一、租赁合同

导读: 租赁合同中,关键要把握以下主要知识点:(1) 租赁物的保管与维修。考生应当掌握承租人的妥善保管义务与出租人的维修义务,特别是承租人自行维修后的法律效果。(2) 转租。应当掌握经过出租人同意的转租与未经出租人同意的转租各自不同的法律效果。(3) 买卖不破租赁。应当注意重点掌握买卖不破租赁的构成条件以及法律规定。

考点 16 租赁合同一般规定

概念	租赁合同是指出租人将租赁物交付给承租人使用、收益,承租人支付租金的合同。在当事人中,提供物的使用或收益权的一方为出租人;对租赁物有使用或收益权的一方为承租人。租赁物须为法律允许流通的动产和不动产。租赁物为特定的非消耗物。
形式要求	租赁期限6个月以上的,应当采用书面形式。当事人未采用书面形式的,视为不定期租赁。不定期租赁合同,是指当事人未约定租赁期限或者约定不明确的租赁合同。① 租赁期限在6个月以上且当事人未采取书面形式的租赁合同。② 租赁期间届满,承租人继续使用租赁物,出租人没有提出异议的。③ 合同当事人未约定租赁期限的。

---

① CD。

(续表)

租赁期限	租赁期限不得超过20年。超过20年的,超过部分无效。
维修义务	(1) 出租人应当履行租赁物的维修义务,但当事人另有约定的除外。 (2) 承租人在租赁物需要维修时可以要求出租人在合理期限内维修。出租人未履行维修义务的,承租人可以自行维修,维修费用由出租人负担。因维修租赁物影响承租人使用的,应当相应减少租金或者延长租期。

【真题链接】

刘某欠何某100万元货款届期未还且刘某不知所踪。刘某之子小刘为替父还债,与何某签订书面房屋租赁合同,未约定租期,仅约定:"月租金1万元,用租金抵货款,如刘某出现并还清货款,本合同终止,双方再行结算。"下列哪些表述是错误的?(2014-3-59;多选)

A. 小刘有权随时解除合同　　　　B. 何某有权随时解除合同
C. 房屋租赁合同是附条件的合同　　D. 房屋租赁合同是附期限的合同

〔答案〕_____①

考点 17　租赁合同中当事人的法定解除权

出租人的法定解除权。	(1) 承租人未按照约定的方法或者租赁物的性质使用租赁物,致使租赁物受到损失的。(《合同法》第219条)
	(2) 承租人擅自变动房屋建筑主体和承重结构或者扩建,在出租人要求的合理期限内仍不予恢复原状的。(《城镇房屋租赁合同解释》第7条)
	(3) 承租人未经出租人同意转租的(但出租人知道或者应当知道擅自转租之日起6个月未提出异议的,解除权消灭)。(《合同法》第224条)
	(4) 承租人无正当理由未支付或者迟延支付租金,经出租人催告后在合理期间内仍未支付的。(《合同法》第227条)
承租人的法定解除权。	(1) 因不可归责于承租人的事由,致使租赁物部分或者全部毁损、灭失的。(《合同法》第231条)
	(2) 租赁物危及承租人的安全或者健康的,即使承租人订立合同时明知该租赁物质量不合格的。(《合同法》第233条)
	(3) 出租人就同一房屋订立数份租赁合同,在合同均有效的情况下,不能取得租赁房屋的承租人请求解除合同。(《城镇房屋租赁合同解释》第6条)
	(4) 因下列情形之一,导致租赁房屋无法使用,承租人有权请求解除合同:① 租赁房屋被司法机关或者行政机关依法查封的。② 租赁房屋权属有争议的。③ 租赁房屋具有违反法律、行政法规关于房屋使用条件强制性规定情况的。(《城镇房屋租赁合同解释》第8条)

---

① ABD。

考点 18 无效的房屋租赁合同

违法建筑物	未取得建设工程规划许可证（无证房）或者未按照建设工程规划许可建设的房屋（违章房），未经批准或者未按照批准内容建设的临时建筑，超过批准使用期限的临时建筑为违法建筑。此类建筑物的租赁合同无效。如果在一审辩论终结前违法情节消失的，合同转为有效。
提起确认无效之诉	未经出租人同意擅自转租的房屋租赁合同，出租人提起无效之诉或者撤销之诉，受到法院支持，合同转为无效。
转租超期	转租合同期限超过承租人剩余租赁期限，超过部分无效。

【真题链接】

甲将其临街房屋和院子出租给乙作为汽车修理场所。经甲同意，乙先后两次自费扩建多间房屋作为烤漆车间。乙在又一次扩建报批过程中发现，甲出租的全部房屋均未经过城市规划部门批准，属于违章建筑。下列哪些选项是正确的？（2015-3-59；多选）

A. 租赁合同无效

B. 因甲、乙对于扩建房屋都有过错，应分担扩建房屋的费用

C. 因甲未告知乙租赁物为违章建筑，乙可解除租赁合同

D. 乙可继续履行合同，待违章建筑被有关部门确认并影响租赁物使用时，再向甲主张违约责任

〔答案〕_____①

考点 19 一房数租问题

概述	在合同领域中涉及多重关系的主要有多重买卖和多重租赁。多重买卖在物权法编已经详细阐释，在此不赘。需要提醒考生注意的是：债权具有相容性，一房数租订立多重买卖合同，数份合同在均不存在效力瑕疵情况下，当然有效。
依据	① 出租人就同一房屋订立数份租赁合同，在合同均有效的情况下，承租人均主张履行合同的，法院按照下列顺序确定履行合同的承租人：A. 已经合法占有租赁房屋的。B. 已经办理登记备案手续的。C. 合同成立在先的。② 不能取得租赁房屋的承租人请求解除合同、赔偿损失的，依照《合同法》的有关规定处理。

【真题链接】

1. 孙某与李某签订房屋租赁合同，李某承租后与陈某签订了转租合同，孙某表示同意。但是，孙某在与李某签订租赁合同之前，已经把该房租给了王某并已交付。李某、陈某、王某均要求继续租赁该房屋。下列哪一表述是正确的？（2014-3-14；单选）

A. 李某有权要求王某搬离房屋

B. 陈某有权要求王某搬离房屋

C. 李某有权解除合同，要求孙某承担赔偿责任

---

① AB。

D. 陈某有权解除合同,要求孙某承担赔偿责任
〔答案〕_____①

2. 居民甲将房屋出租给乙,乙经甲同意对承租房进行了装修并转租给丙。丙擅自更改房屋承重结构,导致房屋受损。对此,下列哪些选项是正确的?(2016-3-60;多选)
A. 无论有无约定,乙均有权于租赁期满时请求甲补偿装修费用
B. 甲可请求丙承担违约责任
C. 甲可请求丙承担侵权责任
D. 甲可请求乙承担违约责任
〔答案〕_____②

3. 甲以某商铺作抵押向乙银行借款,抵押权已登记,借款到期后甲未偿还。甲提前得知乙银行将起诉自己,在乙银行起诉前将该商铺出租给不知情的丙,预收了1年租金。半年后经乙银行请求,该商铺被法院委托拍卖,由丁竞买取得。下列哪一选项是正确的?(2017-3-8;单选)
A. 甲与丙之间的租赁合同无效
B. 丁有权请求丙腾退商铺,丙有权要求丁退还剩余租金
C. 丁有权请求丙腾退商铺,丙无权要求丁退还剩余租金
D. 丙有权要求丁继续履行租赁合同
〔答案〕_____③

4. 居民甲经主管部门批准修建了一排临时门面房,核准使用期限为2年,甲将其中一间租给乙开餐馆,租期2年。期满后未办理延长使用期限手续,甲又将该房出租给了丙,并签订了1年的租赁合同。因租金问题,发生争议。下列哪些选项是正确的?(2017-3-60;多选)
A. 甲与乙的租赁合同无效　　　　　B. 甲与丙的租赁合同无效
C. 甲无权将该房继续出租给丙　　　D. 甲无权向丙收取该年租金
〔答案〕_____④

考点 20　买卖不破租赁

概念	《合同法》第229条规定,租赁物在租赁期间发生所有权变动的,不影响租赁合同的效力。据此,在租赁合同有效期间,租赁物因买卖等使租赁物的所有权发生变更的,租赁合同对新所有权人仍然有效,新所有权人不履行租赁义务时,承租人得以租赁权对抗新所有权人,这在学理上称为"买卖不破租赁"。
一般构成	① 租赁合同有效。② 租赁期间内,租赁物的所有权因买卖、赠与等发生变更。
例外情形	租赁房屋具有下列情形或者当事人另有约定的除外:① 租赁物被没收、征收的。② 先出租后抵押,或者动产抵押已办理抵押登记,因抵押权人实现抵押权发生所有权变动的。③ 房屋在出租前已被法院依法查封的。

---

① C。
② CD。
③ C。
④ BCD。

考点 21 承租人的优先购买权

一般规定	出租人出卖租赁房屋的,应当在出卖之前的合理期限内(提前15日,拍卖场合下提前5日)通知承租人,承租人享有以同等条件优先购买的权利。
排除适用	具有下列情形之一,承租人主张优先购买房屋的,法院不予支持:① 房屋共有人行使优先购买权的。② 出租人将房屋出卖给近亲属,包括配偶、父母、子女、兄弟姐妹、祖父母、外祖父母、孙子女、外孙子女的。③ 出租人履行通知义务后,承租人在15日内未明确表示购买的。④ 第三人善意购买租赁房屋并已经办理登记手续的。

【真题链接】

1. 甲与乙订立房屋租赁合同,约定租期5年。半年后,甲将该出租房屋出售给丙,但未通知乙。不久,乙以其房屋优先购买权受侵害为由,请求法院判决甲丙之间的房屋买卖合同无效。下列哪一表述是正确的?(2013-3-10;单选)

A. 甲出售房屋无须通知乙
B. 丙有权根据善意取得规则取得房屋所有权
C. 甲侵害了乙的优先购买权,但甲丙之间的合同有效
D. 甲出售房屋应当征得乙的同意
〔答案〕_____①

2. 甲将房屋租给乙,在租赁期内未通知乙就把房屋出卖并过户给不知情的丙。乙得知后劝丙退出该交易,丙拒绝。关于乙可以采取的民事救济措施,下列哪一选项是正确的?(2015-3-11;单选)

A. 请求解除租赁合同,因甲出卖房屋未通知乙,构成重大违约
B. 请求法院确认买卖合同无效
C. 主张由丙承担侵权责任,因丙侵犯了乙的优先购买权
D. 主张由甲承担赔偿责任,因甲出卖房屋未通知乙而侵犯了乙的优先购买权
〔答案〕_____②

考点 22 转租问题

合法转租	概述	合法转租,是指经出租人同意的转租。须注意以下几个要点:① 须经出租人同意。出租人同意的意思表示,可以明示,也可以默示;可以事先同意,也可以事后追认;可以向承租人表示,也可以向第三人表示。② 出租人同意转租的推定。出租人知道或者应当知道承租人转租,但在6个月内未提出异议的,推定为同意转租,该转租合同有效。出租人不得再行主张转租合同无效或者主张解除租赁合同。③ 超期转租未经出租人同意的,超期部分的转租合同无效。

---

① C。
② D。

（续表）

合法转租	效果	合法转租中，出租人、承租人与次承租人之间的关系是：出租人与次承租人之间没有合同关系。根据合同的相对性原理，可知：① 承租人就次承租人的行为对出租人负责，承担损害赔偿责任。② 承租人向出租人承担责任之后，承租人可以向次承租人主张违约损害赔偿。③ 出租人可以基于其所有人地位向次承租人主张侵权损害赔偿或者物上请求权。
非法转租	概述	非法转租，是指承租人未经出租人同意，擅自签订转租合同。
	效果	① 非法转租城镇房屋的，次租赁合同无效。② 若出租人自知道之日起6个月内没有表示异议，推定其同意转租，非法转租即转化为合法转租。③ 承租人未经出租人同意转租的，出租人可以解除合同。④ 租赁期间，承租人非法转租取得的租金不构成不当得利。因为承租人依据合法的租赁关系，对租赁物享有收益权能。出租人若解除租赁合同，则解除之后承租人继续出租取得的租金才构成不当得利。⑤ 在非法转租中，次承租人相对于出租人来说就是无权占有人。因此作为所有权人的出租人对次承租人享有返还原物请求权。
	辨析	需要提醒考生注意的是：① 非法转租与擅自出租他人之物是包含关系，即所有的非法转租都是擅自出租他人之物。② 擅自出租他人之物订立的租赁合同有效。但是，非法转租的次租赁合同无效。

【真题链接】

1. 甲将自己的一套房屋租给乙住，乙又擅自将房屋租给丙住。丙是个飞镖爱好者，因练飞镖将房屋的墙面损坏。下列哪些选项是正确的？（2009-3-60；多选）

A. 甲有权要求解除与乙的租赁合同

B. 甲有权要求乙赔偿墙面损坏造成的损失

C. 甲有权要求丙搬出房屋

D. 甲有权要求丙支付租金

［答案］_____①

2. 丁某将其所有的房屋出租给方某，方某将该房屋转租给唐某。下列哪些表述是正确的？（2011-3-57；多选）

A. 丁某在租期内基于房屋所有权可以对方某主张返还请求权，方某可以基于其与丁某的合法的租赁关系主张抗辩权

B. 方某未经丁某同意将房屋转租，并已实际交付给唐某租用，则丁某无权请求唐某返还房屋

C. 如丁某与方某的租赁合同约定，方某未经丁某同意将房屋转租，丁某有权解除租赁合同，则在合同解除后，其有权请求唐某返还房屋

---

① ABC。

D. 如丁某与方某的租赁合同约定,方某未经丁某同意将房屋转租,丁某有权解除租赁合同,则在合同解除后,在丁某向唐某请求返还房屋时,唐某可以基于与方某的租赁关系进行有效的抗辩

〔答案〕_____①

考点 23 房屋租赁合同中装饰装修物的处理

概述	关于城镇房屋租赁合同中装饰装修物的处理,法律依据是《合同法》第223条的规定。另外,需要注意《城镇房屋租赁合同解释》第9条、第10条、第11条、第12条关于装饰物装修物处理规则的规定。		
情形	未经出租人同意	① 承租人行为构成违约。② 出租人可以请求承租人承担恢复原状或者赔偿损失的侵权责任。③ 无论装饰装修物是否形成附合,出租人对承租人均无补偿义务(学理基础:强迫得利)。	
	经出租人同意	未形成附合的装饰装修物的	① 租赁合同无效时,出租人同意利用的,可折价归出租人所有。不同意利用的,可由承租人拆除。② 租赁期间届满或者合同解除时,除当事人另有约定外,可由承租人拆除。③ 因拆除造成房屋毁损的,承租人应当恢复原状。
		已形成附合的装饰装修物的	租赁期间届满时,承租人请求出租人补偿附合装饰装修费用的,不予支持。但当事人另有约定的除外。
			合同解除时,双方对已形成附合的装饰装修物的处理没有约定的,按照下列情形分别处理:① 因出租人违约导致合同解除,承租人请求出租人赔偿剩余租赁期内装饰装修残值损失的,应予支持。② 因承租人违约导致合同解除,承租人请求出租人赔偿剩余租赁期内装饰装修残值损失的,不予支持。但出租人同意利用的,应在利用价值范围内予以适当补偿。③ 因双方违约导致合同解除,剩余租赁期内的装饰装修残值损失,由双方根据各自的过错承担相应的责任。④ 因不可归责于双方的事由导致合同解除的,剩余租赁期内的装饰装修残值损失,由双方按照公平原则分担。法律另有规定的,适用其规定。
			租赁合同无效时,剩余租赁期内的装饰装修残值损失,由双方根据各自的过错承担相应的责任。

---

① AC。

考点 24 房屋租赁合同中租赁物扩建的处理

概述	关于城镇房屋租赁合同中租赁物扩建的处理,需要注意《城镇房屋租赁合同解释》第 13 条、第 14 条的规定。	
情形	未经出租人同意	承租人未经出租人同意装饰装修或者扩建发生的费用,由承租人负担。出租人请求承租人恢复原状或者赔偿损失的,法院应予支持。
	经出租人同意	承租人经出租人同意扩建,但双方对扩建费用的处理没有约定的,法院按照下列情形分别处理:① 办理合法建设手续的,扩建造价费用由出租人负担。② 未办理合法建设手续的,扩建造价费用由双方按照过错分担。

二、融资租赁合同

考点 25 融资租赁合同一般规定

概述	(1) 融资租赁合同,是指出租人根据承租人对出卖人、租赁物的选择,向出卖人购买租赁物,提供给承租人使用,承租人支付租金的合同。 (2) 融资租赁合同应当采用书面形式。
特征	(1) 融资租赁集借贷、租赁、买卖于一体,是将融资与融物结合在一起的交易方式。融资租赁合同是由出卖人与买受人(租赁合同的出租人)之间的买卖合同和出租人与承租人之间的租赁合同构成的,但其法律效力又不是买卖和租赁两个合同效力的简单叠加。 (2) 租赁合同的主体为三方当事人,即出租人(买受人)、承租人和出卖人(供货商)。承租人要求出租人为其融资购买承租人所需的设备,然后由供货商直接将设备交给承租人。 (3) 融资租赁合同为诺成、要式、双务、有偿合同。
效力	(1) 承租人将其自有物出卖给出租人,再通过融资租赁合同将租赁物从出租人处租回的,人民法院不应仅以承租人和出卖人系同一人为由认定不构成融资租赁法律关系。(《融资租赁合同解释》第 2 条) (2) 根据法律、行政法规规定,承租人对于租赁物的经营使用应当取得行政许可的,人民法院不应仅以出租人未取得行政许可为由认定融资租赁合同无效。(《融资租赁合同解释》第 3 条)

考点 26 融资租赁合同当事人之间的权利义务关系

出卖人的权利义务	① 与买卖合同不同,融资合同的出卖人是向承租人履行交付标的物和瑕疵担保义务,而不是向买受人(出租人)履行义务。② 取得出卖物相应的对价。

(续表)

出租人的权利义务	出租人享有租赁物的所有权。承租人破产的,租赁物不属于破产财产。
	承租人经催告后在合理期限内仍不支付租金的,出租人可以要求支付全部租金;也可以解除合同,收回租赁物。
	租赁物不符合约定或者不符合使用目的的,出租人不承担责任,但承租人依赖出租人的技能确定租赁物或者出租人干预选择租赁物的除外。
	承租人占有租赁物期间,租赁物造成第三人的人身伤害或者财产损害的,出租人不承担责任。
	须向出卖人支付标的物的价款。
	出租人根据承租人对出卖人、租赁物的选择订立的买卖合同,未经承租人同意,出租人不得变更与承租人有关的合同内容。
	出租人应当保证承租人对租赁物的占有和使用。
	承租人行使索赔权利的,出租人应当协助。
承租人的权利义务	出租人、出卖人、承租人可以约定,出卖人不履行买卖合同义务的,由承租人行使索赔的权利。
	妥善保管和使用租赁物并担负租赁物的维修义务。
	承租人应当按照约定支付租金,并在租赁期届满时返还租赁物。《融资租赁合同解释》第6条规定,承租人对出卖人行使索赔权,不影响其履行融资租赁合同项下支付租金的义务,但承租人以依赖出租人的技能确定租赁物或者出租人干预选择租赁物为由,主张减轻或者免除相应租金支付义务的除外。
	①《融资租赁合同解释》第5条规定,出卖人违反合同约定的向承租人交付标的物的义务,承租人因下列情形之一拒绝受领租赁物的,人民法院应予支持:A.租赁物严重不符合约定的。B.出卖人未在约定的交付期间或者合理期间内交付租赁物,经承租人或者出租人催告,在催告期满后仍未交付的。②承租人拒绝受领租赁物,未及时通知出租人,或者无正当理由拒绝受领租赁物,造成出租人损失,出租人向承租人主张损害赔偿的,人民法院应予支持。

考点 27 融资租赁合同中租赁物的归属

一般规定	出租人与承租人可以约定租赁期间届满后租赁物的归属。对租赁物的归属没有约定或者约定不明确,按照合同漏洞填补规则仍不能确定的,租赁物的所有权归出租人。
	根据《融资租赁合同解释》第4条的规定,融资租赁合同被认定无效时,当事人就合同无效情形下租赁物的归属:① 有约定的,从其约定。② 未约定或者约定不明,且当事人协商不成的,租赁物应当返还出租人。③ 但因承租人原因导致合同无效,出租人不要求返还租赁物,或者租赁物正在使用,返还出租人后会显著降低租赁物价值和效用的,可以认定租赁物所有权归承租人,并根据合同履行情况和租金支付情况,由承租人就租赁物进行折价补偿。

(续表)

善意取得	根据《融资租赁合同解释》第9条的规定,承租人或者租赁物的实际使用人,未经出租人同意转让租赁物或者在租赁物上设立其他物权,第三人可以善意取得租赁物的所有权或者其他物权,出租人主张第三人物权权利不成立的,法院不予支持,但有下列情形之一的除外:① 出租人已在租赁物的显著位置作出标识,第三人在与承租人交易时知道或者应当知道该物为租赁物的。② 出租人授权承租人将租赁物抵押给出租人并在登记机关依法办理抵押权登记的。③ 第三人与承租人交易时,未按照法律、行政法规、行业或者地区主管部门的规定在相应机构进行融资租赁交易查询的。④ 出租人有证据证明第三人知道或者应当知道交易标的物为租赁物的其他情形。

【真题链接】
甲融资租赁公司与乙公司签订融资租赁合同,约定乙公司向甲公司转让一套生产设备,转让价为评估机构评估的市场价200万元,再租给乙公司使用2年,乙公司向甲公司支付租金300万元。合同履行过程中,因乙公司拖欠租金,甲公司诉至法院。下列哪些选项是正确的?(2017-3-61;多选)

A. 甲公司与乙公司之间为资金拆借关系
B. 甲公司与乙公司之间为融资租赁合同关系
C. 甲公司与乙公司约定的年利率超过24%的部分无效
D. 甲公司已取得生产设备的所有权

〔答案〕_____①

第三节 完成工作成果的合同

一、承揽合同

考点 28 承揽合同一般规定

概述	① 承揽合同是承揽人按照定作人的要求完成工作,交付工作成果,定作人给付报酬的合同。② 承揽包括加工、定作、修理、复制、测试、检验等工作。③ 承揽合同是双务、有偿、诺成合同。
承揽人的权利义务	(1) 定作人未向承揽人支付报酬或者材料费等价款的,承揽人对完成的工作成果享有留置权,但当事人另有约定的除外。 (2) 承揽人须独立完成承揽工作。① 承揽人将其承揽的主要工作交由第三人完成的,应当就该第三人完成的工作成果向定作人负责。未经定作人同意的,定作人也可以解除合同。② 承揽人可以将其承揽的辅助工作交由第三人完成。承揽人将其承揽的辅助工作交由第三人完成的,应当就该第三人完成的工作成果向定作人负责。

---

① BD。

(续表)

承揽人的权利义务	(3) 承揽人应当妥善保管定作人提供的材料以及完成的工作成果，因保管不善造成毁损、灭失的，应当承担损害赔偿责任。 (4) 承揽人应当按照定作人的要求保守秘密，未经定作人许可，不得留存复制品或者技术资料。 (5) 共同承揽人对定作人承担连带责任，但当事人另有约定的除外。
风险负担	① 工作成果在交付定作人之前，风险由承揽人负担。② 但定作人受领迟延的，迟延期间的风险由定作人承担。③ 原材料由承揽人提供的，风险由承揽人负担。④ 原材料由定作人提供或者定作人已付款购买的，风险由定作人负担。

考点 29 承揽合同的终止

合同解除	协议解除	承揽合同的双方当事人在承揽合同成立之后，通过协商的方式解除合同。
	任意解除	定作人可以随时解除承揽合同，造成承揽人损失的，应当赔偿损失。
	违约解除	承揽合同在一方严重违约致使合同不能继续履行时，另一方有权解除。具体情形包括：① 承揽人未经定作人同意，将承揽合同的主要工作转由第三人完成。② 定作人未尽协助义务，承揽人可催告其在合理期限内履行，定作人接到催告仍不履行的，承揽人有权解除合同。③ 承揽人未依约按时完成工作成果，致使其工作于定作人已无意义的。④ 定作人在检验、监督中，发现承揽工作存在问题，经向承揽人提出，承揽人拒不改正的。
法定终止		① 承揽人死亡或者丧失工作能力的。② 定作人死亡且继承人不需要该项工作。

二、建设工程合同

导读： 建设工程合同，关键要把握以下主要知识点：(1) 转包与分包。应当掌握发包单位将其工程违法转包或者分包以后的法定情形以及法律后果。(2) 优先权。应当掌握优先权的法定要件与法律效果。

考点 30 建设工程合同一般规定

概述	① 建设工程合同是承包人进行工程建设，发包人支付价款的合同。建设工程合同包括工程勘察、设计、施工合同。② 建设工程合同应当采用书面形式。

	(续表)
特征	(1) 发包人不得将应当由一个承包人完成的建设工程肢解成若干部分发包给几个承包人。 (2) 承包人不得将其承包的全部建设工程转包给第三人或者将其承包的全部建设工程肢解以后以分包的名义分别转包给第三人。 (3) 禁止承包人将工程分包给不具备相应资质条件的单位。 (4) 禁止分包单位将其承包的工程再分包。 (5) 建设工程主体结构的施工必须由承包人自行完成。 (6) 总承包人或者勘察、设计、施工承包人经发包人同意,可以将自己承包的部分工作交由第三人完成。第三人就其完成的工作成果与总承包人或者勘察、设计、施工承包人向发包人承担连带责任。
优先受偿	(1) 发包人未按照约定支付价款的,承包人可以催告发包人在合理期限内支付价款。发包人逾期不支付的,除按照建设工程的性质不宜折价、拍卖的以外,承包人可以与发包人协议将该工程折价,也可以申请法院将该工程依法拍卖。建设工程的价款就该工程折价或者拍卖的价款优先受偿。 (2) 优先于抵押权和其他债权但是不得对抗已经支付全部或者大部分房款的购房人。 (3) 优先受偿权的行使期限为6个月,自竣工之日或者约定竣工之日起计算。

【真题链接】

1. 甲公司将建筑工程发包给乙公司,乙公司将其转包给丙公司,丙公司将部分工程包给由121个农民工组成的施工队。施工期间,丙公司拖欠施工队工程款达500万元之多,农民工因此踏上维权之路。丙公司以乙公司拖欠其工程款800万元为由、乙公司以甲公司拖欠其工程款1000万元为由均拒付欠款。施工队将甲公司诉至法院,要求甲公司支付500万元。根据社会主义法治理念,关于本案的处理,下列哪些说法是正确的?(2011-3-51;多选)

   A. 法院应驳回施工队的诉讼请求,因甲公司与施工队无合同关系。法院不应以破坏合同相对性为代价,片面实现社会效果

   B. 法院应支持施工队的诉讼请求。法院不能简单以坚持合同的相对性为由否定甲公司的责任,从而造成农民工不断申诉,案结事不了

   C. 法院应当追加乙公司和丙公司为本案当事人。法院一并解决乙公司和丙公司的欠款纠纷,以避免机械执法,就案办案

   D. 法院可以追加乙公司和丙公司为本案当事人。法院加强保护农民工权益的力度,有利于推进法律效果和社会效果的有机统一

   〔答案〕_____①

2. 甲公司与乙公司签订建设工程施工合同,将工程发包给乙公司施工,约定乙公司垫资1000万元,未约定垫资利息。甲公司、乙公司经备案的中标合同中工程造价为1亿元,但双方私下约定的工程造价为8000万元,均未约定工程价款的支付时间。7月1日,乙公司将经竣

---

① BD。

工验收合格的建设工程实际交付给甲公司,甲公司一直拖欠工程款。关于乙公司,下列哪些表述是正确的?(2012-3-61;多选)

A. 1000万元垫资应按工程欠款处理
B. 有权要求甲公司支付1000万元垫资自7月1日起的利息
C. 有权要求甲公司支付1亿元
D. 有权要求甲公司支付1亿元自7月1日起的利息

〔答案〕_____①

考点 31 建设工程合同的无效

无效情形		(1) 建设工程施工合同具有下列情形之一的,应当认定无效:① 承包人未取得建筑施工企业资质或者超越资质等级的。② 没有资质的实际施工人借用有资质的建筑施工企业名义的。③ 建设工程必须进行招标而未招标或者中标无效的。
		(2) 承包人非法转包、违法分包建设工程或者没有资质的实际施工人借用有资质的建筑施工企业名义与他人签订建设工程施工合同的行为无效。法院可以收缴当事人已经取得的非法所得。
		(3) 承包人超越资质等级许可的业务范围签订建设工程施工合同,在建设工程竣工前仍未取得相应资质等级,当事人请求按照无效合同处理的,予以支持。
工程价款	验收合格	建设工程施工合同无效,但建设工程经竣工验收合格,承包人请求参照合同约定支付工程价款的,应予支持。
	验收不合格	(1) 建设工程施工合同无效,且建设工程经竣工验收不合格的,按照以下情形分别处理:① 修复后的建设工程经竣工验收合格,发包人请求承包人承担修复费用的,应予支持。② 修复后的建设工程经竣工验收不合格,承包人请求支付工程价款的,不予支持。
		(2) 因建设工程不合格造成的损失,发包人有过错的,也应承担相应的民事责任。

【真题链接】

1. 甲公司将一工程发包给乙建筑公司,经甲公司同意,乙公司将部分非主体工程分包给丙建筑公司,丙公司又将其中一部分分包给丁建筑公司。后丁公司因工作失误致使工程不合格,甲公司欲索赔。对此,下列哪些说法是正确的?(2010-3-59;多选)

A. 上述工程承包合同均无效
B. 丙公司在向乙公司赔偿损失后,有权向丁公司追偿
C. 甲公司有权要求丁公司承担民事责任
D. 法院可收缴丙公司由于分包已经取得的非法所得

〔答案〕_____②

---

① ABCD。
② BCD。

2. 甲公司与没有建筑施工资质的某施工队签订合作施工协议,由甲公司投标乙公司的办公楼建筑工程,施工队承建并向甲公司交纳管理费。中标后,甲公司与乙公司签订建筑施工合同。工程由施工队负责施工。办公楼竣工验收合格交付给乙公司。乙公司尚有部分剩余工程款未支付。下列哪一选项是正确的?(2015-3-14;单选)

A. 合作施工协议有效　　　　　　B. 建筑施工合同属于效力待定
C. 施工队有权向甲公司主张工程款　D. 甲公司有权拒绝支付剩余工程款
〔答案〕_____①

3. 甲房地产开发公司开发一个较大的花园公寓项目,作为发包人,甲公司将该项目的主体工程发包给了乙企业,签署了建设工程施工合同。乙企业一直未取得建筑施工企业资质。现该项目主体工程已封顶完工。就相关合同效力及工程价款,下列哪些说法是正确的?(2017-3-62;多选)

A. 该建设工程施工合同无效
B. 因该项目主体工程已封顶完工,故该建设工程施工合同不应认定为无效
C. 该项目主体工程经竣工验收合格,则乙企业可参照合同约定请求甲公司支付工程价款
D. 该项目主体工程经竣工验收不合格,经修复后仍不合格的,乙企业不能主张工程价款
〔答案〕_____②

第四节　提供劳务的合同

一、运输合同

考点 32 运输合同一般规定

概述	(1) 运输合同又称为运送合同,是指承运人将旅客或者货物从起运地点运输到约定地点,旅客、托运人或者收货人支付票款或者运输费用的合同。将旅客或货物从起运地点运输到约定地点的一方称为承运人,支付票款或运输费用的一方称为旅客、托运人或者收货人。 (2) 运输合同分为客运合同、货运合同。
特征	(1) 运输合同的标的是运送行为。运输合同的标的是承运人的运送行为,而不是被运送的货物或旅客本身。运输合同双方当事人的权利与义务均围绕运送行为而产生。 (2) 运输合同是双务有偿合同。承运人有义务为托运人运送物品或旅客,同时有权获得报酬;托运人或旅客有义务支付运费或票款,同时有权要求承运人完成运送行为。 (3) 运输合同多为格式合同,合同条款由承运人事先拟定,托运人和旅客仅有就此条款表示同意与否的权利。

① C。
② ACD。

(续表)

责任承担	(1) 对旅客的伤亡赔偿责任。承运人应当对运输过程中的旅客的伤亡承担损害赔偿责任，但伤亡是旅客自身健康原因造成的或承运人证明伤亡是旅客故意、重大过失造成的除外。上述规定适用于按照规定免票、持优待票或经承运人许可搭乘的无票乘客。
	(2) 对行李的损害赔偿责任。在运输过程中，旅客自带物品毁损、灭失，承运人有过错的，应当承担损害赔偿责任。旅客托运的行李毁损、灭失的，适用货物运输的有关规定。

二、保管合同与仓储合同

考点 33　保管合同一般规定

概述		保管合同，又称寄托合同、寄存合同，是指当事人一方将物品交付他方，他方给予保管并获得保管费用的合同。在保管合同中，对他人物品进行保管的人称保管人，将自己的物品交托保管人的人称寄存人。
特征		保管合同为实践合同。《合同法》第 367 条规定，保管合同自保管物交付时成立，但当事人另有约定的除外。据此规定，保管合同除当事人另有约定外，为实践合同，其成立以交付保管物为要件。
		保管合同可以为无偿合同，也可以为有偿合同。当事人对保管费没有约定或者约定不明确，依照合同漏洞填补规则仍不能确定的，视为无偿保管。
		保管合同以物品的保管为目的。保管合同的标的是保管行为，尽管物应处于保管人的占有或控制之下，但保管只是对物的保存行为，而不是管理行为，因而保管人只应保持物的原状，而不得对物为利用或改良行为。
责任承担	保管义务	保管人的首要义务，即是保管标的物的义务。其内容包括：① 妥善保管标的物。因保管不善导致保管物毁损灭失的，保管人应负损害赔偿责任，但无偿保管人负重大过失责任，有偿保管人负一般过失责任。② 按约定或有利于寄存人利益的保管方式保管物品。③ 亲自保管物品。未经寄存人同意的，不得擅自将保管物转交第三人保管。否则，保管人对第三人保管导致的损失负赔偿责任。
	不得使用保管物	非经寄存人许可，保管人不得使用或允许第三人使用保管物
	返还保管物	寄存人领取保管物的，保管人应及时交还。即使有第三人对保管物主张权利，非经执行程序强制，保管人仍应向寄存人返还保管物。
	附随义务	包括：① 危险告知义务。当保管物品发生危险或者被法院保全、执行时，保管人要及时通知寄存人。② 孳息返还义务。保管事务完成，保管人要将产生的孳息全部返还给寄存人。

		(续表)
责任承担	支付报酬义务	① 在有偿保管中,保管人完成保管义务时,寄存人应支付约定的报酬。寄存人不支付约定的报酬的,保管人有权留置保管物。② 在无偿保管中,寄存人对保管人为保管支付的必要费用,应予偿还。
	告知义务	保管物有瑕疵,或需要采取特殊措施保管的,寄存人应将情况告知保管人。未履行此义务的,保管物因此而受的损害,保管人不负赔偿责任。保管人因此而受损害的,寄存人应负赔偿责任。
	贵重物品声明	未声明的,该物品毁损灭失后,保管人可以按一般物品予以赔偿。

考点 34 保管合同与仓储合同之比较

相同之处	(1) 保管人负有妥善保管义务、亲自保管义务。 (2) 保管人不得使用或者许可第三人使用保管物,但有约定的除外。 (3) 第三人对保管物主张权利时,保管人应对寄存人负返还义务。若有孳息的,孳息归寄存人。 (4) 寄存人寄存贵重物品时有声明的义务。未声明的,该物品毁损灭失后,保管人可以按一般物品予以赔偿。 (5) 寄存人不支付约定的报酬的,保管人有权留置保管物。
不同之处	(1) 保管合同可以为有偿合同,也可以为无偿合同。当事人对保管费没有约定或者约定不明确,依照合同漏洞填补规则仍不能确定的,视为无偿保管。而仓储合同为有偿合同。 (2) 保管合同与仓储合同的保管人均承担过错责任。但是无偿保管合同的保管人仅在故意或者重大过失致使保管物毁损时才承担赔偿责任。

【真题链接】

关于保管合同和仓储合同,下列哪些说法是错误的?(2010-3-61;多选)

A. 二者都是有偿合同
B. 二者都是实践性合同
C. 寄存人和存货人均有权随时提取保管物或仓储物而无须承担责任
D. 因保管人保管不善造成保管物或仓储物毁损、灭失的,保管人承担严格责任

〔答案〕_____ ①

三、委托合同

导读: 委托合同,关键要把握以下主要知识点:(1) 委托合同的性质。要掌握委托合同与代理、委托合同与行纪合同之间的区别。(2) 转委托。① 应当掌握转委托的含义以及法律后

---

① ABCD。

果。②应当掌握未经委托人同意的转委托的法律后果。③应当掌握紧急情况下转委托的法律后果。(3) 间接委托。应当区分受托人以自己名义与第三人订立合同,第三人知道受托人与委托人之间代理关系的情况与第三人不知道受托人与委托人之间代理关系的不同情况,掌握各自的构成要件以及法律规定的不同法律效果。

考点 35　委托合同一般规定

概念	委托合同又称委任合同,是指委托人与受托人约定,由受托人处理委托人事务的合同。其中,委托他人为自己处理事务的人称委托人,接受他人委托的人称受托人。
特征	(1) 委托合同的标的是处理委托事务的行为。处理委托事务的行为既可以是法律行为,也可以是事实行为,但委托合同不适用于须当事人亲自履行的身份行为和需要利用他人特定技能完成的行为。
	(2) 委托合同建立在双方的相互信任关系的基础上。委托人委托受托人处理事务是以委托人对受托人的能力和信誉的信任为基础的。因此,受托人必须亲自办理委托事务。
	(3) 委托合同既可以是有偿合同,也可以是无偿合同。
	(4) 委托合同是诺成、不要式合同。

考点 36　委托合同当事人之间的权利义务关系

受托人主要权利义务	(1) 受托人应当按照委托人的指示处理委托事务。需要变更委托人指示的,应当经委托人同意。因情况紧急,难以和委托人取得联系的,受托人应当妥善处理委托事务,但事后应当将该情况及时报告委托人。
	(2) 受托人应当亲自处理委托事务。经委托人同意,受托人可以转委托。转委托经同意的,委托人可以就委托事务直接指示转委托的第三人,受托人仅就第三人的选任及其对第三人的指示承担责任。转委托未经同意的,受托人应当对转委托的第三人的行为承担责任,但在紧急情况下受托人为维护委托人的利益需要转委托的除外。
	(3) 受托人应当按照委托人的要求,报告委托事务的处理情况。委托合同终止时,受托人应当报告委托事务的结果。
	(4) 受托人以自己的名义,在委托人的授权范围内与第三人订立的合同,第三人在订立合同时知道受托人与委托人之间的代理关系的,该合同直接约束委托人和第三人,但有确切证据证明该合同只约束受托人和第三人的除外。
	(5) 受托人因委托人的原因对第三人不履行义务,受托人应当向第三人披露委托人,第三人因此可以选择受托人或者委托人作为相对人主张其权利,但第三人不得变更选定的相对人。委托人行使受托人对第三人的权利的,第三人可以向委托人主张其对受托人的抗辩。第三人选定委托人作为其相对人的,委托人可以向第三人主张其对受托人的抗辩以及受托人对第三人的抗辩。

委托人主要权利义务。	(1) 委托人应当预付处理委托事务的费用。受托人为处理委托事务垫付的必要费用，委托人应当偿还该费用及其利息。
	(2) 受托人完成委托事务的，委托人应当向其支付报酬。因不可归责于受托人的事由，委托合同解除或者委托事务不能完成的，委托人应当向受托人支付相应的报酬。当事人另有约定的，按照其约定。
	(3) 有偿的委托合同，因受托人的过错给委托人造成损失的，委托人可以要求赔偿损失。无偿的委托合同，因受托人的故意或者重大过失给委托人造成损失的，委托人可以要求赔偿损失。

【真题链接】

甲委托乙销售一批首饰并交付，乙经甲同意转委托给丙。丙以其名义与丁签订买卖合同，约定将这批首饰以高于市场价10%的价格卖给丁，并赠其一批箱包。丙因此与戊签订箱包买卖合同。丙依约向丁交付首饰，但因戊不能向丙交付箱包，导致丙无法向丁交付箱包。丁拒绝向丙支付首饰款。下列哪一表述是正确的？(2011-3-4；单选)

A. 乙的转委托行为无效
B. 丙与丁签订的买卖合同直接约束甲和丁
C. 丙应向甲披露丁，甲可以行使丙对丁的权利
D. 丙应向丁披露戊，丁可以行使丙对戊的权利

〔答案〕_____①

四、行纪合同

导读：行纪合同，关键要把握以下主要知识点：(1) 行纪人的介入权。这是委托合同与行纪合同的很大的区别点，也是行纪合同的一个根本特征，应当重点掌握。(2) 行纪人的留置权。对它的考查经常是与《物权法》中"留置"的规定结合在一起的。

考点 37 行纪合同(1)：行纪人的主要权利义务

行记人的主要权利	(1) 行纪人高于委托人指定的价格卖出或者低于委托人指定的价格买入的，可以按照约定增加报酬。没有约定或者约定不明确，依照合同漏洞填补规则仍不能确定的，该利益属于委托人。
	(2) 提存权。① 行纪人按照约定买入委托物，委托人应当及时受领。经行纪人催告，委托人无正当理由拒绝受领的，行纪人可以提存委托物。② 委托物不能卖出或者委托人撤回出卖，经行纪人催告，委托人不取回或者不处分该物的，行纪人可以提存委托物。
	(3) 留置权。行纪人完成或者部分完成委托事务的，委托人应当向其支付相应的报酬。委托人逾期不支付报酬的，行纪人对委托物享有留置权，但当事人另有约定的除外。

---

① C。

(续表)

行记人的主要义务	（1）依照指示处理委托事务。行纪人在处理委托事务时,应当尽谨慎注意义务,不得违反受托人的指示。① 行纪人低于委托人指定的价格卖出或者高于委托人指定的价格买入的,应当经委托人同意。未经委托人同意,行纪人补偿其差额的,该买卖对委托人发生效力。② 委托人对价格有特别指示的,行纪人不得违背该指示卖出或者买入。
	（2）负担行纪费用。行纪人处理委托事务支出的费用,由行纪人负担,但当事人另有约定的除外。
	（3）妥善保管委托物。行纪人占有委托物的,应当妥善保管委托物。未尽注意义务致使委托物毁损、灭失的,应当负损害赔偿责任。
	（4）卖出的委托物由委托人交付给行纪人时有瑕疵或者容易腐烂、变质,行纪人未经委托人同意而擅自处分该物,造成委托人损失的,应当在其损失范围内负责赔偿;与委托人不能及时取得联系的,行纪人没有合理处分该物,造成委托人损失的,应当赔偿损失。
	（5）行纪人与第三人订立合同的,行纪人对该合同直接享有权利、承担义务。第三人不履行义务致使委托人受到损害的,行纪人应当承担损害赔偿责任,但行纪人与委托人另有约定的除外。
	（6）行纪人对于购进物品存在的瑕疵,应当承担责任。委托人有权拒绝接受该物品,并可要求行纪人继续履行行纪合同或者赔偿损失。
	（7）行纪人未按合同规定,将购入的物品或者代销的价金及时交给委托人,应向委托人承担违约责任;行纪人在办理委托事务过程中,对于所增加的收入部分,未履行交付委托人的义务时,应承担违约责任。除应补足不交或少交的部分外,还应当按未交付部分的总金额,偿付委托人延期交付委托物或者逾期付款的违约金。

【真题链接】

1. 甲将10吨大米委托乙商行出售。双方只约定,乙商行以自己名义对外销售,每公斤售价两元,乙商行的报酬为价款的5%。下列哪些说法是正确的？(2009-3-61;多选)

A. 甲与乙商行之间成立行纪合同关系

B. 乙商行为销售大米支出的费用应由自己负担

C. 如乙商行以每公斤2.5元的价格将大米售出,双方对多出价款的分配无法达成协议,则应平均分配

D. 如乙商行与丙食品厂订立买卖大米的合同,则乙商行对该合同直接享有权利、承担义务

〔答案〕_____ ①

2. 甲委托乙寄售行以该行名义将甲的一台仪器以3 000元出售,除酬金外双方对其他事项未作约定。其后,乙将该仪器以3 500元卖给了丙,为此乙多支付费用100元。对此,下列哪

---

① ABD。

些选项是正确的？（2010-3-60；多选）

A. 甲与乙订立的是居间合同
B. 高于约定价格卖得的 500 元属于甲
C. 如仪器出现质量问题，丙应向乙主张违约责任
D. 乙无权要求甲承担 100 元费用

〔答案〕_____①

考点 38　行纪合同(2)：委托人的违约责任

委托人的违约责任	(1) 委托人在收到行纪人完成委托任务的通知后，无正当理由拒收或迟延接收工作成果(卖出委托物的价款或者买入的委托物)，应按合同规定，向行纪人偿付违约金；因此造成行纪人损失的，应赔偿行纪人的实际经济损失；对于委托人无正当理由拒收或迟延受领工作成果，行纪人保管时，委托人应当支付保管、保养费。对于拒收的物品，在行纪人代为保管过程中，因不可归责于行纪人的原因发生物品灭失、毁损、缺少、变质、污染的，由委托人承担损失。此外，经行纪人催告，委托人无正当理由仍拒绝受领工作成果的，行纪人可以依法提存该成果，由此产生的后果由委托人承担。
	(2) 委托物不能卖出或者委托人撤回出卖，经行纪人催告，委托人不取回或者不处分该物，行纪人依法提存委托物的，委托人承担由此产生的后果。
	(3) 委托人接到行纪人关于寄售物品瑕疵通知后，应尽快作出处理答复，不予答复的，视为默认，即同意行纪人提出的处理意见，并承担由此产生的后果。
	(4) 由于委托人的过错，致使行纪人与第三人签订的合同不能履行，行纪人在向第三人承担责任后，有权要求委托人赔偿。通常情况下，如果行纪合同继续履行，除应顺延履行期限外，委托人还应承担迟延履行的责任，偿付违约金；造成行纪人损失的，应予以赔偿。
	(5) 委托人不履行或迟延履行支付酬金及其他必要费用义务时，应比照中国人民银行关于延期付款的规定，除了继续支付这些费用外，还应偿付行纪人延期付款的违约金和利息。
	(6) 委托人擅自变更合同，致使合同不能履行，应向行纪人偿付双方约定的违约金；行纪人因此而支出的费用，应由委托人支付。

考点 39　行纪合同与违约合同之比较

相同之处	(1) 受托人与行纪人均为委托人的利益而从事委托事务，利益均归于委托人。
	(2) 受托人与行纪人均需要对委托人履行报告义务，听从委托人的指示。

---

① BCD。

(续表)

不同之处	(1) 行纪人具有主体资格的限制,只能是经批准经营行纪业务的人。委托合同的受托人一般无资格的限制。
	(2) 行纪人从事的事务仅限于买卖等贸易活动,一般为法律行为。委托合同中受托人从事的事务既可以是民事法律行为,也可以是事实行为。
	(3) 行纪人只能以自己的名义进行活动,故其所为的民事法律行为一般不能直接对委托人发生效力。委托合同的受托人可以自己的名义,可也以受托人名义从事民事法律行为,故受托人与第三人之间订立的合同有时直接对委托人生效。
	(4) 行纪合同为有偿合同。委托合同既可以有偿,也可以无偿。

五、居间合同

考点 40 居间合同一般规定

概述	居间合同,是指居间人向委托人报告订立合同的机会或者提供订立合同的媒介服务,委托人支付报酬的合同。在民法理论上,居间合同又称为中介合同或者中介服务合同。向他方报告订立合同的机会或者提供订立合同的媒介服务的一方为居间人,接受他方所提供的订约机会并支付报酬的一方为委托人。
特征	(1) 居间合同是由居间人向委托人提供居间服务的合同。居间人向委托人报告订立合同的机会或者提供订立合同的媒介服务,委托人是否与第三人订立合同,与居间人无关,居间人不是委托人与第三人之间的合同的当事人。 (2) 居间人对委托人与第三人之间的合同没有介入权。居间人只负责向委托人报告订立合同的机会或者为委托人与第三人订约居中斡旋,传达双方意思,起牵线搭桥的作用,对合同没有实质的介入权。 (3) 居间合同为双务、有偿合同。 (4) 居间合同为诺成、不要式合同。

考点 41 居间合同当事人的主要权利义务

居间人的权利义务	(1) 居间人应当就有关订立合同的事项向委托人如实报告。居间人故意隐瞒与订立合同有关的重要事实或者提供虚假情况,损害委托人利益的,不得要求支付报酬并应当承担损害赔偿责任。 (2) 居间人促成合同成立的,自行承担居间活动支出的费用。居间人未促成合同成立的,不得要求支付报酬,但可以要求委托人支付从事居间活动支出的必要费用。
委托人的主要义务	报酬与费用支付问题。① 居间人促成合同成立的,委托人应当按照约定支付报酬。对居间人的报酬没有约定或者约定不明确,依照合同漏洞填补规则仍不能确定的,根据居间人的劳务合理确定。因居间人提供订立合同的媒介服务而促成合同成立的,由该合同的当事人平均负担居间人的报酬。② 居间人促成合同成立的,居间活动的费用,由居间人负担。

【真题链接】

刘某与甲房屋中介公司签订合同,委托甲公司帮助出售房屋一套。关于甲公司的权利义务,下列哪一说法是错误的?(2015-3-15;单选)

A. 如有顾客要求上门看房时,甲公司应及时通知刘某
B. 甲公司可代刘某签订房屋买卖合同
C. 如促成房屋买卖合同成立,甲公司可向刘某收取报酬
D. 如促成房屋买卖合同成立,甲公司自行承担居间活动费用

[答案]_____①

第五节 提供智力成果的合同

一、技术合同

考点 42 技术合同一般规定

概述		技术合同是双方当事人约定一方开发、转让技术,提供技术咨询和服务,另一方支付价款和报酬的合同。技术合同分为:技术转让合同、技术开发合同、技术咨询合同和技术服务合同。技术转让合同与技术开发合同是要式合同,必须签订书面合同。所有的技术合同都是有偿、双务、诺成合同。技术开发与技术转让是要式合同。
技术成果权利归属	职务技术成果	① 职务技术成果是执行本单位的工作任务,或者主要是利用本单位的物质技术条件所完成的技术成果。② 职务技术成果归单位。③ 完成人的三项权利:署名权、优先受让权、获得物质奖励权。
	委托技术成果	委托技术成果的归属,与委托作品的归属的比较。委托开发的专利归属:有约定从约定,无约定专利权归受托人。委托人的两权利:免费实施与优先受让权。
	合作技术成果	合作技术成果的共有归属中,有免费使用和一票否决制。与合作作品的比较。合作开发所完成的发明创造,除当事人另有约定的外,申请专利的权利属于合作开发的各方共有。当事人一方转让其专利申请权的,其他各方可优先受让其共有的专利申请权。合作开发的一方声明放弃其共有的专利申请权的,可由另一方单独或其他各方共同申请。申请人取得专利权的,放弃专利权的一方可免费实施该项专利。但合作开发的一方不同意申请专利的,另一方或其他各方不得申请专利。

---

① B(答案有争议,司法部公布的答案是 C)。

(续表)

技术成果权利归属	委托开发或者合作开发完成的技术秘密成果的使用权、转让权以及利益的分配办法,由当事人约定。没有约定或者约定不明确,依照合同漏洞填补规则仍不能确定的,当事人均有使用和转让的权利,但委托开发的研究开发人不得在向委托人交付研究开发成果之前,将研究开发成果转让给第三人。
	其他技术成果	其他技术成果的归属,谁完成归谁。

【真题链接】

甲公司与乙公司签订一份技术开发合同,未约定技术秘密成果的归属。甲公司按约支付了研究开发经费和报酬后,乙公司交付了全部技术成果资料。后甲公司在未告知乙公司的情况下,以普通使用许可的方式许可丙公司使用该技术,乙公司在未告知甲公司的情况下,以独占使用许可的方式许可丁公司使用该技术。下列哪一说法是正确的?(2011-3-15;单选)

A. 该技术成果的使用权仅属于甲公司
B. 该技术成果的转让权仅属于乙公司
C. 甲公司与丙公司签订的许可使用合同无效
D. 乙公司与丁公司签订的许可使用合同无效
〔答案〕_____①

二、技术转让合同

考点 43 技术转让合同一般规定

无效情形	下列"非法垄断技术、妨碍技术进步"的合同条款无效:① 限制当事人一方在合同标的技术基础上进行新的研究开发或者限制其使用所改进的技术,或者双方交换改进技术的条件不对等,包括要求一方将其自行改进的技术无偿提供给对方、非互惠性转让给对方、无偿独占或者共享该改进技术的知识产权。② 限制当事人一方从其他来源获得与技术提供方类似技术或者与其竞争的技术。③ 阻碍当事人一方根据市场需求,按照合理方式充分实施合同标的技术,包括明显不合理地限制技术接受方实施合同标的技术生产产品或者提供服务的数量、品种、价格、销售渠道和出口市场。④ 要求技术接受方接受并非实施技术必不可少的附带条件,包括购买非必需的技术、原材料、产品、设备、服务以及接收非必需的人员等。⑤ 不合理地限制技术接受方购买原材料、零部件、产品或者设备等的渠道或者来源。⑥ 禁止技术接受方对合同标的技术知识产权的有效性提出异议或者对提出异议附加条件。
后续改进技术成果权益归属	当事人可以按照互利原则,在技术转让合同中约定实施专利、使用技术秘密后续改进的技术成果的分享办法。没有约定或者约定不明确,依照合同漏洞填补规则仍不能确定的,一方后续改进的技术成果,其他各方无权分享。

---

① D。

【真题链接】

1. 甲公司与乙公司签订一份专利实施许可合同,约定乙公司在专利有效期限内独占实施甲公司的专利技术,并特别约定乙公司不得擅自改进该专利技术。后乙公司根据消费者的反馈意见,在未经甲公司许可的情形下对专利技术做了改进,并对改进技术采取了保密措施。下列哪一说法是正确的?(2012-3-16;单选)

   A. 甲公司有权自己实施该专利技术
   B. 甲公司无权要求分享改进技术
   C. 乙公司改进技术侵犯了甲公司的专利权
   D. 乙公司改进技术属于违约行为
   〔答案〕_____①

2. 甲公司向乙公司转让了一项技术秘密。技术转让合同履行完毕后,经查该技术秘密是甲公司通过不正当手段从丙公司获得的,但乙公司对此并不知情,且支付了合理对价。下列哪一表述是正确的?(2013-3-16;单选)

   A. 技术转让合同有效,但甲公司应向丙公司承担侵权责任
   B. 技术转让合同无效,甲公司和乙公司应向丙公司承担连带责任
   C. 乙公司可在其取得时的范围内继续使用该技术秘密,但应向丙公司支付合理的使用费
   D. 乙公司有权要求甲公司返还其支付的对价,但不能要求甲公司赔偿其因此受到的损失
   〔答案〕_____②

---

① B。
② C。

第五编
侵权责任法

第一章 侵权责任法总论[①]

第一节 侵权责任概述

考点 1 侵权责任的保护范围

依据	《侵权责任法》第2条规定,侵害民事权益,应当依照本法承担侵权责任。本法所称民事权益,包括生命权、健康权、姓名权、名誉权、荣誉权、肖像权、隐私权、婚姻自主权、监护权、所有权、用益物权、担保物权、著作权、专利权、商标专用权、发现权、股权、继承权等人身、财产权益。
释义	(1) 综上可知,侵权责任的保护范围可以归结为:权益 = 权利 + 利益。包括但不限于:① 人身权。② 物权。③ 知识产权。④ 股权。⑤ 继承权。 (2) 身体权、名称权没有规定,但也包括在上述保护范围之内。 (3) 隐私权是新增加的权利。笔者在《民法总则》部分已作解释,在此不赘。 (4) "第三人侵害债权制度"[②]原则上不予承认。因债务不履行侵害的是相对权,这种权利主要是因合同产生的债权,不称其为侵权行为,即债权不能成为侵权行为的侵害对象。这一考点在近几年真题选项中频频出现,考生需重点把握。

考点 2 侵权责任的形态(1):总表

根据归责原则的不同	一般责任	一般侵权责任适用过错原则。
	特殊责任	特殊侵权责任适用无过错原则。
是否由行为人自己承担	自己责任	侵权责任由加害人自己承担的责任形式。
	替代责任	侵权责任由与加害人有特定关系的人承担,或者由与致人损害的物件具有管领关系的人承担的责任形式。
是否由侵权法律关系中的一方主体承担	单方责任	由加害行为人一方承担责任的责任形式。
	双方责任	对侵权行为所发生的后果,加害行为人和受害人都要承担责任的责任形式。

[①] 此部分正文所引用的法条,未作特别说明的即为《侵权责任法》。
[②] 个别国家、地区的民法上,存在所谓的"第三人侵害债权制度",即故意于悖于善良公俗之方法,加损害于他人债权者。

(续表)

侵权责任承担者是否为一人	单独责任	加害行为人为单独一人,由该加害行为人承担侵权责任的责任形态。
	共同责任	加害行为人为二人或二人以上的数人,由该数人对同一损害后果共同承担侵权责任的责任形态。
数个责任主体对被侵权方承担侵权责任的情况	按份责任	每一个责任主体只对其应当承担的责任份额负清偿义务。
	连带责任	其中任何一个责任主体都有义务对全部损害承担侵权责任,在责任主体之一对全部损害承担侵权责任后,有权向未承担责任的其他责任主体追偿。
	补充责任	法律规定被侵权人必须按照先后顺序行使请求权,只有排在后位的责任主体有过错的,才能请求其承担。

考点 3 侵权责任的形态(2):按份责任与连带责任

概述	上述共同责任可以进一步划分为按份责任、连带责任与不真正连带责任。
按份责任	是指多数当事人按照法律的规定或者合同的约定,各自承担一定份额的民事责任。在按份责任中,债权人如果请求某一债务人清偿的份额超出了其应承担的份额,该债务人可以予以拒绝。如果法律没有规定或合同没有约定这种份额,则推定为均等的责任份额。按份责任可以归结为:"对外按份、对内无关"。
连带责任	是指多数当事人按照法律的规定或者合同的约定,连带地向权利人承担责任。如因共同实施侵权行为而产生的责任,各个责任人之间具有连带关系,应当承担连带责任。在连带责任中,权利人有权要求责任人中的任何一个承担全部或部分的责任,责任人不得推脱。任何一个连带债务人对债权人做出部分或全部清偿,都将导致责任的相应部分或全部消灭。连带责任可以归结为:"对外连带、对内按份"。
辨析	按份责任与连带责任的区别在于多数债务人对债权人的外部关系而不是内部关系。任何连带责任在债务人内部关系上都是按份责任。同按份责任一样,如果法律没有规定或合同没有约定这种份额,则推定为均等的责任份额,如果哪一个债务人清偿债务超过了自己应承担的份额,有权向其他债务人作相应的追偿,这种权利称为代位求偿权。

考点 4 侵权责任的形态(3):连带责任与不真正连带责任

概述	上述连带责任可以进一步划分为真正连带责任与不真正连带责任。对真正连带责任,上一个表格已作详尽叙述,此处,笔者着重介绍不真正连带责任。
概念	不真正连带责任,是指各债务人基于不同的发生原因而对同一债权人负有以同一给付为标的的数个债务,因一个债务人的履行而使全体债务均归于消灭,此时数个债务人之间所负的责任即为不真正连带责任。

(续表)

辨析	真正连带责任与不真正连带责任的相似之处在于:(1)数个债务人的给付内容相同。某个债务人履行全部债务后,其他债务人的债务亦因此消灭。(2)债权人只能要求一次赔偿。虽然债权人享有数项债权,但一旦实现了某个请求权,即不应再向其他债务人提出请求。以上两点真正连带责任与不真正连带责任并无区别,二者区别如下:	
	产生的原因不同	不真正连带债务基于不同的原因产生,是各个独立的债务,基于不同的发生原因而独立存在;而连带债务通常基于共同的原因而产生,如基于共同侵权行为而产生。
	存在的目的不同	连带债务是多个债务人依其意思或法律规定,为了共同的目的而结合起来,各个债务都是为了达到此共同目的的手段;而不真正连带债务的债务人之间没有共同的目的,主观上也无联系,给付内容相同,纯粹出于偶然的巧合。可以说,不真正连带责任的构成并不需法律的规定或当事人的约定,而是在具体的案件中由法院根据不同的法律关系决定。
	内部可否追偿	在不真正连带责任中,当一债务人履行全部债务以后,其他债务人的债务亦因此消灭。具体到某一个债务人清偿完毕后,是否可以向其他债务人追偿,则视谁为最终的责任承担者而定。而真正的连带责任可以向其他债务人追偿应当承担的份额。
	诉讼方式不同	由于不真正连带责任的诉由不同,因此不是必要的共同诉讼,债权人只能选择其中的某个债务人提起诉讼,法院可以列其他债务人为第三人,但不能将数个债务人列为共同被告。而在真正的连带责任中,债权人当然可以提起共同诉讼将数个债务人列为共同被告。

考点 5 侵权责任的形态(4):《侵权责任法》规定的4个不真正连带责任

类型	依据	内容
产品责任	第43条	因产品存在缺陷造成损害的,被侵权人可以向产品的生产者请求赔偿,也可以向产品的销售者请求赔偿。产品缺陷由生产者造成的,销售者赔偿后,有权向生产者追偿。因销售者的过错使产品存在缺陷的,生产者赔偿后,有权向销售者追偿。
医疗损害责任	第59条	因药品、消毒药剂、医疗器械的缺陷,或者输入不合格的血液造成患者损害的,患者可以向生产者或者血液提供机构请求赔偿,也可以向医疗机构请求赔偿。患者向医疗机构请求赔偿的,医疗机构赔偿后,有权向负有责任的生产者或者血液提供机构追偿。

(续表)

类型	依据	内容
环境污染责任	第68条	因第三人的过错污染环境造成损害的,被侵权人可以向污染者请求赔偿,也可以向第三人请求赔偿。污染者赔偿后,有权向第三人追偿。
饲养动物损害责任	第83条	因第三人的过错致使动物造成他人损害的,被侵权人可以向动物饲养人或者管理人请求赔偿,也可以向第三人请求赔偿。动物饲养人或者管理人赔偿后,有权向第三人追偿。

考点 6 侵权责任的归责原则(1):过错责任

过错责任原则	(1) 过错责任原则,也称过失责任原则,是以行为人的过错作为归责根据的原则。《侵权责任法》第6条第1款规定,行为人因过错侵害他人民事权益,应当承担侵权责任。
	(2) 过错责任原则包括两层含义:① 以行为人的过错作为责任构成要件,行为人具有故意或者过失才能承担侵权责任。② 以行为人的过错程度作为确定责任形式、责任范围的依据。
	(3) 过错推定属于过错责任原则。《侵权责任法》第6条第2款规定,根据法律规定推定行为人有过错,行为人不能证明自己没有过错的,应当承担侵权责任。

考点 7 过错推定责任的适用总结归纳

类型	依据	内容
无人在教育机构遭受人身损害	第38条	无民事行为能力人在幼儿园、学校或者其他教育机构学习、生活期间受到人身损害的,幼儿园、学校或者其他教育机构应当承担责任,但能够证明尽到教育、管理职责的,不承担责任。
医疗机构违反诊疗规范、拒绝提供或伪造、篡改或者销毁病历资料	第58条	患者有损害,因有下列情形之一的,推定医疗机构有过错:① 违反法律、行政法规、规章以及其他有关诊疗规范的规定;② 隐匿或者拒绝提供与纠纷有关的病历资料;③ 伪造、篡改或者销毁病历资料。
动物园饲养的动物致人损害	第81条	动物园的动物造成他人损害的,动物园应当承担侵权责任,但能够证明尽到管理职责的,不承担责任。

(续表)

类型	依据	内容
建筑物及其搁置物、悬挂物发生脱落、坠落致人损害	第85条	建筑物、构筑物或者其他设施及其搁置物、悬挂物发生脱落、坠落造成他人损害,所有人、管理人或者使用人不能证明自己没有过错的,应当承担侵权责任。所有人、管理人或者使用人赔偿后,有其他责任人的,有权向其他责任人追偿。
堆放物倒塌致人损害	第88条	堆放物倒塌造成他人损害,堆放人不能证明自己没有过错的,应当承担侵权责任。
在公共道路上堆放、倾倒、遗撒妨碍通行的物品致人损害	第89条	在公共道路上堆放、倾倒、遗撒妨碍通行的物品造成他人损害的,有关单位或者个人应当承担侵权责任。
因林木折断致人损害	第90条	因林木折断造成他人损害,林木的所有人或者管理人不能证明自己没有过错的,应当承担侵权责任。
地面施工或者窨井等地下设施致人损害	第91条	在公共场所或者道路上挖坑、修缮安装地下设施等,没有设置明显标志和采取安全措施造成他人损害的,施工人应当承担侵权责任。窨井等地下设施造成他人损害,管理人不能证明尽到管理职责的,应当承担侵权责任。

考点 8　侵权责任的归责原则(2):无过错责任

无过错责任原则	(1) 无过错责任,指根据法律明文规定,不论加害人是否具有过错,均须为其加害行为承担侵权责任的归责原则。《侵权责任法》第 7 条规定,行为人损害他人民事权益,不论行为人有无过错,法律规定应当承担侵权责任的,依照其规定。此即无过错责任原则之规定。	
	(2) 无过错责任可进一步划分为绝对无过错责任与相对无过错责任:	
	① 绝对无过错责任	即使受害人具有故意、重大过失,侵害人也不得据此免责的无过错责任。
	② 相对无过错责任	侵害人可以在符合法定情形下,如受害人故意、第三人的原因等情形下得以免责的无过错责任。

考点 9　无过错责任的适用总结归纳[①]

类型	具体规定
绝对无过错责任	(1) 违反管理规定,未对动物采取安全措施造成他人损害的,动物饲养人或者管理人承担无过错责任。(《侵权责任法》第 79 条)
	(2) 禁止饲养的烈性犬等危险动物造成他人损害的,动物饲养人或者管理人承担无过错责任。(《侵权责任法》第 80 条)

---

① 《侵权责任法》规定的无过错责任,除了第 79—80 条属于绝对无过错责任,其余的均属于相对无过错责任。具体汇总如表格。

(续表)

类型	具体规定
相对无过错责任	(1) 无民事行为能力人、限制民事行为能力人致人损害的,监护人承担无过错责任(《侵权责任法》第32条)
	(2) 用人单位的工作人员因执行工作任务致人损害的,用人单位承担无过错责任(《侵权责任法》第34条)
	(3) 提供个人劳务一方因劳务致人损害的,接受劳务一方承担无过错责任(《侵权责任法》第35条)
	(4) 因产品存在缺陷造成他人损害的,生产者和销售者承担的不真正连带责任,为无过错责任。销售者具有过错的,承担最终责任;销售者无过错的,生产者承担最终责任(《侵权责任法》第41—43条)
	(5) 机动车与行人、非机动车驾驶人之间发生道路交通事故的,机动车一方承担无过错责任(《侵权责任法》第48条;《道路交通安全法》第76条)
	(6) 因环境污染致人损害的,污染者承担无过错责任(《侵权责任法》第65—68条)
	(7) 高度危险责任中,从事高度危险作业者,高度危险物品的经营者、占有人承担无过错责任(《侵权责任法》第69—77条)
	(8) 饲养的动物致人损害的,动物饲养人或者管理人承担无过错责任(但动物园承担过错推定责任)(《侵权责任法》第78—80条;第82—84条)
	(9) 建筑物倒塌致人损害的,建设单位与施工单位承担无过错责任(《侵权责任法》第86条)

考点 10 公平责任——杀富济贫条款

公平责任	(1) 公平责任是指在当事人对造成的损害都无过错,又不能适用无过错责任要求加害人承担赔偿责任,但如果不赔偿受害人遭受的损失又显失公平的情况下,由法院根据当事人的财产状况及其他实际情况,责令加害人对受害人的财产损失给予适当补偿的一种责任形式。
	(2) 据此可知,公平责任并不是侵权法的一个归责原则,而是独立于过错责任与无过错责任原则之外,在两原则不足以调整某些利益关系时的补充性法律规则。公平责任在性质上不是赔偿而是补偿。
	(3) 公平责任具体又分为三大类:① 无过错双方当事人公平分担损害后果。② 见义勇为行为中的受益人的补偿义务。③ 某些特定行为人的补偿义务。

考点 11　公平责任的适用总结归纳

类型	内容
无过错双方当事人公平分担损害后果	《侵权责任法》第 24 条规定,受害人和行为人对损害的发生都没有过错的,可以根据实际情况,由双方分担损失。
见义勇为行为中的受益人的补偿义务	①《侵权责任法》第 23 条规定,因防止、制止他人民事权益被侵害而使自己受到损害的,由侵权人承担责任。侵权人逃逸或者无力承担责任,被侵权人请求补偿的,受益人应当给予适当补偿。 ② 因保护他人民事权益使自己受到损害的,由侵权人承担民事责任,受益人可以给予适当补偿。没有侵权人、侵权人逃逸或者无力承担民事责任,受害人请求补偿的,受益人应当给予适当补偿。
某些特定行为人的补偿义务	紧急避险人的补偿责任。　　　　《侵权责任法》第 31 条。 暂无民事行为能力人的补偿责任。《侵权责任法》第 33 条第 1 款。 高空抛物中可能加害人的补偿责任。《侵权责任法》第 87 条。

考点 12　侵权责任的承担方式

概述	8 种责任承担方式:① 停止侵害;② 排除妨碍;③ 消除危险;④ 返还财产;⑤ 恢复原状;⑥ 赔偿损失;⑦ 赔礼道歉;⑧ 消除影响、恢复名誉。以上承担侵权责任的方式,可以单独适用,也可以合并适用。
停止侵害	侵权人正处在侵害实施他人合法权益行为状态时,受害人可要求适用的责任方式。停止侵害的目的在于制止侵权人的侵权行为,防止损害的继续发生或扩大。可以用于各类侵权行为。
排除妨碍	出现侵权人的行为妨碍了他人民事权利和民事权益行使的状态,受妨碍人可要求适用的责任方式。排除妨碍的目的是为了防止损害的发生或恢复原来的权利状态。此种责任方式主要用于物权,特别是相邻权受到侵害的情况。
消除危险	侵权人的行为已经造成危及他人人身或财产的危险时,受到威胁的权利人可要求适用的责任方式。消除危险的目的在于防止侵害后果的发生。
返还财产	当事人一方将其占有的财产返还给另一方当事人。权利人合法所有或管理的财产被他人非法占有时,如果原物还在,权利人可要求适用的责任方式。返还财产的目的是使该财产回到原来的法律状况。
恢复原状	受害人的财产受到他人侵害遭受损害时,其可要求侵害人将财产恢复到原来的状态(恢复原状与回复原状同义)。恢复原状的目的是以减少侵权人财产的方式使损坏的物恢复到原来的状态。
赔偿损失	侵权人因其行为致他人财产或人身受到损害时,受害人要求责任人补偿受害损失。赔偿损失的目的是用侵权责任人的财产补偿受害人所受到的损失。财产损害、人身损害或精神损害,都可适用此种责任方式。

(续表)

赔礼道歉	侵权人向被侵权人承认侵权,并表示歉意。这是一种非财产性的民事责任方式。赔礼道歉的目的是为了抚慰被侵权人的精神伤害,增强侵权人的道德意识。此责任方式主要适用于具有过错侵害他人财产、人身的侵权案件。
消除影响恢复名誉	要求侵权人去除因其侵害他人人格权在一定范围内的不良后果。消除影响和恢复名誉的目的在于消除或减弱社会中对受害人带来的不良影响。此责任方式属于非财产性的民事责任方式,主要适用于侵犯名誉权、肖像权、姓名权等侵害人身权案件,也适用于侵犯知识产权的案件。但不适用于一些特殊的人格权。如隐私权,隐私为外人知道,无法用消除影响来恢复到原有隐私状态。

考点 13 侵权损害赔偿

概念	行为人因侵权而造成他人财产、人身或精神的损害,行为人依法承担以给付金钱或实物为内容的民事责任方式。	
主体	《侵权责任法》第18条规定,被侵权人死亡的,其近亲属有权请求侵权人承担侵权责任。被侵权人为单位,该单位分立、合并的,承继权利的单位有权请求侵权人承担侵权责任。	
类型	人身损害赔偿	医疗费、护理费、交通费等为治疗和康复支出的合理费用以及因误工减少的收入,属于侵害他人造成人身损害的一般赔偿范围。
	精神损害赔偿	受害人因人身权益遭受损害或者遭受精神痛苦而获得的金钱赔偿。《侵权责任法》第22条规定,侵害他人人身权益,造成他人严重精神损害的,被侵权人可以请求精神损害赔偿。
	财产损害赔偿	行为人侵犯他人财产权益应当承担的损害赔偿责任方式。《侵权责任法》第19条规定,侵害他人财产的,财产损失按照损失发生时的市场价格或者其他方式计算。受害人的财产损害包括直接损害(财产的直接损害)和间接损害(应得利益损害)。
	损害发生后,当事人可以协商赔偿费用的支付方式。协商不一致的,赔偿费用应当一次性支付;一次性支付确有困难的,可以分期支付,但应当提供相应的担保。	

考点 14 侵权损害赔偿的规则

损害赔偿完全规则	(1) 只要与侵权行为有因果联系的损害都应得到赔偿。
	(2) 在确定损失范围时,不仅包括直接损失,也包括间接损失。

(续表)

过失相抵规则	(1) 受害人对于损害的发生或者扩大也存在过失的,法院可依其职权,按一定的标准减轻或免除加害人的赔偿责任,从而公平合理地分配损害的一项规则。 (2) 构成要件:① 受害人必须有过失行为。② 受害人的过失行为与同一损害的发生或损害结果的扩大之间存在因果关系。③ 损害结果必须同一。同一是指损害后果是侵权人过错行为与受害人过失行为共同作用的结果。④ 受害人的行为须是促成损害的发生或扩大。 (3) 不适用过失相抵规则的情形:① 在加害人因故意或者重大过失致人损害,而受害人仅有一般过失的情形,不适用过失相抵规则。② 在适用无过错责任的特殊侵权案件中,加害人主张减轻其赔偿责任所指的受害人的过失,应是重大过失。
损益相抵规则	(1) 损益相抵,又称损益同销,是指侵权行为受害人基于发生损害的同一原因而获得利益时,应在应赔偿损害额度内扣除其已获得的利益。 (2) 损益相抵符合《侵权责任法》的补偿功能目的,不以因侵权责任的承担而使受害人得到超过实际损失数额的利益,符合民法的诚实信用原则和公平原则。
最高限额赔偿规则	(1) 最高限额赔偿规则,是指法律对于某些特殊侵权类型的责任赔偿设定最高限额。 (2)《侵权责任法》第77条:承担高度危险责任,法律规定赔偿限额的,依照其规定。 (3) 最高限额赔偿是完全赔偿规则的例外。
惩罚性赔偿	(1) 在弥补实际损害之外,根据法律规定,另行主张的赔偿责任。 (2) 设定惩罚性赔偿,以法律的明确规定为前提。 (3)《侵权责任法》第47条;《消费者权益保护法》第55条第1款、第2款;《食品安全法》第148条。

第二节 侵权责任的构成与免除

考点 15 一般侵权责任的构成要件

加害行为	行为人实施的加害于被侵权人民事权益的不法行为。
损害事实	(1) 造成他人财产或者人身权益所遭受的不利影响。 (2) 损害是所有侵权责任的构成要件,没有损害就没有赔偿,也就没有侵权责任问题。损害包括所受损失以及所失利益。如财产的减少、利益的丧失以及名誉的毁损、精神上的痛苦、生命的丧失、身体健康自由的损害等。 (3) 损害的特征:① 侵害的须是合法权益。非法利益不受保护,当然,非法利益并非可以任意侵害。② 损害是可能和有必要救济的。如对财物的毁损,可以有价值尺度衡量,对人身损害可以法定标准认定。③ 损害须是客观和确定的。这里要求的损害一定是已发生的,而非可能发生的,也非主观认为要发生的。对有发生损害危险的行为,当事人当然有要求消除危险的权利,但不产生损害赔偿责任。

(续表)

因果关系	侵权法的因果关系包括责任成立的因果关系和责任范围的因果关系。前者是指行为与权益受侵害之间的因果关系,考量的问题的是责任的成立。后者是指权益受侵害与损害之间的因果关系,涉及的是责任成立后责任形式以及责任大小的问题。
主观过错	是指行为人应受责难的主观状态。过错通常可分为故意和过失。故意是指行为人预见到自己行为的结果,却仍然希望或者放任这一有害结果的发生。过失是指行为人应当预见自己的行为可能发生不良后果而没有预见,或是虽然预见到了却轻信此种结果可以避免的心理状态。民法上的过失是指行为人对应负注意义务的疏忽和懈怠。判断过失(过错)程度主要是考量行为人的注意义务。民法理论上将注意义务分为三个层次:① 普通人的注意义务。该注意义务以一般人在通常情况下是否能够注意为标准,一般人难以注意而没有注意不能认定行为人存在过失;一般人能够注意而没有注意,行为人即存在过失,且为重大过失。② 与处理自己事务为同一的注意义务。该注意义务以行为人处理自己事务所用的注意事项为标准,要求行为人在行为过程中要尽到与处理自己的事务一样的同一注意义务,违反该注意义务称具体轻过失,也即一般过失。③ 善良管理人的注意义务。该注意义务不以行为人的主观意志为标准,而是以客观上应否做到某一程度为标准,是特定人依其特定职业的要求所应负的注意义务,违反该注意义务为抽象轻过失,也即轻微过失。

考点 16 不承担责任和减轻责任的情形

概述	(1) 抗辩事由指被告对原告的诉讼请求所提出的诉求不成立或不完全成立的事实。其本质上是为免除或部分免除责任而提出的抗辩,所以也称为免责事由。 (2) 不存在免责事由是构成侵权责任的要件之一。 (3) 不承担责任和减轻责任的情形包括两大类:① 正当理由——侵权阻却事由。② 外来原因——因果关系的介入。具体如下:		
类型	正当理由	意外事件	非因行为人的故意或者过失而发生不可预见的损害。
		自助行为	自助行为以必要为前提,并不得超过必要限度,且必须于事后及时请求有关机关处理。
		受害人同意	受害人事先明确表示愿意自行承担某种损害后果,且不违反法律和社会公共利益。
		合法执行职务	国家公务人员合法执行职务过程中导致的必要损害,国家机关并不承担责任。

(续表)

类型	正当理由	正当防卫	《侵权责任法》第30条规定,因正当防卫造成损害的,不承担责任。正当防卫超过必要限度,造成不应有的损害的,正当防卫人应当承担适当的责任。
		紧急避险	《侵权责任法》第31条规定,因紧急避险造成损害的,由引起险情发生的人承担责任。如果危险是由自然原因引起的,紧急避险人不承担责任或者给予适当补偿。紧急避险采取措施不当或者超过必要限度,造成不应有的损害的,紧急避险人应当承担适当的责任。
	外来因素	受害人过错	过失相抵。《侵权责任法》第26条规定,被侵权人对损害的发生也有过错的,可以减轻侵权人的责任。
		受害人故意	《侵权责任法》第27条规定,损害是因受害人故意造成的,行为人不承担责任。
		第三人原因	《侵权责任法》第28条规定,损害是因第三人造成的,第三人应当承担侵权责任。
		不可抗力	《侵权责任法》第29条规定,因不可抗力造成他人损害的,不承担责任。法律另有规定的,依照其规定。

【真题链接】

刘婆婆回家途中,看见邻居肖婆婆带着外孙小勇和另一家邻居的孩子小囡(均为4岁多)在小区花园中玩耍,便上前拿出几根香蕉递给小勇,随后离去。小勇接过香蕉后,递给小囡一根,小囡吞食时误入气管导致休克,经抢救无效死亡。对此,下列哪一选项是正确的?(2017-3-23;单选)

A. 刘婆婆应对小囡的死亡承担民事责任
B. 肖婆婆应对小囡的死亡承担民事责任
C. 小勇的父母应对小囡的死亡承担民事责任
D. 属意外事件,不产生相关人员的过错责任

〔答案〕_____①

第三节 多数人侵权

考点 17 共同侵权行为

概述	共同侵权行为,是指二人以上共同故意或者共同过失侵害他人,依法承担连带责任的情形。

---

① D。

(续表)

构成	(1) 行为人为二人以上	共同侵权行为的主体应当多于一人，由此产生数个行为人作为一方对受害人的责任承担以及彼此之间的责任认定和分担问题。
	(2) 行为具有关联性	共同侵权的数个行为人，每个人都实施了加害行为。这些行为结合在一起，形成一个有机整体，共同造成了损害后果，各行为彼此之间具有密切的关联性。
	(3) 行为人具有共同的过错	这些共同过错可以是共同故意，也可以是共同过失，还可以是故意和过失的混合。
	(4) 造成单一的结果	数个侵权人虽然实施了多个侵权行为，但数个行为造成了同一损害结果，该损害结果不可分割。
责任	二人以上共同实施侵权行为，造成他人损害的，应当承担连带责任。	
	法律规定承担连带责任的，被侵权人有权请求部分或者全部连带责任人承担责任。	

【真题链接】

甲、乙、丙三家毗邻而居，甲、乙分别饲养山羊各一只。某日二羊走脱，将丙辛苦栽培的珍稀药材悉数啃光。关于甲、乙的责任，下列哪些选项是正确的？(2017-3-67；多选)

A. 甲、乙可各自通过证明已尽到管理职责而免责
B. 基于共同致害行为，甲、乙应承担连带责任
C. 如能确定二羊各自啃食的数量，则甲、乙各自承担相应赔偿责任
D. 如不能确定二羊各自啃食的数量，则甲、乙平均承担赔偿责任

[答案] _____ ①

考点 18 教唆帮助侵权行为

概念	利用言语对他人进行开导、说服，或者通过刺激、利诱、怂恿等方法使被教唆者接受教唆意图，进而实施侵权行为。
构成	① 实施了教唆、帮助行为；② 主观是故意；③ 被教唆者、被帮助者实施了相应的侵权行为，且教唆帮助行为与被教唆人、被帮助人实施的侵权行为之间有因果关系。
注意：教唆或帮助无民事行为能力人、限制民事行为能力人实施侵权行为的，教唆人、帮助人实际上是为了实现自己的非法目的，利用被教唆人、被帮助人的身体动作为侵害他人权益的工具，此时应由教唆人或帮助人就被教唆人、被帮助人的加害行为负单独的侵权责任。	

---

① CD。

考点 19 共同危险行为

概述	共同危险行为,又称准共同侵权行为,指二人以上实施危及他人人身或者财产安全的行为并造成损害后果,不能确定实际侵害人的行为。	
构成	(1) 主体必须是二人以上	
	(2) 每个人都单独实施了危险行为	两个以上的主体都单独实施了可能引发损害后果的行为,行为彼此之间无关联或者结合关系。
	(3) 每个人都有独立过错	这些过错可能相同,但是彼此之间无意思联络。
	(4) 不能确定是谁的行为造成了损害后果	在因果关系方面,也许只有一个人的行为造成了损害后果,也许是多人的行为都与损害后果有因果关系,但究竟如何,无法确定。
责任	二人以上实施危及他人人身、财产安全的行为,其中一人或者数人的行为造成他人损害,能够确定具体侵权人的,由侵权人承担责任;不能确定具体侵权人的,行为人承担连带责任。	

考点 20 无意思联络的数人侵权

概述	数个行为人并无共同过错,但由于数个行为的结合而导致同一损害后果。	
类型	承担连带责任的无意思联络数人侵权	二人以上分别实施侵权行为造成同一损害,每个人的侵权行为都足以造成全部损害的,行为人承担连带责任。
	承担按份责任的无意思联络数人侵权	二人以上分别实施侵权行为造成同一损害,能够确定责任大小的,各自承担相应的责任;难以确定责任大小的,平均承担赔偿责任。

【真题链接】
甲晚10点30分酒后驾车回家,车速每小时80公里,该路段限速60公里。为躲避乙逆向行驶的摩托车,将行人丙撞伤,丙因住院治疗花去10万元。关于丙的损害责任承担,下列哪一说法是正确的?(2010-3-20;单选)
A. 甲应承担全部责任　　　　　　　B. 乙应承担全部责任
C. 甲、乙应承担按份责任　　　　　D. 甲、乙应承担连带责任
[答案]_____①

---

① C(司法部当年公布的答案是 D)。

第二章　具体侵权行为[①]

第一节　特殊主体的侵权行为与责任

考点 1　监护人责任

概述	监护人责任是指作为被监护人的无民事行为能力人、限制民事行为能力人造成他人损害的,由监护人承担的侵权责任。
依据	《侵权责任法》第32条规定,无民事行为能力人、限制民事行为能力人造成他人损害的,由监护人承担侵权责任。监护人尽到监护责任的,可以减轻其侵权责任。有财产的无民事行为能力人、限制民事行为能力人造成他人损害的,从本人财产中支付赔偿费用。不足部分,由监护人赔偿。
释义	(1) 监护人责任是替代责任。即"孩子闯祸,爹妈埋单"。 (2) 监护人责任是无过错责任。 (3) 监护人在承担赔偿责任时,有财产的被监护人造成他人损害的,从本人财产中支付赔偿费用。不足部分,由监护人赔偿。 (4) 夫妻离婚后,未成年子女侵害他人权益的,同该子女共同生活的一方应当承担民事责任;如果独立承担民事责任确有困难的,可以责令未与该子女共同生活的一方共同承担民事责任。 (5) 监护人尽了监护职责的可以适当减轻责任。
补充说明	委托监护与擅自变更监护情形下无民事行为能力人、限制民事行为能力人造成他人损害的责任承担,依据《民通意见》第22条和《民法总则》第31条第4款的规定处理:
	《民通意见》第22条	监护人可以将监护职责部分或者全部委托给他人。因被监护人的侵权行为需要承担民事责任的,应当由监护人承担,但另有约定的除外;被委托人确有过错的,负连带责任。
	《民法总则》第31条第4款	监护人被指定后,不得擅自变更;擅自变更的,不免除被指定的监护人的责任。

【真题链接】

甲的儿子乙(8岁)因遗嘱继承了祖父遗产10万元。某日,乙玩耍时将另一小朋友丙的眼

[①] 此部分正文所引用的法条,未作特别说明的即为《侵权责任法》。

睛划伤。丙的监护人要求甲承担赔偿责任2万元。后法院查明，甲已尽到监护职责。下列哪一说法是正确的？（2015-3-24；单选）

A. 因乙的财产足以赔偿丙，故不需用甲的财产赔偿
B. 甲已尽到监护职责，无需承担侵权责任
C. 用乙的财产向丙赔偿，乙赔偿后可在甲应承担的份额内向甲追偿
D. 应由甲直接赔偿，否则会损害被监护人乙的利益

〔答案〕_____①

考点 2　学校、幼儿园等教育机构的责任

概述	学校、幼儿园和其他教育机构的侵权责任，是指在学校、幼儿园或者其他教育机构的教育、教学活动中或者负有管理责任的校舍、场地、其他教育教学设施、生活设施中，由于幼儿园、学校或者其他教育机构未尽教育、管理职责，致使学习或者生活的无民事行为能力人和限制民事行为能力人遭受损害或者致他人损害的，学校、幼儿园或者其他教育机构应当承担的与其过错相应的侵权责任。	
类型	无人遭受损害	无民事行为能力人在幼儿园、学校或者其他教育机构学习、生活期间受到人身损害的，幼儿园、学校或者其他教育机构应当承担责任，但能够证明尽到教育、管理职责的，不承担责任。（过错推定）
	限人遭受损害	限制民事行为能力人在学校或者其他教育机构学习、生活期间受到人身损害，学校或者其他教育机构未尽到教育、管理职责的，应当承担责任。（过错责任）
	第三人致人损害	无民事行为能力人或者限制民事行为能力人在幼儿园、学校或者其他教育机构学习、生活期间，受到幼儿园、学校或者其他教育机构以外的人员人身损害的，由侵权人承担侵权责任；幼儿园、学校或者其他教育机构未尽到管理职责的，承担相应的补充责任。（补充责任）
实例	某小学组织春游，队伍行进中某班班主任张某和其他教师闲谈，未跟进照顾本班学生。该班学生李某私自离队购买食物，与小贩刘某发生争执被打伤。本案中对李某的人身损害的责任承担分析如下：① 李某被刘某打伤，刘某应承担赔偿责任。② 班主任张某未跟进照顾本班学生，未尽到管理职责，所以某小学应承担相应的补充赔偿责任。	

考点 3　用人单位责任

概念	用人单位责任是指用人单位的工作人员因执行工作任务造成他人损害的，由用人单位承担的侵权责任。

---

① A.

特征	(1) 用人单位责任是替代责任。
	(2) 用人单位责任是无过错责任。
	(3) 用人单位责任以用人单位与直接侵权人存在特定关系为前提。
	(4) 用人单位责任是用人单位工作人员在执行职务时致害行为所承担的责任。
特殊	劳务派遣期间，被派遣的工作人员因执行工作任务造成他人损害的，由接受劳务派遣的用工单位承担侵权责任；劳务派遣单位有过错的，承担相应的补充责任。

【真题链接】

1. 甲公司为劳务派遣单位，根据合同约定向乙公司派遣搬运工。搬运工丙脾气暴躁常与人争吵，乙公司要求甲公司更换丙或对其教育管理，甲公司不予理会。一天，乙公司安排丙为顾客丁免费搬运电视机，丙与丁发生激烈争吵故意摔坏电视机。对此，下列哪些说法是错误的？(2010-3-70；多选)

A. 甲公司和乙公司承担连带赔偿责任

B. 甲公司承担赔偿责任，乙公司承担补充责任

C. 甲公司和丙承担连带赔偿责任

D. 丙承担赔偿责任，甲公司承担补充责任

〔答案〕_____①

2. 甲赴宴饮酒，遂由有驾照的乙代驾其车，乙违章撞伤丙。交管部门认定乙负全责。以下假定情形中对丙的赔偿责任，哪些表述是正确的？(2013-3-67；多选)

A. 如乙是与甲一同赴宴的好友，乙不承担赔偿责任

B. 如乙是代驾公司派出的驾驶员，该公司应承担赔偿责任

C. 如乙是酒店雇佣的为饮酒客人提供代驾服务的驾驶员，乙不承担赔偿责任

D. 如乙是出租车公司驾驶员，公司明文禁止代驾，乙为获高额报酬而代驾，乙应承担赔偿责任

〔答案〕_____②

3. 甲电器销售公司的安装工人李某在为消费者黄某安装空调的过程中，不慎从高处掉落安装工具，将路人王某砸成重伤。李某是乙公司的劳务派遣人员，此前曾多次发生类似小事故，甲公司曾要求乙公司另派他人，但乙公司未予换人。下列哪一选项是正确的？(2014-3-21；单选)

A. 对王某的赔偿责任应由李某承担，黄某承担补充责任

B. 对王某的赔偿责任应由甲公司承担，乙公司承担补充责任

C. 甲公司与乙公司应对王某承担连带赔偿责任

D. 对王某的赔偿责任承担应采用过错责任原则

〔答案〕_____③

---

① ABCD。

② BC。

③ B。

考点 4 个人之间劳务产生的侵权责任

概述	个人之间形成劳务关系,提供劳务一方因劳务造成他人损害的,由接受劳务一方承担侵权责任。提供劳务一方因劳务自己受到损害的,根据双方各自的过错承担相应的责任。	
责任	对内	提供劳务一方因劳务自己受到损害的,根据提供劳务一方与接受劳务一方各自的过错分配责任。
	对外	提供劳务一方因劳务造成他人损害的,由接受劳务一方承担。
实例	甲在乙承包的水库游泳,乙的雇工丙、丁误以为甲在偷鱼苗将甲打伤。本案中甲的损害赔偿责任承担作以下分析:乙与雇员丙、丁之间形成个人用工关系,雇员因劳务造成他人损害的由雇主乙承担赔偿责任。	

【真题链接】

甲聘请乙负责照看小孩,丙聘请丁做家务。甲和丙为邻居,乙和丁为好友。一日,甲突生急病昏迷不醒,乙联系不上甲的亲属,急将甲送往医院,并将甲的小孩委托给丁临时照看。丁疏于照看,致甲的小孩在玩耍中受伤。下列哪一说法是正确的?(2012-3-21;单选)

A. 乙将甲送往医院的行为属于无因管理
B. 丁照看小孩的行为属于无因管理,不构成侵权行为
C. 丙应当承担小孩的医疗费
D. 乙和丁对甲小孩的医疗费承担连带责任

〔答案〕_____①

考点 5 网络侵权责任

概述	网络侵权责任是指对发生在互联网上的各种侵害他人民事权益的行为承担的侵权责任。		
类型	网络用户的侵权责任	网络用户利用网络侵害他人民事权益的,应当承担侵权责任。	
	网络服务提供者的侵权责任	(1) 网络服务提供者的直接侵权责任,是指网络服务提供者利用网络侵害他人民事权益应当承担的侵权责任。	
		(2) 网络用户侵权时网络服务提供者的侵权责任:	
		避风港原则	(1) 网络用户利用网络服务实施侵权行为的,被侵权人有权通知网络服务提供者采取删除、屏蔽、断开链接等必要措施。网络服务提供者接到通知后未及时采取必要措施的,对损害的扩大部分与该网络用户承担连带责任。
		红旗原则	(2) 网络服务提供者知道网络用户利用其网络服务侵害他人民事权益,未采取必要措施的,与该网络用户承担连带责任。

---

① A。

【知识拓展】

"避风港"原则是指在发生著作权侵权案件时,当网络服务提供商只提供空间服务,并不制作网页内容,如果网络服务提供商被告知侵权,则有删除的义务,否则就被视为侵权。

"红旗"原则是"避风港"原则的例外适用,红旗原则是指如果侵犯信息网络传播权的事实是显而易见的,就像是红旗一样飘扬,网络服务商就不能装作看不见,或以不知道侵权的理由来推脱责任,如果在这样的情况下,不移除链接的话,就算权利人没有发出过通知,我们也应该认定这个设链者知道第三方是侵权的。

【真题链接】

1. 甲、乙是同事,因工作争执甲对乙不满,写了一份丑化乙的短文发布在丙网站。乙发现后要求丙删除,丙不予理会,致使乙遭受的损害扩大。关于扩大损害部分的责任承担,下列哪一说法是正确的?(2010-3-23;单选)

　　A. 甲承担全部责任　　　　　　　　B. 丙承担全部责任
　　C. 甲和丙承担连带责任　　　　　　D. 甲和丙承担按份责任

〔答案〕_____①

2. 甲到乙医院做隆鼻手术效果很好。乙为了宣传,分别在美容前后对甲的鼻子进行拍照(仅见鼻子和嘴部),未经甲同意将照片发布到丙网站的广告中,介绍该照片使用甲的真实姓名。丙网站在收到甲的异议后立即作了删除。下列哪一说法是正确的?(2011-3-24;单选)

　　A. 乙医院和丙网站侵犯了甲的姓名权,应承担连带赔偿责任
　　B. 乙医院和丙网站侵犯了甲的姓名权,应承担按份赔偿责任
　　C. 乙医院侵犯了甲的姓名权
　　D. 乙医院和丙网站侵犯了甲的姓名权和肖像权,但丙网站可免于承担赔偿责任

〔答案〕_____②

考点 6　违反安全保障义务的侵权责任

概述		安全保障义务是指宾馆、商场、银行、车站、娱乐场所等公共场所的管理人或者群众性活动的组织者,应尽的合理限度范围内使他人免受损害的义务。
内容	责任主体	负有安全保障义务的主体:宾馆、商场、银行、车站、娱乐场所等公共场所的管理人或者群众性活动的组织者。
	加害行为	违反了法定的作为义务,应当履行作为的安全保障义务而未履行,即不作为。
	归责原则	过错责任原则。安全保障义务就其性质而言属于注意义务,未尽到适当的注意义务,则应认定为过错的存在。

---

① C。
② C。

(续表)

内容	责任承担	直接责任	在没有第三人的行为介入的情况下,公共场所的管理人或者群众性活动的组织者未尽到安全保障义务,造成他人损害的,应当承担侵权责任。
		补充责任	在损害是由第三人行为所致的情况下,由第三人承担侵权责任;管理人或者组织者未尽到安全保障义务的,承担相应的补充责任。

【真题链接】

1. 小偷甲在某商场窃得乙的钱包后逃跑,乙发现后急追。甲逃跑中撞上欲借用商场厕所的丙,因商场地板湿滑,丙摔成重伤。下列哪些说法是错误的?(2012-3-67;多选)

A. 小偷甲应当赔偿丙的损失
B. 商场须对丙的损失承担补充赔偿责任
C. 乙应适当补偿丙的损失
D. 甲和商场对丙的损失承担连带责任

〔答案〕_____①

2. 某洗浴中心大堂处有醒目提示语:"到店洗浴客人的贵重物品,请放前台保管"。甲在更衣时因地滑摔成重伤,并摔碎了手上价值20万元的定情信物玉镯。经查明:因该中心雇用的清洁工乙清洁不彻底,地面湿滑导致甲摔倒。下列哪一选项是正确的?(2015-3-23;单选)

A. 甲应自行承担玉镯损失
B. 洗浴中心应承担玉镯的全部损失
C. 甲有权请求洗浴中心赔偿精神损害
D. 洗浴中心和乙对甲的损害承担连带责任

〔答案〕_____②

第二节 产品责任

考点 7 产品瑕疵责任与产品责任初窥

概述	需要提醒考生注意的是,产品质量瑕疵担保责任与产品责任是两码事。前者性质上属于合同法调整的违约责任,后者是因产品存在缺陷而造成他人人身、财产损害的损害赔偿责任,性质上属于侵权责任。问题的复杂性在于,产品瑕疵责任只发生违约责任,但产品责任中会发生违约责任与侵权责任的竞合。这里,又引出另外一个重要问题:加害给付下的请求权竞合处理。

---

① CD。
② C。

(续表)

加害给付		根据《民法总则》第122条、《合同法》第186条的规定,侵权责任与违约责任的请求权竞合时,权利人不得同时主张两个请求权,必须择一行使。进一步作以下区分:
	原告	(1) 若提起违约之诉,根据合同相对应原理可知,只能是合同一方当事人而不能是其他受害人。
		(2) 若提起侵权之诉,不限于合同一方当事人,凡受害人均可提起。
	被告	(1) 侵权之诉:生产者或者销售者。
		(2) 违约之诉:销售者。因生产者不是买卖合同当事人,故不是被告。
	责任方式	(1) 精神损害赔偿,即因产品缺陷导致他人人身伤害或者致使具有人格象征意义的特定纪念物品永久性毁损或者灭失时,若权利人主张精神损害赔偿的,应提起侵权之诉;若以违约之诉而主张精神损害赔偿的,法院不予支持。
		(2) 违约金、定金责任。反之,如原告欲追究对方违约金、定金责任的,则需提起违约之诉,侵权之诉自然不得主张违约金、定金责任。

考点 8 产品责任的一般构成

构成	(1) 产品有缺陷。缺陷是指产品存在危及人身、他人财产安全的不合理的危险。 (2) 他人人身、财产遭受损害。 (3) 产品缺陷与他人损害之间具有因果关系。
主体	产品的生产者或者销售者。
归责原则	产品责任的归责原则采用二元归责原则,既适用无过错归责原则,也适用过错责任原则,但以无过错责任原则为主导。 (1) 生产者、销售者对外责任:无过错、不真正连带责任。产品责任属于特殊侵权责任,在生产者、销售者对受害人承担责任时,都适用无过错责任原则,即使能够举证自己无过错,仍然要承担责任。 (2) 内部责任的划分:生产者的无过错与销售者的过错责任。既然是不真正连带责任,中间责任人对受害人承担责任后,在生产者与销售者内部会有一个最终责任的承担问题。其责任划分基本遵循如下:① 产品缺陷是由生产者造成的,中间责任人销售者赔偿后,有权向终局责任人生产者追偿。② 因销售者的过错使产品存在缺陷的,中间责任人生产者赔偿后,有权向终局责任人销售者追偿。③ 销售者不能指明缺陷产品生产者也不能指明缺陷产品的供货者的,由销售者承担终局责任。④ 无法判明究竟是生产者还是销售者过错,由生产者承担终局责任。上述内容可以提炼概括为:
	无过错责任 ① 生产者和销售者对直接责任的承担,均适用无过错责任原则。② 生产者的最终责任。
	过错责任 ① 销售者的最终责任。② 运输者、仓储者及中间供货人的最终责任。

(续表)

免责事由	(1)《产品质量法》第41条第2款规定,生产者能够证明有下列情形之一的,不承担赔偿责任:① 未将产品投入流通的;② 产品投入流通时,引起损害的缺陷尚不存在的;③ 将产品投入流通时的科学技术水平尚不能发现缺陷的存在的。
	(2) 第三人原因不免责。《侵权责任法》第44条规定,因运输者、仓储者等第三人的过错使产品存在缺陷,造成他人损害的,产品的生产者、销售者赔偿后,有权向第三人追偿。据此可知,产品的生产者、销售者与有过错的运输者、仓储者等第三人承担不真正连带责任。

【真题链接】

1. 大学生甲在寝室复习功课,隔壁寝室的学生乙、丙到甲寝室强烈要求甲打开电视观看足球比赛,甲只好照办。由于质量问题,电视机突然爆炸,甲乙丙三人均受重伤。关于三人遭受的损害,下列哪一选项是正确的?(2010-3-21;单选)

   A. 甲可要求电视机的销售者承担赔偿责任
   B. 甲可要求乙、丙承担损害赔偿责任
   C. 乙、丙无权要求电视机的销售者承担赔偿责任
   D. 乙、丙有权要求甲承担损害赔偿责任
   〔答案〕_____①

2. 李某用100元从甲商场购买一只电热壶,使用时因漏电致李某手臂灼伤,花去医药费500元。经查该电热壶是乙厂生产的。下列哪一表述是正确的?(2013-3-15;单选)

   A. 李某可直接起诉乙厂要求其赔偿500元损失
   B. 根据合同相对性原理,李某只能要求甲商场赔偿500元损失
   C. 如李某起诉甲商场,则甲商场的赔偿范围以100元为限
   D. 李某只能要求甲商场更换电热壶,500元损失则只能要求乙厂承担
   〔答案〕_____②

考点 9 产品责任的具体承担方式

产品责任的具体承担方式包括:① 赔偿损失;② 排除妨害、消除危险;③ 警示、召回;④ 惩罚性赔偿。

依据	第45条	因产品缺陷危及他人人身、财产安全的,被侵权人有权请求生产者、销售者承担排除妨碍、消除危险等侵权责任。
	第46条	产品投入流通后发现存在缺陷的,生产者、销售者应当及时采取警示、召回等补救措施。未及时采取补救措施或者补救措施不力造成损害的,应当承担侵权责任。
	第47条	明知产品存在缺陷仍然生产、销售,造成他人死亡或者健康严重损害的,被侵权人有权请求相应的惩罚性赔偿。

① A。
② A。

释义	上述第45、46条规定的是：① 赔偿损失；② 排除妨害、消除危险；③ 警示、召回责任，第47条规定的是惩罚性赔偿制度。笔者着重介绍一下惩罚性赔偿制度。目前，我国共建立三个惩罚性赔偿制度，分别是： （1）单存的惩罚性侵权损害赔偿金，即《侵权责任法》第47条规定，明知产品存在缺陷仍然生产、销售，造成他人死亡或者健康严重损害的，被侵权人有权请求相应的惩罚性赔偿。 （2）经营者的3倍惩罚性违约损害赔偿金或者2倍侵权损害赔偿金。（《消费者权益保护法》第55条） （3）伪劣食品的惩罚性损害赔偿金：10倍的违约损害赔偿金或者3倍的侵权损害赔偿金。（《食品安全法》第148条）

【真题链接】

甲系某品牌汽车制造商，发现已投入流通的某款车型刹车系统存在技术缺陷，即通过媒体和销售商发布召回该款车进行技术处理的通知。乙购买该车，看到通知后立即驱车前往丙销售公司，途中因刹车系统失灵撞上大树，造成伤害。下列哪些说法是正确的？（2011-3-67；多选）

A. 乙有权请求甲承担赔偿责任　　　　B. 乙有权请求丙承担赔偿责任
C. 乙有权请求惩罚性赔偿　　　　　　D. 甲的责任是无过错责任

〔答案〕_____①

第三节　机动车交通事故责任

考点 10　机动车交通事故责任的一般规定

概述	机动车交通事故责任是指机动车发生交通事故造成损害的，依照法律规定所应承担的损害赔偿责任。
依据	（1）《侵权责任法》第48条规定，机动车发生交通事故造成损害的，依照道路交通安全法的有关规定承担赔偿责任。 （2）《道路交通安全法》第76条规定："机动车发生交通事故造成人身伤亡、财产损失的，由保险公司在机动车第三者责任强制保险责任限额范围内予以赔偿；不足的部分，按照下列规定承担赔偿责任：（一）机动车之间发生交通事故的，由有过错的一方承担赔偿责任；双方都有过错的，按照各自过错的比例分担责任。（二）机动车与非机动车驾驶人、行人之间发生交通事故，非机动车驾驶人、行人没有过错的，由机动车一方承担赔偿责任；有证据证明非机动车驾驶人、行人有过错的，根据过错程度适当减轻机动车一方的赔偿责任；机动车一方没有过错的，承担不超过百分之十的赔偿责任。交通事故的损失是由非机动车驾驶人、行人故意碰撞机动车造成的，机动车一方不承担赔偿责任。"

---

① ABD。

(续表)

释义	归责原则	过错责任	机动车之间适用过错责任。
		无过错责任	机动车对非机动车、行人适用无过错责任。
	免责事由		交通事故的损失是由非机动车驾驶人、行人故意碰撞机动车造成的,机动车一方不承担赔偿责任。

考点 11 具体规定:几种特殊情形下责任承担

下列表格中前四种情形,即(1)——(4)情形可以归结为机动车所有人与使用人不一致,其处理方式以实际控制为准,具体规定如下:

具体类型	法条依据	责任承担
(1) 租赁、借用的机动车	第49条	① 首先由保险公司在机动车强制保险责任限额范围内予以赔偿。② 不足部分,由机动车使用人承担赔偿责任。③ 机动车所有人对损害的发生有过错的,承担相应的赔偿责任。
(2) 转让并交付机动车但未办理所有权转移登记	第50条	① 首先由保险公司在机动车强制保险责任限额范围内予以赔偿。② 不足部分,由受让人承担赔偿责任。
(3) 转让拼装或者已达到报废标准的机动车	第51条	由转让人和受让人承担连带责任。
(4) 盗窃、抢劫或者抢夺的机动车	第52条	① 由盗窃人、抢劫人或者抢夺人承担赔偿责任。② 保险公司在机动车强制保险责任限额范围内垫付抢救费用的,有权向交通事故责任人追偿。
(5) 交通事故后逃逸	第53条	① 该机动车参加强制保险的,首先由保险公司在机动车强制保险责任限额范围内予以赔偿。② 机动车不明或者该机动车未参加强制保险,需要支付被侵权人人身伤亡的抢救、丧葬等费用的,由道路交通事故社会救助基金垫付。③ 道路交通事故社会救助基金垫付后,其管理机构有权向交通事故责任人追偿。

【真题链接】

周某从迅达汽车贸易公司购买了1辆车,约定周某试用10天,试用期满后3天内办理登记过户手续。试用期间,周某违反交通规则将李某撞成重伤。现周某困难,无力赔偿。关于李某受到的损害,下列哪一表述是正确的?(2011-3-6;单选)

A. 因在试用期间该车未交付,李某有权请求迅达公司赔偿
B. 因该汽车未过户,不知汽车已经出卖,李某有权请求迅达公司赔偿
C. 李某有权请求周某赔偿,因周某是该汽车的使用人
D. 李某有权请求周某和迅达公司承担连带赔偿责任,因周某和迅达公司是共同侵权人

〔答案〕_____ ①

---

① C。

第四节　医疗损害责任

导读： 医疗损害责任是指因医疗机构及其医疗人员的过错，致使患者在诊疗活动中受到损害，由医疗机构承担的侵权责任。医疗损害责任一般构成：(1) 医疗机构及其医疗人员实施了具有违法性的医疗行为；(2) 患者遭受非正常的损害；(3) 医疗行为与患者遭受的非正常损害之间具有因果关系；(4) 医疗机构、医务人员有过错。

考点 12　医疗技术损害责任

依据	第54条	患者在诊疗活动中受到损害，医疗机构及其医务人员有过错的，由医疗机构承担赔偿责任。
	第57条	医务人员在诊疗活动中未尽到与当时的医疗水平相应的诊疗义务，造成患者损害的，医疗机构应当承担赔偿责任。
	第58条	患者有损害，因下列情形之一的，推定医疗机构有过错：① 违反法律、行政法规、规章以及其他有关诊疗规范的规定；② 隐匿或者拒绝提供与纠纷有关的病历资料；③ 伪造、篡改或者销毁病历资料。
	第60条	患者有损害，因下列情形之一的，医疗机构不承担赔偿责任：① 患者或者其近亲属不配合医疗机构进行符合诊疗规范的诊疗；② 医务人员在抢救生命垂危的患者等紧急情况下已经尽到合理诊疗义务；③ 限于当时的医疗水平难以诊疗。 前款第一项情形中，医疗机构及其医务人员也有过错的，应当承担相应的赔偿责任。
释义	适用情形	医疗机构的医务人员在诊断、治疗过程中因过失给患者造成人身损害。
	归责原则	医疗机构、医务人员有过错。① 医务人员在诊疗活动中应当向患者说明病情和医疗措施，尽到与当时的医疗水平相应的诊疗义务、告知同意义务等，未尽到这些义务，即存在过错。② 患者有损害，因下列情形之一的，推定医疗机构有过错：A. 违反法律、行政法规、规章以及其他有关诊疗规范的规定；B. 隐匿或者拒绝提供与纠纷有关的病历资料；C. 伪造、篡改或者销毁病历资料。
	责任主体	医疗机构。① 医疗机构承担替代责任。② 医务人员具有重大过失的，不承担连带责任。
	免责事由	患者有损害，因下列情形之一的，医疗机构不承担赔偿责任：① 患者或者其近亲属不配合医疗机构进行符合诊疗规范的诊疗。② 医务人员在抢救生命垂危的患者等紧急情况下已经尽到合理诊疗义务。③ 限于当时的医疗水平难以诊疗。医疗机构及其医务人员也有过错的，应当承担相应的赔偿责任。

考点 13 违反告知义务的医疗损害责任

依据	第55条:医务人员在诊疗活动中应当向患者说明病情和医疗措施。需要实施手术、特殊检查、特殊治疗的,医务人员应当及时向患者说明医疗风险、替代医疗方案等情况,并取得其书面同意;不宜向患者说明的,应当向患者的近亲属说明,并取得其书面同意。医务人员未尽到前款义务,造成患者损害的,医疗机构应当承担赔偿责任。		
	第56条:因抢救生命垂危的患者等紧急情况,不能取得患者或者其近亲属意见的,经医疗机构负责人或者授权的负责人批准,可以立即实施相应的医疗措施。		
释义	违反一般告知义务的医疗损害责任	适用情形	医疗机构的医务人员在诊疗过程中未向患者说明病情和医疗措施,给患者造成损害的。
		责任主体	医疗机构承担替代责任。
		归责方式	过错责任,即违反告知说明义务。
	违反特殊告知义务的医疗损害责任	适用情形	在治疗过程中,需要实施手术、特殊检查、特殊治疗的,医务人员应当及时向患者说明医疗风险、替代医疗方案等情况,并取得其书面同意;不宜向患者说明的,应当向患者的近亲属说明,并取得其书面同意。
		责任主体	医疗机构承担替代责任。
		归责方式	过错责任,即违反告知义务。具体而言:① 特殊病情:说明——书面同意。② 实施手术、特殊检查、特殊治疗:说明——书面同意;不宜向患者说明的:向患者近亲属说明——书面同意。
	医疗机构的紧急处置权	适用情形	因抢救生命垂危的患者等紧急情况,不能取得患者或者其近亲属意见的。
		处置内容	经医疗机构负责人或者授权的负责人批准,可以立即实施相应的医疗措施。
		法律效果	只要医务人员不存在技术上的差错,不构成医疗侵权。

【真题链接】

田某突发重病神志不清,田父将其送至医院,医院使用进口医疗器械实施手术,手术失败,田某死亡。田父认为医院在诊疗过程中存在一系列违规操作,应对田某的死亡承担赔偿责任。关于本案,下列哪一选项是正确的?(2016-3-23;单选)

A. 医疗损害适用过错责任原则,由患方承担举证责任
B. 医院实施该手术,无法取得田某的同意,可自主决定
C. 如因医疗器械缺陷致损,患方只能向生产者主张赔偿
D. 医院有权拒绝提供相关病历,且不会因此承担不利后果

[答案]_____ ①

---

① A.

考点 14　医疗产品致人损害的责任承担

依据	《侵权责任法》第59条规定,因药品、消毒药剂、医疗器械的缺陷,或者输入不合格的血液造成患者损害的,患者可以向生产者或者血液提供机构请求赔偿,也可以向医疗机构请求赔偿。患者向医疗机构请求赔偿的,医疗机构赔偿后,有权向负有责任的生产者或者血液提供机构追偿。	
释义	适用情形	医疗机构在诊断、治疗过程中,因药品、消毒药剂、医疗器械的缺陷,或者输入不合格的血液,给患者造成损害的。
	责任主体	医疗机构与有责任的医疗产品生产者或者血液提供机构承担不真正连带责任。
	归责方式	无过错责任。

第五节　饲养动物损害责任

导读: 饲养动物损害责任是指饲养的动物致人损害,动物的饲养人或者管理者依法承担的侵权责任。

考点 15　饲养动物损害的一般条款

依据	《侵权责任法》第78条规定,饲养的动物造成他人损害的,动物饲养人或者管理人应当承担侵权责任,但能够证明损害是因被侵权人故意或者重大过失造成的,可以不承担或者减轻责任。		
释义	范围界定	①"动物"仅限于饲养的动物。②须为动物独立致害。③包括给他人造成人身或者财产损失。	
	责任承担	责任主体	动物饲养人、管理人。
		归责原则	无过错责任原则。即只要饲养的动物造成他人损害,动物饲养人或者管理人就应当承担责任。
		免责事由	受害人挑逗动物,对损害的发生具有故意或者重大过失的,可以减轻或者免除动物饲养人或者管理人的责任。

【真题链接】

王某因全家外出旅游,请邻居戴某代为看管其饲养的宠物狗。戴某看管期间,张某偷狗,被狗咬伤。关于张某被咬伤的损害,下列哪一选项是正确的？(2017-3-24;单选)

A. 王某应对张某所受损害承担全部责任
B. 戴某应对张某所受损害承担全部责任
C. 王某和戴某对张某损害共同承担全部责任
D. 王某或戴某不应对张某损害承担全部责任
[答案]_____①

---

① D。

考点 16 饲养动物致人损害责任承担

依据	《侵权责任法》第79条规定,违反管理规定,未对动物采取安全措施造成他人损害的,动物饲养人或者管理人应当承担侵权责任。该法第80条规定,禁止饲养的烈性犬等危险动物造成他人损害的,动物饲养人或者管理人应当承担侵权责任。	
释义	适用情形	(1) 违反管理规定,未对动物采取安全措施,造成他人损害的。 (2) 饲养了禁止饲养的烈性犬等危险动物,造成他人损害的。
	责任承担	(1) 存在上述两种情形,动物饲养人或者管理人应当承担侵权责任。并且承担绝对无过错责任,即无免责事由。 (2) 所谓"无免责事由",是指即使受害人挑逗动物,对损害的发生具有故意或者重大过失,也不能免除或者减轻动物饲养人或者管理人的责任。

考点 17 动物园饲养的动物致人损害的责任承担

依据	《侵权责任法》第81条规定,动物园的动物造成他人损害的,动物园应当承担侵权责任,但能够证明尽到管理职责的,不承担责任。	
责任承担	概念界定	动物园的管理职责,指的是须采取社会观念所要求的安全管理措施,如对于用栅栏围起来的动物,动物园要确保栅栏没有毁坏,且避免动物逃出栅栏。
	归责方式	过错推定,即动物园能够证明尽到管理职责的,不承担责任。

【真题链接】

关于动物致害侵权责任的说法,下列哪些选项是正确的?(2015-3-67;多选)

A. 甲8周岁的儿子翻墙进入邻居院中玩耍,被院内藏獒咬伤,邻居应承担侵权责任

B. 小学生乙和丙放学途经养狗的王平家,丙故意逗狗,狗被激怒咬伤乙,只能由丙的监护人对乙承担侵权责任

C. 丁下夜班回家途经邻居家门时,未看到邻居饲养的小猪趴在路上而绊倒摔伤,邻居应承担侵权责任

D. 戊带女儿到动物园游玩时,动物园饲养的老虎从破损的虎笼蹿出将戊女儿咬伤,动物园应承担侵权责任

〔答案〕_____①

---

① ACD。

考点 18	遗弃、逃逸的动物致人损害的责任承担	
依据	《侵权责任法》第82条规定,遗弃、逃逸的动物在遗弃、逃逸期间造成他人损害的,由原动物饲养人或者管理人承担侵权责任。	
释义	归责方式	无过错责任。
	责任承担	① 遗弃、逃逸的动物致人损害的,由原动物饲养人或者管理人承担侵权责任。② 若遗弃、逃逸的动物被他人收养的,该动物致人损害则由新的动物饲养人承担责任,原饲养人或者管理人不再承担责任。

考点 19	因第三人过错导致饲养的动物致人损害的责任承担	
依据	《侵权责任法》第83条规定,因第三人的过错致使动物造成他人损害的,被侵权人可以向动物饲养人或者管理人请求赔偿,也可以向第三人请求赔偿。动物饲养人或者管理人赔偿后,有权向第三人追偿。	
释义	概念界定	第三人是指动物饲养人或者管理人以及受害人以外的人。动物饲养人或者管理人为法人或者非法人组织的,其工作人员不属于此处的第三人。
	责任承担	(1) 有过错的第三人与动物饲养人或者管理人承担不真正连带责任。
		(2) 有过错的第三人承担终局责任,动物饲养人或者管理人赔偿后,有权向第三人追偿。

考点 20	动物侵权归责原则再回首
辨析	绝对无过错责任(烈性动物)→一般无过错责任→过错推定责任(动物园的动物) (1) 烈性犬和没有采取安全措施的动物致人损害,饲养人或者管理人承担无过错责任且没有免责由。 (2) 一般的动物侵权,饲养人或者管理人承担无过错责任;受害人有故意或者重大过失,饲养人减轻或免除责任。 (3) 动物园的动物致人损害,动物园承担过错推定责任,可以证明自己无过错而免责。

第六节 物件损害责任

导读: 物件损害责任是指物件的所有人、管理人或者使用人对其管领的物件致人损害而应当承担的侵权责任。

考点 21　建筑物、建筑物上的搁置物、悬挂物脱落、坠落致人损害的责任

依据	《侵权责任法》第85条规定,建筑物、构筑物或者其他设施及其搁置物、悬挂物发生脱落、坠落造成他人损害,所有人、管理人或者使用人不能证明自己没有过错的,应当承担侵权责任。所有人、管理人或者使用人赔偿后,有其他责任人的,有权向其他责任人追偿。	
释义	责任主体	所有人、管理人或者使用人。
	归责方式	过错推定责任。
	他人原因	因其他人原因造成损害的,由所有人、管理人或者使用人对外承担责任。其承担责任后有权向其他责任人追偿。
实例	大华商场委托飞达广告公司制作了一块宣传企业形象的广告牌,并由飞达公司负责安装在商场外墙。某日风大,广告牌被吹落砸伤过路人郑某。经查,广告牌的安装存在质量问题。本案中关于郑某的损害:① 由大华商场承担赔偿责任;② 其承担责任后有权向飞达公司追偿。	

考点 22　建筑物倒塌致人损害的责任

依据	《侵权责任法》第86条规定,建筑物、构筑物或者其他设施倒塌造成他人损害的,由建设单位与施工单位承担连带责任。建设单位、施工单位赔偿后,有其他责任人的,有权向其他责任人追偿。因其他责任人的原因,建筑物、构筑物或者其他设施倒塌造成他人损害的,由其他责任人承担侵权责任。		
释义	因质量原因倒塌	责任主体	建设单位、施工单位承担连带责任。
		归责方式	无过错责任。
		勘察、设计、监理、验收单位具有过错的,不对外承担责任,建设单位、施工单位对外承担连带责任后,可以向有过错的勘察、设计、监理、验收单位追偿。
	因第三人原因倒塌	责任主体	第三人承担全部责任。
		归责方式	无过错责任。

考点 23　区分建筑物上搁置物、悬挂物脱落、坠落致人损害与建筑物倒塌致人损害两种责任

侵害形态	责任主体	归责方式
脱落、坠落	所有人、管理人或者使用人	过错推定
倒塌	建设单位、施工单位承担连带责任	无过错责任

考点 24 公共道路上堆放、倾倒、遗撒妨害通行的物品致人损害的责任

依据	《侵权责任法》第89条规定,在公共道路上堆放、倾倒、遗撒妨碍通行的物品造成他人损害的,有关单位或者个人应当承担侵权责任。	
释义	责任主体	堆放、倾倒、遗撒者与道路维护、管理人员承担按份责任。
	归责方式	过错推定,即道路管理者不能证明已按照法律、法规、规章、国家标准、行业标准或者地方标准尽到清理、防护、警示等义务的,应当承担相应的赔偿责任。

考点 25 堆放物倒塌、林木折断等致人损害的责任

依据	《侵权责任法》第88条规定,堆放物倒塌造成他人损害,堆放人不能证明自己没有过错的,应当承担侵权责任。该法第90条规定,因林木折断造成他人损害,林木的所有人或者管理人不能证明自己没有过错的,应当承担侵权责任。	
释义	归责方式	过错推定责任。
	责任承担	① 堆放物倒塌造成他人损害,堆放人承担过错推定责任。② 林木折断造成他人损害,所有人或者管理人承担过错推定责任。

考点 26 工程施工致人损害的责任

依据	《侵权责任法》第91条规定,在公共场所或者道路上挖坑、修缮安装地下设施等,没有设置明显标志和采取安全措施造成他人损害的,施工人应当承担侵权责任。窨井等地下设施造成他人损害,管理人不能证明尽到管理职责的,应当承担侵权责任。		
释义	地面施工致人损害	施工地点	公共场所或者道路、通道等可能危及他人安全的场所。
		加害行为	不作为,即没有设置明显标志和采取安全措施。
		责任主体	施工单位。
		归责方式	过错推定。
	地下设施致人损害	责任主体	窨井等地下设施的管理人。
		归责方式	过错推定。

【真题链接】
4名行人正常经过北方牧场时跌入粪坑,1人获救3人死亡。据查,当地牧民为养草放牧,储存牛羊粪便用于施肥,一家牧场往往挖有三四个粪坑,深者达三四米,之前也发生过同类事故。关于牧场的责任,下列哪些选项是正确的?(2016-3-67;多选)
A. 应当适用无过错责任原则
B. 应当适用过错推定责任原则

C. 本案情形已经构成不可抗力
D. 牧场管理人可通过证明自己尽到管理职责而免责

〔答案〕_____ ①

考点 27 高空抛物致人损害的责任

依据	《侵权责任法》第87条规定,从建筑物中抛掷物品或者从建筑物上坠落的物品造成他人损害,难以确定具体侵权人的,除能够证明自己不是侵权人的外,由可能加害的建筑物使用人给予补偿。		
释义	责任承担	责任主体	由可能加害的建筑物使用人给予补偿。
		归责方式	公平责任。
	免责事由		能够证明自己不是侵权人。

【真题链接】

张小飞邀请关小羽来家中做客,关小羽进入张小飞所住小区后,突然从小区的高楼内抛出一块砚台,将关小羽砸伤。关于砸伤关小羽的责任承担,下列哪一选项是正确的?(2016-3-24;单选)

A. 张小飞违反安全保障义务,应承担侵权责任
B. 顶层业主通过证明当日家中无人,可以免责
C. 小区物业违反安全保障义务,应承担侵权责任
D. 如查明砚台系从10层抛出,10层以上业主仍应承担补充责任

〔答案〕_____ ②

第七节 高度危险责任

考点 28 高度危险责任概述

归责原则	原则	高度危险责任适用无过错原则。
	例外	在两种特殊情形下适用过错责任原则: (1)《侵权责任法》第74条规定,遗失、抛弃高度危险物造成他人损害的,由所有人承担侵权责任。所有人将高度危险物交由他人管理的,由管理人承担侵权责任;所有人有过错的,与管理人承担连带责任。 (2)《侵权责任法》第75条规定,非法占有高度危险物造成他人损害的,由非法占有人承担侵权责任。所有人、管理人不能证明对防止他人非法占有尽到高度注意义务的,与非法占有人承担连带责任。
免责		免责事由依据《侵权责任法》第70—76条的规定加以确认。

---

① BD。
② B。

考点 29　因高度危险作业致人损害的责任

民用核设施发生核事故致人损害责任	依据	《侵权责任法》第70条规定,民用核设施发生核事故造成他人损害的,民用核设施的经营者应当承担侵权责任,但能够证明损害是因战争等情形或者受害人故意造成的,不承担责任。
	责任主体	经营者。
	归责方式	无过错责任。
	免责事由	① 损害是因战争等情形造成的。② 受害人故意造成的。
民用航空器致人损害责任	依据	《侵权责任法》第71条规定,民用航空器造成他人损害的,民用航空器的经营者应当承担侵权责任,但能够证明损害是因受害人故意造成的,不承担责任。
	责任主体	经营者。
	归责方式	无过错责任。
	免责事由	只有一种情形,即损害是因受害人故意造成的。
从事高空、高压、地下挖掘活动或者使用高速轨道运输工具致人损害责任	依据	《侵权责任法》第73条规定,从事高空、高压、地下挖掘活动或者使用高速轨道运输工具造成他人损害的,经营者应当承担侵权责任,但能够证明损害是因受害人故意或者不可抗力造成的,不承担责任。被侵权人对损害的发生有过失的,可以减轻经营者的责任。
	责任主体	经营者。
	归责方式	无过错责任。
	免责事由	① 能够证明损害是因受害人故意或者不可抗力造成的,不承担责任。② 被侵权人对损害的发生有过失的,可以减轻经营者的责任。

考点 30　因高度危险物致人损害的责任

占有或者使用高度危险物致人损害责任	依据	《侵权责任法》第72条规定,占有或者使用易燃、易爆、剧毒、放射性等高度危险物造成他人损害的,占有人或者使用人应当承担侵权责任,但能够证明损害是因受害人故意或者不可抗力造成的,不承担责任。被侵权人对损害的发生有重大过失的,可以减轻占有人或者使用人的责任。
	责任主体	高度危险物的占有人或者使用人。
	归责方式	无过错责任。
	免责事由	① 能够证明损害是因受害人故意或者不可抗力造成的,不承担责任。② 被侵权人对损害的发生有重大过失的,可以减轻占有人或者使用人的责任。若被侵权人对损害的发生仅有一般过失的,不能减轻责任。

(续表)

遗失、抛弃高度危险物致人损害责任	依据	《侵权责任法》第74条规定,遗失、抛弃高度危险物造成他人损害的,由所有人承担侵权责任。所有人将高度危险物交由他人管理的,由管理人承担侵权责任;所有人有过错的,与管理人承担连带责任。
	责任承担	(1) 高度危险物所有人承担无过错责任。 (2) 所有人将高度危险物交由他人管理的:① 由管理人承担侵权责任。② 所有人有过错的,与管理人承担连带责任。
非法占有高度危险物致人损害责任	依据	《侵权责任法》第75条规定,非法占有高度危险物造成他人损害的,由非法占有人承担侵权责任。所有人、管理人不能证明对防止他人非法占有尽到高度注意义务的,与非法占有人承担连带责任。
	责任承担	(1) 高度危险物非法占有人承担无过错责任。 (2) 所有人、管理人不能证明对防止他人非法占有尽到高度注意义务的,与非法占有人承担连带责任。

考点 31 未经许可进入高度危险活动区域或者高度危险物存放区域受到损害的责任

依据	《侵权责任法》第76条规定,未经许可进入高度危险活动区域或者高度危险物存放区域受到损害,管理人已经采取安全措施并尽到警示义务的,可以减轻或者不承担责任。
责任承担	高度危险物管理人承担无过错责任。
免责事由	管理人已经采取安全措施并尽到警示义务的,可以减轻或者不承担责任。另,若受害人存在重大过失,可以免除或者减轻管理人责任。

第八节 环境污染责任

导读:考生需要关注2015年1月1日起施行的《环境保护法》以及2015年6月3日施行的最高人民法院《关于审理环境侵权责任纠纷案件适用法律若干问题的解释》(以下简称《环境侵权解释》),同时需要将本节内容与经济法的有关内容串联记忆。

考点 32 环境污染责任的承担

概述	环境污染责任是指污染环境造成他人财产或者人身损害而应承担的侵权责任。
归责	无过错责任原则。

(续表)

举证责任	推定污染行为与损害之间具有因果关系,污染者可以通过举证证明污染行为与损害之间不具有因果关系而免责。《侵权责任法》第66条规定,因污染环境发生纠纷,污染者应当就法律规定的不承担责任或者减轻责任的情形及其行为与损害之间不存在因果关系承担举证责任。
免责事由	《环境侵权解释》第5条第3款规定,污染者以第三人的过错污染环境造成损害为由主张不承担责任或者减轻责任的,人民法院不予支持。据此,第三人过错不能作为免责事由。
责任承担	①《侵权责任法》第65条规定,因污染环境造成损害的,污染者应当承担侵权责任。② 该法第68条规定,因第三人的过错污染环境造成损害的,被侵权人可以向污染者请求赔偿,也可以向第三人请求赔偿。污染者赔偿后,有权向第三人追偿。据此,污染者与第三人承担不真正连带责任,第三人承担终局责任。③《环境侵权解释》第5条第1、2款规定,被侵权人根据《侵权责任法》第68条规定分别或者同时起诉污染者、第三人的,人民法院应予受理。被侵权人请求第三人承担赔偿责任的,人民法院应当根据第三人的过错程度确定相应的赔偿责任。
诉讼时效	① 3年。提起环境损害赔偿诉讼的时效期间为3年,从当事人知道或者应当知道其受到损害时起计算。(《环境保护法》第66条)② 被侵权人提起诉讼,请求污染者停止侵害、排除妨碍、消除危险的,不受《环境保护法》第66条规定的时效期间的限制。(《环境侵权解释》第17条)

考点 33 共同排污的责任

(1) 构成累计因果关系的分别侵权责任	依据	《环境侵权解释》第3条第1款规定,两个以上污染者分别实施污染行为造成同一损害,每一个污染者的污染行为都足以造成全部损害,被侵权人根据《侵权责任法》第11条规定请求污染者承担连带责任的,人民法院应予支持。
	构成要件	① 二人以上分别实施加害行为,无共同故意,亦无共同过失,不成立共同侵权。② 两个以上加害行为结合在一起,造成同一个在法律上不能分割的损害。③ 从因果关系上看,每一个加害行为都足以造成全部损害。
	责任	分别排污者承担连带责任。
(2) 构成共同因果关系的分别侵权责任	依据	《环境侵权解释》第3条第2款规定,两个以上污染者分别实施污染行为造成同一损害,每一个污染者的污染行为都不足以造成全部损害,被侵权人根据《侵权责任法》第12条规定请求污染者承担责任的,人民法院应予支持。

(续表)

（2）构成共同因果关系的分别侵权责任	构成要件	① 二人以上分别实施加害行为,无共同故意,亦无共同过失,不成立共同侵权。② 两个以上加害行为结合在一起,造成同一个在法律上不能分割的损害。③ 从因果关系上看,每一个加害行为单独均不足以造成全部损害,须结合在一起才可以造成全部损害。
	责任	① 按份责任。②《环境侵权解释》第 4 条规定,两个以上污染者污染环境,对污染者承担责任的大小,人民法院应当根据污染物的种类、排放量、危害性以及有无排污许可证、是否超过污染物排放标准、是否超过重点污染物排放总量控制指标等因素确定。
（3）部分累计因果关系、部分共同因果关系的分别侵权责任		《环境侵权解释》第 3 条第 3 款规定,两个以上污染者分别实施污染行为造成同一损害,部分污染者的污染行为足以造成全部损害,部分污染者的污染行为只造成部分损害,被侵权人根据《侵权责任法》第 11 条规定请求足以造成全部损害的污染者与其他污染者就共同造成的损害部分承担连带责任,并对全部损害承担责任的,人民法院应予支持。

【真题链接】

甲、乙、丙三家公司生产三种不同的化工产品,生产场地的排污口相邻。某年,当地大旱导致河水水位大幅下降,三家公司排放的污水混合发生化学反应,产生有毒物质致使河流下游丁养殖场的鱼类大量死亡。经查明,三家公司排放的污水均分别经过处理且符合国家排放标准。后丁养殖场向三家公司索赔。下列哪一选项是正确的？(2015-3-22;单选)

A. 三家公司均无过错,不承担赔偿责任
B. 三家公司对丁养殖场的损害承担连带责任
C. 本案的诉讼时效是 2 年
D. 三家公司应按照污染物的种类、排放量等因素承担责任

〔答案〕_____①

第九节 帮工人致人损害或遭受损害的侵权责任

导读：本节所述"帮工",是指无偿为他人提供劳务。帮工责任包括因帮工,帮工人致人损害和帮工人遭受损害两种情形,主要依据是最高人民法院《关于审理人身损害赔偿案件适用法律若干问题的解释》(以下简称《人身损害赔偿解释》)。

---

① D。

考点 34 帮工致人损害的侵权责任

依据	《人身损害赔偿解释》第13条规定,为他人无偿提供劳务的帮工人,在从事帮工活动中致人损害的,被帮工人应当承担赔偿责任。被帮工人明确拒绝帮工的,不承担赔偿责任。帮工人存在故意或者重大过失,赔偿权利人请求帮工人和被帮工人承担连带责任的,法院应予支持。	
释义	归责原则	无过错责任。
	责任承担	① 通常情况,被帮工人承担无过错替代责任。② 被帮工人明确拒绝帮工的,不承担赔偿责任,由帮工人自己承担责任。③ 因帮工人的故意或重大过失,致第三人受害的,帮工人与被帮工人承担连带责任。

考点 35 帮工人遭受损害的侵权责任

依据	《人身损害赔偿解释》第14条规定,帮工人因帮工活动遭受人身损害的,被帮工人应当承担赔偿责任。被帮工人明确拒绝帮工的,不承担赔偿责任;但可以在受益范围内予以适当补偿。帮工人因第三人侵权遭受人身损害的,由第三人承担赔偿责任。第三人不能确定或者没有赔偿能力的,可以由被帮工人予以适当补偿。	
释义	因第三人遭受人身损害	① 由第三人承担责任。② 第三人不能确定或者没有赔偿能力,被帮工人适当补偿。
	非因第三人遭受人身损害	① 由被帮工人承担无过错责任。② 被帮工人明确拒绝帮工的,不承担赔偿责任,但可以在受益范围内予以适当补偿。

【真题链接】

1. 甲为父亲祝寿宴请亲友,请乙帮忙买酒,乙骑摩托车回村途中被货车撞成重伤,公安部门认定货车司机丙承担全部责任。经查:丙无赔偿能力。丁为货车车主,该货车一年前被盗,未买任何保险。关于乙人身损害的赔偿责任承担,下列哪一选项是正确的?(2010-3-24;单选)

    A. 甲承担全部赔偿责任   B. 甲予以适当补偿
    C. 丁承担全部赔偿责任   D. 丁予以适当补偿
    〔答案〕_____①

2. 甲家盖房,邻居乙、丙前来帮忙。施工中,丙因失误从高处摔下受伤,乙不小心撞伤小孩丁。下列哪些表述是正确的?(2014-3-66;多选)

    A. 对丙的损害,甲应承担赔偿责任,但可减轻其责任
    B. 对丙的损害,甲不承担赔偿责任,但可在受益范围内予以适当补偿
    C. 对丁的损害,甲应承担赔偿责任

---

① B。

D. 对丁的损害,甲应承担补充赔偿责任

[答案] _____ ①

第十节 旅游侵权

考点 36 旅游经营者、旅游辅助服务者违反告知义务造成侵权的责任

依据	《旅游纠纷解释》第8条第1款规定,旅游经营者、旅游辅助服务者对可能危及旅游者人身、财产安全的旅游项目未履行告知、警示义务,造成旅游者人身损害、财产损失,旅游者请求旅游经营者、旅游辅助服务者承担责任的,人民法院应予支持。
释义	(1)旅游经营者、旅游辅助服务者对可能危及旅游者人身、财产安全的旅游项目应履行告知、警示义务。若未履行,则违反了合同的从给付义务,构成违约。 (2)旅游经营者、旅游辅助服务者承担侵权责任。

考点 37 旅游经营者、旅游辅助服务者违反安全保障义务造成侵权的责任

依据	《旅游纠纷解释》第7条规定,旅游经营者、旅游辅助服务者未尽到安全保障义务,造成旅游者人身损害、财产损失,旅游者请求旅游经营者、旅游辅助服务者承担责任的,人民法院应予支持。因第三人的行为造成旅游者人身损害、财产损失,由第三人承担责任;旅游经营者、旅游辅助服务者未尽安全保障义务,旅游者请求其承担相应补充责任的,人民法院应予支持。
释义	(1)旅游经营者、旅游辅助服务者未尽到安全保障义务,造成旅游者人身损害、财产损失,旅游经营者、旅游辅助服务者应承担责任。 (2)第三人的行为造成侵权的责任承担:① 第三人承担责任。② 旅游经营者、旅游辅助服务者未尽安全保障义务的,承担相应的补充责任。

考点 38 旅游经营者擅自转让旅游业务致使旅游者遭受损害的责任

依据	《旅游纠纷解释》第10条规定,旅游经营者将旅游业务转让给其他旅游经营者,旅游者不同意转让,请求解除旅游合同、追究旅游经营者违约责任的,人民法院应予支持。旅游经营者擅自将其旅游业务转让给其他旅游经营者,旅游者在旅游过程中遭受损害,请求与其签订旅游合同的旅游经营者和实际提供旅游服务的旅游经营者承担连带责任的,人民法院应予支持。

---

① AC。

释义	适用情形	旅游经营者擅自将其旅游业务转让给其他旅游经营者,即旅游经营者转让旅游业务未经旅游者的同意,旅游者在旅游过程中遭受损失。
	责任承担	(1) 违约责任	旅游者不同意旅游经营者转让旅游业务,旅游经营者将旅游业务转让给其他旅游经营者,旅游者有权追究旅游经营者违约责任。
		(2) 侵权责任	旅游经营者擅自将其旅游业务转让给其他旅游经营者,旅游者在旅游过程中遭受损害,有权请求与其签订旅游合同的旅游经营者和实际提供旅游服务的旅游经营者承担连带责任。

【真题链接】

甲参加乙旅行社组织的旅游活动。未经甲和其他旅游者同意,乙旅行社将本次业务转让给当地的丙旅行社。丙旅行社聘请丁公司提供大巴运输服务。途中,由于丁公司司机黄某酒后驾驶与迎面违章变道的个体运输户刘某货车相撞,造成甲受伤。甲的下列哪些请求能够获得法院的支持?(2014-3-67;多选)

A. 请求丁公司和黄某承担连带赔偿责任
B. 请求黄某与刘某承担连带赔偿责任
C. 请求乙旅行社和丙旅行社承担连带赔偿责任
D. 请求刘某承担赔偿责任
〔答案〕_____①

考点 39 旅游辅助服务者造成侵权的责任承担

依据	《旅游纠纷解释》第14条规定,因旅游辅助服务者的原因造成旅游者人身损害、财产损失,旅游者选择请求旅游辅助服务者承担侵权责任的,人民法院应予支持。旅游经营者对旅游辅助服务者未尽谨慎选择义务,旅游者请求旅游经营者承担相应补充责任的,人民法院应予支持。
释义	责任主体	旅游辅助服务者、旅游经营者(未尽谨慎选择义务)。
	责任承担	①旅游辅助服务者承担侵权责任。②旅游经营者若对损害的发生无过错的,不承担侵权责任,但旅游者仍可以请求旅游经营者承担违约责任。③旅游经营者对旅游辅助服务者未尽谨慎选择义务,即对损害发生有过错的,旅游者可以请求旅游经营者承担与其过错相应的补充责任。

【真题链接】

梁某与甲旅游公司签订合同,约定梁某参加甲公司组织的旅游团赴某地旅游。旅游出发前15日,梁某因出差通知甲公司,由韩某替代跟团旅游。旅游行程一半,甲公司不顾韩某反

---

① CD。

对,将其旅游业务转给乙公司。乙公司组织游客参观某森林公园,该公园所属观光小火车司机操作失误致火车脱轨,韩某遭受重大损害。下列哪些表述是正确的?(2011-3-60;多选)

A. 即使甲公司不同意,梁某仍有权将旅游合同转让给韩某
B. 韩某有权请求甲公司和乙公司承担连带责任
C. 韩某有权请求某森林公园承担赔偿责任
D. 韩某有权请求小火车司机承担赔偿责任

〔答案〕_____ ①

考点 40 旅游者在自行安排活动中遭受损害的责任

依据	《旅游纠纷解释》第19条规定,旅游者在自行安排活动期间遭受人身损害、财产损失,旅游经营者未尽到必要的提示义务、救助义务,旅游者请求旅游经营者承担相应责任的,人民法院应予支持。	
释义	适用情形	① 旅游者在自行安排活动期间遭受人身损害、财产损失。此处的"自行安排活动期间",包括旅游经营者安排的在旅游行程中独立的自由活动期间、旅游者不参加旅游行程的活动期间以及旅游者经导游或者领队同意暂时离队的个人活动期间等。② 旅游经营者未尽到必要的提示义务、救助义务。
	责任主体	旅游经营者。

---

① ABC。

第六编
婚姻、收养、继承法

第一章 婚 姻 法

考点 1 结婚

概念	婚姻的成立,男女双方依照法律规定的条件和程序,确立夫妻关系的民事法律行为。	
结婚条件	法定条件	① 男女双方完全自愿(胁迫婚可撤销);胁迫婚姻,受胁迫一方人身自由未受限制的,自婚姻登记之日起1年内撤销;人身自由受限制,自恢复人身自由后1年内撤销婚姻登记。② 达到法定的结婚年龄(男22岁,女20岁)。③ 一夫一妻制。
	禁止条件	① 直系血亲和三代以内的旁系血亲禁止结婚;② 患有医学上认为不应当结婚的疾病的。
婚姻登记	① 我国自然人结婚的法定形式要件,是确立夫妻关系的法定程序。	
	② 结婚申请必须双方当事人亲自到场,不能由一方单独申请,也不能委托他人代理申请。	
	③ 结婚登记程序分为申请、审查和登记三个环节。婚姻登记属于具体行政行为。如果结婚登记程序存在瑕疵,当事人主张撤销结婚登记的,可以依法申请行政复议或者提起行政诉讼,行政机关或者人民法院有权撤销婚姻登记。	
彩礼问题	《婚姻法司法解释(二)》对这个问题给予明确回答。当事人请求返还按照习俗给付的彩礼的,如果查明属于以下三种情形,法院应当予以支持:① 双方未办理结婚登记手续的;② 双方办理结婚登记手续但确未共同生活的;③ 婚前给付并导致给付人生活困难的。适用第①②项的规定,应当以双方离婚为条件。	

【真题链接】
刘男按当地习俗向戴女支付了结婚彩礼现金10万元及金银首饰数件,婚后不久刘男即主张离婚并要求返还彩礼。关于该彩礼的返还,下列哪一选项是正确的?(2017-3-18;单选)
  A. 因双方已办理结婚登记,故不能主张返还
  B. 刘男主张彩礼返还,不以双方离婚为条件
  C. 已办理结婚登记,未共同生活的,可主张返还
  D. 已办理结婚登记,并已共同生活的,仍可主张返还
  〔答案〕_____ ①

---

① C.

考点 2 无效婚姻

概念	不符合结婚的实质条件,在法律上不具有合法效力的婚姻。
无效情形	(1) ① 重婚;② 未达法定婚龄(男 22 岁,女 20 岁);③ 直系血亲或三代以内旁系血亲;④ 不能结婚的疾病。 (2) 存在无效婚姻事由时,法院应当告知当事人婚姻无效并直接作出婚姻无效判决。
离婚与宣告无效婚姻	(1) 无效婚姻当事人谈不上离婚,因为离婚是以原有婚姻关系合法存在为前提的。 (2) 同一婚姻既申请离婚又申请宣告婚姻无效的,对于离婚案件的审理,应当待申请宣告婚姻无效案件作出判决后进行(《民事诉讼法》第150条"诉讼中止")。如婚姻关系被宣告无效后,涉及财产分割和子女抚养问题,法院应该继续审理。
效力	婚姻关系自始无效。不产生夫妻关系的权利义务。

【真题链接】

1. 甲与乙登记结婚3年后,乙向法院请求确认该婚姻无效。乙提出的下列哪一理由可以成立?(2011-3-22;单选)
   A. 乙登记结婚的实际年龄离法定婚龄相差2年
   B. 甲婚前谎称是海归博士且有车有房,乙婚后发现上当受骗
   C. 甲与乙是表兄妹关系
   D. 甲以揭发乙父受贿为由胁迫乙结婚
   〔答案〕_____ ①

2. 高甲患有精神病,其父高乙为监护人。2009年高甲与陈小美经人介绍认识,同年12月陈小美以其双胞胎妹妹陈小丽的名义与高甲登记结婚,2011年生育一子高小甲。2012年高乙得知儿媳的真实姓名为陈小美,遂向法院起诉。诉讼期间,小美将一直由其抚养的高小甲户口迁往自己原籍,并将高小甲改名为陈龙,高乙对此提出异议。下列哪一选项是正确的?(2017-3-17;单选)
   A. 高甲与陈小美的婚姻属无效婚姻
   B. 高甲与陈小美的婚姻属可撤销婚姻
   C. 陈小美为高小甲改名的行为侵害了高小甲的合法权益
   D. 陈小美为高小甲改名的行为未侵害高甲的合法权益
   〔答案〕_____ ②

考点 3 可撤销婚姻

为何撤	可撤销婚姻的撤销事由有且只有胁迫。
谁来撤	可撤销婚姻的撤销主体是受胁迫的一方。
去哪撤	婚姻登记机关或法院。

---

① C。
② D。

(续表)

啥时撤	自结婚登记之日起1年内提出。被非法限制人身自由的当事人请求撤销婚姻的,应当自恢复人身自由之日起1年内提出。
啥后果	自始无效。当事人不具有夫妻的权利和义务。

考点 4 夫妻关系

夫妻概念	婚姻关系存续期间男女双方的称呼,又称为配偶。夫妻关系包括夫妻人身和财产的权利义务关系。
人身关系	① 夫妻双方地位平等、独立。② 夫妻双方都享有姓名权。对子女的姓名权由夫妻双方平等享有,子女可随父姓也可随母姓。③ 夫妻之间忠实义务。④ 夫妻双方人身自由权。⑤ 夫妻住所选定权。《婚姻法》第9条规定,登记结婚后,根据男女双方约定,女方可以成为男方家庭的成员,男方可以成为女方家庭的成员。⑥ 禁止家庭暴力、虐待、遗弃。人身安全保护令,可申请施暴人迁出住所。⑦ 夫妻生育权和计划生育义务。生育权包括生育的权利和不生育的权利。中止妊娠是妻子的合法权利,则丈夫以妻子擅自中止妊娠侵犯其生育权为由请求损害赔偿的,法院不予支持。
财产关系	(1) 法定夫妻财产制:夫妻双方在婚前、婚后都没有约定或约定无效时,直接适用有关法律规定的夫妻财产制度。 (2) 约定夫妻财产制:夫妻双方通过协商对婚前、婚后取得的财产归属、处分以及在婚姻关系解除后的财产分割达成协议,并优先于法定夫妻财产制适用的夫妻财产制度。

考点 5 夫妻共同财产

共同财产	夫妻在婚姻关系存续期间所得的下列财产,归夫妻共同所有:① 工资、奖金;② 生产、经营的收益;知识产权的收益;③ 继承或赠与所得的财产,但遗嘱或赠与合同中确定只归夫或妻一方的财产除外;④ 其他应当归共同所有的财产。夫妻对共同所有的财产,有平等的处理权。
	夫妻一方个人财产在婚后产生的收益,除孳息和自然增值外,应认定为夫妻共同财产。

【真题链接】

甲乙夫妻的下列哪一项婚后增值或所得,属于夫妻共同财产?(2013-3-23;单选)

A. 甲婚前承包果园,婚后果树上结的果实
B. 乙婚前购买的1套房屋升值了50万元
C. 甲用婚前的10万元婚后投资股市,得利5万元

D. 乙婚前收藏的玉石升值了10万元

〔答案〕_____①

考点 6　夫妻个人财产

个人财产	有下列情形之一的,为夫妻一方的财产:① 一方的婚前财产;② 一方因身体受到伤害获得的医疗费、残疾人生活补助费等费用;③ 遗嘱或赠与合同中确定只归夫或妻一方的财产;④ 一方专用的生活用品;⑤ 其他应当归一方所有的财产。
	婚后由一方父母出资为子女购买的不动产,产权登记在出资人子女名下的,视为只对自己子女一方的赠与,该不动产应认定为夫妻一方的个人财产。
	由双方父母出资购买的不动产,产权登记在一方子女名下的,该不动产可认定为双方按照各自父母的出资份额按份共有,但当事人另有约定的除外。

【真题链接】

甲(男)、乙(女)结婚后,甲承诺,在子女出生后,将其婚前所有的一间门面房,变更登记为夫妻共同财产。后女儿丙出生,但甲不愿兑现承诺,导致夫妻感情破裂离婚,女儿丙随乙一起生活。后甲又与丁(女)结婚。未成年的丙因生重病住院急需医疗费20万元,甲与丁签订借款协议从夫妻共同财产中支取该20万元。下列哪一表述是错误的?(2014-3-23;单选)

A. 甲与乙离婚时,乙无权请求将门面房作为夫妻共同财产分割
B. 甲与丁的协议应视为双方约定处分共同财产
C. 如甲、丁离婚,有关医疗费按借款协议约定处理
D. 如丁不同意甲支付医疗费,甲无权要求分割共有财产

〔答案〕_____②

考点 7　诉讼离婚一般规定

情形	(1) 根据有关司法解释,调解不适用于婚姻关系、身份关系确认案件,但涉及财产分割和子女抚养的,可以进行调解,调解达成协议的,另行制作调解书。
	(2) 法院审理离婚案件,应当进行调解,如感情确已破裂,调解无效,应准予离婚。
	(3) 有下列情形之一,调解无效的,应准予离婚:① 重婚或有配偶者与他人同居的。② 实施家庭暴力或虐待、遗弃家庭成员的。③ 有赌博、吸毒等恶习屡教不改的。④ 因感情不和分居满两年的。⑤ 其他导致夫妻感情破裂的情形。
	(4) 一方被宣告失踪,另一方提出离婚诉讼的,应准予离婚。
	(5) 夫以妻擅自中止妊娠侵犯其生育权为由请求损害赔偿的,法院不予支持;夫妻双方因是否生育发生纠纷,致使感情已破裂,一方请求离婚的,法院经调解无效,应依照《婚姻法》认定为感情确已破裂判决离婚。

---

① C。
② D。

法律后果	(1) 婚姻关系终止。属于夫妻共同财产的部分因共同共有的基础消灭产生财产分割问题。人身关系方面产生子女的抚养权问题。
	(2) 男女双方获得再婚权利,对父母子女关系没有影响。

【真题链接】

乙女与甲男婚后多年未生育,后甲男发现乙女因不愿生育曾数次擅自中止妊娠,为此甲男多次殴打乙女。乙女在被打住院后诉至法院要求离婚并请求损害赔偿,甲男以生育权被侵害为由提起反诉,请求乙女赔偿其精神损害。法院经调解无效,拟判决双方离婚。下列哪些选项是正确的?(2017-3-65;多选)

A. 法院应支持乙女的赔偿请求　　B. 乙女侵害了甲男的生育权
C. 乙女侵害了甲男的人格尊严　　D. 法院不应支持甲男的赔偿请求
〔答案〕_____①

考点 8　离婚时的财产处理

离婚时的财产处理	(1) 在离婚时则须对共同共有财产部分进行分割。夫妻共同财产不包括夫妻个人财产。
	(2) 在有限公司的出资额、在合伙企业和独资企业中的财产等问题。根据《婚姻法》的精神和规定,在分割时应坚持以下处理原则:① 坚持《婚姻法》规定的男女平等、保护子女和妇女权益等各项原则。② 自愿协商原则。③ 维护其他股东、合伙人合法权益原则。④ 有利于生产和生活原则。
	(3) 根据《婚姻法》第47条第1款的规定,离婚时,一方隐藏、转移、变卖、毁损夫妻共同财产,或伪造债务企图侵占另一方财产的,分割夫妻共同财产时,对隐藏、转移、变卖、毁损夫妻共同财产或伪造债务的一方,可以少分或不分。离婚后,另一方发现有上述行为的,可以向法院提起诉讼,请求再次分割夫妻共同财产。
	(4) 离婚后,若有共同财产尚未处理,夫妻一方提起诉讼要求分割,法院经审查该财产确属离婚时未涉及的夫妻共同财产,法院应当依法予以分割。如果未分割的原因,是由于一方隐藏、转移、变卖、毁损夫妻共同财产,或伪造债务企图侵占另一方财产的,在分割夫妻共同财产时,对过错一方可以少分或不分。离婚后,请求再次分割夫妻共同财产的诉讼时效为2年。

【真题链接】

1. 甲与乙结婚多年后,乙患重大疾病需要医治,甲保管夫妻共同财产但拒绝向乙提供治疗费,致乙疾病得不到及时治疗而恶化。下列哪一说法是错误的?(2012-3-23;单选)

---

① AD。

A. 乙在婚姻关系存续期间,有权起诉请求分割夫妻共同财产
B. 乙有权提出离婚诉讼并请求甲损害赔偿
C. 乙在离婚诉讼中有权请求多分夫妻共同财产
D. 乙有权请求公安机关依照《治安管理处罚法》对甲予以行政处罚
〔答案〕_____①

2. 乙起诉离婚时,才得知丈夫甲此前已着手隐匿并转移财产。关于甲、乙离婚的财产分割,下列哪一选项是错误的?(2016-3-18;单选)
A. 甲隐匿转移财产,分割财产时可少分或不分
B. 就履行离婚财产分割协议事宜发生纠纷,乙可再起诉
C. 离婚后发现甲还隐匿其他共同财产,乙可另诉再次分割财产
D. 离婚后因发现甲还隐匿其他共同财产,乙再行起诉不受诉讼时效限制
〔答案〕_____②

考点 9　离婚时的债务清偿

离婚时的债务清偿	(1)《婚姻法》第41条规定:"离婚时,原为夫妻共同生活所负的债务,应当共同偿还。共同财产不足清偿的,或财产归各自所有的,由双方协议清偿;协议不成时,由人民法院判决。" (2) 夫妻对共同债务负有共同清偿的义务。不经债权人同意,债务人之间无权自行改变其性质。因此,在夫妻离婚时对财产所作的分割,对外部不发生对抗其他债权人的效力。债权人仍然有权就原夫妻所负共同债务向原夫妻双方或者其中任何一方要求偿还。

【真题链接】
黄某与唐某自愿达成离婚协议并约定财产平均分配,婚姻关系存续期间的债务全部由唐某偿还。经查,黄某以个人名义在婚姻存续期间向刘某借款10万元用于购买婚房。下列哪一表述是正确的?(2011-3-22;单选)
A. 刘某只能要求唐某偿还10万元
B. 刘某只能要求黄某偿还10万元
C. 如黄某偿还了10万元,则有权向唐某追偿10万元
D. 如唐某偿还了10万元,则有权向黄某追偿5万元
〔答案〕_____③

---

① C。
② D。
③ C。

考点 10　离婚损害赔偿

损害赔偿	有下列情形之一,导致离婚的,无过错方有权请求损害赔偿:① 重婚的;② 有配偶者与他人同居的;③ 实施家庭暴力的;④ 虐待、遗弃家庭成员的。据此可知:
	(1) 提出离婚损害赔偿的条件:① 须诉讼离婚或协议离婚;② 必须具备法定的4种条件之一:重婚、同居、家暴、虐待遗弃;③ 权利人是无过错方。
	(2) 法院判决不准离婚的案件,对离婚损害赔偿请求权不予支持;当事人不起诉离婚,仅提起损害赔偿的,法院不予受理。
	(3) 离婚损害赔偿权利义务:① 权利人是无过错方;② 赔偿义务人:具有过错的配偶;③ 第三者不承担赔偿责任;④ 夫妻双方任何一方有过错的,丧失离婚损害赔偿请求权。
	(4) 赔偿请求权内容:物质损害赔偿、精神损害赔偿。
	(5) 无过错方是离婚诉讼原告时,须在离婚诉讼中提出。
	(6) 无过错方为离婚诉讼被告时,原则上须在离婚中提出。有两个例外:① 如果被告不同意离婚亦未提起损害赔偿请求的,可以在离婚后1年内单独提起诉讼;② 一审被告未提出损害赔偿请求,二审提出的,法院应当进行调解,调解不成的,告知当事人在离婚后1年内另行起诉。
	(7) 协议离婚的:如果已经放弃离婚损害赔偿请求权,不得再度主张;未放弃的,可于协议离婚后1年内提出。

【真题链接】

董楠(男)和申蓓(女)是美术学院同学,共同创作一幅油画作品《爱你一千年》。毕业后二人结婚育有一女。董楠染上吸毒恶习,未经申蓓同意变卖了《爱你一千年》,所得款项用于吸毒。因董楠恶习不改,申蓓在女儿不满1周岁时提起离婚诉讼。下列哪些说法是正确的?(2015-3-65;多选)

A. 申蓓虽在分娩后1年内提出离婚,法院应予受理
B. 如调解无效,应准予离婚
C. 董楠出售《爱你一千年》侵犯了申蓓的物权和著作权
D. 对董楠吸毒恶习,申蓓有权请求离婚损害赔偿
[答案]_____①

---

① ABC。

考点 11　离婚时一方的扶助义务

离婚时一方的扶助义务	（1）离婚时，如一方生活困难，另一方应从其住房等个人财产中给予适当帮助。具体办法由双方协议；协议不成时，由法院判决。
	（2）"一方生活困难"，是指依靠个人财产和离婚时分得的财产无法维持当地基本生活水平。一方离婚后没有住处的，属于生活困难。离婚时，一方以个人财产中的住房对生活困难者进行帮助的形式，可以是房屋的居住权或者房屋的所有权。

考点 12　离婚经济补偿

依据	《婚姻法》第40条规定，夫妻书面约定婚姻关系存续期间所得的财产归各自所有，一方因抚育子女、照料老人、协助另一方工作等付出较多义务的，离婚时有权向另一方请求补偿，另一方应当予以补偿。
释义	离婚时经济补偿的适用条件：① 实行协议财产制。② 一方因抚育子女、照料老人、协助另一方工作等付出较多义务。③ 双方离婚。

第二章　收　养　法

考点 1　收养关系中的当事人

收养的对象	下列不满14周岁的未成年人可以被收养：① 丧失父母的孤儿；② 查找不到生父母的弃婴和儿童；③ 生父母有特殊困难无力抚养的子女。
送养人	下列公民、组织可以作送养人：① 孤儿的监护人；② 社会福利机构；③ 有特殊困难无力抚养子女的生父母。
收养人	（1）收养人应当同时具备下列条件：① 无子女；② 有抚养教育被收养人的能力；③ 未患有在医学上认为不应当收养子女的疾病；④ 年满30周岁。
	（2）收养三代以内同辈旁系血亲的子女，可以不受《收养法》第4条第3项、第5条第3项、第9条和被收养人不满14周岁的限制。
	（3）华侨收养三代以内同辈旁系血亲的子女，还可以不受收养人无子女的限制。

考点 2　收养关系的效力

拟制效力	养父母与养子女间的权利义务关系,适用法律关于父母子女关系的规定;养子女与养父母的近亲属间的权利义务关系,适用法律关于子女与父母的近亲属关系的规定。
解除效力	养子女与生父母及其他近亲属间的权利义务关系,因收养关系的成立而消除。

【真题链接】

1. 张某和李某达成收养协议,约定由李某收养张某6岁的孩子小张;任何一方违反约定,应承担违约责任。双方办理了登记手续,张某依约向李某支付了10万元。李某收养小张1年后,因小张殴打他人赔偿了1万元,李某要求解除收养协议并要求张某赔偿该1万元。张某同意解除但要求李某返还10万元。下列哪一表述是正确的?(2014-3-2;单选)

A. 李某、张某不得解除收养关系　　B. 李某应对张某承担违约责任

C. 张某应赔偿李某1万元　　　　　D. 李某应返还不当得利

〔答案〕_____①

2. 小强现年9周岁,生父谭某已故,生母徐某虽有抚养能力,但因准备再婚决定将其送养。徐某的姐姐要求收养,其系华侨富商,除已育有一子外符合收养人的其他条件;谭某父母为退休教师,也要求抚养。下列哪一选项是正确的?(2017-3-19;单选)

A. 徐某因有抚养能力不能将小强送其姐姐收养

B. 徐某的姐姐因有子女不能收养小强

C. 谭某父母有优先抚养的权利

D. 收养应征得小强同意

〔答案〕_____②

第三章　继　承　法

考点 1　继承一般规定

概念	自然人死亡后,由法律规定的一定范围内的人或遗嘱指定的人依法取得死者遗留的个人合法财产的法律制度。在继承法律关系中,死者为被继承人,被继承人死亡时遗留的合法财产为遗产,依法承受遗产的人为继承人。
继承方式	法定继承和遗嘱继承。遗赠和遗赠扶养协议。

---

① D。

② C。

(续表)

继承开始的时间	(1) 被继承人死亡的时间为继承开始的时间。死亡包括生理死亡和宣告死亡。 (2) 死亡推定制度。相互有继承关系的几个人在同一事件中死亡,如不能确定死亡先后时间的,推定没有继承人的人先死亡。死亡人各自都有继承人的,如几个死亡人辈分不同,推定长辈先死亡;几个死亡人辈分相同,推定同时死亡,彼此不发生继承,由他们各自的继承人分别继承。 (3) ① 继承开始时间是确定遗产范围、继承人范围的时间;② 继承开始时间对确定遗嘱的效力具有意义;③ 继承开始时间是确定继承人以及继承人以外的人应当分配遗产份额的时间。
遗产	(1) 遗产的范围。是公民死亡时遗留的个人合法财产。包括积极遗产和消极遗产:① 夫妻一方死亡时,应将夫妻共同财产一分为二,仅其中的一半是遗产。② 被继承人投保的人身保险合同,若没有指定受益人,保险金属于遗产;若指定了受益人,保险金不属于遗产,由受益人取得。但有例外,若受益人先于被继承人死亡或者丧失、放弃受益权,则保险金仍属于遗产。注意:受益人与被保险人在同一事件中死亡,且不能确定死亡先后顺序,推定受益人死亡在先。③ 被继承人享有的精神损害赔偿请求权,具有专属性,原则上不能继承。但有例外,若被继承人生前已经起诉或者赔偿义务人已经书面承诺予以赔偿的,可以作为遗产继承。④ 根据《继承法》第33条规定的概括继承与限制继承的规则,被继承人的财产权利与义务都是遗产,继承人继承财产权利时,应当在继承的财产权利的范围内承担清偿被继承人生前所负债务的义务。 (2) 下列权利,不属于遗产。① 被继承人享有的人格权、身份权(有例外:著作权的发表权可以继承)。② 被继承人死亡后,其亲属应得的抚恤金。③ 被继承人个人承包享有的土地承包经营权(个人承包应得的个人收益,属于遗产)。④ 被继承人享有的国有、集体自然资源用益物权。⑤ 被继承人享有的自留山、自留地、宅基地使用权。
被继承人生前所负债务的承担	(1) 继承的顺序。① 继承开始后执行遗赠扶养协议;② 遗产有剩余的,执行遗嘱继承或者遗赠;③ 最后,按照法定继承处理。 (2) 应按法定继承的5种情形:《继承法》第27条:有下列情形之一的,遗产中的有关部分按照法定继承办理:① 遗嘱继承人放弃继承或者受遗赠人放弃受遗赠的;② 遗嘱继承人丧失继承权的;③ 遗嘱继承人、受遗赠人先于遗嘱人死亡的;④ 遗嘱无效部分所涉及的遗产;⑤ 遗嘱未处分的遗产。 (3) 继承遗产时被继承人生前所负债务的清偿。① 《继承法》第33条第1款规定,继承遗产应当清偿被继承人依法应当缴纳的税款和债务,缴纳税款和清偿债务以他的遗产实际价值为限。超过遗产实际价值部分,继承人自愿偿还的不在此限。② 《继承法》第33条第2款规定,继承人放弃继承的,对被继承人依法应当缴纳的税款和债务可以不负偿还责任。③ 《继承法意见》第61条规定,继承人中有缺乏劳动能力又没有生活来源的人,即使遗产不足清偿债务,也应为其保留适当遗产,然后再按《继承法》第33条和《民事诉讼法》第180条的规定清偿债务。 注意:分配遗产时,对被继承人生前所负债务的清偿,对内承担按份责任,对外承担连带责任。 (4) 遗产分割后被继承人生前所负债务的清偿。《继承法意见》第62条规定,遗产已被分割而未清偿债务时,如有法定继承又有遗嘱继承和遗赠的,首先由法定继承人用其所得遗产清偿债务;不足清偿时,剩余的债务由遗嘱继承人和受遗赠人按比例用所得遗产偿还;如果只有遗嘱继承和遗赠的,由遗嘱继承人和受遗赠人按比例用所得遗产偿还。

【真题链接】

1. 甲在乙寺院出家修行,立下遗嘱,将下列财产分配给女儿丙:乙寺院出资购买并登记在甲名下的房产;甲以僧人身份注册的微博账号;甲撰写《金刚经解说》的发表权;甲的个人存款。甲死后,在遗产分割上乙寺院与丙之间发生争议。下列哪一说法是正确的?(2012-3-22;单选)

　　A. 房产虽然登记在甲名下,但甲并非事实上所有权人,其房产应归寺院所有
　　B. 甲以僧人身份注册的微博账号,目的是为推广佛法理念,其微博账号应归寺院所有
　　C. 甲撰写的《金刚经解说》属于职务作品,为保护寺院的利益,其发表权应归寺院所有
　　D. 甲既已出家,四大皆空,个人存款应属寺院财产,为维护宗教事业发展,其个人存款应归寺院所有
　　〔答案〕_____①

2. 甲与乙结婚,女儿丙3岁时,甲因医疗事故死亡,获得60万元赔款。甲生前留有遗书,载明其死亡后的全部财产由其母丁继承。经查,甲与乙婚后除共同购买了一套住房外,另有20万元存款。下列哪一说法是正确的?(2013-3-24;单选)

　　A. 60万元赔款属于遗产
　　B. 甲的遗嘱未保留丙的遗产份额,遗嘱全部无效
　　C. 住房和存款的各一半属于遗产
　　D. 乙有权继承甲的遗产
　　〔答案〕_____②

考点 2　继承权的放弃与丧失

继承权的放弃	(1) 继承人在继承开始后、遗产分割前,以明示的方式作出的拒绝接受被继承人遗产的意思表示。放弃继承的意思表示属单方法律行为,只要放弃继承的继承人有放弃继承的意思表示即可,无须经他人同意。
	(2) 继承人放弃继承的意思表示应该在继承开始后,遗产分割前以明示的方式作出。继承人在遗产分割前没有作出意思表示的,视为接受继承。
继承权的丧失	《继承法》第7条规定,继承人有下列行为之一的,丧失继承权:① 故意杀害被继承人的;② 为争夺遗产而杀害其他继承人的;③ 遗弃被继承人的,或者虐待被继承人情节严重的;④ 伪造、篡改或者销毁遗嘱,情节严重的。

---

① A。
② C。

考点 3 法定继承

概念	法定继承又称无遗嘱继承,指继承人的范围、继承顺序和遗产分配原则均由法律直接规定的一种继承方式。
特征	(1) 法定继承的内容来自于法律的规定。法定继承中的法定继承人范围、法定继承人的顺序、继承份额以及遗产分配原则等事项均由《继承法》加以规定。 (2) 法定继承以继承人和被继承人之间存在一定的身份关系为前提。 (3) 法定继承是遗嘱继承的补充。① 在效力上,法定继承效力低于遗嘱继承,继承开始后,有遗嘱继承的,优先适用遗嘱继承;② 不适用遗嘱继承时,才能适用法定继承。 (4) 法定继承是对遗嘱继承的限制。
适用	有下列情形之一的,遗产中的有关部分按照法定继承办理:① 遗嘱继承人放弃继承或者受遗赠人放弃受遗赠;② 遗嘱继承人丧失继承权的;③ 遗嘱继承人、受遗赠人先于遗嘱人死亡的;④ 遗嘱无效部分所涉及的遗产;⑤ 遗嘱未处分的遗产。
顺位	遗产按照下列顺序继承,第一顺序:配偶、子女、父母。第二顺序:兄弟姐妹、祖父母、外祖父母。丧偶儿媳对公、婆,丧偶女婿对岳父、岳母,尽了主要赡养义务的,作为第一顺序继承人。
	继承开始后,由第一顺序继承人继承,第二顺序继承人不继承。没有第一顺序继承人继承的,由第二顺序继承人继承。

【真题链接】

1. 甲(男)与乙(女)结婚,其子小明20周岁时,甲与乙离婚。后甲与丙(女)再婚,甲子小亮8周岁,随甲、丙共同生活。小亮成年成家后,甲与丙甚感孤寂,收养孤儿小光为养子,视同己出,未办理收养手续。丙去世,其遗产的第一顺序继承人有哪些?(2014-3-65;多选)
   A. 小明　　　　B. 小亮　　　　C. 甲　　　　D. 小光
   〔答案〕_____①

2. 熊某与杨某结婚后,杨某与前夫所生之子小强由二人一直抚养,熊某死亡,未立遗嘱。熊某去世前杨某孕有一对龙凤胎,于熊某死后生产,产出时男婴为死体,女婴为活体但旋即死亡。关于对熊某遗产的继承,下列哪些选项是正确的?(2016-3-66;多选)
   A. 杨某、小强均是第一顺位的法定继承人
   B. 女婴死亡后,应当发生法定的代位继承
   C. 为男婴保留的遗产份额由杨某、小强继承
   D. 为女婴保留的遗产份额由杨某继承
   〔答案〕_____②

---

① BC。
② ACD。

考点 4 代位继承与转继承

	代位继承	转继承
继承人死亡的时间	代位继承中的继承人（被代位继承人）先于被继承人死亡。	转继承中的继承人（被转继承人）后于被继承人死亡。
继承主体	代位继承人只限于被继承人子女的晚辈直系血亲。	转继承人则没有这种限制，可以是被转继承人的所有法定继承人。
性质不同	代位继承是替补继承，代位继承人基于其代位继承权而直接取得被继承人的遗产。	转继承是连续发生的二次继承，即由继承人直接继承后又由转继承人继承被继承人的遗产。
适用范围	代位继承只适用于法定继承。	转继承既适用于法定继承，也适用于遗嘱继承和遗赠。

【真题链接】

1. 张某李某系夫妻，生有一子张甲和一女张乙。张甲于2007年意外去世，有一女丙。张某在2010年死亡，生前拥有个人房产一套，遗嘱将该房产处分给李某。关于该房产的继承，下列哪些表述是正确的？（2011-3-65；多选）

A. 李某可以通过张某的遗嘱继承该房产
B. 丙可以通过代位继承要求对该房产进行遗产分割
C. 继承人自张某死亡时取得该房产所有权
D. 继承人自该房产变更登记后取得所有权

[答案]_____①

2. 甲育有二子乙和丙。甲生前立下遗嘱，其个人所有的房屋死后由乙继承。乙与丁结婚，并有一女戊。乙因病先于甲死亡后，丁接替乙赡养甲。丙未婚。甲死亡后遗有房屋和现金。下列哪些表述是正确的？（2012-3-66；多选）

A. 戊可代位继承　　　　　　　B. 戊、丁无权继承现金
C. 丙、丁为第一顺序继承人　　D. 丙无权继承房屋

[答案]_____②

考点 5 遗嘱继承

遗嘱的成立和生效	因遗嘱为死因行为，于被继承人死亡时生效。所以，《继承法》第17条规定，遗嘱属于要式行为，须作成《继承法》第17条规定的形式，遗嘱才能成立，并于被继承死亡时生效。

---

① AC。
② AC。

(续表)

特征	(1) 遗嘱是单方民事法律行为,只需遗嘱人一方意思表示即可成立。
	(2) 遗嘱是死因法律行为,在遗嘱人死后生效。
	(3) 遗嘱行为必须由遗嘱人亲自独立进行,不得由他人代理。
	(4) 遗嘱是要式法律行为,遗嘱的形式必须符合《继承法》的规定。
遗嘱见证人	下列人员不能作为遗嘱见证人:① 无行为能力人、限制行为能力人;② 继承人、受遗赠人;③ 与继承人、受遗赠人有利害关系的人。
遗嘱无效事由	下列遗嘱全部或者部分无效,遗嘱处分的遗产按照法定继承办理:① 遗嘱人订立遗嘱时为无民事行为能力人或者限制民事行为能力人。② 受欺诈、胁迫订立的遗嘱。③ 伪造的遗嘱无效;遗嘱被篡改的,篡改的内容无效。④ 遗嘱生效时,如果遗嘱剥夺了缺乏劳动能力又没有生活来源的继承人的遗产份额,遗嘱的该部分内容无效。⑤ 遗嘱处分了国家、集体或他人所有的财产的,遗嘱的该部分内容无效。
遗嘱的变更与撤销	(1) 遗嘱的撤销:遗嘱人依法改变原先所立遗嘱的全部内容,使其全部不发生效力。
	(2) 遗嘱的变更:遗嘱人依法改变原先所立遗嘱的部分内容,使其部分不发生效力。
	(3) 遗嘱只能由遗嘱人依法变更或者撤销。遗嘱撤销或者变更遗嘱必须符合下列条件,否则不产生效力:① 具有完全民事行为能力;② 意思表示真实;③ 不违反法律的强制性规定或者社会公共利益;④ 不得取消缺乏劳动能力又没有生活来源的法定继承人的应继承份额;⑤ 依照法定方式撤销或者变更。
	(4) 遗嘱的变更与撤销方式:① 明示:若前后两份有效遗嘱的内容相互冲突,则在后的遗嘱撤销或者变更在前的遗嘱。但公证遗嘱须由在后的公证遗嘱撤销或者变更。② 默示:遗嘱人生前的行为与遗嘱的意思表示相反,而使遗嘱处分的财产在继承开始前灭失、部分灭失或所有权转移、部分转移的,遗嘱视为被撤销或部分被撤销;遗嘱人故意毁坏遗嘱的。 注意:破坏公证遗嘱须将正本和公证机关保存的原本一并破坏,方可引起公证遗嘱撤销的效果。

【真题链接】

1. 甲自书遗嘱将所有遗产全部留给长子乙,并明确次子丙不能继承。乙与丁婚后育有一女戊、一子己。后乙、丁遇车祸,死亡先后时间不能确定。甲悲痛成疾,不久去世。丁母健在。下列哪些表述是正确的?(2013-3-66;多选)

　　A. 甲、戊、己有权继承乙的遗产
　　B. 丁母有权转继承乙的遗产
　　C. 戊、己、丁母有权继承丁的遗产
　　D. 丙有权继承、戊和己有权代位继承甲的遗产
　　〔答案〕_____①

---

① ACD。

2. 老夫妇王冬与张霞有一子王希、一女王楠,王希婚后育有一子王小力。王冬和张霞曾约定,自家的门面房和住房属于王冬所有。2012年8月9日,王冬办理了公证遗嘱,确定门面房由张霞和王楠共同继承。2013年7月10日,王冬将门面房卖给他人并办理了过户手续。2013年12月,王冬去世,不久王希也去世。关于住房和出售门面房价款的继承,下列哪一说法是错误的?(2015-3-21;单选)

A. 张霞有部分继承权

B. 王楠有部分继承权

C. 王小力有部分继承权

D. 王小力对住房有部分继承权、对出售门面房的价款有全部继承权

〔答案〕_____①

3. 贡某立公证遗嘱:死后财产全部归长子贡文所有。贡文知悉后,自书遗嘱:贡某全部遗产归弟弟贡武,自己全部遗产归儿子贡小文。贡某随后在贡文遗嘱上书写:同意,但还是留10万元给贡小文。其后,贡文先于贡某死亡。关于遗嘱的效力,下列哪一选项是正确的?(2016-3-21;单选)

A. 贡某遗嘱已被其通过书面方式变更

B. 贡某遗嘱因贡文先死亡而不生效力

C. 贡文遗嘱被贡某修改的部分合法有效

D. 贡文遗嘱涉及处分贡某财产的部分有效

〔答案〕_____②

考点 6 遗嘱的形式

公证	公证遗嘱由遗嘱人经公证机关办理。
自书	自书遗嘱必须由立遗嘱人全文亲笔书写、签名,注明制作的年、月、日。自书遗嘱不需要见证人在场见证即具有法律效力。
代书	代书遗嘱是指因遗嘱人不能书写而委托他人代为书写的遗嘱。《继承法》第17条第3款规定:"代书遗嘱应当有两个以上见证人在场见证,由其中一人代书,注明年、月、日,并由代书人、其他见证人和遗嘱人签名。"
录音	录音遗嘱是指遗嘱人用录音的形式制作的自己口述的遗嘱。《继承法》第17条第4款规定:"以录音形式设立的遗嘱,应当有两个以上见证人在场见证。"见证的方法可以采取书面或录音的形式,录音遗嘱制作完毕后,应当场将录音遗嘱封存,并由见证人签名,注明年、月、日。
口头	遗嘱人在危急情况下,可以立口头遗嘱。口头遗嘱应当有两个以上见证人在场见证。危急情况解除后,遗嘱人能够用书面或者录音形式立遗嘱的,所立的口头遗嘱无效。

---

① D。

② B。

【真题链接】

1. 甲有乙、丙和丁3个女儿。甲于2013年1月1日亲笔书写一份遗嘱,写明其全部遗产由乙继承,并签名和注明年月日。同年3月2日,甲又请张律师代书一份遗嘱,写明其全部遗产由丙继承。同年5月3日,甲因被丁送至医院急救,甲又立口头遗嘱1份,内容是其全部遗产由丁继承,在场的赵医生和李护士见证。甲病好转后出院休养,未立新遗嘱。如甲死亡,下列哪一选项是甲遗产的继承权人?(2014-3-24;单选)
A. 乙　　　　B. 丙　　　　C. 丁　　　　D. 乙、丙、丁
〔答案〕_____①

2. 韩某于2017年3月病故,留有住房1套、存款50万元、名人字画10余幅及某有限责任公司股权等遗产。韩某在2014年所立第一份自书遗嘱中表示全部遗产由其长子韩大继承。在2015年所立第二份自书遗嘱中,韩某表示其死后公司股权和名人字画留给7岁的外孙女婷婷。2017年6月,韩大在未办理韩某遗留房屋所有权变更登记的情况下以自己的名义与陈卫订立了商品房买卖合同。下列哪些选项是错误的?(2017-3-66;多选)
A. 韩某的第一份遗嘱失效
B. 韩某的第二份遗嘱无效
C. 韩大与陈卫订立的商品房买卖合同无效
D. 婷婷不能取得某有限责任公司股东资格
〔答案〕_____②

考点 7 遗赠与遗嘱继承的区别

	遗赠	遗嘱继承
受遗赠人与遗嘱继承人的法律地位	受遗赠人不是继承人,没有继承权。	遗嘱继承人是继承人,享有继承权。
受遗赠人与遗嘱继承人的范围	在遗赠中,接受遗赠权的主体只能是国家、集体或法定继承人以外的人。	接受遗嘱继承权的主体只能是法定继承人范围以内的人,并且只能是自然人。
遗赠受领权与遗嘱继承权的标的不同	受遗赠人只享受接受遗赠财产的权利,不承担清偿死者债务的义务。	遗嘱继承人既有依遗嘱继承遗产的权利,又承担在遗产继承的实际价值范围内清偿被继承人债务的义务。
权利行使方式不同	受遗赠人应当在知道受遗赠后两个月内,作出接受或放弃受遗赠的表示,到期没有表示的,视为放弃受遗赠。	在遗嘱继承中,遗嘱继承人放弃继承的,应当在继承开始后遗产处理前,作出放弃继承的表示,没有表示的,视为接受继承。

---

① A。
② ABCD。

考点 8 遗赠扶养协议

概念	遗赠人与扶养人(包括组织)签订的,遗赠人的全部或部分财产在其死亡后按协议规定转移给扶养人所有,扶养人承担对遗赠人生养死葬义务的协议。
特征	(1) 主体有限制:受扶养人只能是自然人。扶养人可以是自然人,也可以是集体所有制组织。扶养人为自然人的,不能是对被扶养人具有法定扶养、赡养义务的自然人。 (2) 生前行为与死因行为相统一的双方法律行为。双方当事人就遗赠扶养达成协议,遗赠扶养协议即生效,扶养人应履行被扶养人生养死葬的义务,故为生前行为;但是扶养人须等待被扶养人死亡时,才有权取得被扶养人的遗产,故为死因行为。 (3) 遗赠扶养协议在适用上具有优先性。继承开始时,遗赠扶养协议优先于遗嘱继承、遗赠、法定继承办理。 被继承人生前与他人订有遗赠扶养协议,同时又立有遗嘱的,继承开始后,如果遗赠扶养协议与遗嘱没有抵触,遗产分别按协议和遗嘱处理;如果有抵触,按协议处理,与协议抵触的遗嘱全部或部分无效。 (4) 遗赠扶养协议是双方、双务、有偿法律行为,而遗嘱属于单方法律行为。
效力	(1) 当事人的权利与义务:① 扶养人负有对被扶养人生前扶养、死后丧葬的义务;② 扶养人享有被扶养人死亡时取得其遗产的权利。 (2) 违约救济:① 因扶养人违反义务而解除协议的,扶养人丧失取得被扶养人遗产的权利,其支付的供养费用一般不予补偿;② 因被扶养人违反义务而解除协议的,被扶养人应当返还已支付的供养费用。

【真题链接】

1. 甲妻病故,膝下无子女,养子乙成年后常年在外地工作。甲与村委会签订遗赠扶养协议,约定甲的生养死葬由村委会负责,死后遗产归村委会所有。后甲又自书一份遗嘱,将其全部财产赠与侄子丙。甲死后,乙就甲的遗产与村委会以及丙发生争议。对此,下列哪一选项是正确的?(2010-3-19;单选)

A. 甲的遗产应归村委会所有
B. 甲所立遗嘱应予撤销
C. 村委会、乙和丙共同分割遗产,村委会可适当多分
D. 村委会和丙平分遗产,乙无权分得任何遗产
〔答案〕_____①

2. 甲与保姆乙约定:甲生前由乙照料,死后遗产全部归乙。乙一直细心照料甲。后甲女儿丙回国,与乙一起照料甲,半年后甲去世。丙认为自己是第一顺序继承人,且尽了义务,主张甲、乙约定无效。下列哪一表述是正确的?(2012-3-24;单选)

---

① A。

A. 遗赠抚养协议有效
B. 协议部分无效,丙可以继承甲的一半遗产
C. 协议无效,应按法定继承处理
D. 协议有效,应按遗嘱继承处理
〔答案〕_____ ①

考点 9 遗产的分割原则

遗嘱继承的遗产分割	(1) 充分尊重被继承人意思原则。
	(2) 保留必留份。遗嘱应当对缺乏劳动能力又没有生活来源的继承人保留必要的遗产份额。
法定继承的遗产分割	(1) 一般情况下应当均等原则。
	(2) 特殊情况下可以不均等原则。① 对生活有特殊困难的缺乏劳动能力的继承人,分配遗产时,应当予以照顾。② 对被继承人尽了主要扶养义务或者与被继承人共同生活的继承人,分配遗产时,可以多分。③ 有扶养能力和有扶养条件的继承人,不尽扶养义务的,分配遗产时,应当不分或者少分。④ 继承人协商同意的,也可以不均等。
	(3) 适当分配原则。对继承人以外的依靠被继承人扶养的缺乏劳动能力又没有生活来源的人,或者继承人以外的对被继承人扶养较多的人,可以分给他们适当的遗产。
	(4) 保留胎儿继承份额。遗产分割时,应当保留胎儿的继承份额。胎儿出生时是死体的,保留的份额按照法定继承办理。
	(5) 互谅互让、协商分割原则。
	(6) 物尽其用原则。遗产分割应当有利于生产和生活需要,不损害遗产的效用。

【真题链接】
郭大爷女儿5年前病故,留下一子甲。女婿乙一直与郭大爷共同生活,尽了主要赡养义务。郭大爷继子丙虽然与其无扶养关系,但也不时从外地回来探望。郭大爷还有一丧失劳动能力的养子丁。郭大爷病故,关于其遗产的继承,下列哪些选项是正确的?(2010-3-67;多选)
A. 甲为第一顺序继承人
B. 乙在分配财产时,可多分
C. 丙无权继承遗产
D. 分配遗产时应该对丁予以照顾
〔答案〕_____ ②

---

① A。
② ABCD。